그날이 오늘이라면

🐘 편저자 소개

김재홍(金載弘) 1947년 충남 천안 출생. 서울대 국문과 문학박사. 1969년 서울신문 신춘문예 평론 당선. 저서 『한국 현대 시인 연구』, 『카프시인 비평』 등. 현재 경희대학교 국문과 교수.
홍용희(洪容憙) 1966년 경북 안동 출생. 경희대 국문과 문학박사. 1995년 중앙일보 신춘문예 평론 당선. 논문 「김지하 문학연구」, 「한국전쟁기, 남북한 시의 비교 연구」 등. 현재 평택대 국문과 겸임교수.

■ 이 책의 제목 『그날이 오늘이라면』은 본문 중 고은 시인의 시 제목을 그대로 사용한 것입니다.

청동거울 문학선 ①

그날이 오늘이라면

— 통일시대의 남북한 문학

발행일 / 1999년 2월 25일 1판 1쇄 발행
1999년 3월 25일 1판 2쇄 발행

편저자 / 김재홍 · 홍용희
펴낸이 / 임은주
펴낸곳 / 도서출판 청동거울
출판등록 / 1998년 5월 14일 제13 - 532호
주소 / (135 - 080) 서울 강남구 역삼동 832 - 52 상봉빌딩 301호
전화 / (02)564 - 1091~2
팩스 / (02)569 - 9889

값 9,500원

ISBN 89 - 88286 - 08 - 1

그날이 오늘이라면

통일시대의 남북한 문학

김재홍 · 홍용희 편저

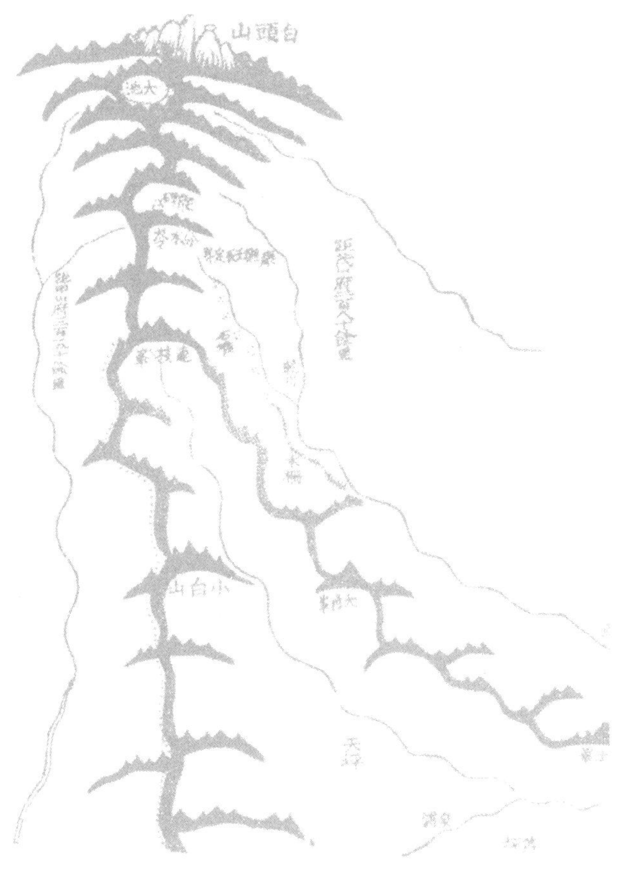

청동거울

분단문학에서 통일문학으로

1990년대 들어서면서 분단문학은 통일문학으로 변화되는 양상을 뚜렷하게 보인다. 종전의 분단문학이 전쟁의 비극성과 분단체제 이데올로기에 대한 비판이 중심 내용을 이루었다면, 통일문학은 반세기에 걸친 분단의 역사가 침전시킨 이질성의 벽을 허물고 진정한 민족적 화해와 동질성 회복을 추구하는 현실적인 방안에 대한 모색이 중심 내용을 이룬다. 이제 분단문학의 성격은 통일시대를 향한 준비 과정의 역할을 수행하게 된 것이다. 이와 같은 문학사적 변모는 주지하듯 1990년대를 전후로 한 세계질서의 재편과 직접 관련된다. 바야흐로 세계질서는 이데올로기적 명분에 입각한 반목과 대립의 냉전체제를 종식시키고, 상호의존적인 경쟁과 협력의 경제공동체로 전환된 것이다. 그리고 이러한 세계정세의 변화는 냉전체제의 응집적 산물인 '1950년 질서'의 규정력 속에 갇혀 있던 한반도의 분단체제에도 적지 않은 변화를 가져온다. 북한의 미국과의 적극적인 경제 협상 추진, 나진·선봉 지역의 중국식 경제특구 설정, 금강산 관광을 비롯한 남한 기업인의 대북 경제 사업 추진의 활성화 등은 가시적으로 드러나는 대표적인 실례에 해당된다.

그럼에도 불구하고 아직 한반도에서는 물리적인 대치 상황과 사회 정서적인 적대적 긴장 관계가 엄존하고 있는 것이 사실이다. 2차 세계대전 이래 미·소 양대 진영을 중심축으로 하는 냉전체제의 여진이 아직 한반도에서는 짙게 드리워져 있는 것이다.

이제 우리에게는 분단체제의 관성에서 벗어나 새롭게 변화된 국내외 상황을 진정한 민족적 화해와 통합을 위한 긍정적 요소로 적극 활용하는 통일 지향적인 자세가 요구된다. 이 책은 이러한 문제의식에 입각하여 통일시대를 지향하는 남·북한의 문학 작품을 동시적으로 살펴보기 위해 편찬되었다. 통일시대를 맞이하기 위해서는 무엇보다 남·북한의 이질성의 참모습에 대한 확인과 아울러 이를 극복할 수 있는 민족적 동질성을 찾고 회복하기 위한 실질적인 노력이 요청된다. 남·북한의 통일문학에 대한 논의와 이해는 이러한 민족사적 요구에 직접적으로 부합된다고 할 것이다. 문학 작품은 삶의 세계를 정치·경제적 논리의 범주로 설명할 수 없는 부분까지 구체적이고 섬세하게 반영할 수 있는 미학적 특수성을 지니기 때문이다.

이 책의 구성은 1부 만남에 이르는 길, 2부 통일의 노래, 3부 통일문학의 변모 등 전 3부로 구성되어 있다. 1부에서는 남·북한의 이산 가족이 공통적으로 겪는 혈육에 대한 그리움과 직접적인 상봉을 소재로 한 작품과 탈북자들이 겪는 남한 삶에서의 이질감과 소외의식의 실태를 다룬 작품이, 2부에서는 분단 극복과 통일의 염원을 소재로 한 남·북한의 시 작품이 중심을 이루고 있다. 3부에서는 해방 이후 남·북한 시문학 작품의 흐름과 북한 시문학의 동향을 살피는 편저자의 글들을 실었다.

아무쪼록 이 책이 통일시대를 향한 남·북한 문학의 현황을 올바로 인식하고, 분단 극복과 통일의 길을 열어가는 데 작게나마 이바지할 수 있기를 바란다.

1999년 2월

金載弘 洪容憙

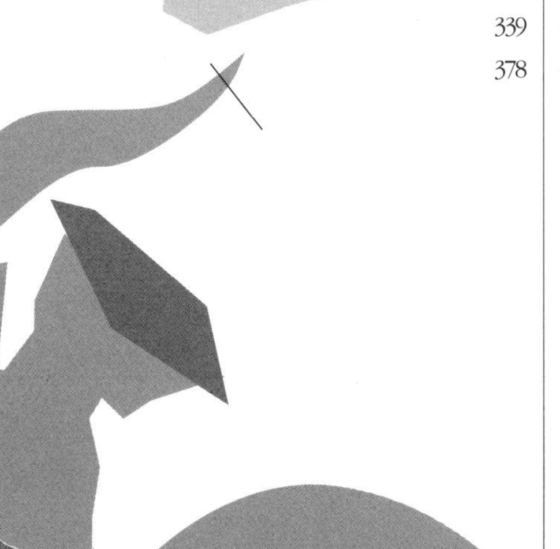

일러두기

이 책에 실린 북한 작품들의 띄어쓰기 및 맞춤법은 원작을 존중하는 의미에서 원문 그대로 북한 맞춤법에 따랐음을 밝혀 둔다. 또한 남한에 없는 단어와 거의 쓰지 않는 단어는 괄호 안에 그 뜻을 설명해 놓았다.

■ 북한 맞춤법의 몇 가지 용례

1. 두음법칙을 적용하지 않는다.
    예) ㅇ → ㄹ : 이해 → 리해, 임진강 → 림진강 등
        ㄴ → ㄹ : 농담 → 롱담, 노동 → 로동 등
        ㅇ → ㄴ : 염원 → 념원, 여성 → 녀성 등
2. 사이시옷을 쓰지 않는다.
    예) 바닷가 → 바다가
        시냇물 → 시내물
        촛불 → 초불
3. 어간의 모음이 〈ㅣ, ㅐ, ㅔ, ㅚ, ㅟ, ㅢ〉인 경우에 남한에서는 '—어'로 적지만 북한에서는 '—여'로 적는다.
    예) 되다(되어서) → 되여
        뛰다(뛰어서) → 뛰여
        개다(개어서) → 개여
4. 부사 구태어, 도리어, 드디어는 각각 구태여, 도리여, 드디여로 적는다.

홍상화

1940년 경북 대구 출생. 서울대학교 상과대학 경제학과를 거쳐 미국 인디애나대학교 대학원 졸업. 장편소설『거품시대』『사랑은 길을 잃지 않는다』『나는 새를 위한 악보』, 중편『겨울, 봄, 여름 그리고 가을』, 단편『엉터리 장사꾼』『유언』등이 있음. 영화『피와 불』각색으로 아태영화제 최우수 각본상을 수상. 그 밖에 다수의 시론과 경제 관련 서가 있음.

이원규

1947년 인천 출생. 동국대학교 국문학과 졸업. 1984년「월간문학」신인상, 1986년『현대문학』창간 30주년 기념 장편소설 공모 당선으로 등단. 소설집에『훈장과 굴레』『침묵의 성』『깊고 긴 골짜기』『황해』등이 있음. 대한민국문학상, 박영준문학상, 동국문학상 수상. 현재 동국대 국어국문학부 출강.

최 윤

1953년 출생. 서강대 국문과 및 대학원 졸업. 프랑스 프로방스대학교 불문학 박사. 1988년「저기 소리 없이 한 점 꽃잎이 지고」를『문학과 사회』에 발표. 소설집『저기 소리 없이 한 점 꽃잎이 지고』, 장편소설『너는 더이상 너가 아니다』. 1992년 동인문학상, 1994년 이상문학상 수상. 현재 서강대학교 불문과 교수.

이순원

1957년 강릉 출생. 강원대학교 경영학과 졸업. 1988년『문학사상』신인상에 단편「낮달」당선. 소설집으로『그 여름의 꽃게』『얼굴』이 있고, 장편소설로『우리들의 석기시대』『압구정동엔 비상구가 없다』『에덴에 그를 보낸다』등이 있음. 1996년 동인문학상, 1997년 현대문학상 수상.

주유훈

1942년 11월 황해남도 신천군에서 출생. 1980년 사범대학 졸업. 첫 작품으로 단편소설「나의 직무」(1963년)가 있고 단편소설로「정든 고장」외 10여 편이 있음.

림종상

1933년 11월 강원도 인제군에서 출생. 1962년 김일성종합대학 졸업. 역사학 준박사. 첫작품으로 장편소설 『해돋이』(1981년)가 있고, 장편소설 『불우한 렬사』, 중편소설 『부루나의 밤』, 단편소설 「삶의 원천」 외 소설 10여 편이 있음.

리종렬

1934년 4월 함경북도 청진시에서 출생. 1955년 작가학원 졸업. '김일성상' 계관인. 첫작품으로 단편소설 「명령」(1954)이 있고 장편소설로 『돌파구』『근거지의 봄』『진달래』『불바람』 외 수십 편의 장·중편, 단편이 있음.

남대현

1947년 경북 안동 출생. 서울 경복중학교 재학 중 모친과 함께 일본으로 건너감. 1963년 일본에서 고등학교 3학년 때 북한으로 귀국. 김일성종합대학 졸업. 황해제철소, 문예출판사 근무. 직품으로 단편소설 「량심선언」 「광주의 새벽」 장편소설 『청춘송가』 외 소설 수십 편이 있음.

박덕규

1958년 출생. 경희대 국문과 졸업. 1980년 『시운동』을 통해 시단에 데뷔. 1982년 『중앙일보』 신춘문예 평론 당선. 1994년 『상상』을 통해 작가활동 개시. 소설집 『날아라 거북이!』『함께 있어도 외로운 사람들』, 장편소설 『시인들이 살았던 집』 등. 현재 협성대학교 문예창작과 교수.

정을병

1934년 경남 남해 출생. 『현대문학』으로 문단에 데뷔. 창작집으로 『말세론』『병든 지구』『역사가 움트는 소리』『고무신 거꾸로 신다』『바보들의 사막』 등. 그 외 40권의 장편소설이 있음. 현대문학상, 한국일보문학상, 한국소설문학상, 서울시문화상, 대한민국문학상, 제1회 한국난문화대상, 문화훈장 수상.

어머니 마음

홍상화

1

"인구야, 니 요새도 나팔 부나?"

1년 만에 만난 어머니가 나에게 한 첫마디가 그러했다. 서울 변두리 카바레에서 색소폰을 불며 살아가는 내 생업을 빗대어서 하는 말 같아, 나는 아무 대답도 하지 않고 고개만 끄덕거려 주었다.

"에미하고 애들도 건강하제……."

나는 마지못해 '예'라고 대답하고 주위를 둘러보았다. 보신탕(補身湯) 집에 들어서면 항상 느끼는 거지만, 손님들은 필요 이상으로 바쁜 사람 같고 종업원들은 필요 이상으로 서두르고 손님·종업원 할 것 없이 모두가 필요 이상으로 큰소리로 외쳐댄다. 서울에서 멀리 떨어진 이곳 강원도 춘천시에서 어머니가 운영하는 보신탕집도 예외가 아닌 것 같다.

"인구야, 여기 조메 앉아 있거라. 내 주방에 퍼뜩 가서 수육 좀 가지고 오마."

어머니는 내 의사도 묻지 않고 자리에서 일어났다. 환갑이 지난 노인답지 않은 젊은 몸매에 활달한 걸음걸이로 주방으로 걸어가는 어머니의 뒷모습을 보다가 어머니가 주방 안으로 사라지자 나는 식당 안을 둘러보았다. 한창 점심때라 그런지는 몰라도, 초저녁 나절 카바레가 붐빌 때 그곳이 여자들의 싸구려 분냄새로 들떠 있듯이, 손님들로 꽉 들어찬 식당 실내는 사내들의 시금털털한 땀냄새로 충만해 있었다. 어머니와 나는 똑같이 그러한 냄새 속에서 살 운명을 타고났는지, 아버지와 헤어진 이후 어머니는 세 남자의 품속을 거치며 사내들의 땀냄새를 맡아 왔고(이제는 혼자 사는 처지지만), 나는 스무 살부터 현재까지 20년 동안 분냄새를 맡으며 카바레 악단원으로 색소폰을 불어 오는 처지이다. 내가 세 남자라고 했지만 세 남자가 넘을는지도 모른다. 내가 한때라도 아버지라고 불렀던 남자가 세 사람이었다는 말이다. 그리고 좀 이해하기 힘들겠지만, 내 진짜 아버지는 내가 아버지라고 불렀던 세 남자 중 어느 누구도 아니다.

내 진짜 아버지는 나에게 아버지라고 부를 기회를 주지 않았다. 내 진짜 아버지가 죽었다든지 누군지 몰라서가 아니다. 나는 진짜 아버지가 누구인지 잘 알고 있고 아직 한번도 직접 만나지는 못했지만 지금 엄연히 생존해 계시고 나를 지극히 사랑하고 있다는 것을 알고 있다.

"고기 좀 무라, 인구야. 아주 좋은 것만 골라왔다."

어느새 왔는지 어머니가 내 앞에 고기쟁반을 식탁 위에 놓으면서 말했다. 나는 아무 대답도 않고 속주머니에서 편지를 꺼냈다. 줄이 쳐진 거칠고 누런 갱지가 두 장. 나는 아버지가 보낸 편지를 펴들었다. 벌써 수십 번도 더 읽어, 보지도 않고 훤히 외울 수 있었지만 의젓하게 아버지의 편지를 읽는 아들의 모습을 어머니에게 보여주고 싶어서였다. 나는 힐끗 어머니를 쳐다보았다. 어머니의 의아해 하는 표정이 더없이 고소했다. 나는 첫번째 편지를 펴 읽기 시작했다.

그립고 보고 싶은 금자에게

네가 보내온 편지는 6월 26일에 반갑게 받았다…… 꿈결에도 그립던 인구의 편지! 이 어찌 다만 일장서신으로만 맞이하였으랴! 나의 감상은 꿈이 아닌가 하고도…… 그러나 이것은 엄연한 현실 앞에 나의 정신세계는 다시 맑아졌다……

금자야! 사진도 받았다!

그곳 일가 친척들 모두 편안히 지내고 있으리라고 나는 굳게 확신한다. 이곳 우리들도 위대한 수령 김일성 원수님의 따뜻한 품속에서 보람차고 행복한 나날을 보내고 있다……

금자야! 나는 너희들과 상봉하는 그날을 항상 머릿속에 그리며 동의서를 고대한다. 동의서를 받아가지고도 려권수속하는 기일을 고려해주기 바란다.

이번에 사진 몇 장 보내고 다음 가족 사진 찍어 보내겠다.

금자야! 우리 서로 다시 만나서 그리고 인구와도 그리운 회포를 나눌 그날을 앞당기기 위하여 힘써 나가자……

1991. 6. 29.

작은아버지 씀

"무슨 편지고?"

내가 편지 속에 파묻혀 있자 어머니가 답답했던지 물어 왔다.

"아버지한테서 온 편집니더."

"뭐라고?"

어머니가 깜짝 놀라며 주위를 두리번거렸다.

"방으로 들어가자."

내 손을 잡으며 일어서는 어머니의 표정을 살피었다. 놀라움이 아니라 두려움으로 차 있었다. 아버지가 이북에 생존해 계시고 편지까지 보냈다는 사실에 어머니가 놀란 게 아니라 혹시 내가 이북과 무슨 연관이라도 있어 피해를 볼까봐 두려워하고 있다는 것을 나는 알아챘다.

"괜찮심더. 한번 읽어 보이소."

나는 어머니 앞으로 첫번째 편지를 내밀었다.

"금자가 누고?"

어머니는 편지를 받아들면서 아버지 편지의 수신자로 된 금자 누이에 대해 물었다.

"금자 누이는 중국 유하(柳河)에 사셨던 큰아버지의 딸입니더. 큰아버지하고 아버지 두 분이 중국 유하에 사시다가 해방되던 해 아버지만 귀국했심더."

"……."

"큰아버지는 천진에서 배를 타기 전 유하에 버리고 온 땅을 잊지 못해 다시 돌아갔다 합니다……. 큰아버지는 원래 농사꾼이고 아버지는 선비 아입니껴."

나는 언문을 깨칠 정도의 마을 서당교육 이외에는 신식학교를 다녀 보지 못한 어머니에 비해 사범학교를 나와 6·25사변이 나기 전까지 보통학교 선생을 한 아버지를 지칭해 묻지도 않는 말을 지껄여댔다. 어머니는 그런 나에게 의아한 시선을 보낸 후 다시 편지를 읽기 시작했다.

"니도 편지했나?"

"예, 아버지한테 했심더."

"금자가 니하고 우째 연락됐노?"

"우리 집안 족보를 유하에서 금자 누이가 우연히 보게 되어 화수회를 통해 연락됐심더. 아버지하고 금자 누이는 서로 서신왕래가 있었는데 아버지가 남조선에 아이가 하나 있는데 아들인지 딸인지 모르겠다고 하시며 몹시 걱정하고 계셨다고 합니더."

내가 태어나기 1개월 전, 1950년 9월, 고향인 경상남도 함양에서 교편을 잡으시다가 퇴각하는 인민군을 따라 북으로 간 아버지가 결코 나를 잊으시지 않았었다는 사실을 어머니가 분명히 깨닫길 바랐다.

"이 영감태기, 아직도 못된 버릇을 못 버렸네……. 위대한 수령 김일

성 원수님의 따뜻한 품속에서 보람차고 행복한 나날을 보내고 있다
고……."
　어머니가 '흥' 하고 코웃음을 치며 편지를 내동댕이치듯 내 쪽으로
던졌다. 나는 그런 어머니를 탓하지 않기로 했다. 어머니의 교양으로서
는 어쩌면 당연하게 여겨졌다. 나는 아버지의 두 번째 편지를 어머니
앞에 내밀었다. 나는 편지를 읽는 어머니의 시선을 엇비슷하게 따라가
며 아버지의 글월을 속으로 외우고 있었다.

　금자에게
　너의 편지는 8월 10일에 반갑게 받아보았다.
　그간 그곳 일가친척들이 모두 무사히 지내는데 '영석아비'가 불행하게도
뇌출혈로 고통을 겪는바 하북성에 간 후 병치료가 잘되고 있는지. 궁금하구
나…… 인구한테서 또 편지가 왔는지?

　"영석아비가 누고?"
　"금자 누이 남편입니더."
　어머니는 말없이 편지를 읽어 내려갔고 나는 아버지의 글월을 속으
로 외워 갔다.

　전번에 인구한테서 7월에 온 편지를 받아보았다…… 지금 인구는 아버지
를 얼마나 그리워하고 있는가 하는 것은 제가 아버지에게 보내온 편지 사연
이 잘 말해 주는구나. 나는 언제나 잠들기 전에는 인구에 대한 생각이 머리
를 떠나지 않는구나. 그러나 꿈에도 그리운 혈육지정! 이제 만나면 서로 오
랫동안 얼굴조차 알지 못하고 가슴아파하는 회포를 나누게 될 날이 반드시
오리라고 나는 확신하고 있다.

　"혈육지정은 무슨 노무 혈육지정…… 젊은 가시나 꽁무니 쫓아간 작

자가 이제 와서 뭐라 카노."

어머니가 편지를 내려놓고 손수건으로 코를 '횡' 하고 풀며 무심코 지껄여댔다. 기가 막힐 일이었다. 한 사람의 지식인으로 자신의 양심을 좇아 아내는 물론, 뱃속에 있는 혈육까지도 희생해야 했던 아버지를 '젊은 가시나 꽁무니 쫓아간 작자'라고 매도하는 어머니를 어떻게 받아들여야 할지 막막했다.

어머니는 다시 아버지 편지를 눈으로 읽어 갔고 나는 기억으로 읽어 갔다.

이곳에서는 나도 건강한 몸으로 생활하고 있고 형구를 비롯한 온가족이 건강하여 자기 맡은 일에 열중하고 있다. 이곳에는 전번에 려권수속을 한 후 12월 초에 승인될 것 같다…… 할 말은 많으나 오늘은 이만 간단히 소식을 알린다.

회답을 기다린다……

1991. 8. 14.

숙 석산 씀

"형구는 누고?"

"북에 있는 동생입니더. 아버지는 북에서 아들만 셋 있십니더."

"그노무 영감, 복도 많다. 하늘이 우예 이리 무심할꼬……."

아버지가 해방 후 만주에서 돌아왔을 때는 집안이 경제적으로 넉넉하지 못했고 30세의 노총각인고로 별로 탐탁지 않은 집안의 처녀와 혼사를 치렀다는, 내 어릴 때 할머니에게서 들은 말이 떠올랐다. 역시 출신은 못 속이는 건지 어머니가 아직도 이 모양이니, 아버지가 어머니와 살면서 얼마나 속을 썩였을지 보지 않아도 뻔했다.

나 자신, 아직까지도 어머니를 만난 후면 며칠 밤을 악몽으로 시달리곤 했다. 그 악몽은, 칠흑 같은 밤, 시골길 옆에 세워진 지프차에 어린

나를 남겨 두고 어느 군인에 이끌려 숲 속으로 가는 어머니의 뒷모습이
었다. 내가 꿈속에서 느낀 것은 숨막힘이었다. 안타까움과 답답함, 그
리고 억울함이 꿈속에서 나를 숨막히게 했다.
　"내일 중국으로 떠납니더."
　편지를 내려놓는 어머니에게 내가 말했다.
　"와?"
　"아버지 만나러 가는 거지 와는 무슨 왑니까."
　"이북에 갈라고?"
　"중국에 아버지가 오시기로 되어 있심더."
　"니가 무슨 돈이 있어서……."
　"걱정 마이소."
　"그노무 영감, 내 신세도 망쳐 놓더니 이제는 아들 신세까지 망칠라
카는구나."
　"그런 소리 마이소."
　"오냐, 니 맘대로 해라. 그래도 아버지라고 자식새끼가 찾아갈라는데
내가 우예 말릴 수 있나. 노자나 마련해 줄 테니 아무 말 말고 가지고
가거라."
　"필요없심더."
　"고집 부리지 말고……."
　어머니가 자리에서 상체를 일으키며 말했다.
　"아버지에게 어머니 얘기는 안 하겠심더. 걱정 마이소."
　어머니 얘기란 어머니를 거쳐간, 내가 아버지라고 불렀던 세 남자를
두고 한 말이었다. 어머니가 내 속마음을 알아채지 못할 리가 없었다.
　"와?"
　어머니가 자리에 앉더니 고개를 바짝 쳐들고 나에게 대들 듯이 물었
다. 그런 어머니를 상대하고 싶지 않아 나는 시선을 다른 곳으로 보냈
다. 어머니가 목청을 높이기 시작했다.

"이 에미가 창피스러워서? ……와? 이 에미가 더러봐서? ……와? 니 애비가 훌륭해서?"

내가 어릴 때부터 경험해 이제는 익숙해진 어머니의 발작이 지난 1년 동안 놀라울 정도로 악화된 듯싶어 나는 아무 말도 하지 않았다.

"그노무 영감태기, 뭐가 그리 잘났다고. 사상 운동을 한다고 도망치고 다녀 시아버님 속을 얼마나 썩였던지. 아마 그래 일찍 돌아가셨을 끼다. 형사들이 툭하면 집에 찾아와 족치니 견딜 수가 있나. 사상은 무슨 노무 사상. 가시나 궁뎅이를 따라다니느라 그랬지."

횡설수설 지껄이던 어머니는 가쁜 숨을 되돌리듯 잠시 말을 멈추었다가 악에 받쳐 다시 떠들어댔다.

"그래도 보도 연맹증을 받고는 두 달쯤 마음 잡고 살더니 인민군이 내려오자 그리 설치샀더니만……."

잠시 머뭇하는 어머니의 두 눈이 놀랍게도 분노로 이글거리고 있었다.

"뱃속에 있는 자식도 팽개치고 나 몰라라 하고 도망친 아버지가 우째 아버지라 칼 수 있노……."

어머니는 자리에서 벌떡 일어나 주방 쪽으로 갔다.

나는 아버지 편지를 접어 속주머니에 넣고 조용히 자리에서 일어나 입구 쪽으로 갔다. 내 남은 인생 동안 어떤 일이 있어도 어머니의 발작을 다시는 받아들이지 않겠다고 나 자신에게 다짐했다. 누구보다 아버지가 그런 나를 용서할 것 같지 않았다.

2

춘천에서 어머니를 마지막으로 본 지 3개월 후 어느 날 늦은 오후 나는 중국땅 대련(大連)의 해변에 서서 차갑도록 푸른 바다와 끈질긴 파도와 주책없이 넘실대는 수평선을 마주하고 있었다.

겨울철의 바다를 대하면서 내가 항상 경험한 바지만, 거기에는 파도에 실려오는 강인함과 해변 모래사장에 널려 있는 쓸쓸함과 싸늘한 대기 속에 묻어 있는 위압감이 존재해 있고, 그리고 그것들이 한데 뭉쳐 그곳에 있는 인간을 왜소하게 느끼도록 한다. 이곳 중국땅 대련의 해변에서 본 바다도 예외는 아닌 것 같다. 다른 점이 있다면, 이곳 중국땅에서의 느낌은 강인함·쓸쓸함·위압감 위에 절망감이 하나 더 얹혀져 있다는 것이다.

이북에 살아 계신 아버지가 오시리라는 기대 속에 유하의 사촌 금자 누이네 집에서 보낸 3개월의 지루했던 생활이 주마등처럼 흘러갔다. 결국 아버지는 무슨 이유에서인지 오시지 않았고 입국비자 만료를 하루 앞두고 이곳 대련을 떠나 내일이면 위해(威海)에서 인천으로 향하는 배에 몸을 실어야 할 내 신세가 한없이 처량하게 느껴졌다. 지금 이 순간 내가 아쉬워하는 것이 있다면 그것은 한밤중 시골길에서 지나가는 군용 지프차에 손을 흔드는 여인의 더러운 과거를 뒤집어 놓을 수 없다는 것이다. 그것은 두 남자, 나와 아버지가 같이 해야 할 중요한 일이었고 그런 의미에서 나는 지금 내가 꾸민 음모가 실패했음을 원통해 하고 있다. 나는 고개를 들어 하늘을 보았다. 먹구름이 파란 하늘마저 가리고 있었다.

허사였다. 모든 것이 허사였다. 나는 아버지의 아들이고 어머니의 아들이 아닐 것이라는 사실을 증명해 보이겠다는 나의 노력이 허사였고, 여인의 뱃속에 나를 두고 아버지가 훌쩍 떠나 버린 것이 어머니 때문이었을 것이라는 나의 추측을 확인하려는 계획도 허사가 되어 버렸다. 차라리 이렇게 허허한 가슴을 안고 서울로 돌아가야 할 바에야, 마음을 독하게 먹고 북한 영사관에 들어가 망명을 요청하였더라면, 북한에 가서 아버지를 만나 속 시원히 의문을 풀었을 터인데! 그러나 인천을 떠날 때 마지막으로 본 아내의 근심어린 표정과 진숙·영숙의 천진난만한 모습이 내가 마음을 독하게 먹는 데 한계로 작용했다.

지난 인생 동안 나는 독한 마음을 먹고 마음에 품은 것을 실행에 옮기는 용기를 갖지 못했다. 항상 때가 지난 후에야 마음을 독하게 먹지 못한 것을 지금처럼 후회하곤 했다. 내게 세 살 때 한밤중 군인 지프차에 탄 어머니가 군인들과 히히거릴 때 나는 독한 마음을 먹고 달리는 차에서 밖으로 몸을 던져야 했다. 내가 여섯 살 때 대구에 있는 어머니 친구집에 간 어머니가 그 집 응접실 마루에서 남자 품에 안겨 춤을 추며 시시덕거리고 있는 걸 보았을 때 부엌에 있던 나는 그때 독한 마음을 먹고 부엌칼로 내 가슴을 찔렀어야 했다. 기껏 내가 한 짓이라고는 그 다음부터는 할아버지 곁을 떠나지 않고 어머니의 외출에 따라 나서지 않은 것이었다. 그때뿐만이 아니다. 재혼한 어머니가 타지에서 매년 명절날에 보내 준 새 옷을 자랑스럽게 입기보다 마음을 독하게 먹고 갈기갈기 찢어 태워 버렸어야 했다.

그리고 춘천에서 벌어진 추악함…… 휘발유 장사를 하는 새아버지 집 뒤란에 주차한 군용 트럭에서 빼내는 불그스레한 휘발유, 우리 식구가 거처하는 단칸방에서 대낮에 벌어지는 트럭 운전사와(아마 어머니가 알선해 준) 여자가 함께 벌이는 정사가 남긴 비릿한 핏빛 냄새…… 내가 국민학교 다니던 시절, 그래도 어머니가 그리워 찾아간 춘천에 있던 새아버지 집은 항상 이렇게 비릿한 핏빛 냄새가 감돌고 있었다. 그것이 어머니가 나에게 남긴 영원히 씻기지 않는 기억이었고 나는 그 기억을 고스란히 간직하고 있었고, 그 기억에서 벗어나려고 발버둥치고 있는 나에게 있어 아버지는 그러한 기억으로부터의 유일한 탈출구였다.

아버지의 소식을 들었을 때까지 탈출구가 없었던 것은 아니었다. 색소폰 소리를 좋아했던 수많은 여자, 여자들…… 그들의 몸뚱어리는 나의 또 다른 탈출구였다. 나는 그들의 음부에, 내가 남자로 태어나서 세상에 남길 족적으로 정액을 남기려고 들었다. 삐뚤어지기만 했던 나의 인생, 그 인생은 전쟁 중 엄숙한 산야를 드러내는 아늑한 달빛을 깨뜨려 버린 지프차의 헤드라이트 불빛에서부터 시작되었을 것이다. 아버지의 소식을 듣고부터 그런 인생에 영원히 종지부를 찍을 수 있다는 나의 기대가 산산히 부서져 버린 지금, 내가 바라는 것은 아무것도 없다. 아버지에게 버림받고 어느 잡년의 더러운 자궁 안에서 잉태된 한 인간으로서 내가 앞으로 할 일은 색소폰을 불면서, 색소폰 소리를 좋아하는 또 다른 잡년들의 몸뚱어리에서 인생을 흘려 버리는 것 이외는.

나는 해변을 지나 부두 위로 올라섰다. 겨울 바닷바람을 폐부 깊숙이 마시며 부두 위를 걷기 시작했다. 망망한 대해 위를 날으는 한 무리의 새가 내 눈에 비쳤다. 그것들은 참새의 성실함과 비둘기의 평온함과 독수리의 활력을 두루 갖추고 있었다. 빌어먹을, 예수라도 다시 믿어볼까, 하고 엉뚱한 생각을 해보았다. 나는 파도가 부서져내리는 방조제 가장자리로 가 바다가 끝나는 수평선을 따라 시선을 보냈다. 색소폰을 가지고 왔더라면 얼마나 좋았을까! 가슴을 쪼개는 후회가 나를 엄습해 왔다.

나를 버리고 재혼한 어머니를 그리며 동네 산 소나무 밑에서 색소폰을 불던 어린 시절, 보지도 못한 아버지를 머릿속에 그리며 한밤중 남산 중턱 소나무 밑에서 색소폰을 불던 고등학교 학생시절, 그리고 변두리 카바레를 전전하며 색소폰을 불던 시절…… 중국 유하에서 보낸 지난 3개월을 제외한다면 색소폰을 들 수 있는 나이가 되고부터는 그 무거운 색소폰은 내 곁을 떠난 적이 없었다. 그리고 그것으로 '오 대니 보이'를 부르는 동안 나는 바다 위를 날으는 새와 같이 자유로워졌다. 과거로부터, 자학감으로부터, 그리고 아버지를 향한 그리움으로부터. 한 번도 보지 못한 아들에게 아버지는 위대한 유산을 남겨 주었다. 어떤 아버지가 아들에게 외로움을 없애 주고 자유를 가져다 주고 호구지책을 마련해 주는 유산을 남길 수 있겠는가!

나는 바다를 마주 보고 앉았다. 두 손을 색소폰 연주하듯이 하고 마음속으로 '오 대니 보이'를 부르기 시작했다. 흰 눈으로 덮여 침묵 속에 빠져 있는 들판이 내 머릿속에 그려졌다. 평화스러운 들판이 끝없이 이어져 나갔다. 한 마리의 야생마가 평원 위를 내리치닫고 있었다. 야생마의 모습이 멀어져 가며 내가 마음속으로 부르는 음률이 끝을 맺었다. 다음 순간 그 광활한 평원은 살을 에는 겨울 바람이 휘몰아치는 들판 옆 시골길로 변해 있었다. 음흉한 달빛 속 어머니 등에 업힌 나의 세 살 적 모습이 그려졌다(누구나 세 살 적 기억이 사실일 수 없다고 하나 나는 분명히 세 살 때의 일을 생생하게 기억하고 있다).

저 멀리서 자동차의 불빛이 서서히 가까이 다가오자 오른손으로 등에 업은 아기를 부추기며 왼손을 흔들어대는 여인의 모습이 보였다. 먼지를 일으키며 '쌩' 하고 지나치는 자동차의 빨간 불빛이 희미해지면 다시 암흑이 찾아왔고, 잠시 후 다시 달빛이 아기를 등에 업은 여인의 모습을 드러내 주곤 했다. 젊은 여자가 무슨 용기를 가졌길래 전쟁이 끝나갈 무렵 한밤중 한적한 시골길에 서서 군용차를 세우려고 했었는가? 나는 '아' 하고 나도 모르게 바다를 향해 소리를 질렀다. 내가 지른 소리에 깜짝 놀라 얼른 주위를 둘러보았다. 지나가는 행인의 의아스러운 시선이 내 몸에 와 닿았다.

'뚜' 하는 기적 소리에 나는 정신이 들어 시계를 보았다. 오후 5시 30분. 대련에서 위해로 가는 배의 승선이 시작됨을 알리는 기적 소리라는 것을 알았다. 나는 저 멀리 보이는 선착장으로 발길을 옮기기 시작했다. 발해해협(渤海海峽)을 가로지르는 배의 선상에서 보낼 열 시간의 항해가 몹시 지루하게 느껴졌다. 그러나 아버지를 기다리며 유하의 금자 누이집에서 보낸 3개월에 비할 수 있으랴. 처음 1개월은 가슴 뿌듯함이었다. 다음 1개월은 짜증스러움이었다. 마지막 1개월은 혐오스러움이었다. 먹을 수 없는 음식, 불편한 잠자리, 그리고 숨막히는 빈곤(貧困), 처음 얼마 동안 외로움을 쫓아낸 듯한 빈곤은 시간의 흐름에 따라 몰염치함으로 변했다.

　법적 체류기간의 만기가 가까워옴에 따라, 사촌누이 금자와 그녀의 남편 영석 아버지는 아버지와의 만남이 무산될지도 모른다는 절망에 빠져 들어가는 내 처지는 조금도 개의치 않고 초청장만 읊어댔다. 잠자리에 들기 전, 들판을 거닐며, 음식을 먹을 때…… 때와 장소를 가리지 않았다. 나와의 만남을 구세주나 만난 것처럼 설쳐대는 그들 부부의 입에서 나오는 소리는 '동생, 남조선에 돌아가서 초청장만 보내 줘. 내 동생한테 신세 안 질 테니. 내 열심히 일해 작은아버지가 이곳에 오시면 잘 대접해 드릴게', '처남, 북조선에 있는 친척이 오면 경제적으로 힘들고 남조선 친척이 오면 대접하기 힘들다던데, 처남이 많이 불편하겠지. 그러나 어떡하겠나, 형편이 이러니. 초청장만 보내면 처남 신세 안 지고 열심히 살아보겠네. 북조선에 있는 작은아버지에게 동의서 보내 이곳에 자주 오시게 하고 말이야……' 등이었다. 그러한 그들에게 나는 그들과 헤어질 때까지 내색을 비치지 않았다.

　때로는 울컥 치미는 분노를 삭이기 힘들었지만 지금 생각해 보니 참은 건 잘한 일이었다. 더구나 아버지를 만나면 드리려고 서울에서 빚을 내 가지고 온 미화 4천 불 중 쓰고 남은 돈에서 천 불을 주고 왔으니, 마지못해 약속한 초청장을 내가 서울에 돌아간 후 해보내지 않아도 몹시 섭섭해 하거나 혹시 아버지와 연락이 되어도 나에 대해 크게 나쁘게는 이야기하지 않으리라고 믿었다. 서울에 사촌을 불러들여 내 가족들과 같이 지내기가 싫어서만이 아니다. 남산 기슭에 위치한 전셋집에 살며 삼류 카바레에서 색소폰을 불어 세 식구를 먹여 살리는 나를, 그들은 국립 취주(吹奏)악단의 색소폰 연주자로서 넉넉한 생활을 하고 있다고 믿게 되었기 때문이다.

3

　대련항 여객선 청사가 시야에 들어오면서 귀에 익은 웅성거리는 소리가 들려 왔다. 중국 어디에서나 경험할 수 있는 바이지만 웅성거림은 사람이 모이는 곳이면 항상 존재해 있었고, 그 웅성거림 속에는 가난에 찌든 사람들의 바쁜 움직임이 있었다. 나는 그들 속에 끼고 싶지 않아 고개를 숙이고 될 수 있는 대로 천천히 발길을 옮겨 놓았다. 귀에 익은 웅성거림이 점차 커지면서 여자의 고성이 두어 번 연거푸 들려 왔다. 나는 무심코 고개를 들어 소리나는 곳에 시선을 주었다. 아래위 국민복을 입고 남자 군화를 신은 작달막한 여인의 모습이 몹시 눈에 익었다. 그 여자가 나를 향해 손짓을 하며 달려오고 있었다. 잠시 어리둥절하여 멍청히 서 있다가 나는 가슴이 덜컹 내려앉는 실망을 맛보았다. 사촌누이 금자가 나를 향해 달려오고 있었다. 나는 그 자리에 우두커니 서서 달려오는 그녀의 모습을 보고 있었다. 초청장의 집요함에 진절머리가 났다.

　동생, 작은아버지가 오셨어. 사촌누이 금자가 고함을 치며 달려오고 있었다. 작은아버지…… 작은아버지…… 그럼 아버지란 말인가? 그때서야 나는 달려오는 그녀 뒤로 시선을 보냈다. 몸집보다 유별나게 큰 국민복을 걸치고 검은색 레닌모를 쓴 사람이 그녀 뒤에서 뛰는 듯 걷는 듯 나 있는 곳으로 오고 있었다. 나는 뛰기 시작했다. 금자 누이를 지나칠 때 '작은아버지가 저기 계셔'라는 말을 귀로 스치며 노인 앞으로 뛰어갔다. 노인 앞으로 다가가 그 얼굴을 본 순간 나는 멈칫하고 말았다. 노인의 얼굴이 너무나 생소했다.

　무슨 말을 하여야 할지 어떤 행동을 하여야 할지 얼른 생각이 떠오르지 않았다. 아버지를 대하고 있을 용기가 나지 않아 시선을 아래로 떨구었다. 마음을 가다듬고 시선을 들었을 때 담배를 입에 무는 아버지의 모습이 보였다. 성냥을 켜 담뱃불을 붙이는 아버지의 두 손이 파르르 떨리고 있었다. 라이터를 꺼내 담뱃불을 붙여 주고 싶었으나 내 몸이 말을 듣지 않았다. 아버지는 바다 쪽을 응시하며 담배를 천천히 빨은 후 '후—' 하고 공중에다 담배 연기를 내뿜고 있었다.

"너도…… 담배 피워라."

바다 쪽을 응시한 채 아버지가 말씀하셨다. 아버지의 말씀이 들리자마자 나는 얼른 뒤돌아서서 서너 발자국 떨어졌다. 아버지 쪽으로 등을 돌리고 담배를 꺼내 입에 물고 불을 붙였다. 담배 연기를 깊숙이 빨아 들였다. 그 순간 나는 어느 때보다 내 가슴에 평온함을 불어넣어 주는 담배 한 개비에 감사하고 있었다.

나는 피우던 담배를 땅에 버리고 뒤돌아서 아버지를 보았다. 아버지의 입술은 미소를 짓고 있었으나 눈에는 눈물이 고여 있었고, 감정을 짓누르려는 빛이 역력하게 이마에는 깊숙한 주름이 잡혀져 있었다. 아버지가 두 손을 반쯤 벌렸다. 나는 아버지에게 다가가 아버지를 살그머니 껴안았다. 고생이 많았제? 아버지가 혼자말처럼 내 귀에 속삭였다. 아니요. 내가 말했다.

나는 잠시 아버지 품에서 빠져 나와 아버지를 다시 보았다. 아버지의 머리 위에 얹힌 검은색 레닌모를 내 손으로 벗겼다. 백발이 바닷바람에 휘날렸다. 내 기억 속에 새겨 둔 인자하신 아버지의 모습이 엿보였다. 그러나 아직도 아버지의 모습이 어색했다. 그 이유를 금방 알아냈다. 우중충하고 연한 푸른색 국민복에 내 시선이 잠시 머물러 있었다. 내가 내 머릿속에 그려 왔던 아버지의 모습에 목까지 단추가 채워진 국민복은 분명 어울리지 않았다. 내 시선을 따르던 아버지는 다음 순간 국민복 왼쪽 주머니로 두 손을 가져갔다. 그곳에 꽂혀 있던 김일성 배지의 나사를 두 손으로 풀으시더니 배지를 바지 주머니에 넣으셨다. 나는 아버지를 내 품에 다시 껴안았다. 아버지의 자그마한 체구에서 풍기는 따스함이 내 몸에 와 닿았다. 내가 경험한 적이 없는, 어머니의 품에서만 느낄 수 있는 포근함이 아마 이런 것이리라는 생각이 들었다.

　그러나 그런 따스함도 짧은 시간 동안밖에 맛볼 수 없다는 것을 나는 알고 있었다. 내일이 체류허가 기간의 마지막 날이므로 나는 곧 위해로 가는 배를 타야 하고 바다에서(해협이던가?) 밤을 새운 후 다음날 위해에서 인천으로 가는 배를 타지 않을 수 없다. 그러나 하룻밤의 여유는 있었다. 대련에서 위해로 가는 바다 위에서의 하룻밤이긴 하지만 그 하룻밤은 내가 육지에서 보낸 사십 년보다 귀중한 시간이 될 것임을 나는 알고 있었다.

　작은아버지, 이제 배에 오르셔서 좀 쉬셔야지요. 동생, 동생을 위해에서 만날 줄 알고 위해 가는 배표를 미리 샀으니 아버지 모시고 선실로 가자. 금자 누이의 말에 나는 아버지와의 포옹을 풀었다. 아버지의 손을 잡은 채 청사로 발길을 옮겨 놓았다. 아버지가 북한땅 구성(龜城)을 기차로 떠나 집안(集安)을 거쳐 통화(通化)역에서 내려 버스를 타고 유하로 오는 데 열두 시간이 걸렸고, 유하에 도착하여 내가 열 시간 전에 그곳을 떠난 사실을 알고 신발을 벗을 시간도 없이 곧장 유하를 떠나 열두 시간 만에 대련에 도착했다고 금자 누이가 우리 옆에서 걸으며 장황하게 설명했다. 나는 아버지의 안색을 살폈다. 몹시 피로한 기색이었으나 여전히 미소지으시고 계셨다.

　우리 부자는 객실 안으로 들어섰다. 통로를 따라가며 승객들로 빽빽이 들어차 있는 객실 안을 둘러보았다. 동생, 여기, 여기 자리잡았어, 하는 소리가 들려 와서 그곳으로 시선을 주었다. 어느새 우리 부자보다 한 발 앞질러 승객들 사이를 비집고 들어간 금자 누이가 선실 구석 한 곳에 큰 대(大)자로 드러누워 있었다. 우리 부자는 그곳으로 가 자리를 잡았고 금자 누이는 어디론가 다시 나갔다. 나는 벽 쪽 선반에 있는 담요를 접어 마룻바닥에 깔고 그 위에 아버지를 앉히고 아버지의 양말을 벗겼다. 내 시선이 아버지의 발에 잠시 머물렀다. 분명 아버지의 발도 내 발과 같이 편발이었다. 나는 아버지의 발을 두 손으로 천천히 주무르기 시작했다. 아버지가 움찔하며 발을 빼려고 했다. 나는 더 힘을 주어 아버지의 발을 놓아 주지 않은 채 아버지를 향해 미소지어 보였다. 아버지의 두 눈 사이에 깊은 주름이 잡히더니 다음 순간 주름이 펴지면서 눈물이 두 뺨을 타고 흘러내렸다. 아버지는 얼른 고개를 옆으로 돌리셨다. 우리 부자는 한참 동안 주위의 떠들썩한 중국인 승객들의 모습을 멍하니 보고 있었다.

4

　괜찮다, 고만해라, 너도 피로할 텐데. 아버지가 당신의 발을 주무르는 나에게 말씀하셨다. 놀랍게도 아버지는 경상도 사투리가 아닌 표준말로 말씀하셨다. 이 점부터가 어머니와 전혀 다른 부류의 사람이라고 나에게 확인시켜 주었다. 나도 표준말을 쓰기로 했다. 나는 아버지의 말을 못 들은 채 주무르기를 계속했다. 좀 누우세요.: 아니 괜찮다, 기차에서 많이 잤다. 네가 음악가가 되었다면서. 네, 하고 내가 대답했다. 무슨 음악을 하지? 색소폰을 불고 있어요. 그래? 꽤 힘들 텐데, 나도 젊었을 때 색소폰을 불었지. 알고 있어요, 아버지가 두고 가신 색소폰을 그대로 가지고 있어요. 그래? 아직도 소리가 나나? 그럼요, 혼자서 불 때만 사용해 왔으니까요. 나는 두 손으로 색소폰 부는 시늉을 했다. 아버지는 미소를 지으셨다. 아버지 누우세요. 제가 안마해 드릴게요. 아버지는 마지못해 누우셨고 나는 아버지의 다리를 주무르기 시작했다. 길쭉한 발과 길고 마른 다리를 가진 어머니와는 달리 아버지는 나처럼 편발과 짤막하고 비뚤어진 다리를 가지고 있었다.

　건장한 두 청년이 다가와 누워 있는 아버지를 가리키며 중국말로 씨부렁거리기 시작했다. 나는 얼른 주머니에서 미화 오 불짜리 한 장을 꺼내 그들 앞에 내밀었다. 그들은 그것을 받아쥐고 얼른 돌아섰다. 놀란 표정을 지으시며 벌떡 일어난 아버지를 다시 뉘였다. 수입이 좋으니? 놀란 아버지가 걱정스레 물으셨다. 네, 생활 걱정은 없어요, 집도 마련했구요. 돈을 아껴 써라. 네, 하고 내가 대답했다. 진숙이와 영숙이도 잘 있지? 네 잘 있어요. 진숙이는 공부 잘한다면서. 네, 할아버지처럼 학교 선생이 되겠다고 해요, 영숙이는 피아니스트가 될 거래요. 잘 키워라. 에미도 아껴 주고, 아이들 생애 동안 전쟁이 다시는 일어나지 말아야 할 텐데, 너의 어머니도……. 말끝을 맺지 못하는 아버지의 얼굴을 보았다. 눈을 꼭 감은 채 명상에 잠기신 것 같았다. 편지로 말씀드리지 않았지만 어머니는 제가 어릴 때 재혼하셨어요. 내가 천천히, 그러나 분명하게 말했다. 잘한 짓이다, 고만 주물러도 된다, 이제 피로가 풀렸다. 아니 괜찮아요. 나는 계속해서 주물렀다.

기적 소리가 들려 왔고 곧 배는 움직이기 시작했다. 아버지, 배가 떠나는가 봐요. 위해까지 몇 시간이나 걸리나? 약 열 시간 정도 걸리는 것 같아요. 내일 위해에서 떠나야 된다면서? 네, 체류허가가 연장이 안 되어서 떠나야 할 것 같아요. 아버지가 마른기침을 두어 번 하셨다. 아버지는 중국에 언제까지 계실 거예요? 2개월 허가를 받았으니……. 아버지가 말끝을 맺지 못하고 머뭇거렸다. 2개월 동안 계세요. 제가 다시 올게요. 그럴 수 있나? 그럼요. 서울에서 다시 입국허가를 받으면 돼요. 너무 돈이 많이 들지 않어? 괜찮아요, 돈은 충분히 있어요. 아버지는 흡족한 표정을 지으셨다. 내가 이곳에 빨리 왔었으면 좋았을 텐데, 오늘내일 오늘내일 하면서 그렇게 애를 먹였으니……. 아버지는 옆으로 돌아누우시면서 말끝을 흐렸다.

아버지 걱정 마세요. 빠른 시일내에 다시 뵙게 될 거예요. 다음 번에 뵐 때는 색소폰을 가지고 와 아버지께 '오 대니 보이'를 들려 드릴게요. 나는 아버지의 손을 잡으며 말했다. '오 대니 보이'를 좋아하나? 아버지가 미소지으면서 말씀하셨다. 그럼요. 제 18번이에요. 내 18번도 '오 대니 보이'였지. 그러니까 부자지간이지요. 우리는 서로 미소지어 보였다.

잠시 후 금자 누이가 도시락을 들고 나타났다. 도시락 뚜껑을 열자 돼지고기 냄새가 물씬 풍겼다. 구역질이 나는 것을 억지로 참았다. 아버지는 일어나 밥 위에 돼지고기가 얹어진 도시락을 금자 누이와 함께 맛있게 먹기 시작하셨다. 도시락을 들고 먹는 둥 마는 둥하고 있는 나를 보고, 왜 맛이 없니? 하고 금자 누이가 물었다. 아니요, 배가 고프지 않아서요. 그럼 이리 다오, 작은아버지 더 드리게. 아니다, 나는 괜찮다. 아버지가 말씀하셨다. 여행중이니 그래도 먹어 둬야지. 아버지가 다시 말씀하셨다. 나는 도시락을 금자 누이 앞에 놓았고 금자 누이는 조금 덜고는 이미 거의 비워진 아버지 도시락에 나머지를 덜어 놓았다. 작은아버지, 이렇게 훌륭한 아들을 보니 얼마나 좋아요. 금자 누이가 입 속에 음식을 우물거리며 말했다. 좋구말구, 이제 죽어도 한이 없겠다. 선실내 스피커에서 요란한 소리가 났다. 작은아버지는 이런 아들을 작은어머니 뱃속에 두고 어떻게 월북했어요? 바로 내가 하고 싶었던 질문을 대신해 준 금자 누이에게 나는 마음속으로 고마워하고 있었다. 하고 싶어서 했나? 잠시 조금만 올라가 있다가 다시 고향으로 갈 수 있다고 해서 그랬지, 점점 올라가다 보니 결국 북조선으로 가게 됐지. 그러면 그렇지, 하고 나는 마음속으로 쾌재를 불렀다. 아버지는 결코 나를 버리지 않았다는 것을 확인했기 때문이다. 그러나 어머니 때문에 고향을 버렸으리라는 나의 믿음은 확인되지 않았다.

동생, 이제 나도 가슴이 후련하다. 아버지를 보지도 못하고 동생을 보내니 가슴이 찢어지는 것 같았는데, 동생도 이제 소원 성취했으니 돌아가서 가사에 열중해야지, 내 초청장 보내는 것 잊지 말고. 걱정 마세요, 서울에 가서 곧 해보낼게요. 동생 고마워. 내 동생 신세 안 지고 열심히 일해 영석 아버지 약도 사고 영석이 대학 가는 비용도 벌 테니까. 그래 네가 누이를 도울 수 있으면 도와줘라. 아버지가 옆에서 거들었다. 네, 아버지 걱정 마세요. 아버지의 빈 도시락 통을 받아들고 마실 물을 가지고 오겠다며 금자 누이는 일어나 나갔다. 아버지는 벽에 등을 기대고 다리를 뻗으셨다.

아버지, 어머니하고 어떻게 만나셨어요? 나는 아버지의 다리를 주무르며 조심스럽게 물었다. 집안 어른들이 중매를 섰지, 너의 어머니가 미녀라고 주위에 소문이 자자했다, 나하고 아홉 살 차이가 났지, 집안 형편도 좋았고. 양반집은 아니었지요? 아버지는 의아스러운 표정으로 나를 보았다. 장사하는 집안이었지. 왜? 하고 아버지가 물으셨다. 아니 그냥 궁금해서요……. 어머니 젊었을 때 성질은 어땠어요? 좀 활달한 편이었지, 할 말이 있으면 꼭 해야지 속에 담고 있지는 못하는 성질이지. 아버지는 과거를 회상하듯 머리를 젖히셨다. 너의 할머니 성질도 비슷하니 고부간 문제가 많았지, 어른들 모시고 시집살이가 꽤 힘들었을 거야. 우리 사이에 잠시 침묵이 흘렀다. 시끄러운 중국말이 더 시끄럽게 들려 왔다. 어머니는 아버지와 너무나 다른 것 같아요, 어떻게 아버지가 견디어냈는지 모르겠어요. 나는 아버지가 어떤 반응을 보일지 궁금했다. 그런 소리 말아라, 너의 어머니도 좋은 세상 만났더라면 현모양처로 재미있게 살았을 거다. 아버지가 속삭이듯 말했다. 그렇지 않아요, 아버지, 어머니는 결코 현모양처가 될 수 없는 사람이에요. 아니다, 다 내 탓이다, 내가 젊었을 때 사상 운동을 한다고 날뛰지 않았으면 너의 어머니와 헤어지지도 않았을 거다. 아버지의 다리를 주무르는 내 손에 나도 모르게 힘이 갔다. 그렇지 않아요, 아버지…… 좀 누워 계세요, 제가 물을 가지고 올게요, 물 드시고 주무세요. 자리에서 일어나며 내가 말했다. 자기는…… 내일 너 떠난 후 자면 되지, 걱정 말아라. 아버지의 말씀을 뒤로 하고 나는 선실을 나와 갑판 위로 올라갔다. 차가운 겨울 바닷바람을 깊숙이 들이마시며 답답한 가슴을 달래었다. 태어나서 처음 만난 부자지간에 솔직한 대화를 할 수 없음이 내 가슴속에 짜증을 불러일으켰기 때문이었다.

갑판 위 수돗가에서 긴 줄의 앞쪽에 서 있는 금자 누이를 만났다. 물을 가지고 선실로 돌아오니 아버지는 깊은 잠 속에 빠져 있었다. 나는 담요를 덮어 드리고 아버지 옆에 앉았다. 구질구질한 아버지의 의복을 보며 나는 내일 위해에 도착하자마자 양복과 내의를 사드려야겠다고 마음먹었다. 나는 아버지 옆에 누워 밤을 뜬눈으로 새우기로 작정했다. 아버지의 체취와 고른 숨소리를 한순간이라도 놓치고 싶지 않아서였다.

누군가 내 어깨를 흔들어 나는 깊은 잠에서 깨어났다. 인구야, 이제 다 왔어, 하는 아버지의 말씀이 들려 왔다. 나는 누운 자리에서 벌떡 일어나 아버지와 마주 앉았다. 언제 일어나셨어요? 오래됐어, 노인은 새벽잠이 없는 법이야. 아버지는 내 손을 잡으며 미소지으셨다. 금자 누이는 어디 갔어요? 짐을 가지고 먼저 내려갔다. 그 사이 뭐 하셨어요? 네가 자는 모습을 보고 있었지. 얼마나 평화스럽던지, 시간 가는 줄을 몰랐어. 죄송해요, 아버지. 나는 자리에서 일어나 짐을 챙기기 시작했다.

우리 일행 세 사람은 배에서 내려 육지를 밟았다. 청사를 나온 즉시, 출국 수속을 밟을 때까지 시간이 있었으므로, 나는 상점을 찾았다. 애써 사양하는 아버지를 금자 누이와 함께 모시고 상점으로 갔다. 회색 양복 한 벌, 내의 서너 벌, 양발 다섯 켤레, 흰 와이셔츠, 줄무늬 넥타이, 검은색 구두 한 켤레, 그리고 와이셔츠 위에 입는 푸른색 스웨터를 샀다. 아버지가 옷을 갈아 입는 사이 나는 아버지가 입었던 옷가지를 하나도 빼놓지 않고 내 가방에 챙겨 넣었다. 잠시 후 새 옷을 입은 아버지의 모습을 대했다. 나는 내가 지니고 있던 볼펜을 아버지 상의 윗주머니에 꽂아 드렸다. 틀림없는 보통학교 선생님의 모습이 드러났다. 아버지의 참모습을 찾아 준 중국돈 700원, 한국돈으로 환산하면 10만 원도 안 되는 돈에 감사했다.

상점에서 나와, 출항시간이 두 시간이나 남았는데도 잘못하면 배를 놓치겠다고 앞장서 서둘러대는 금자 누이를 따라 아버지와 나는 위해

항 여객선 청사를 향해 천천히 발길을 옮겼다.

"시장하시지 않으세요?"

"괜찮다."

"시간이 있으면 좋은 식당에 아버지 모시고 가고 싶은데……."

"걱정 말아라. 너 떠나는 거 보고 금자 누이하고 먹겠다."

나는 걸으면서 주머니를 뒤져 달러와 중국돈 할 것 없이 있는 돈을 모두 꺼내 아버지에게 내밀었다.

"이 돈으로 중국에 계실 동안 쓰세요. 좋은 음식도 드시고 여행도 하시고……."

"이렇게 많은 돈을……."

"많지도 않아요. 중국돈으로 환산해 팔천 원도 안 돼요."

아버지는 깜짝 놀라는 표정을 지으셨다.

여객선 청사 앞에 도착하니 배를 타려는 사람들로 인산인해를 이루어 그야말로 아비규환이었다. 이리저리 떼밀리는 사람들 중간쯤에 자리를 잡고 있는 금자 누이가 우리에게 빨리 오라고 손짓을 하고 있었고 우리는 군중 속을 비집고 그곳으로 들어갔다. 청사 앞의 광장은 사람들로 입추의 여지도 없었으나 청사 문은 여전히 닫힌 채였다.

"이 사진 잘 간직해 둬."

아버지가 내 앞으로 한 장의 사진을 내밀며 말했다. 나는 사진을 받아 물끄러미 보았다.

"북조선에 있는 네 동생들이야. 언젠가 서로 만나게 되겠지."

사진 속에는 아버지를 가운데 두고 뒤쪽에 세 남자와 한 여자가 서 있었다.

"네 첫 동생은 결혼해 농사를 짓고 있고, 둘째·셋째는 직장에 다니고 있다."

아버지가 사진 속의 남자 셋을 하나하나 짚어 가며 말했다.

"이 여자는 누구예요?"

아버지가 사진 속의 여자에 대하여는 아무 설명이 없어 내가 물었다.

"북에서 재혼한 여자다."

아버지는 겸연쩍어하며 답했다.

"죄송해요. 너무 젊고 미인이라……."

"에미는 이 사진을 찍은 다음해 세상을 떠났다."

아버지가 시선을 딴 곳으로 보내며 말했다.

"어떻게요?"

"몰라, 무슨 병인지. 그냥 시름시름 앓다가 갑자기 죽었지. 워낙 몸이 약해서……."

"연세가 어떻게 되었는데요?"

그냥 예의상 묻는 나의 질문이었다.

"지금 살아 있으면 쉰여덟이 될 게다. 쉰다섯에 죽었지. 나하고 열두 살 차이니까."

나는 사진 속의 여자를 자세히 보았다. 갸름한 미인형 얼굴에 원피스를 입고 있는 여자는 사진으로만 보아도 굉장한 미인임에 틀림없었다. 나는 그런 미인과 재혼을 한 아버지가 자랑스러워졌다. 나는 미소지었다.

"북한 출신 여자예요?"

"아니, 고향이 경상남도이지."

"어떻게 만났어요?"

"전쟁이 끝난 후 결혼했지."

아버지는 나의 질문에 엉뚱한 답을 했으나 별로 신경을 쓰지 않았다. 나는 사진을 속주머니에 넣었다.

"어머니한테는 보이지 마라."

아버지는 지나가는 말처럼 말했다. 나는 속으로 웃었다. 그래도 한때 살을 섞었던 여편네라고 질투를 할까봐 염려하는 아버지의 순진함 때문이었다.

"어머니한테는 보이면 안 돼."

아버지는 다짐을 했다. 나는 그러겠다는 표시로 아버지의 손을 꼭 잡아 드렸다. 너무나 착하고 어진 아버지를 가졌다고 나는 확신했다.

얼마 후 청사 문이 열리고 사람들에게 떼밀리듯이 청사 문 쪽으로 가까이 갔다. 청사 문 안으로 들어서기 전 나는 아버지에게 건강하세요라고 말했고, 아버지는 나에게 나는 상관 말고 어머니한테 잘해 줘라, 불쌍한 여자다라고 말씀하셨다. 청사에 들어서면서 나는 아버지를 힐끔 뒤돌아보았다. 어머니를 '불쌍한 여자'라고 생각하는 아버지가 어떻게 이 험한 세상에서 살아 남을 수 있었을까, 하는 의문을 품었다.

청사 안에 들어서서도 30분 넘게 이리저리 밀리다가 거의 마지막 차례로 여권 심사대 앞에 섰다. 파이브 달러, 파이브 달러라며 나에게 손을 내미는 여권 심사관과 마주했을 때야 내 수중에 돈이 한 푼도 없다는 사실을 깨달았다. 나는 청사 출구 쪽으로 뛰어갔다. 청사 문을 나서자 텅 빈 광장이 나를 맞이했다. 광장을 둘러보았다. 광장 한 곳 양지바른 곳에 앉아 도시락을 먹고 있는 아버지와 금자 누이의 모습이 보였다.

나는 '아버지' 하고 부르며 그들에게 다가갔다.

"아버지 돈 오 불만 주세요. 출국하는 데 오 불이 필요해요."

아버지가 벌떡 일어나시며 주머니에서 내가 준 돈뭉치를 꺼내 들었다. 나는 그 중에서 오 불짜리 한 장을 집었다.

"더 가지고 가라."

"필요없어요. 그럼 안녕히 계세요."

"동생, 시누이하고 조카들에게 안부 전해. 그리고 초청장 잊지 말고."

금자 누이의 말을 뒤로 하고 청사 쪽으로 뛰어갔다. 뛰면서 나는 내 손에 든 오 불짜리 지폐의 촉감을 만끽하고 있었다. 그것은 분명히 아버지가 나에게 준 첫번째 돈이고, 나는 그 돈으로 가족을 만나러 갈 수 있기 때문이었다.

5

중국에서 아버지를 만난 지 6개월이 지난 어느 날 새벽, 나는 남산 기슭에 위치한 집을 나섰다. 나는 간밤에 꾼 꿈 생각을 하고 있었다. 꿈속에서 내가 다시 중국에 가 아버지에게 돈을 주었고, 아버지는 '이렇게 많은 돈을!' 하시면서 기뻐하셨다. 집 앞 골목에 세워 둔 택시에 올라타고 시동을 걸었다. 잠시 후 내가 모는 택시는 빈 택시라는 신호등도 켜지 않은 채 골목길을 빠져 나와 남산 주위의 한적한 거리를 질주하고 있었다. 나는 이때를 항상 좋아했다. 이때쯤이면 나는 이런 저런 과거에 얽힌 회상에 잠겨 있게 마련이다. 내가 이야기하는 과거란 물론 아버지와 만난 후부터를 의미하는 것이며, 그 이전의 과거는, 특히나 어머니와 연관된 과거는 내 기억에서 사라진 지 꽤 오래된다.

아버지에게는 직장을 떠날 수 없어 이번에는 중국에 갈 수가 없으니 아버지께서 북한으로 가셨다가 내년쯤 해서 중국에서 다시 만나도록 하자고 편지를 올렸다. 그러나 진정한 이유는 돈 문제였다. 내 여비를 포함해 500만 원은 있어야 금자 누이에게 체면도 지키고 누구보다 아버지에게 경제적으로 도움이 될 것 같았으나 나에게 그만한 돈을 구할 능력이 없었다. 아버지 연세가 아직 일흔 살밖에 되지 않았거니와 건강하시니 이번 기회가 아니더라도 충분히 다시 만나 뵐 수 있으리라 자위하고 있는 중이다.

중국에서 귀국한 후 3개월이란 세월이 후딱 지나가 버렸다. 유하에서 마지못해 먹은 음식 때문인지, 귀국하던 직후부터 시름시름 앓기 시작하여 병원을 들락거리며 1개월을 보냈고, 건강을 어느 정도 회복하고부터는 직업을 구하러 여러 곳의 카바레를 찾아다니며 2개월을 허비했다.

귀국 후 서울에서 보낸 첫 3개월도 지금 돌이켜보니 전혀 허송세월만은 아니었다. 그 기간 동안 나는 현실의 냉혹함을 절감했다. 중국에 다시 가 아버지를 만날 여비를 마련할 수 있기는커녕 세 가족을 먹여 살리는 것도 얼마나 어려운 일인지 뼈저리게 느꼈다. 카바레 악단은 내가 중국에 있었던 3개월 동안 내가 돌아오기를 기다려 주지 않았다. 귀국 후 다른 카바레를 여러 군데 찾아가 보았으나 마흔 살이 넘은 색소폰 연주자를 환영하는 곳은 한 군데도 없었다. 뿐만 아니라 아버지를 뵈러 갈 때 진 빚과 3개월간의 공백기간은 내 가정의 경제 상태를 엉망으로 만들어 놓았다. 아내가 호구지책으로 파출부로 나설 정도이니 집안 사정은 한마디로 박살이 난 셈이다. 그러한 상황 아래서도 두 딸이 경제적인 핍박을 느끼지 못한 것은 순전히 아내의 헌신적인 노력 때문이었다. 그러고 보니 아내가 아주 착한 마음씨를 가진 여자라는 사실을 결혼 후 처음으로 깨달은 셈이다.

나도 명색이 한 집안의 가장(家長)인데 어린 두 딸을 생각해서라도 그냥 죽치고 집 안에 틀어박혀 있을 수는 없었다. 여러 가지 궁리 끝에 택시기사로 취직을 했다. 처음에는 색소폰 연주자로 직장을 얻을 때까지 임시방편으로 얻은 일이었으나 지금까지 3개월 동안 별 불만 없이 택시기사로 일하고 있다. 택시기사라는 직업에 만족하고 있다는 말은 물론 아니다. 내가 부는 색소폰 음률에 껌벅 죽었을 남녀가 술에 취해 나에게 무례한 승객 행세를 했을 때 남모르는 말 못할 비애도 느꼈지만, 시간이 흐름에 따라 색소폰 연주자라는 직업보다 택시기사라는 직업이 못할 게 없다는 생각이 들기 시작했다. 아니, 지금 나의 심정으로는 나한테 가장 적합한 직업일지도 모른다는 느낌을 가질 때도 있다.

사흘에 하루씩 쉬긴 해도, 새벽 네 시 반부터 저녁 열두 시까지인 근무시간이 좀 고되긴 하지만 내가 이 직업을 좋아하는 이유가 있다. 아버지가 그리워지면 나는 새벽 네 시 전에 집을 나서 일을 시작하기 전 남산으로 가 남산 중턱에서 아버지가 들을 수는 없더라도 아버지를 위해 색소폰을 불며 아버지와 은밀히 이야기를 나누곤 할 수 있기 때문이다.

거의 무의식 속에서 운전했던 나는, 무미건조한 시멘트 건물인 국립
극장의 음산한 외형이 차창을 통해 내 시야에 들어왔을 때야 어수선한
사념에서 빠져 나올 수 있었다. 남산 입구에 위치한 국립극장 구내에
세워져 있는 시계탑이 새벽 4시 5분을 가리키고 있었다. 텅 빈 주차장
에 차를 세운 후 차에서 내렸다. 두 손에 물건 하나씩을 들고 국립극장
구내를 걸어나와 오른쪽으로 꺾어 남산으로 발길을 옮겼다. 약 일 년
전부터 '남산 제모습 찾기 운동'의 일환으로 자동차의 통행이 금지된
차도에 들어서 가로등 밑을 따라 걸어갔다. 일 년 전까지 자동차로 꽉
들어찼을 이 도로는 이제 새로운 정취를 물씬 풍겨 주고 있었다. 남산
이 오랜 기간 동안 지녀온 깊은 상처가 아물고 있다고 봐야 할 것 같았
다. 아스팔트길 양쪽으로 들어선 무성한 숲은, 철책이 가로막고 있긴
하지만 다시 힘차게 뻗어나가고 있었고, 오른쪽 나무 사이로 둥근 달이
교교히 떠 있었다. 이때면 항상 나는 마음의 평화를 되찾는다.

가로등이 비춰 주는 커브길 앞쪽에서 남자들의 목소리가 들려 왔다.
나는 움찔했다. 들리지 않았던 자동차의 소음이 어둠 속을 뚫고 크게
들려 왔다. 맞은편에 두 남자의 모습이 보이자 나는 색소폰 케이스를
왼쪽 옆구리에 바싹 끼고 악보 받침대를 잡은 오른손에 힘을 주었다.
그들 두 남자가 가까이 왔을 때 나는 안도의 숨을 쉬었다. 한 남자의 옆
구리에 찬 '삐삐'에서 나는 소리로 보아 그곳을 순찰중인 사복 경찰관
임에 틀림없었다. 그들 두 남자가 내 옆을 스쳐가며 보내는 의심의 눈
초리를 멀리하고 커브길을 돌아갔다. 왼쪽 나무 위에 걸친 달과 오른쪽
에 높이 솟은 남산 타워가 보였다. 20미터쯤 걸어가다 보니 아스팔트
위에 크게 흰 글씨로 씌어진 1000이라는 숫자가 홀로 서 있는 가로등
불빛에 희미하게 드러났다. 1킬로미터를 걸었으니 곧 나만이 아는 은밀
한 안식처에 거의 왔음을 알았다. 곧 사방이 컴컴해지면서 저 멀리 가
로등 하나가 비춰 주는 은은한 불빛이 시야에 들어왔다.

서너 달 전 어느 날 새벽 한 가로등의 전구를 돌을 던져 깬 것은 물론

나였다. 아늑한 안식처를 만들기 위함이었지 장난삼아 한 짓은 아니었다. 바로 이 아늑한 안식처에서 나는 아버지를 위해 '오 대니 보이'를 부르고 아버지와 대화를 나누곤 한다. 오늘은 특히 아버지의 조언이 꼭 필요한 일이 있다. 다름이 아니라 금자 누이의 초청장 문제다.

귀국한 지 6개월이 지난 지금까지도 초청장을 해보내지 않았다. 그 사이 금자 누이의 남편과 금자 누이가 나에게 보내온 여러 통의 편지 내용으로 보아 매우 섭섭해 하고 있는 것 같았고, 초청장을 해보내지 않은 사실을 아버지가 아시면 아버지도 나를 오해하고 계실지도 모르는 일이다. 솔직히 말해 그곳을 떠나기 전 아버지 앞에서까지 금자 누이에게 단단히 약속을 한 초청장을 아직까지 보내지 못한 데는 나 나름대로 말 못할 사유가 있었다. 귀국 후 직장도 잃고 애엄마의 파출부 수입으로 가계를 꾸려 나가야 하는 집안의 경제적 형편도 문제려니와, 고의적으로 속이려는 것은 아니었지만 그래도 수입이 좋고 대접을 받는 국립 취주악단의 색소폰 연주자로 알고 있는 내 직업이 기껏 택시 운전사라는 사실을 금자 누이에게 드러내 놓고 싶지 않았고, 실질적으로 금자 누이가 이곳에 오면 금자 누이의 악착 같은 성미로 보아 일자리를 얻더라도 서울에 있을 동안 우리집에 눌러앉아 있을 판이니, 그것도 고생하는 아내에게 할 짓이 아니었다. 내가 금자 누이에게 숙식이 제공되는 마땅한 일자리를 찾아줄 수 있든지, 내 형편이 나아질 때까지 미적미적 미루다가 이 지경에 이르고 만 것이다.

그러나 얼마 전에 온 두 통의 편지 내용으로 보아 더 이상 미루었다가는 크게 오해받을 것 같고 무엇보다 아버지가 이 사실을 알면 얼마나 섭섭해 하실까, 생각하니 숨이 막혀 왔다. 편지를 받은 후 답답한 마음에서 나 나름대로 노력은 해보았다. 나이 듬직한 승객에게, 중국에 가 보셨습니까? 제 사촌누이가 그곳에 있는데요, 워낙 착해서 혹시 가정부라도 필요하시면…… 하고 별 성과는 없었지만 취직처를 구하려고 시도해 보기도 했다.

나는 외로이 서 있는 가로등 밑에 섰다. 속주머니에서 두 통의 편지를 꺼내 펼쳐 가로등 불빛에 비춰 읽기 시작했다. 아버지가 좋은 조언을 해주시기 바라며 마치 아버지에게 읽어 드리듯이 속으로 천천히 읽어 나갔다.

인구 처남에게

나에게는 처남이 여럿이 있지만 그래도 오늘날까지 '처남'이라고 부르는 진짜 처남은 인구밖에 없다. 이는 아마 인구가 나에게 남겨 준 인상이 제일 깊고 서로간의 감정이 잘 통하며 서로 믿어 주기 때문이겠지!

처남이 귀국한 후 가정형편은 말이 아니다. 우리는 그래도 초청장이 오면 인차 출국할 예정으로 통화에 가서 돈 천 원을 꾸어왔지만 초청장은 종 무소식인 데다 작은아버지도 초대하고 또 가실 때 섭섭지 않게 물건도 해드리느라 돈을 좀 썼으며 또 아이들 공부도 시키다 보니 조선도 가기 전에 그 돈을 다 말아먹고 빚으로 되고 말았다. 또 근래에 와서 영석이가 병으로 앓다 나니 대학도 가지 못하고 다시 재학하였고 영무도 고중에 수학하였기에 또 돈 5백 원을 빚내어 쓰게 되니 고슴도치 오이 걸머지듯 빚만 늘어나니 자연히 앞으로 아이들 공부시킬 일과 살아나갈 일이 막연하구나! 더구나 영석이가 대학에 붙는다면 무엇으로 뒤를 대겠는지, 걱정이 태산이다. 처남도 이곳에 와서 친히 보았겠지만 중국에서 살자면 권리가 없으면 돈이라도 있어야 남에게 업심을 받지 않고 큰소리를 치며 살지 일단 돈 없는 거라지가 되고 보면 그 누가 사람으로 보는가! 우리들이야 한평생을 다 살아가지만 아이들이야 어떻게 벗기고 굶기고 공부를 시키지 않겠는가? 우리들에게 있어서 유일한 출로는 처남의 누이가 남조선에 가서 제 힘으로 돈을 벌어야 곤난은 풀릴까 하네!

처남이 이곳에 와서 우리들에게 한국에 나갈 의도가 없는가고 물었을 때 우리는 그때까지도 처남의 소원을 이룩해 주지 못하였기에 미안한 심정하며 대답을 하지 않았댔는데 오늘날 생각해 보니 우리들이 해야 할 앞처리도 하였고 생활난에 쪼들리기에 처남에게 렴치불구하고 초청을 요구하였댔는데 처남은 무슨 고려가 그리 많은지? 혹시 처남이 중국 방문을 왔을 때 우리들이 처남에게 섭섭하게 대한 일이 있는지? 우리들은 가정 생활이 충족하지 못하고 또 능력조차 없으니 처남의 요구를 만족시켜 주지 못한 듯도 하네. 그러나 처남이 량해해 줘야지! 어쨌든간에 이번 초청만은 꼭 해주기를 바라네. 금액이 얼마 들면 앞으로 누이가 일을 해서 돌려줄 테니 돈 걱정 말고 초청해 주기를 제발 부탁한다. 처남의 누이가 한국에 가려는 목적은 결코 친척들에게 돈을 많이 얻어 잘 살아 보겠다는 것이 아니고 한푼이라도 제 힘으로 벌어 아이들 공부시키자는 것뿐이네. 아직까지 우리들의 심정을 몰라 주겠나?

이곳 정세는 처남이 왔을 때와는 완연히 달라 모두들 지금 한창 한국 방문 열을 올리고 있네. 진작 간다는 우리는 가지 못하고 있으니 동네 사람들께 부끄럽기만 하네. 고난 속에서 허덕이는 우리는 우리의 구원자인 처남만 믿네! 아무 때건 하루 속히 초청해 주기 바라네. 만약 된다면 배표는 사지 말기를 바라네. 그곳에서 배표를 사면 위해에서 배를 타기 곤란하네! 우리는 처남만 믿고 사네!

처남의 건강과 가족의 평안을 빌며 초청장을 바라네!

자형으로부터
1992. 8. 5.

초청장을 보내지 못한 데 대한 죄의식이 나를 짜증나게 했다. 나는 얼른 다음 편지를 대했다. 서투른 글씨에 철자법이 엉망인 금자 누이의 편지를 읽기 시작했다.

인구 동생에게

그동안 온가정이 편안한지

우리도 별사고 없이 잘살고 있다.

아직까지 편지도 한장 없고 초청장도 보내지 안았길래 매우 섭섭하네. 나는 동생을 꼭 믿고서 서울에 사는 외삼촌께 나의 초청장은 사촌동생 인구가 하여 준다고 하였다. 동생이 초청을 하지 않으면 신분증과 사진을 외삼촌한테 즈시로 드려쓰며 좋겠다. 초청을 안하려면 이신부럼이야 못하겠는가. 나는 동생이 초청장을 하여 주지 안으면 동네 사람 보기 부그럼고 우리 영석 아버지 큰아버지 보기도 미안하다. 우리의 정황은 곤난하다는 것을 동생도 잘알고 갔지않으는가? 우리 영석이 큰아버지는 잇는 성심끝 우리를 방조하고 작은 아버지가 중국에 계실적에도 군에 계시는 영석이 큰아버지께서 좋은 술과 다배 온갔 식품을 많이 가져와고 밀가루도 두포 대나 가져와서 작은 아버지가 가져갔다. 그리고 작은 아버지 가실 때에도 부대의 차로 통화까지 가셨다.

동생이 나에 대하여 무슨 섭섭한감이 있는지.

나는 동생의 소식을 듣고 부터 지금까지 우리형제들과 지글랑거리면 인는 성심끝 다하였는대 또 무슨 일로 섭섭하게 생각하고 있는지 몰으겠구나. 나는 동생들과 지글랑거니는 것도 작은 아버지와 너의 초청문제 때문에 지글랑거리지 무슨 다은 일도 없다. 나는 한국에 가려는 목적은 다음이 아니고 존경하는 외삼촌도 만나보고 중국의 모든 동포들이 가서 일하면서 금전을 벌인다고 하길래 나도 한번 갈볼가 하는 것이다. 나는 가도 동생의 부담을 안시키고 나의 노력으로 하려 한다. 동생이 초청을 하여주겠다고 하였길래 나는 외삼촌보고 동생이 나의 초청서는 한다고 하였다. 빨리 외삼촌한들로 보내길 바란다.

할말은 많으나 이만하면서 동생의 건강과 가정화목을 바란다.

1992년 8월 20일

금자

나는 금자 누이와 금자 누이 남편의 편지를 접어 속주머니에 넣었다. 그리고 나서 악보 받침대를 가로등 불빛 바로 밑 가장 잘 보일 듯한 곳에 세워 놓고 색소폰 케이스를 열었다. 먼저 색소폰 옆에 포개져 있는 아버지가 입었던 옷을 꺼냈다. 두 손으로 그것을 얼굴로 가져와 내 얼굴을 푹 파묻었다. 아버지의 체취가 조금도 흐트러짐 없이 고스란히 그곳에 있었다.

나는 악보를 꺼내 악보 받침대 위에 '오 대니 보이' 페이지를 펼쳐 놓았다. 색소폰을 두 손으로 잡고 입으로 가져갔다. 딱딱하나 매우 부드러운, 어릴 적부터 내 입에 잘 길들여진 색소폰 주둥아리를 입에 대자 평온함이 내 가슴을 파고들었다. 나는 색소폰을 불기 시작했다. 수천 번도 더 불어 본 곡이지만 내 시선은 악보를 떠나지 않았다. 고향에서 다닌 국민학교 시절 도시락을 싸가지고 가지 않아 학교 건물 뒤쪽 동산에 올라가서도 악보에 시선을 집중하면 배고픔을 잊을 수 있었고, 서울에서 야간 고등학교를 다니며 중국 음식점에서 일할 때도 남산 중턱 나무 밑에서 악보를 보고 색소폰을 불면서 서글픔을 잊을 수 있었다.

도시의 자동차 소음을 뒤에 두고 도시의 오염된 공기를 발 아래 멀리 두고 나는 오늘도 '오 대니 보이'의 음률 속에 과거를 다독거려 주고 현재를 잊어버리고 미래를 채색하고 있다.

젊은 남녀 한 쌍의 모습이 나타나 내 앞에 잠시 서 있는 듯하다가 멀어져 갔다. 순찰 경찰차가 내 앞을 지나며 속도를 줄이더니 다시 사라졌다. 나는 눈을 감고 '오 대니 보이'의 마지막 소절을 불며 아버지의 목소리가 들려 오기를 바랐다. 내가 '오 대니 보이'를 다 끝냈을 때까지 아무 소리도 들리지 않았다. 나뭇잎이 흔들리는 소리와 다람쥐가 숲 속을 헤집는 소리와 때늦은 매미 소리 이외에는.

나는 잠시 그 자리에 머물러 있었다. 잠시 후 나는 색소폰을 케이스에 넣고 악보 받침대를 접었다. 두 손에 하나씩 들고 올라왔던 길을 다시 내려가기 시작했다. 아버지의 조언을 들을 수 없어 섭섭했으나, 내일, 그리고 앞으로 다가올 모든 내일에도 이곳에 와 색소폰을 불 수 있다는 생각에 마음이 흐뭇해졌다.

초가을 새벽 바람이 내 얼굴에 와 닿았다. 눅눅하나 찐득찐득한 강인함이 바람 속에 배어 있었다. 마치 어머니의 마음처럼……

……어머니…… 중국에서 아버지를 만나고 온 후 춘천에 있는 어머니를 찾아가 보지 않았다. 특별한 이유가 있어서가 아니라 어머니 생각이 나지 않았다. 아마 아버지를 찾은 이상 어머니와의 인연을 끊겠다는 나의 결심 때문이었던 것 같다. 문득 이상한 느낌이 들었다. 특별한 이유가 없이 어머니가 연상된 것이 마치 누가 시켜서 그런 것 같았다. 아버지가? 그렇다. 아버지가 나에게 조언을 해준 것이다. 어머니를 만나 춘천식당에서 금자 누이가 일할 수 있도록 부탁을 하고 금자 누이를 초청하는 것이다. 왜 미처 그런 생각을 하지 못했을까. 나는 갑자기 마음이 홀가분해졌다. 오늘 일을 빨리 끝내고 저녁에 춘천에 가 어머니를 만나기로 결정했다.

남산을 다 내려와 국립극장 구내로 들어섰다. 내 차 한 대만이 달랑 서 있었다. 나는 차에 다가가 차문을 열고 자리에 앉았다. 엔진을 걸고 오른손으로 철컥 하고 택시 미터기를 제켰다. 국립극장 구내를 빠져 나가 좌회전을 해 장충동 로터리로 향했다. 신호등이 바뀌어 정지했다. 로터리 건너편 해장국집에서 나오는 술꾼들이 내가 맞이하는 첫번째 손님이게 마련이다.

신호등이 바뀌었다. 나는 전진 기어를 넣고 액셀러레이터를 밟았다. 내 두 눈은 승객의 모습을 찾고 있었으나, 내 머리는 트렁크 속에 있는 아버지가 입었던 옷과 지갑 속에 있는 이북의 동생들 사진 생각으로 꽉 차 있었다.

6

내가 춘천에 도착해 택시를 멀리 세워 둔 채 걸어가서 보신탕집의 문을 열고 들어섰을 때는, 꽤 늦은 저녁 시간으로 식당이 거의 파장할 무렵이었다. 구석 테이블 서너 곳에 취해서 떠드는 무리를 제외하고는 텅 빈 식당은 한차례 태풍이라도 지나간 듯, 식탁 위와 바닥이 지저분했다. 환기가 제대로 안 된 탓인지 담배 연기로 꽉 찬 실내는 보신탕집 특유의 시큼한 식초 냄새로 충만해 있었다. 역시 사람은 타고난 직업이 있는지, 그 냄새는 어머니의 과거를 잘 대변해 주는 것 같아 나는 속으로 피식 웃었다. 어머니가 앉아 있어야 할 계산대는 텅 비어 있어 내가 식당 안을 두리번거리자, 구석 테이블 한 곳에 있는 사람들 속에서 몸을 흐느적거리며 일어나는, 나이에 비해 몸에 너무 들러붙는 원피스를 걸친 어머니의 모습이 보였다. 꽤 거리를 두고 보았는데도 어머니가 벌써 몇 차례 주석(酒席)을 돌았음을 한눈에 알아볼 수 있었고, 어머니의 그런 모습은 되살아나는 악몽, 숨막히는 악몽이었다. 이유 모를 분노가 내 가슴속에 치밀어 올라와, 금자 누이의 취직을 부탁해 보려는 원래의 목적도 잊어버리고 나는 얼른 그곳을 뛰쳐나오고 싶었다.

"아이고, 이 자슥아 우예 한 번 연락도 안 했노?"

어머니는 내 두 손을 맞잡으며 갑자기 아들의 안위를 걱정하는 어진 어머니 행세를, 술의 도움을 받아 멋들어지게 해냈다.

"무소식이 희소식이라 안캅니까?"

나는 어머니가 잡은 두 손을 빼내며 퉁명스럽게 쏘아붙였다.

"그래, 중국에 갔다 언제 왔노?"

"한 6개월 됐심더."

"가족들은 다 잘 있제?"

"예."

"이리 앉아 봐라."

어머니는 나를 이끌고 식탁에 앉힌 후, 여기 고기 가지고 와라, 하고 주방을 향해 소리쳤다.

"저녁 먹었심더."

"그래도 좀 무라. 니 얼굴에 우예 이리 윤기가 없노? 밥은 잘 묵나?"

"……."

"우째 사노?"

"밥 묵고 살 만합니더. 걱정 마이소."

나는 툭 쏘아 주었다.

"에미하고 애들은 건강하제?"

"예."

"애들, 공부 잘하고?"

"걱정 없심더."

"그라믄 됐다. ……너무 욕심 부리지 말아라."

대화가 치닫는 방향에 짜증이 났다. 아버지를 만나고 왔을 것을 빤히 알면서도 아버지에게 관심이 없을 리 만무한데 넉살을 떠는 어머니가 얄미워서 나는 더 이상 그곳에서 어머니와 마주하며 시간을 끌고 싶지가 않았다.

"부탁이 있어서 들렀심더."

"그래, 무슨 부탁이고?"

"중국에 있는 금자 누이가 한국에 와서 일을 하고 싶어하는데, 여기 식당에 자리 하나 마련해 줄 수 있나 해서……."

긍정적인 답보다 오히려 부정적인 답을 기대하며 어물거렸다.

"오라 캐라. 자식새끼 하나 있는 건 에미가 더럽다고 에미 취급도 안 하니…… 내가 딸처럼 생각하고 돌봐 줄 테니 오라 캐라."

앞뒤 재지 않고 모든 게 즉흥적인 어머니는 역시 어머니다웠다.

"고맙심더. 그럼 안녕히 계시소. 이자 가볼랍니다."

나는 볼일이 다 끝났다는 태도로 자리에서 일어나며 말했다.

“야야, 무슨 소리를 하노? 고기라도 몇 점 묵고 가라. 고기 싸줄 테니 아이들한테도 갖다 주고…….”

어머니는 내 의향도 묻지 않고 주방에다 대고 고기를 가지고 오라고 소리쳤다.

“저노무 가시나들. 일 시킬라 카이 우째 이리 힘이 드노. 니 여기 잠깐 있거라. 내 주방에 갔다가 오마.”

어머니는 자리에서 일어나려고 했다.

“고만두이소. 아이들 개고기 안 먹심니더.”

“그럼 에미한테라도 줘라.”

“에미도 안 먹심니더.”

“그래도 가지고 가봐라.”

“중국에서 아버지 만나 뵙심더.”

나는 어머니의 표정을 살폈다.

“그래? 건강하제?”

40년이 넘게 헤어져 있던 남편의 안부를 묻는 말투라기보다 먼 친척 어른의 안부를 묻는 말투였다.

“예, 아주 건강합니더.”

“그노무 영감태기 복도 많지……. 아 참, 에미 줄라고 스웨타 하나 사 두었다. 가지고 가거라.”

“아버지가 이북에서 결혼해서 잘 살고 계십니더.”

“애들한테도 뭐 사주어야 되겠는데, 뭐가 좋을꼬…….”

“아들만 셋이 있고요.”

“공책하고 필통 사줄까?”

동문서답을 하는 어머니가 얄미웠다. 다음 순간 지갑에 넣어 둔 아버지의 가족 사진이 생각났다. 드디어 어머니의 콧대를 꺾어 놓을 기회가 왔구나, 드디어 어머니의 가슴에 못을 박을 수 있겠구나, 하고 나는 속으로 미소를 지었다.

"아버지의 이북 가족 사진 보여 드릴까예?"

"필요없다. 집어치라."

나는 지갑 속에 있는 사진을 꺼내 딴청을 부리고 있는 어머니 앞으로 내밀었다. 사진에 시선을 주지도 않은 채 일어나려는 어머니의 팔을 잡고 사진을 어머니 턱밑으로 내밀었다. 어머니는 사진에 시선을 힐끔 준 다음 얼른 시선을 다른 곳으로 돌렸다.

잠시 후 어머니는 사진을 집어들었다. 사진을 대하는 어머니의 미간에 깊은 주름이 잡히더니 사진을 든 손이 파르르 떨렸다. 두 어깨가 허물어지듯 내려앉으며 손에 든 사진이 식탁 밑으로 떨어졌다. 어머니는 어깨를 들먹거리며 킬킬거리기 시작했다. 나는 처음에 그것이 어머니의 특유의 방정맞은 비웃음으로 여겨 못 본 체, 못 들은 체했다. 다음 순간 어머니의 감은 두 눈에서 눈물이 주루룩 뺨을 타고 흘러내렸다.

나는 어머니가 세상이 두 쪽이 나도 아들에게 눈물을 보이지 않을 여자라고 믿어 왔기 때문에 얼떨떨해졌다. 어머니는 원피스 주머니에서 손수건을 꺼내 양 손으로 얼굴을 감쌌다. 그리고 식탁 위에 앞으로 엎어지듯 꺼꾸러지더니 조용해졌다. 어머니의 어깨가 처음에는 조용히, 곧 격정적으로 흔들리기 시작했고 '끼억끼억' 하는 울음소리가 손수건으로 막은 입에서 새어 나왔다.

무슨 연유에서인지 모르나 너무나 어머니답지 않은 행동이었으므로 나는 혹시 그것이 근래에 얻은 어머니의 주사(酒邪)일지도 모른다는 생각을 하며 멍청히 앉아 있었다.

"그 여자가 누군지 아나?"

울음이 조금 가라앉자 반 울음 속에 어머니가 불쑥 말했다.

"니 새어머니 말이다."

내가 잠자코 있자 어머니가 다시 말했다. 어머니는 식탁에 엎드린 상체를 들더니 바닥을 두리번거리다 사진을 다시 집어들었다. 사진을 두 손으로 잡고 잠시 보더니 말릴 사이도 없이 갈갈이 찢기 시작했다. 그러면서 어머니는 주위도 아랑곳하지 않고 정신 나간 여자처럼 울부짖기 시작했다.

"영감태기가 미쳐도 단단히 미쳤지. 선생이라는 작자가 동료 여선생을 꼬셔 가지고…… 사상 운동은 무슨 노무 사상 운동…… 아이구야 사상 운동 좋아하네…… 순진한 여선생 꼬셔 가지고 사상 운동한다 카고 데리고 다니다 가족 다 팽개치고 어린 여자 데리고 도망간 게 사상 운동이가…… 세상은 우예 이리 무심할꼬. 그런 영감태기가 버젓이 살아 있다니……."

어머니는 다시 엎드려 통곡하기 시작했고 손님들의 놀란 시선이 우리에게로 쏠렸다. 어머니의 통곡은 그칠 줄 몰랐다.

"그 여자는 3년 전에 죽었심니더."

어머니의 통곡이 잠시 주춤하더니 다시 계속되었다. 모든 사람들의 시선이 어머니에게 쏠리고 있었다. 그것은 측은한 시선이었다. 내가 어머니에게 보내는 시선도 측은한 눈길이기를 바랐다.

다음 순간, 어머니를 가리켜 불쌍한 여자라고 한 아버지의 말이 상기되었다. 어머니가 울음 속에 한 말이 사실이라면, 지금 와서 그 말이 사실인지 아닌지 나한테는 상관없는 일이지만, 어머니는 세상의 어느 여자보다도 불쌍한 여자라는 느낌이 들었다.

"며칠 후에 가족들 데리고 다시 들르겠심니더. 진정하시소."

나는 식탁에 엎드려 있는 어머니의 손을 잡고서 말했다. 어머니는 울음을 멈추고 고개를 들더니 손수건으로 눈물을 닦고서 코를 '횅' 하고 풀었다. 나는 마음이 놓였다. 어머니가 코를 '횅' 하고 풀 때면 기쁨·슬픔·분노 할 것 없이 어떤 감정이라도 끝장을 보게 마련이다.

"야들아, 고기 싸라 카는 거 우째 됐노?"

어머니는 조금 전까지 통곡을 한 여자로는 도저히 믿어지지 않는 태도로 주방 쪽에다 대고 소리쳤다.

나는 속으로 미소지었다. 전쟁의 재앙을 포함해서 세상의 어떤 재앙

이라도, 남편의 배신을 포함하여 세상의 어떤 배신이라도 어머니라는
여자의 가슴속에서는 오래 견뎌내지 못하리라는 생각이 들어서였다.

가족들과 같이 며칠 후 다시 찾아뵙겠다고 약속하고 어머니와 헤어
졌다. 택시를 세워 둔 곳까지 한참 걸어와서 택시에 올라탔다. 시동을
걸고 미터기를 철컥 꺾었다. 이왕이면 빈 차로 가느니보다 서울행 승객
을 태우고 가 수입을 올릴 작정이다. 사실 나는 지금 과거 어느 때보다
돈이 필요하다. 오늘 밤도 여느 날 밤과 같이 내가 중국에 다시 가 아버
지를 만나 뵙고 아버지에게 돈을 전해 줄 때 아버지가 기뻐하시는 모습
을 꿈속에서 뵐는지 모른다.

그러나 오늘 밤은 다른 꿈을 꾸고 싶다. 미래 어느 한 시점, 우리 세
식구가 한자리에 모인 데서 아버지가 어머니에게 용서를 구하고 어머
니는 아버지를 용서하는 꿈이다. 세월의 흐름이 망각(忘却)을 불러일으
키지 않는다면, 세월의 흐름이 용서(容恕)를 동반하지 않는다면, 그리
고 그것이 새로운 미래를 받아들이지 않는다면, 세월의 흐름은 죽음을,
한(恨) 서린 죽음을 맞이할 뿐이라는 것을 어머니도 알고 계실 것이다.

강물은 바람을 안고 운다

이원규

침대 4개가 달린 컴파트먼트 침대열차에 러시아말 방송이 울려 퍼졌고 안내자인 니꼴라이가 통역했다.

"십 분 뒤에 하산역에 도착합네다. 내릴 준비하시라우요."

세 사람은 아래층 침대 위에서 벌였던 한 점에 1달러짜리 고스톱 판을 걸었다. 다섯 시간 반 동안 판을 벌여 김민규 프로듀서가 70~80달러를 따고 카메라 기자 조경호는 50달러쯤을, 이현식은 25달러쯤 잃었다. 이 정도면 심심풀이는 잘한 셈이군. 이현식은 무릎 밑에 깔고 앉았던 남은 판돈을 지갑에 넣고 배낭을 챙겼다.

조경호는 16밀리 이엔지 카메라를 능가한다는 8밀리짜리 고성능 디지털 캠코더의 작동을 확인하고 배낭을 꾸렸지만 이현식과 김민규는 그냥 꾹꾹 누른 뒤 단단히 조여맸다. 두 사람의 배낭은 몇 권의 책과 자료 노트, 이 날 먹을 두세 끼 분량의 참치밥, 북어국, 고추장, 김치, 소고기 장조림, 골뱅이 따위 통조림과 김, 라면, 커피믹스, 러시아인들이 어쩔 줄 모르고 좋아하는 초코파이 등 서울에서 가져온 즉석 식품들이

들어 있었다. 식품은 취재반 세 사람이 슈트케이스 하나에 잔뜩 넣어 왔으나 나머지는 닷새 동안 찍은 필름과 옷가지 따위와 함께 호텔에 맡겨 놓은 터였다.

카메라를 다루는 직업 때문인가. 열차가 멈추자 조경호가 제일 먼저 내려, 물 마시고 머리를 드는 수탉처럼 목을 뽑고 고개를 젖혀 하늘을 올려다보았다. 현식도 그의 곁에 서서 고개를 젖혔다. 하늘은 쨍하게 맑고 서쪽 지평선 가까운 곳은 뭉게구름이 장하게 떠 있었다. 8월 초이지만 러시아 극동지방은 서울과 달리 초가을이었다. 얼굴을 스치는 바람이 선선했고 머리를 풀어내린 여인처럼 가지를 치렁치렁 늘이고 플랫폼에 군데군데 선 미루나무에서는 갈매미들이 야단스럽게 울고 있었다.

"조형, 날씨가 좋아서 카메라발이 잘 먹히겠어. 북한 땅이 잘 찍히겠지?"

프로듀서 김민규가 선글라스를 치켜올리며 말했다.

김민규와 입사 동기라는 카메라 기자 조경호는 대답 대신 청바지 뒷주머니에 찔러 넣었던 미국 프로야구 다저스 팀 모자를 꺼내 꾹 눌러 쓰면서 "하라쇼" 하고 외쳤다. 훌륭하다, 또는 충분하다는 뜻의 러시아어였다.

니꼴라이가 금발을 휘날리고 서서 팔을 들어 역사(驛舍) 앞의 흙길을 가리켰다. 푸석푸석한 그 길은 역사 앞의 공터에서부터 시작되어 잡초 무성한 구릉을 뱀처럼 타고 넘어가고 있었다.

"저걸 넘어가서리 이십 분쯤 걸으면 철교가 나옵네다. 날레들 따라오시라우요."

니꼴라이는 취재반이 일당 30달러에 고용한 통역이었다. 평양의 김일성 대학에 유학한 백계 러시아 청년이었는데 평안도 사투리이긴 하지만 능숙하게 한국어를 구사하고 있었다. 그가 한국의 독립기념관 연구원들을 두만강까지 안내했었다는 사실을 알고 있었으므로 일행은 자세히 묻지 않고, 앞장서 긴 다리를 휘청거리며 걷는 그의 뒤를 따라 걸었다. 블라디보스토크에서 떠나 이곳에 종착했다가 네 시간 뒤에 다시 블라디보스토크로 돌아가는 열차. 일행은 왕복표를 가진 터라 네 시간 안에 오늘의 취재 대상인 두만강을 촬영할 계획이었다.

나지막한 언덕 위에 콘크리트로 견고하게 지어진 역사는 텅 비어 있었다. 러시아 문자로 '하산'이라고 쓴 간판 아래 두툼한 나무로 짠 문이 두 팔을 벌리고 있었는데 대합실에도 인적은 없었다. 역사 뒤로 낮은 지붕을 드러내며 앉아 있는 마을도 한 소년이 고샅에서 굴렁쇠를 굴리는 모습이 잠시 나타났을 뿐 조용했다. 국경역이라 한적한 것일까, 아니면 국경역인데도 한적한 것일까. 현식은 그런 생각을 하다가 자신의 언어가 문득 혼란스러워져서 싱거운 사람처럼 혼자 웃었다.

김민규가 입을 다물고는 못 견디겠다는 듯 휘파람으로 러시아 민요 '스텐까라진'을 불어댔다. 그러더니 몇 걸음 앞서 가는 니꼴라이를 향해 50달러짜리 미국 지폐를 작은 깃발처럼 흔들며 외쳤다.

"꼴려, 국경 경비대 장교한테 두만강 철교에 올라가도 좋다는 허락을 얻어내야 해. 이걸 주고 쓱싹 해보란 말야."

"알았습네다" 하고 니꼴라이는 발을 멈추고 돌아서 기다렸다가 돈을 받아들었는데 이현식은 '꼴려'라는 그의 애칭이 주는 어감 때문에 피식 웃음이 나왔다.

내레 이름이 니꼴라이 알빠뜨이치라고 합네다. 러시아식 애칭으로 그냥 '꼴랴'라고 불러 주시라우요. 결코 '꼴려'가 앵입네다. 닷새 전 그가 처음 자신을 그렇게 소개했을 때 일행은 웃음을 터뜨렸다. 러시아 청년이 우리말의 이상한 뉴앙스를 이해해 농담을 하다니. 평양에서 놀림을 많이 당한 모양이군. 현식의 말에 니꼴라이는 눈을 찡긋하며 해학적인 미소를 지었다. 녀학생들도 '꼴려'라고 불렀시오. 쌩끗 웃으면서 불렀시오. 내레 참 기가 막혀 개지구. 네 사람은 너털웃음을 웃으며 군용 트럭 타이어 자국이 찍힌 맨땅을 걸었다.

고갯길 중간쯤에 이르렀을 때 김민규가 무슨 생각이 났는지 고개를 뒤로 꼰 채 서서 현식을 기다렸다. 현식은 아마 다리 앞에서 찍을 화면의 리포팅 멘트 때문일 것이라고 짐작하면서 걸음을 조금 빨리 했다. 지금 가고 있는 두만강 철교는 러시아 연해주 포시에트 지역의 문호로서 지난 세기말 한인들이 남부여대하여 유랑의 길을 떠나온 유민 루트였다.

김민규가 눈을 찡긋하며 현식의 옆구리를 찔렀다.

"정말 괜찮았어요?"

"뭐가요?"

"어제 데리고 잔 여자애 말이에요."

현식은 조금 쑥스러웠다. 김민규는 그보다 두 살, 조경호는 세 살이 아래였고 만난 지 열흘밖에 안 된 사이였다. 그리고 그는 어제 저지른 외도에 대해, 작가는 분방한 경험이 재산이라고 생각해 자신을 합리화하려 하고 있었지만 천성적으로 부끄러움을 갖고 있었다. 그러나 그는 활달한 표정을 과장하여 말했다.

"좋았어요."

"소설 쓰듯이 실감나게 얘기할 줄 알았는데 점잔을 빼시는군요."

그러더니 김민규는 눈을 감고 두 손으로 여자의 유방을 움켜잡은 시늉을 하면서 아아, 아아 신음을 냈다.

"고것이 나를 타고 앉아 요염한 허리를 비틀며 요동치는 바람에 천국과 지옥을 오락가락했지요."

카메라 기자 조경호도 한마디 했다.

"난 온몸의 뼈가 다 녹아 버리는 줄 알았다구요."

현식은 웃으며 두 사람을 향해 고개를 끄덕였다. 그는 두 사람의 그런 성격이 좋았다. 평소에는 이렇게 헐렁헐렁해 보이지만 일을 시작하면 물불 안 가리고 죽기살기로 덤비는 독종. 그는 진정한 프로란 그런 사람이라고 생각해 호감이 갔다.

어제 일은 인투리스트 호텔 건너편에 있는 콤소몰 공원에서 시작되었다. 세 사람이 저녁 식사 후 산책삼아 자작나무 숲을 거닐 때 미끈하게 생긴 처녀들이 다가와 영어로 말을 걸었다.

"당신들은 까레이스키(한인)이군요. 술을 산다면 합석할 수 있어요."

호텔 로비에서 서성거리는 인터걸들과는 달리 분위기가 조금은 청순해 보였고 말을 트다 보니 대학생들이었다. 결국 호텔의 나이트 클럽을 거쳐 객실로 올라갔고 백 달러씩을 주고 데리고 잤다. 현식의 파트너 뉴샤는 목이 가늘고 깊고 푸른 눈을 가진 처녀로 경제학과 3학년이었는데 학비를 벌기 위해 이런 일을 한다고 했다. 처음에는 슬픈 듯한 눈매를 보며 미안한 마음이 들었지만 그녀는 모든 것을 바쳐 그의 쾌락을 위해 봉사했고 그는 50달러를 더 주었다. 까레이스키는 부자군요. 여자를 사며 많은 돈을 쓰다니. 하지만 난 당신을 잊을 거예요. 아침에 뉴사는 그런 말을 남기고 총총히 방을 나갔다.

고갯길을 다 올라갔을 때 조경호가 "두만강 철교가 보인다" 하고 소리치며 배낭을 내려 캠코더를 꺼내 들었다. 김민규도 그 옆에 서서 촬영 방향을 지시했다. 큐씨트(방송 구성안)에 이 고갯길에서 자신이 카메라 앞에 서서 찍을 리포팅은 없었으므로 현식은 담배를 한 대 피우며 굽이굽이 흐르는 두만강과 철교 그리고 그 너머 누워 있는 북한 땅을 바라보았다. 침묵 속에 꿈결처럼 아련해 보이는 산야. 두 차례 만주여행을 하며 북한 땅 가까이 가보았으니 익숙해질 만도 한데 처음과 마찬가지로 설렘과 안타까움과 슬픔이 어우러져 강물처럼 그의 가슴을 타고 흘렀다. 문득 이용악의 시 「두만강 너 우리의 강아」가 떠올라 그는 강 앞에서 찍을 리포팅 멘트는 그것을 읊조리며 시작해야겠다고 생각했다.

십여 분을 걸어내려가 철교 앞에 이르렀다. 니꼴라이가 장교를 만나 돈을 주고 온갖 노력을 다한 끝에 다리 앞까지 가는 것은 허락받았으나 촬영은 거부당했다. 김민규 프로듀서가 그냥 물러설 리가 없었다. 다시

50달러를 주고 방송사 로고가 찍힌 기념 시계를 다섯 개나 꺼내 장교의 주머니에 넣어 주고 5분간의 촬영을 승낙받았다.

"로스케놈들, 군바리나 여대생이나 달러라면 사족을 못쓰는군. 이 선생 빨리 리포팅합시다."

현식은 수첩에 원고를 써서 연습할 여지도 없이 곧장 교두보로 가서 카메라 앞에 섰다.

"잠들지 말라, 우리의 강아. 오늘밤도 너의 가슴을 밟는 뭇 슬픔이 목마르고 얼음길은 거츨고 길은 멀다. 저는 지금 이용악의 유민시를 읊으며 우리 유민들의 한이 서린 두만강 앞에 서 있습니다. 지난 세기말 우리 동포들은 이곳을 나룻배로 건너 연해주 땅으로 들어섰습니다. 두만강은 지금 역사의 아픔을 안은 채 말없이 흐르고 있습니다." 이제는 현식에게 익숙한 일이 되어 버렸지만 김민규의 욕심은 집요했다. 그가 엔지를 내지 않았는데도 표정과 제스처 연기를 바꾸게 하며 여섯 번이나 반복시켜 나중에는 경비병의 자동소총에 떠밀려나야 했던 것이다.

한 역사로 다시 돌아온 것은 한 시간 남짓 시간이 흐른 뒤였다. 세 사람은 긴장을 풀고 터덜터덜 걸었다. 역사 앞까지 이르자 조경호 기자가 소변이 마렵다며 역사 안으로 겅둥겅둥 달려갔다. 현식은 김민규와 니꼴라이와 함께 플랫폼의 미루나무 그늘에 서서 담배를 한 대씩 물고 연기를 뿜어 올리고 있었다.

급한 발소리에 고개를 드니 조경호가 얼굴이 석고상처럼 하얗게 질려서 허공을 짚듯이 허둥거리며 달려오고 있었다. 혼자 멋모르고 맹수 우리에 들어갔다가 쫓겨 나온 사람처럼 겁에 질린 얼굴을 보고 현식과 김민규가 동시에 "왜 그래요?" 하고 그의 어깨를 붙잡았다.

조경호는 숨을 헐떡거리며 손으로 역사를 가리켰다. 현식은 보았다. 유리창마다 까맣게 그을은 사람의 얼굴들이 마치 사과나무의 사과들처럼 다닥다닥 매달려 이쪽을 보고 있는 것을.

"북조선 벌목공들입네다."

니꼴라이가 목소리를 낮춰 말했다.

눈을 둥그렇게 뜨고 사방을 두리번거리던 김민규가 현식의 소매를 잡아끌었다. 그가 끄는 대로 돌아서 등 뒤쪽 철로를 보던 현식은 입을 떡 벌렸다. 한 시간 전에는 분명히 없었던 열차. 창마다 커튼을 가린 객차에는 북한기와, '하산—평양'이라고 쓴 표찰이 한글과 러시아 문자로 선명하게 그려져 있었다. 북한과 러시아를 왕래하는 전용열차가 분명했다.

김민규가 누가 들으면 큰일이라도 생기는지 작은 음성으로 빠르게 속삭였다.

"벌목공들 가운데 탈출을 기도하거나 사상이 불손하면 다리를 분질러 깁스를 해서 강제 귀국시킨다잖아요. 그런 사람들이 실려 있을지도 몰라요."

니꼴라이를 포함하여 네 사람은 발이 땅에 붙어 버린 것처럼 꼼짝 않고 서 있었다. 현식은 다시 역사 쪽을 바라보다가 문득 닷새 전 하바로프스크 공항에 내렸을 때, 김민규와 조경호가 속한 방송사의 특파원이 마중을 나와 들려 준 말이 떠올랐다. 러시아에서는 마피아가 호랑이보다 무섭지요. 그놈들은 외국 여행객이 천 달러쯤 지닌 것을 알면 조용히 뒤를 따르지요. 그러다가 기회가 생기면 인정 사정 없이 덮쳐요. 그저 목숨 안 잃는 게 장땡이지요. 그 다음에 무서운 건 북한 벌목공들이에요. 탈출사건이 빈발하고 탈북자들을 담당하던 우리 영사가 블라디보스토크에서 죽었잖아요. 동시베리아 자작나무 삼림 속에는 탈출한 벌목공들이 야생인간처럼 살고 있어요. 각지를 유랑하는 사람들도 있구요. 그 사람들을 노리거나 남한에서 온 여행객을 노리는 북한인 킬러들도 있다구요. 지난 달에는 벌목장에 접근한 ㅈ일보 특파원이 카메라를 빼앗기고 집단 폭행을 당했어요. 유리창에 매달린 얼굴들의 눈빛을 자세히는 볼 수 없었지만 현식은 거기서 수십 개의 화살처럼 꽂혀 오는 경계의 빛을 느낄 수 있었다.

조경호가 손수건을 꺼내 이마에 번질거리는 땀을 닦으며 그를 바라보았다.

"대합실로 들어갔는데 바닥에 웅기중기 앉아 있던 사람들이 일제히 일어나 둘러쌌어요. 마흔 명쯤 될 거예요. 옷차림을 보고 우리 동포들이라는 걸 알아차리고 가슴이 두근거리는데 한 사람이 퉁명스럽게 물었어요. 당신 일본 사람이야, 조선 사람이야? 하고 말이에요. 나는 얼결에 조선 사람이에요, 대답하고는 냅다 달려나왔어요. 소변이고 뭐고 싹 잊어버렸다구요. 그런데 왜 그랬을까요? 내가 왜 가슴이 덜컥 내려앉아 걸음아 날 살려라 하고 뛰어나왔을까요?"

조경호는 이제 좀 정신이 나는지 어이없는 표정을 하고 말했다.

김민규가 눈을 가늘게 떴다.

"그건 조형이 기자 정신이 약해서지. 잘하면 특종을 잡을 기회인데."

조경호의 눈빛이 번쩍 광채를 냈다.

"……."

"잡으려구 하다가는 놓치기 쉬운 특종이지. 일단 우리 신분을 숨기고 부닥쳐 보자구. 젠장, 같은 동포들인데 웃는 얼굴을 때리겠어?"

그렇게 말하고 나서 김민규는 현식의 점퍼 소매를 잡아당겼다.

"이 선생도 좋은 소설감을 잡을지 몰라요. 우리 신분은 역사전공 연구원들이라구 하자구요."

현식도 작가로서 취재 욕심이 참을 수 없을 지경으로 무럭무럭 커지고 있었다. 그러나 그는 이래서는 안 된다고 생각하며 우선 두 사람을 가라앉히기 위해 차분한 목소리로 말했다.

"아무 욕심 없이 저 사람들을 만나 대화를 터 봅시다. 그리고 난 속이고 싶지 않아요. 작가라고 할 거예요."

김민규가 고개를 끄덕여 동의하고 나서 진격하는 선봉장처럼 앞장섰다. 현식은 손이 땀으로 젖는 것을 느끼고 자신이 몹시 긴장하고 있음을 자각해 심호흡을 했다. 내가 긴장하는 것이 두려움 때문인가, 감격을 기대하기 때문인가. 그는 그렇게 자문하면서 걸었다.

인간 존재의 근원을 해명하는 주제, 이른바 문학의 본령이랄 수 있는 문제를 잡아 신춘문예에 당선된 뒤 방향을 바꿔 십 년쯤 분단소설을 썼던 그였다. 비평가들로부터 분단 극복에 관한 진보적 시각을 가장 온건하게 표현하는 작가라는 평을 들은 그였다. 이제는 다시 데뷔 당시의 주제로 돌아왔지만 최근 사정이 매우 나빠진 북한 동포들에 대해 깊은 연민을 안고 있었다. 그러나 그의 마음 깊은 곳에서 연기처럼 피어나는 감정은 두려움 바로 그것이었다. 소년시절부터 끊임없이 받아온 반공교육, 그것이 안겨 준 북한 동포들에 대한 적의가 내 잠재의식의 밑바닥에 고여 있단 말인가. 그는 스스로 자문하며 심호흡을 했다.

앞서 걷는 김민규가 대합실에 들어서고 있었으므로 그는 잠깐 동안의 상념에서 벗어났다.

"안녕하십니까, 동무들. 우리는 서울에서 왔습니다."

김민규가 더할 나위 없이 부드러운 표정과 음성으로 말하고 있었다.

현식은 그의 곁에 서서 꾸벅 고개를 숙이며

"반갑습니다, 여러분."

하고 인사를 했는데 다시 고개를 드는 순간 이쪽으로 시선을 집중하는 수십 명의 북한인들을 비로소 볼 수 있었다. 조금 전 밖에서 느낀 긴장과 두려움이 봄눈 녹듯이 녹아 버리고 뭉클한 감정이 가슴속에서 일었다.

북한인들은 아무 말 없이 세 사람을 둘러쌌다. 무심하게 바라보거나 외면하는 사람은 없었다. 모두가 뚫어져라 하고 시선을 집중하고 있었다. 현식은 그들이 주목하는 것이 세 사람의 안색과 몸에 걸친 고급스러운 옷이라는 것을 곧 알아차렸다. 그도 북한인들을 하나하나 눈여겨 바라보았는데 동남 아시아인처럼 까맣게 탄 얼굴이며 몸에 걸친 남루한 작업복이며 조잡한 신발이며, 고생한 흔적이 역력했다. 표정은 흙바닥처럼 메마르고 초췌한데 눈빛은 강렬했다. 이런 북한인들을 보다니. 연민과 두려움이 한꺼번에 가슴을 가득 메워 그는 형언할 수 없는 감정에 휩싸였다.

"우리는 여러분과 대화를 원합니다."

김민규가 간절한 음성으로 말했으나 북한인들은 아무 말이 없었다. 아니, 적의에 찬 눈빛들이 말하고 있었다. 우리는 당신들을 거부한다고. 대합실 안은 숨막힐 듯한 팽팽한 긴장이 감돌았다.

세 사람을 따라 들어온 니꼴라이가 떨리는 목소리로 북한인들에게 말했다.

"내레 김일성 대학에서 공부했습네다. 세 분이레 좋은 사람들입네다."

그러나 아무 반응이 없자 니꼴라이는 얼굴이 굳어진 채로 물러났다.

현식은 북한인들 가운데 열 살 안팎의 소녀와 소년이 있어 그쪽으로 다가갔다. 배낭 옆주머니에 넣어온 국산 껌과 초콜릿을 한 줌 꺼내 내밀었다.

"예쁘게 생겼구나. 몇 학년이지?"

소녀는 껌과 초콜릿에 눈길을 보냈으나 스탈린복을 입은 마흔 살 또래 북한인의 눈치를 보며 더듬더듬 말했다.

"……내레 인민학교 사학년이고 ……동생이레 이학년이야요."

그리고는 껌과 초콜릿을 외면한 채 소년의 손을 잡고 어른들 뒤로 숨듯이 걸어갔다. 현식이 돌아보니 김민규와 조경호 역시 이 사람 저 사람 붙잡고 말을 걸었으나 아무도 대꾸하지 않아 머쓱해진 얼굴을 하고 있었다.

삼십 분쯤 그렇게 지나 현식은 깊은 숨을 들이쉬고 담배를 피워 물었다. 북한인들의 무응답이 아쉽기만 했다. 성급하게 거푸 담배 연기를 빨아들였지만 서운함과 아쉬움은 씻어지지 않았다.

그때 김민규가 그에게 눈짓을 하고 대합실 구석으로 걸어갔다. 뒤따라가 보니 북한인 한 사람이 석유 버너로 밥과 된장국을 끓이고 있었다. 김민규가 다시 간절한 표정을 연출하여 입을 열며 북한인에게 그의 얼굴을 손으로 가리켜 보였다.

"동무, 우리 형님 얼굴을 보십시오. 러시아에 와서 조선 음식을 못 먹어서 말이 아니에요. 형님은 그놈의 러시아 소시지 갈바싸하고 시이(러시아 수프) 냄새만 맡아도 속이 매슥거리는 분이라구요. 오늘 아침도 굶었어요."

결코 그렇지는 않았지만 현식은 자신도 모르게 배고픈 표정을 하며 고개를 끄덕였다.

북한인은 그의 얼굴을 슬쩍 올려다보더니 묵묵히 또 다른 버너에 냄비를 얹어 밥을 안쳤다.

먼저 안친 냄비의 밥과 국이 끓자 그 북한인은 무뚝뚝한 얼굴을 하고 현식에게 숟가락을 내밀었다.

"굶는 동포를 뇌둘 수는 없지비. 우리하고 가티 들고 날래 나가오다."

"고맙습니다."

하고 현식은 냄비 앞에 둘러앉은 대여섯 명의 북한인들 사이에 끼여 앉았다.

첫술을 떠서 입에 넣고 북한인들의 눈치를 본 그는 그들이 조금씩 가슴을 열고 있음을 알았다. 마주 보이는 두 사람이 은근한 미소를 짓고 있었던 것이다. 그는 짐짓 오랜만에 밥을 먹어 보니 살맛이 난다는 표정을 하고 국을 떠 먹었다. 다시 그들을 바라보니 모두가 고개를 끄덕이며 웃고 있었다. 묵묵히 베풀 줄 아는 인정을 가진 사람들. 진정한 동포애는 이것이 아닌가. 게다가 며칠째 즉석 식품이나 러시아 음식을 먹어서인지, 그들의 인정 때문인지 된장국의 구수한 맛이 입 안에서 돌았다. 하기야 같은 냄비의 음식을 떠 먹는 것보다 가까워지는 길이 있을까. 현식은 가슴이 뭉클해진 채로 숟갈을 놀렸다.

다시 새 냄비의 밥이 익었고 김민규와 조경호가 기웃거렸다. 북한인들은 그들에게 자리를 내주었고 두 사람도 밥과 국을 먹기 시작했다.

냄비가 바닥을 드러내자 현식은 초콜릿과 껌과 담배를 내놓았다. 김민규와 조경호도 그렇게 했다.

"음식을 줘서 고맙다는 뜻으로 답례하는 겁니다. 모두 서울에서 가져온 거예요."

북한인들은 누구도 선뜻 그것들을 향해 손을 내밀지 못했는데 아까 소녀가 눈치를 본 스탈린복 차림의 사내가 나섰다.

"받자우요. 우리레 한 핏줄 한 동포가 아닙네까. 이역 땅에서 만났는데 이바구를 못 틀 거이 없수다."

현식은 그가 이들 단체를 이끄는 지도자라고 생각했다. 다른 북한인들보다 입성이 깨끗하고 피부도 덜 그을은 데다가 얼굴에 지적인 자신감이 배어 있기 때문이었다.

스탈린복은 불쑥 현식에게 손을 내밀었다.

"내레 오정국입네다. 반갑수다."

현식은 그의 손을 굳게 잡았다.

"나는 이현식입니다. 소설을 써서 밥벌어 먹고 사는 작가지요."

오정국은 인상과는 달리 손이 따뜻했다.

두 사람의 악수를 신호로 김민규와 조경호도 옆사람과 손을 잡았고 현식도 다른 사람들과 부지런히 악수를 했다.

현식은 북한산 담뱃갑을 집어들었다. 거의 동시에 오정국도 남한산 담배를 집어들어, 결국 담뱃갑을 바꾼 셈이 되었다. 현식이 '락원 려과 담배 20대 평양·대성'이라고 찍힌 글자들을 들여다보며 한 개비를 꺼내는데 오정국이 벌써 꺼내 물고 북한산 곽성냥으로 불을 일으켜 내밀었다.

"오마 샤리프라는 양담배구만요."

"양담배가 아닙니다. 남조선에서 만든 거지요."

"기런데 왜 조선말을 버리고 영어로 이름을 붙입네까?"

"수출을 해서 외국 상품과 싸워 이겨야 하니까요."

"기래요? 아무튼 맛은 순합네다. 기런데 리 선생이레 무시기 소설을 쓰려고 로시아 땅까지 왔습네까?"

현식은 북한 담배의 독하게 쏘는 연기를 들이마시다가 입을 열었다.

"러시아 연해주는 우리 동포 유민들이 개척한 땅입니다. 하지만 동포 십육만 명이 천구백삼십칠 년에 중앙 아시아로 강제이주당하지 않았습니까. 그걸 쓸 생각입니다."

그는 텔레비전 방송사의 리포터로 왔다는 사실을 밝힐 수가 없어 그렇게 말했다. 하지만 엉뚱한 거짓말은 아니었다. 신문 연재 원고 때문에 정신없이 바쁜 그가 방송사를 따라온 것은 사실 소설 취재를 하고 싶은 욕심이 더 크기 때문이었다.

오정국이 관심 깊게 귀를 기울여 듣고 나서 머리를 끄덕였다.

"기렇습네까. 년해주레 지난날 우리 민족이 세운 발해국의 령토였다는 거를 리 선생이레 아시겠디요. 류민사를 소설로 쓰려면 중앙 아시아도 가실 겁네까?"

"내일이나 모레쯤 그쪽으로 떠날 겁니다."

꼬물꼬물 현식의 옆구리를 스치고 파고들어 뻗쳐오는 것이 있었다. 현식이 돌아보니 아까 초콜릿을 거부한 소녀가 수줍게 웃고 있었다.

"내 딸입네다" 하고 오정국이 말했다.

"그렇습니까. 참 예쁘고 총명하게 생겼군요."

현식은 바닥에 있던 껌과 초콜릿을 모두 집어들어 소녀에게 주었다. 소녀는 고개를 까딱하고 미소를 지으며 받아들었다.

이때 카메라 기자 조경호가 울상을 하고 엉거주춤 일어섰다.

"오줌통이 터질 것 같네. 동무들, 화장실이 어딥니까?"

"화장실이라니요?"

북한인들은 일제히 고개를 갸우뚱했는데 김민규가 알아차리고 소리 쳤다.

"화장실은 남조선에서만 쓰는 말이군요. 변소가 화장실입니다."

북한인들은 그제서야 고개를 끄덕이며 일제히 대합실 한쪽을 가리켰고 조경호는 다리를 어기적거리며 걸어갔다.

김민규가 "동무들, 내 말을 들어보세요" 하며 손뼉을 쳐서 시선을 집중시키고는 아까 조경호가 소변 보러 들어왔다가 놀라 뛰어나온 전말을 이야기했다. 북한인들은 웃으며 미안한 표정을 지어 보였다.

김민규는 무슨 생각이 나는지 다시 손뼉을 쳤다.

"동무들, 변소와 관계 있는 남조선 재담 하나 들어 보십시오. 서울에 사는 재담 잘하는 내 친구 하나가 나하고 함께 변소를 찾아갔는데 불쑥 '여자용'이라고 쓴 문으로 들어가지 뭡니까. 내가, 이 사람아 거긴 여자용이요, 했더니 이 친구 말이 걸작이에요. 글쎄 한 손으로 자기 거시기를 가리키면서, 이 사람아, 이게 어디 여자용이지 남자용인가? 하지 뭡니까."

북한인들은 잠시 생각하더니 일제히 허리를 잡고 폭소를 터뜨렸다.

"기래요. 우리들이레 모두 녀자용이야요."

김민규의 재담 한마디는 한 가닥 남아 있던 긴장을 끊어 버린 것 같았다. 북한인들은 오랜 기간 사귄 친구처럼 부드럽게 현식에게 말을 걸었고 현식도 한결 편안해졌다.

순진해 보이는 한 벌목공이 말했다.

"우리레 한 삼 년 고생했수다. 기러티마는 한 달에 사십 달러씩 저금했으니까니 걱정 없수다레."

김민규가 고개를 찬찬히 끄덕이며 천연스럽게 그 말을 받았다.

"그러시겠군요. 북조선은 물가가 매우 싸다는 걸 나도 알지요. 사십 달러면 몇 사람이 배부르게 먹을 수 있을까요?"

현식은 김민규가 계산된 질문으로 북한인을 끌어들이고 있다고 느꼈는데 어수룩한 북한인은 눈을 껌벅이며 계산을 하는 듯했다.

"국시(국수)를 산다면 4백 명이레 배 터디게 먹을 수 있시요."

"그렇게나 많이요?"

김민규가 입을 떡 벌렸다.

그러나 정말 크게 입을 벌리고 멍해진 것은 현식이었다. 그는 머릿속이 매우 복잡해졌다. 1달러면 열 명이, 10달러면 백 명이, 자신이 리포터로 동행 취재하는 대가로 방송사로부터 받은 개런티 3천 달러면 3만 명이 배부르게 먹을 수 있다는 계산이 나왔다. 침대열차로 이동 중에 네 번이나 벌였던 화투판도 떠올랐지만 어제 인투리스트 호텔에서 데리고 잔 여자의 화대 150달러로 천오백 명이 먹을 수 있다는 사실이 가슴을 찔러 왔다. 그것은 정말 날카로운 비수로 찔린 듯한 아픔이었다.

그가 할 말을 잃고 앉아 있다가 문득 갈증이 나서 배낭 옆주머니에서 생수병을 꺼내 벌컥벌컥 들이켰다. 아침에 호텔을 나서면서 한 사람당 세 병씩 산 1달러 50센트짜리 일본산 미네럴 워터였다.

오정국이 플라스틱병의 상표를 들여다보았다.

"로시아제도 있는데 왜 일제를 사 마십네까?"

"러시아산 생수는 철분과 탄산 성분이 많아 먹기 나쁘더군요."

"맛이 없다고서리 왜놈들 거를 사 마시면 어캅네까."

그의 표정이 워낙 진지해서 현식은 죄지은 사람처럼 고개를 숙였다. 아니, 정말 죄를 지은 것처럼 부끄러웠다. 어젯밤 백계 러시아 처녀를 데리고 잔 일이 자꾸 떠올랐다.

"미안하고 부끄럽습니다."

그는 중얼거리듯 혼잣소리로 말했는데 그의 태도가 진솔하다고 생각했는지 오정국은 팔로 그의 옆구리를 툭 치며 껄껄 웃었다.

"일 없시오. 로시아 호텔에는 없디마는 마실 물이라면 고저 북조선의 신덕(新德) 샘물이 세계에서 제일이디요."

현식은 그의 말에 마음이 한결 편안해졌다.

"신덕 샘물에 대해서는 나도 들었어요. 신덕이 어딥니까?"

"평안남도 덕천군에 있디요. 묘향산을 끼구 있으니까니 물맛이레 좋을 수밖에요."

"그렇군요. 그걸 남조선 사람들도 먹을 수 있다면 얼마나 좋을까요."

다른 벌목공들과도 많은 이야기가 오고 갔다. 대화를 이끌어 가는 것은 오정국이었다. 그는 매우 유연하게, 때로는 "그거레 민감한 문제이니까니" 하고 이야기를 적당히 억제하고 때로는 "어드렇습네까. 우리네 동포가 앵입네까. 남조선 사람이레 북조선 사정이 궁금한 거이고 북조선 사람이레 남조선이 궁금한 거이 앵입네까" 하며 이야기를 깊이 끌고 들어갔다. 다른 벌목공들이 그의 눈치를 보는 것을 보고 현식은 역시 그가 귀국하는 단체를 이끄는 지도자임을 확신할 수 있었다.

김민규가 말했다.

"하바로프스크에서 북조선 임업 대표부 앞을 차를 타고 지났지요. 벌목 일은 잘 됩니까?"

현식은 아슬아슬한 기분이 들었다. 오정국이 대답을 피할 것으로 짐작했는데 오정국은 한숨을 쉬며 입을 열었다.

"남조선이 원망스럽습네다. 왜 도망자들을 데레 갑네까? 기래서 골치 아프니까니 로시아가 협정을 파기하려고 한단 말입네다."

오정국은 말을 끝내고 현식을 향해 돌아섰다. 김민규하고는 더 말하고 싶지 않다는 뜻 같았다.

"리 선생, 통일이 된다면 무시기를 하겠습니까?"

현식은 그에게 오마 샤리프 담배를 권했다.

"금강산에 가고 싶어요. 묘향산도 가 보고 싶구요."

"백두산은 안 갑네까?"

"가 봤어요. 휴전선이 막혀 만주 쪽으로 돌아서 갔지요. 남조선에서는 한 해에 오만 명 정도가 백두산을 보러 중국으로 들어갑니다."

"정말입네까?"

옆에 웅크려 앉았던 중년의 벌목공이 눈을 휘둥그렇게 뜨고 물었다. 다른 사람들도 일제히 그의 입을 바라보았다.

현식은 공연한 말을 했다고 생각했다. 무심하게 대답한 것이 엄청난 충격을 준 것 같아서였다. 그래서 조금 당황하고 미안한 마음으로 오정국을 바라보았는데 오정국은 얼굴이 굳어져 있었으나 머리를 천천히 끄덕였다. 백두산 이야기는 애시당초 자신이 꺼낸 것이니 자기도 책임이라는 뜻 같았다. 현식은 오정국과 이심전심으로 통하는 것이 고마웠다. 그래서 오정국을 미더운 시선으로 바라보았는데 오정국은 슬며시 팔을 뻗어 그의 손을 잡았다.

"리 선생, 마음이 통하면 통일도 하는 겁네다."

"그렇습니다" 하고 현식은 강한 악력으로 오정국의 손을 잡았다.

오정국이 먼저 그의 손을 놓고 일어서 대합실 뒤쪽으로 난 창문으로 다가갔다. 현식이 그의 어깨 너머로 보니 두만강이 보였다. 현식은 그와 나란히 섰다.

"아까 강 가까이 갔었지요. 두만강은 중국 여행을 하며 두 번이나 보았는데도 다시 가슴이 뭉클했어요. 저 건너에 우리 동포들이 산다는 설렘이었지요. 안타까움과 슬픔이 강물처럼 가슴에 가득 차 왔어요."

"남조선에 가까이 가 본 적은 없지만 남조선 동포들에 대한 내 감정도 같아요."

오정국은 두 어깨가 치켜 올라가도록 깊이 한숨을 쉬었다.

그때였다. 벌목공 한 사람이 손으로 대합실 구석을 가리키며 외쳤다.

"테레비 촬영기다. 남조선 동무레 우리를 찍고 있어!"

현식이, 아차 조경호가 여태 돌아오지 않고 있었구나 생각하며 번쩍 고개를 드는데 오정국이 현식의 손을 놓고 벌떡 일어섰다.

"무시기야?"

뒤따라 일어선 현식은 조경호가 점퍼로 둘둘 말아 싼 캠코더로 이쪽을 겨냥하고 있는 것을 보았다.

오정국은 손으로 그쪽을 가리키며 떨리는 음성으로 외쳤다.

"동무들, 날래 뺏디 않고서리 무시기하고 있소?"

그쪽을 향해 우르르 몰려가는 벌목공들을 바라보며 현식은 앞이 캄 캄했다. 그는 곁에 선 김민규의 팔을 잡아당겼다.

"당신이 욕심을 부린 거지?"

"미리 말하지 않아 미안해요. 하지만 우리는 좋은 작품 만들기 위해 목숨까지 건다구요. 조형을 놔둘 거예요?"

김민규는 점퍼 속주머니에 손을 넣은 채로 조경호에게 달려갔다. 무선 마이크를 끄는 듯했다. 현식도 덩달아 그쪽으로 뛰어갔다.

조경호는 오정국에게 멱살을 잡혀 숨을 캑캑거리고 있었다.

"남북 동포들이 다정하게 이야기하는 게 좋아 보여서 찍은 거예요. 다른 뜻은 없었어요."

오정국은 씩씩 숨을 몰아쉬고 있었으나 젊은 벌목공 하나가 발길로 걷어차려 하자 뜯어말렸다.

"동무, 참으오다. 로시아가 지금은 남조선 편을 드니까 우리한테 불리하단 말이외다."

그러고는 다시 조경호의 멱살을 잡았다.

"당신이레 정체가 무시기야? 방송국 기자지비? 기래서 우리한테 접근했지비?"

조경호는 어차피 밝혀질 것이라고 판단했는지 똑바로 고개를 들었다.

"여러분이 잘 대해 준 게 미안해서 거짓말을 안 하겠어요. 맞아요. 나는 방송사 기자예요. 하지만 우리는 여러분을 취재하러 온 게 아니에요. 순전히 내가 욕심낸 거지."

북한인들은 더 험악해졌다. 현식과 김민규까지 벽으로 밀어붙였다.

"서울로 가지 못하게 다리를 분질러 버리자우."

김민규가 북한인들에게 두 팔을 잡힌 채 고개를 숙였다.

"사전에 말씀드리지 않은 걸 진심으로 사과합니다. 원한다면 우리의 큐씨트, 큐씨트란 방송 구성안을 말하는 겁니다. 그것도 보여 드리고 우리가 오늘 찍은 필름을 모두 뵈 드리겠어요. 여기서 찍은 필름은 내놓겠어요."

조경호가 캠코더에서 필름을 빼서 오정국에게 넘겨 주고 큐씨트와 함께 두만강에서 찍은 필름도 내놓았다. 그리고는 휴대용 액정 모니터를 캠코더에 장착했다.

오정국은 필름과 큐씨트를 든 채 현식을 바라보았다. 무쇠탈처럼 딱딱하고 차가운 얼굴이었다.

"도대체 어디메까디가 진심이고 어디메까디가 거딧입네까. 동포의 량심으로 말하오다. 리 선생이레 정체가 무시기요?"

현식은 심호흡을 했다.

"작가입니다. 방송사와 러시아 동포들의 유민사를 취재하는 계약을 맺었지요. 북조선 동무들을 취재할 계획은 없었어요. 그리구 아까 말한 대로 나 개인적으로는 소설 취재 욕심이 더 컸어요."

카메라가 돌아가고 있는 줄을 자신도 몰랐다는 변명은 하고 싶지 않았다.

"믿을 수 없수다."

"그럼 구성안도 보고 필름도 보고 배낭도 조사해 보시오."

현식은 다시 심호흡을 하며 배낭을 벗어 바닥에 쏟았다. 김민규와 조경호도 그렇게 했다. 현식의 배낭에서는 분단소설들을 묶은 그의 창작집도 한 권 나왔다. 연해주 취재를 마치고 시베리아를 횡단해 중앙 아시아의 카자흐스탄까지 가서, 그곳의 우리말 신문 「고려일보」 사장에게 주려고 넣어 온 것이었다.

밥과 된장국을 끓였던 북한인이 즉석 식품들을 들여다보다가 두 손을 떨며 탄식했다.

"내레 속았지비. 굶어 개지구 기력이 없다 해서 속았지비."

오정국은 세 사람의 배낭에서 나온 것들을 처음에는 거들떠보려고도 하지 않고 큐씨트를 샅샅이 훑어보았다.

그가 고개를 들자 현식은 자신의 창작집을 집어 내밀었다.

오정국은 책을 받았다.

"이걸로 리 선생의 신분을 증명하겠다는 거입네까?"

그는 책 날개에 실린 사진과 경력을 훑어보고는 뒤에 실린 평론을 읽었다. 여섯 쪽이나 되는 글을 꼼꼼히 다 읽고 나서 다시 그에게 건네 주었다.

"내레 리 선생의 신분은 믿갔수다. 설마 이 책도 선전용으로 개지고 온 건 아닐 테니까니."

오정국은 손에 들고 있던 필름의 릴을 빼내려 하다가 그것을 조경호에게 건넸다.

"이거하고 구성안을 보갔수다."

조경호가 필름을 받아 캠코더에 끼우고 작동시켜 오정국에게 모니터를 볼 수 있게 했다.

오정국은 결코 만만하지 않았다.

"록음도 했겠지요. 듣게 해주오다."

그는 조경호가 연결해 준 이어폰을 귀에 꽂고 액정 모니터를 들여다보았다. 두만강에서 찍은 것까지 필름 두 개를 다 확인하고 나서 대합실에서 찍은 테이프를 길게 뽑아 성냥불로 태웠다.

현식은 그의 얼굴에서 분노의 빛이 절반쯤 사라지는 것을 보고 안도의 한숨을 쉬었다. 그러나 아직도 지구상에 유일한 분단국가로 남아 있는 우리가 이국 땅에서 이런 해프닝을 벌이고 있다는 생각에 몹시 서글펐다.

오정국이 주머니에서 락원 담배를 꺼내 피워 물더니 천천히 창가로 걸어가 플랫폼을 내다보았다. 현식은 자신의 창작집을 들고 그의 곁으로 갔다.

"받아 주신다면 서명해서 증정하고 싶습니다."

현식이 그렇게 말했으나 오정국은 담배 연기를 훅 뿜으며 고개를 흔들었다.

"어캐 선생의 책을 받습네까. 오늘 일 까타네 귀국하자마자 문책을 받을 거인데."

"나도 담배 한 대 피웁시다. 아까 모두 꺼내 놔서……."

오정국은 담배를 꺼내 내밀었다.

"리 선생한테는 북조선 담배가 쓰디쓰갔디요. 좋은 호텔에서 잘 먹고 배낭에 값비싼 음식을 잔뜩 넣어 개지구 와서리 일부러 허기딘 얼굴을 꾸며 개디구 밥을 얻어먹어 환심을 산 거가티 또 그러고 싶은 거입네까?"

현식은 대답 대신 그의 눈을 똑바로 바라보았다.

"내레 테프 맨 끝에 실린 록음을 들어서 리 선생의 진심을 압네다. 기러티만 참으로 야속합네다. 같은 동포라고 마음을 연 우리한테 어캐 기렇게 할 수 있습네까."

오정국은 가슴이 답답한지 뿌옇게 먼지가 낀 유리창문을 열었다. 현식은 그의 곁에서 바깥을 내다보았다. 아까보다 성급해진 바람이 이이잉 소리를 내어 창가를 스치며 불었다. 강 쪽에서 불어온 바람은 국경역 주변의 풍경을 심란하게 흔들어 놓고 있었다.

현식은 조용히 입을 열었다.

"내 한 가지만 말하지요. 남조선 사람들이 가진 자본주의의 생리에 대해서 말이에요. 우리는 엄청난 생존경쟁 속에서 살아요. 방송사 직원 두 사람은 일을 위해서라면 목숨을 거는 사람들이지요. 그래야 살아 남으니까요. 나도 그래요. 책이 안 팔리면 굶어야 해요."

"내레 조금은 압네다. 속은 거이 분할 뿐이디요."

오정국은 플랫폼에 서 있는 북한행 전용열차에 눈길을 던지며 다시 입을 열었다.

"저 기차가 언제 서울까디 달려갈 수 있을지……."

"우리가 아까처럼 마음을 열어야겠지요."

"그거레 리 선생 편에 달렸습네다."

"알았습니다. 그렇게 되도록 노력하겠습니다. 우리는 다시 만날 수 있을 겁니다."

현식은 그렇게 말하고 돌아섰다.

한 시간쯤 뒤 취재반이 먼저 하산역을 떠났다. 열차가 움직이기 시작하자 북한인들은 아까처럼 다시 유리창에 열매처럼 얼굴을 대고 바라보고 있었다. 악수라도 나누고 헤어졌다면 얼마나 좋을까. 현식은 가슴이 저렸다.

김민규가 니꼴라이를 불러 세웠다.

"꼴려, 특종을 잡았다 놓쳐서 기분도 그렇고 하니 '카츄샤'나 불러 주라."

"내레 아까는 무서워서 간 떨어지는 줄 알았시요."

니꼴라이는 눈을 둥그렇게 뜨고 놀랐던 얼굴을 해보이더니 무대에 선 가수처럼 어깨를 펴고 러시아 노래를 부르기 시작했다.

이때 조경호가 허리를 굽혀 양말 속에서 필름 카세트를 꺼냈다.

"만약을 대비해 십 분쯤 찍은 뒤 새 걸로 갈아 끼웠어요. 그걸 뺏긴 거예요."

김민규 프로듀서가 벌떡 일어나 그를 얼싸안았다.

"조형, 고마워. 이건 대단한 특종이야. 회사가 발끈 뒤집힐 거야. 어서 상태를 보자구."

김민규의 팔에서 풀려난 조경호가 캠코더에 모니터를 결합하기 위해 필름 카세트를 침대 위에 놓는 순간, 현식은 어찌할 수 없는 힘에 이끌려 민첩하게 그것을 집어 창문 밖으로 던져 버렸다.

"뭐 하는 거예욧!"

김민규가 몸을 던지듯 창문 밖을 내다보다가 눈을 감고 심호흡을 했다. 조경호는 털썩 주저앉아 믿어지지 않는다는 듯 그를 바라보았다. 한참 동안을 그러다가 김민규가 먼저 체념한 듯 고개를 끄덕였다.

"내가 이 선생을 모셔온 건 실수였지만 잘한 거예요. 젠장."

현식은 두 사람의 어깨에 손을 얹었다.

"보드카를 살 테니 식당칸에 갑시다. 낮술이라도 마셔야 마음이 풀릴 테니까."

그는 침대실 밖으로 나와 뚜벅 복도를 걸었다. 차창으로 무심히 고개를 돌리는데 강이 보였다. 강물은 오후의 햇살을 받아 눈부시게 빛나며 흐르고 있었다.

아버지 감시

최 윤

아버지는 내가 아침에 집을 나서면서 보았던 바로 그 자세로, 등 없는 의자에 구부정하게 앉아 텔레비전에 시선을 고정시키고 계셨다. 마치 아나운서에게서 답변하기 어려운 질문이라도 받은 것처럼 고개까지 약간 숙이고, 응접실을 들어서는 나의 기척에도 반응 없이 앉아 있었다. 프랑스인 아나운서가 프랑스어로 하는 뉴스의 한마디도 알아듣지 못할 것이 분명함에도 넋을 잃고 그 앞에 앉아 있는 아버지의 태도가, 나와의 맞대면을 피하려는 위선으로 보이기까지 했다. 긴 주말이 시작되고 있었다.

나는 목까지 칼칼하게 메어 오는 야릇한 회한으로, 이미 흰머리가 온통 뒤덮인 아버지의 뒤통수를 노려보듯 주시했다. 텔레비전에서는 혁명 후 루마니아의 다각적인 변화의 전망을 분석하는 전문가의 격앙된 목소리가 흘러 나오고 있었다. 이제는 너무 반복돼 그다지 새로울 것도 없이, 몇 주일 만에 재빨리 구태의연하게 들리기까지 하는 목소리였다. 벌써 수차 권했음에도 아버지는 소파를 마다하고 등 없는 의자를 고수

함으로써 그러지 않아도 이리저리 부글거리는 내 심사에 불을 질렀다.

　아버지가 중공에서 도착한 지 겨우 일주일밖에 되지 않았음에도 불구하고 나는 벌써 심신이 지쳐 버렸다. 아무리 밤이 늦도록 뒤척거리면서 아버지가 북쪽으로 사라져 버리기 전의 기억을 회상하려 노력해 보아야 그것은 우스꽝스러운 것이었다. 아무리 천재라도 어찌 생전 이 개월 이전의 일을 기억하겠는가. 그러나 아주 어려서부터 나는 어머니가 해준 아버지에 대한 이야기며, 아버지의 월북 이후 어머니를 비롯해 집안 식구들이 겪은 쓰라리고 모진 고생담을 마치 내가 스스로 겪은 일인 것처럼 착각하는 버릇이 붙어 있었다. 이 막연한 이야기들이 내가 주변을 사릴 만큼 컸을 때 드디어 생생한 현실이 더욱 깊숙이 뇌 속에 자리를 잡아 버린 후부터, 나는 이 일종의 대리 경험의 무게에 눌려, 너무 일찍 늙어 버린 느낌이었다. 아버지가 내가 뱃속에 있을 때 사라졌건, 태어난 후에 사라졌건 그건 아무런 차이가 없었다. 우리 같은 경우에 처한 사람들은 잘 알겠지만 이런 종류의 아버지는 숨기면 숨길수록 더욱 일상의 갈피에 끼여들게 마련이다. 내가 비관적일 때 나는 아버지를 모방하려 했고, 낙관적일 때는 열렬히 아버지를 거부했다.

　나는 아버지의 도착 이후 점점 공허해지는 심장을 데워 줄 만한 기억들을 찾아 불면의 밤을 뒤척거리면서 과거 속으로 행진했다. 그러나 줄줄이 이어지는 서러운 기억들은 가지에 가지를 치면서 점점 더 멀리 잠을 쫓을 뿐이었다. 내가 어렸을 때만 해도 입에 침이 마르도록 젊은 시절의 아버지를 칭찬하던 어머니도 자식들 머리가 커지면서부터는 아예 아버지에 대한 언급을 회피했고, 단 한 장 남아 있는 빛바랜 가족 사진조차 벽의 액자에서 떼어져 어머니의 구닥다리 장롱 바닥으로 은신해 버렸다. 그리고 이미 십여 년 전부터 우리는 서서히 아버지의 유령에서 벗어나 뒤늦게 사는 데 열중했다. 삼 년 전, 우리 가족의 소식을 묻는 아버지의 편지가 중공으로부터 시골의 큰집으로 도착하기 전까지는.

　수신인이 불확실한 이 편지는 가족들 사이를 돌고돌아 오 개월이나 지나 프랑스에 와 있는 어머니께 도착했다. 먼 외가 쪽 친척의 도움으로 천신만고 끝에 남보다 두 배나 시간을 더 들여 학위를 끝내고 이곳의 한 식물학 연구소에 자리를 잡은 후, 노총각 막내 아들을 늘 딱해 하시던 어머니도 오신지라 일단 정착하기로 어렵게 마음을 먹은 즈음이었다.

내가 편지 읽기를 마치자 어머니는 한참 동안 허공만 바라보시다가 이윽고 충격을 진정하느라 말씀까지 더듬으면서 우리 형제들끼리 의논해 정하면 당신은 그 결정에 따르겠노라고 했다. 집안의 막내인 나는 형들의 의견을 물으러 부랴부랴 서울로 달려갔다. 어렵게 한자리에 모인 우리 형제들에게, 이하운이라는 아버지의 이름 석 자가 쓰라리게 박힌 이 편지는, 놀라움이나 반가움보다는, 오랫동안 애써 숨겨 둔 범죄의 증거가 백일하에 드러나기라도 한 것처럼 일종의 불편함으로 다가왔다. 긴 세월 아버지의 월북의 대가를 호되게 치른 사람들의 딱한 반응이었다. 이 첫 편지에는 아버지의 상황에 대한 자세한 언급은 없어도 이미 오래 전에 새로운 삶을 시작했을 것이 분명하므로 공연히 양쪽에 쓰라림만 더하지 않겠느냐는 우려, 그래도 어머님의 소원풀이를 위해 모셔 와야 한다는 견해, 나중은 어떻게 되건 답신은 하고 봐야 한다는 등 의견차가 분분했다. 우리들 중 어느 누구도 직접 언급을 하지는 않았지만 얼굴에 나타난 표정들로 보아 아무리 상황이 달라졌다 해도 아버지의 월북처럼 혹 아버지의 방문이 법적으로 우리들에게 누를 끼치는 것은 아닐까를 모두가 저어하고 있는 게 분명했다.

그러나 사는 데 바쁘고 문제 해결에 게으른 형제들은 모든 결정을 어머니한테 맡기자는 식으로 결론을 보았고 나는 그 뜨뜻미지근한 결과를 가지고 서울을 떠났다.

"자식될 자격도 없는 것들…… 이건 이제 더 이상 너희들 형제와 무관한 일이니 없던 일로 하거라!"

형제들과 의논한 결과를 전했을 때 문제의 편지를 주머니에 넣으면서 어머니는 단호하게 한 말씀 하고는, 이후 정말 그에 대해 아무런 언급도 없으셨다. 그에 대한 언급만 없었을 뿐 아니라 아무도 칠순에 가깝다는 것을 믿지 않을 만큼 건강하던 분이 그만 자리에 눕고 말았다. 너무 혹독한 일만 골라서 겪으셨던지라 그 연세에 이르러서는 그만 저항력도 탈진하셨던 모양이었다. 난생 처음으로 나는, 생소하게 울리기만 하는 아버지라는 단어로 시작되는 편지를 어머니를 대신해서 썼다. 편지에는 우리의 사진도 동봉되었다. 아버지의 답신은 달필이었고 늘 간단했다. 정확하게 이 년 오 개월 전의 일이었다.

편지 왕래가 시작되던 초기만 해도 어머니는 다시금 건강을 회복하시는 것처럼 보였다. 젊으셨을 때의 삶에 대한 끈기를 되찾으신 듯, 아버지가 도착하실 것을 예상한 계획들을 세우기 시작하셨다. 두 분이 나란히 고향을 방문해 뒤늦게나마 친척들하고의 화해를 하고 세상을 뜨시겠다는 등의 끝도 없는 계획들이었다. 그 사이 색이 바랠 대로 바래 거의 백지 상태로 변한 가족 사진이 오래간만에 다시 어머니의 방 한켠에 모습을 드러내기도 했다.

그러나 아버지 쪽의 절차는 점점 더 지연될 뿐이고 편지 왕래가 시작된 지 칠 개월째를 못 넘기고 어머니의 건강 상태는 악화되어 나는 어머니의 원대로 서둘러 어머니를 서울 형네로 모셔다 드렸다. 어머니는 결국 오래 버티시지 못하고 돌아가시고 말았다.

어머니의 연세는 잊어버리고 형제들은 내심으로 어머니의 죽음을 아버지의 재출현 탓으로 돌렸다. 그 내심은 슬픔이 복받치는 순간에는 공공연히 발설되어 아버지는 단번에 어머니—뿐 아니라 우리들에게까지도—에게는 파국만 몰고 오는 죽음의 사자로 단정되기에 이르렀다. 어머니를 잃은 슬픔에 우리는 아버지를 잊었다. 외국에 살고 있다는 이유로 큰형을 대신해 아버지의 초청 절차를 맡은 내가 다시 편지를 쓰기 시작한 것은 어머니가 돌아가시고 석 달이나 지나서였고, 그에 대해 아버지는 한참 동안 답신이 없었다. 그리고 이미 돌아가신 어머니의 앞으

로 쓴, 가위 철학적이라고 할 만한 감동적인 어조로 저 세상에서의 재
회를 약속하는 장문의 편지가 서울의 형과 내게 똑같이 도착했다. 아버
지가 보낸 최초의 긴 편지였다. 이후 나는 이상하게도 어머니 생전 때
보다도 더욱 열심히 아버지에게 편지를 쓰기 시작했다. 그러나 아버지
의 답신은 다시 길어지지도 잦아지지도 않았다.

아버지는 혼자 사는 아들의 쓸쓸하고 협소한 아파트의 분위기를 더
욱 강조라도 하려는 것처럼, 아예 등 없는 의자에 뿌리라도 내리려는
것인지 하루 종일 움직임도 말도 없었다. 나 또한 어디서부터 어떻게
서두를 떼어야 할지 모르는 채, 이상한 두려움으로 교묘하게 정작 건드
려야 할 부분을 피하면서 어정쩡하게 일주일이 지나가 버리고 말았다.
처음 도착하셨을 때는 낮에는 연구소 일에 매여 있었고 저녁에는 서울
에 있는 형제들과의 간단하고도 부산스러운 국제 전화로 그럭저럭 시
간이 지나갔다. 아버지가 도착하신 후 한 사흘간은 모든 것이 자연스럽
기까지 했다. 마치 오랫동안 못 보았지만 소식은 가끔 전해 들은 무관
한 사이의 친척이나 만난 것처럼, 형제들도 전화로 그랬고 나도 저녁나
절 시간에는 아버지의 지난 과거지사를 스스럼없이 물었다. 몇 년 몇
월에 어디에서 무슨 직장에 근무했고, 언제 재혼을 했으며, '자식'은 몇
이며, 어떤 경로로 중공으로 갔고 또 중공에서는 무엇을 했으며 지금은
어떻게 지내는지 등등…… 이력서에나 적어 넣을 성질의, 이미 대강은
알고 있는, 아무리 생각해도 낯뜨거운 빈 질문들이었다. 그러나 아버지
는 여독이 풀리기도 전에 빗발처럼 쏟아지는 질문들에 조금도 괘념치
않고, 오히려 그것이 당연하다는 듯이 느린 어투로 하나하나 대답하셨
다. 아버지 또한 남의 과거지사를 기억나는 대로 전달하는 무관한 자세
로, 월북하자마자 남쪽 사람이라는 성분 때문에 의심을 없애기 위해 곧
재혼하게 된 일이며—강조하시기를—내 여동생이 둘 남동생이 둘 생
겼으며 북에서는 문화 관계 서류를 담당하는 데 보냈고, 오랜 계획 끝
에 중공으로의 탈주를 결정했다고 대답하셨다. 그리고 약간의 무거운

침묵 후에 '내 막내동생'은 당시 어려움 때문에 북한에 두고 와 지금은
세 동생하고만 살고 있다고 덧붙였다. 그러고는 그만으로 중공에서의
생활에 대해서는 그저 "나는 야인이다, 그리고 야인의 생활이 만족스럽
다"라는 말씀의 반복 외에는 더 할 말이 없는 것 같았다. 아버지 말씀의
어느 하나 아버지의 현재 상태를 분명하게 말해 주는 것이 없음에도 불
구하고 이상한 두려움으로 나도 더 따져 묻지 않았다.

아버지의 월북 후 우리가 겪은 길고 긴 어려웠던 시절에 대해서는 한
마디도 하지 않은 채, 나 또한 대강 우리 형제들의 현재 가족 생활과 사
는 양태를 간단하게 보고식으로 마쳤다. 그러나 문제 많은 집안의 희생
자로 아직까지 일정한 직장 없이 경제적 안정을 이루고 있지 못한 큰형
에 대해서는 그저 개인 사업을 구상중이라고만 대답했으며 현재는 작
은 기업의 중역으로 있는 둘째형의 미래에 대해 과장해 덧붙였다. 그러
고 보니 외국 국립연구소에 연구원으로 있는 나의 위치가 가장 그럴 듯
한 것처럼 보일까 싶어, 나는 그 부분에서 그만 아버지의 심정을 긁어
드리고 말았다. 월북한 사람의 아들이라는 딱지 때문에 어려서부터 하
도 지긋지긋하게 당해, 아예 나라를 떠나 떠돌이 생활을 결정했노라고.

그러나 그런 작은 폭발도 잠깐, 나는 냉정을 되찾았다. 일단 아버지
쪽과 우리 형제들 쪽의 지극히 간단하고 사건적인 과거를 드러내 놓고
나니 나는 더 이상 무슨 말을 해야 할지 난감하기까지 했다. 그런 데다
아버지는 각별히 다른 사항에 대한 궁금증을 표시하지도 않으셨거니
와, 친척들의 소식이나 하물며 어머니에 대해서조차 별다른 질문을 삼
가시는 느낌조차 들 정도로 내가 직접 얘기를 꺼내지 않으면 당신이 화
제를 끄집어내거나 말머리를 돌리시는 경우조차 없었다.

사흘째 되는 날, 나는 극도로 어머니가 그리웠다. 어머니가 살아 계
셨다면 두 분은 어떤 말씀들을 나누셨을까. 어머니가 안 계신 지금 아
버지와 나 사이에는 오히려 없느니만 못한 처치곤란한 거리만 생겨나
고 있다는 생각이 들어 나는 무슨 소리를 지껄이고 있는지도 정확하게

인식하지 못하고 국제도시로 탈바꿈한 서울에 대해, 180도로 변신한 한국에 대해서, 외국 시장을 범람하는 메이드 인 코리아의 상품에 대해 주절주절 상식적인 얘기를 늘어놓기 시작했고 한번 시작하자 어쩐 일인지 멈추기가 힘이 들었다. 아버지는 내가 조성한 그 거짓된 상황을 제자리로 잡아 놓기는커녕, 띄엄띄엄 여행담이라도 들려 주시듯이 연변이나 북경 등지의 지방의 풍습을 간단하게 묘사하셨다. 서로의 심경을 건드리는 부분을 교묘히 피한, 나로서는 참기 힘든 대화의 상황이었다. 나흘째에 접어들면서 나는 더 이상 무슨 말을 해야 좋을지 몰라, 관광차 들른 선배라도 처리하듯 이 파리 시가지의 카페로 아버지를 모시고 가서 맥주잔을 앞에 놓고 멍하니 앉아 있다가 돌아왔다. 나의 태도가 여기까지 이르자 아버지께서도 그만 함구하셨다. 이제는 다른 형제들이 와서 이 지난한 상황을 깨뜨리는 일만이 기다려졌다. 아직도 열흘 가량이나 기다려야 했다. 모두가 다 아버지가, 막연히 예정되었던 일자를 갑작스럽게 앞당겨 도착하신 탓이었다.

시간이 갈수록 내 속에서는 우리를 버리고 혼자 북으로 가 버린 추상적인 과거의 아버지에 대해서가 아니라 편지 왕래가 시작되면서부터 접하게 된, 되돌아온 아버지에 대한 구체적인 서운함이 뿌리를 내리기 시작했다. 그리고 이 서운한 느낌은 묘한 방향으로 진전되면서 나로 하여금 아버지의 일거수 일투족을 추호의 여지도 없는 엄격함으로 바라보게 만들었다.

일주일 전만 해도 공항에서 아버지 이름이 크게 쓰인 팻말을 들고, 어머니도 형제도 없이 혼자 서 있던 내 심정은 흥분을 넘어서 참담한 것이었다. 우리 쪽의 부탁에도 불구하고 아버지는 최근의 사진 한 장 동봉하지 않았거니와 팥알갱이보다도 작은 데다 알아보기 힘들 정도로 바랜, 내가 태어나기도 전에 찍은 가족 사진 속의 아버지의 얼굴이나, 어머니가 아버지에 대해 하시던 상세하고 인상적인 묘사를 수십 번도 넘게 되살리려 해보아야 어리숙한 초상화마저 떠오르지 않았다. 행여

나 나의 어딘가에 아버지의 모습이 있을까 해서, 일생에 걸쳐 거울 속의 내 몰골을 그렇게 자주, 그렇게 골똘히 쳐다본 것도 아마 처음이었을 것이다. 우리 형제들 중에서 가장 아버지를 빼나게 닮았다고 묘하게 일그러진 표정으로 말씀하시곤 했던 외할머니의 말씀이 생각났기 때문이었다.

연구소를 아예 쉬고 비행기 착륙 시간보다 한 시간이나 일찍 나간 바람에 기다림에 지칠 때쯤 해서, 이윽고 여행객들 틈에서 구식 양복에 군청색 솜외투를 걸치고 귀밑머리를 바짝 깎아 더욱 뾰족해 보이는 얼굴을 꼿꼿이 쳐들고 걸어 나오는 노인을 발견했을 때 나는 기억에도 없는 아버지를 단번에 알아보았다. 국제 공항을 채운 수많은 환영객의 시선도 잊고 나는 그때 당장에는 난생 처음 보다시피 한 노인이 되어 버린 아버지의 품으로 달려가 그 자리에서 한바탕 대성통곡을 했다. 뿌리 깊은 통한과 원망이 뒤섞인 통곡임에도 틀림없었으나, 그것은 아버지를 되찾은 데서 오는 감격이나 본능적인 부자지정에서 우러난 것이라기보다는, 이 년 이상이나 질질 끌어 온 아버지의 여행 초청 문제가 거의 해결되었을 무렵, 그토록 바라던 남편과의 재회를 눈앞에 두고 갑자기 돌아가신 어머니에 대한 서러움이 북받쳐 올라온 까닭이었다. 유복자나 다름없는 나의 출생부터 시작해 늦게까지 독신으로 있는 나의 처지에 이르기까지 모든 것이 당신의 불찰 때문이기라도 한 것처럼 각별히 안쓰러워하시며 막내아들 뒷바라지를 위해 말도 안 통하는 나라에 와서 불편한 말년을 보내시다 끝내는 돌아가시고만 어머니를 부르며 나는 바짝 마른 노인의 협소한 품안에서 헛몸부림을 쳐댔다. 아버지의 품안에서 아무리 '어머니이'를 외쳐대고 얼굴을 아무리 비벼대 보아야 척 와붙지 않는 껄껄하고 스산한 감촉이었다. 쭈글쭈글 주름으로 늘어진 눈꺼풀이 열리고 백태가 한귀퉁이를 덮기 시작한 아버지의 눈에서도 눈물이 흘러내렸다. 어머니가 우리들의 어린 시절 귀에 못이 박히도록 그리고 또 그려낸 신화 속의 젊은 이하운의 모습을 지워 버리는 처참한 눈물이었고, 나는 잠시 어머니가 이런 모습의 아버지를 맞대면하지 않고 눈을 감으신 것이 어머니의 의도적인 결단이기라도 한 듯한 착각에 빠졌다.

나는 더 이상 아버지에게 소파나 안락의자를 권하는 것을 포기하고, 연구소에서 가져온 서류를 뒤적이기 시작했다. 다스리고 또 다스려도 간헐적으로 폭발하려 하는 아버지에 대한 사소한 불만은 아버지의 침묵 이상으로 부담스러웠다. 작은 꼬투리에도 터질 기회만 찾는 취태한 감정의 부침이었다. 주중이라면 일 핑계라도 대고 적당히 시간 조절을 해볼 수 있을 텐데, 꼭 학생 시절 처음으로 남의 빈집에서 아르바이트로 애 보던 때의 막막하던 기분이 다 되살아 나왔다. 텔레비전의 프로는 루마니아의 새 수상 페트로 로만과 한 여자 아나운서와의 대담으로 이어지고 있었다.

"수상님, 지난 달에 수상님께서는 '당신은 공산당 독재 타도 혁명 후에도 여전히 마르크시스트인가'라는 기자의 질문에 대답을 보류하신 바 있는데, 한 달이 지난 지금 동일한 질문에 어떻게 답변하시겠습니까?"

사람좋게 생긴 루마니아의 젊은 수상이 미소를 지으면서 지력과 야심 가득한 미모의 여자 아나운서에게 대답을 하려 하는데 아버지는 주머니에서 손수건을 꺼내서는 힝 하고 방 안이 울릴 정도로 큰 소리가 나게 코를 풀었다. 그리고 손수건을 다시 접어서 상체가 부르르 떨릴 정도로 재채기를 했다. 그리고 손수건의 한귀퉁이로 눈께를 비비시는 것이 보였다. 뒤쪽에 앉아 있는 나는 아버지가 어떤 표정을 하고 있는지 알 수 없어도, 아마 중공에 놔두고 온 가족에 대한 향수에 젖어서 저렇게 꼼짝도 하지 않는 것은 물론이요, 어쩌면 몰래 눈물을 흘리고 있는지도 모른다고 아예 단정지어 버렸다.

아무렴 감시가 추상 같다는 북한에서 중공으로 탈주하느라 사선을 같이 넘은 가족이 사무치지, 겨우 팔구 년을, 그것도 집에 붙어 있는 시

간을 따져 보면 같이 산 게 얼마 되지 않는 가족이 무에 그리 중하겠는
가. 일생 기다려 온 아내라도 살아서 흥건한 눈물로 반겨 주었다면 또
모를까, 이건 생면부지나 다름없는 데다, 맏이도 아니고 뱃속에서 나오
기도 전에 헤어진 자식이 정이 들었다면 얼마나 들었겠는가. 그것도 고
향땅에서 친족들에 둘러싸여 만난 것도 아니요, 이건 제나 내나 생판
타향인 제 삼국의 한귀퉁이에서 만나 보니…… 나는 화장지 상자를 아
버지께 건네면서 슬쩍 아버지의 눈께를 훔쳐보았다. 그러나 나의 예상
이나 상상과는 무관하게 아버지는 비록 왼쪽 눈에 백태가 끼어 있기는
해도 눈물이나 우울의 흔적이라고는 없는 영롱한 시선으로 화면을 주
시하고 계셨다. 젊은 시절에는 재주가 다방면에 뛰어났고, 아버지의 전
적에 미루어 어쩌면 아버지가 텔레비전의 프로를 다 이해할 정도로 프
랑스어에 정통해 있는지도 모른다는 데에 생각이 미쳤다. 그러나 그보
다 나는 아버지를 궁지에 몰아넣을 만한 꼬투리를 찾고 있었다.

"대담 내용…… 이해하시겠어요?"

아버지는 등은 움직이지 않으신 채로 겨우 불편하게 고개를 돌려 주
름살이 두 배로 늘어날 정도로 얼굴에 미소를 지어 보이고는 다시 화면
으로 시선을 돌렸다.

"무슨 내용인지 설명해 드릴까요?"

아버지는, 이번에는 무릎 위에 놓인 화장지를 집어 크게 재채기를 한
후, 조금 쉰 목소리로 대답했다.

"그것 구구하니 설명해 뭐 하겠냐. 대강 쳐다보는 게지."

"그래도 관심이 많으신 것 같아서요……."

"모든 게 많이 생경스러워서 이렇게 쳐다본다. 눈을 요리조리 치켜들
고 상대편을 쳐다보는 아나운서도 우습고, 빙글빙글 웃는 저 젊은 혁명
가도 우습고, 불란서말은 또 왜 요렇게 경망스럽게 빠르냐?"

아버지는 정감어린 목소리로, 정말 재미있는 듯이 미소진 얼굴을 내
게로 돌리고 말씀하셨다. 그러나 아버지에게 드물게 나타나는 이 다정

함은 오히려 내 속의 심술보를 더욱 자극했다. 정말 나도 알 수 없는 노릇이었다. 속에서 부르르 치받쳐 올라오는 뜨거운 것이 있어도, '자식이라고 이렇게 멀리까지 오셨는데'를 되뇌이며 이성적으로 누르고자 아무리 노력을 해도 어떤 순간에는 바로 그 노력 때문에 심술 섞인 노여움이 오히려 꼬일 대로 꼬여 돌파구를 찾는 것이다. 나의 심술은, 아버지의 다정한 어조에서 이상한 말로 딴청이나 부리면서 껄끄러울 수 있는 화제의 방향을 딴 곳으로 돌리려는 단련된 속임수만을 보았다.

나는 텔레비전 화면을 아버지와 같이 바라보면서 일부러 과장된 영탄조로 사족을 붙였다.

"쳇, 세상에도 지독하던 루마니아가 저렇게 쉽사리 무너질 줄 누가 알았어요. 루마니아야 독재켜가 앉아서 그랬다지만 이건 동구의 어느 나라 하나 온전히 버티는 나라가 있나 보세요. 이건 뭐 거대한 폭음을 내면서 무너지는 게 아니라 그저 기운없이 풀썩 썩은 둥지 주저앉듯 하는 거예요."

나는 얘기를 하면서 아버지의 표정을 살폈다. 여전히 무엇이 그렇게 우스운지 미소를 띠고 화면을 주시하는 아버지의 표정에는 변함이 없었다. 나는 야박하게 한마디 더 덧붙였다.

"아버지는 동구의 공산주의가 저렇게 무너져 내리는 게 아주 재미있으신가 보지요?"

그러나 내심으로 하고 싶은 말은 이렇게 점잖은 말이 아니라 "아니 기껏 저렇게 무너질 것 때문에 일생을 폭삭 망치셨던 말예요" 같은 항의조거나 "도대체 아버지는 어느 쪽입니까? 설마하니 아직도 저쪽은 아니겠죠?" 같은 차마 발설할 수 없는 의심조였다.

아버지의 옆얼굴이 잠시 굳어지는가 했더니 여전히 예의 미소가 퍼지면서 천천히 말했다.

"재미있냐고? 그거야 난생 처음 일어나는 일이니, 그렇게 말할 수도 있겠구나. 몸이 커지면 아무렴 알맞는 옷을 갈아 입어야지."

“……?”

　나를 멍청하게 만드는 이런 식의 대답은 정말 딱 질색이었다. 당신과
는 조금도 상관이 없는 남의 집 불 보듯 하는 아버지의 태도는 급기야
내 속에 불을 지르고 말았다. 그렇게 시시껍적하게 무너질 것을 알았다
면 왜 집안 식구들의 일생에 못이 박히게 북으로 갔으며 한번 선택했으
면 한자리에 뿌리를 박고 당신 말마따나 새 옷을 사 입든지 맞춰 입든
지 할 것이지 왜 딴 나라도 아니고 중공으로 탈출해 일생을 사서 고생
을 했는가 말이다. 이렇게 우스갯거리에 지나지 않는 것을 위한 희생치
고는 좀 심하지 않은가. 아버지의 태도 여하에 따라 일촉즉발로 폭발의
기회만 기다리고 있는 원성들이었다.

　동구의 무더기 사태를 신이 나게 보도하면서 예외적인 경우로 북한
이나 중공이 텔레비전에서 들먹거려질 때마다 나는 행여나 아버지의
분명한 반응을 유도할 수 있을까 해서 더욱 과장해 비판적인 언급을 늘
어놓곤 했다. 그러나 아버지는 그렇게 흥분해 떠드는 나를 그윽한 미소
로 바라보실 뿐 이렇다 할 반응을 의도적으로 배제하고 있는 것으로 해
석할 수밖에 없었다. 아버지의 반응이 뜨뜻미지근하면 할수록 나의 머
리는 점점 열이 올랐다. 내가 연구소에서 일을 하는 동안 마치 아버지
가 만나서는 안 되는 사람을 파리의 한구석에서 은밀히 만나기라도 하
는 것처럼 나는 어쩌면 자연스럽게 물을 수도 있는 것을 억지로 돌려
가면서 아버지의 하루 일과를 묻기도 했다. 동네를 한 바퀴 돌았다든지
텔레비전을 봤다든지 아니면 서고에 꽂혀 있는 우리말로 씌어진 책을
읽었다든지 하는 아버지의 답변이 거짓임을 반증할 아무런 근거가 없
음에도 불구하고 나는 무조건 아버지의 말을 믿지 않았다. 그리고 현관
을 들어서자마자 나의 시선은 나도 모르게 현관 앞에 놓인 아버지의 신
발이나 옷걸이에 걸쳐진 아버지의 외투로 향하면서 그것들의 조그마한
변화까지를 놓치지 않고 포착했다. 그저께는 일하던 도중 갑작스런 불
안에 휘말려 세 번이나 집에 전화를 걸었다. 그러나 매번 예외없이, 조

심스런 아버지의 목소리가 들려 와 나를 실망시키기도 했다. 아버지는 나의 잦은 전화를 안부 인사로 이해하셨는지 감동을 하신 어조로 "애비 일에 신경쓰느라 자주 전화하지 말고 일에 정진하라"는 조언을 덧붙이는 것을 잊지 않았다.

이런 나의 내면의 움직임을 아는지 모르는지 아버지는 텔레비전의 대담을 끝까지 다 보신 후에, 일렁거리는 부아를 삭이느라 입을 꾹 다물고 있는 내 쪽으로 천천히 돌아앉으며 주머니에서 부스럭거리는 무언가를 꺼냈다.

"이걸 좀 부쳐 주겠니?"

씌어진 주소로 보아 중공 연변에 있는 가족에게 보내는 편지였다. 그러면 그렇지 그새가 얼마나 길었으면 떠나온 지 일주일도 안 돼 벌써 서신 연락일까. 나는 우리 가족의 생사를 알고도 빨라야 두 달에 한 번 꼴이었던 서신 왕래를 생각했다. 나의 얼굴에서 무얼 읽으셨는지 아버지는 낮은 목소리로 혼자말하듯 말씀하셨다.

"내가 여기 와 있는 것도 모를 게다. 그저 북경에 다녀온다고 하고 길을 떴는데, 아무래도 내가 가볍게 처신했지 싶다."

나는 마치 아버지의 엄중한 꾸지람을 받은 느낌이었다. 그러나 그 순간조차도 나는 아버지가 붙인 사족을 믿지 않았을 뿐 아니라 여차하면 편지를 열어서 내용을 확인해 보고 싶은 유혹까지 일어났다. 나는 이 유혹에서 도망을 치기라도 하는 것처럼, 편지를 받아들고 그 당장에 우체국을 향했다.

집을 빠져 나오자 나는 조금 숨통이 뚫리는 기분이었다. 파리 교외의 오후는 겨울 날씨답지 않게 따스했고 햇살 속을 걸으면서 나는 이미 오래 전에 사라져 버려 다시는 맛볼 수 없는 어떤 행복감에 대한 무작정한 향수로 저려오는 가슴을 감당하지 못해 전전긍긍했다. 돌아가신 어머니가 자식을 대견하게 느끼실 때 지으시는 미소어린 눈길. 아니면 기억의 저 깊숙한 곳에 갇혀 서서히 퇴색해 버린 어떤 영상, 거주 이전 신고를 하러 들어가신 어머니를 기다리던 스산한 소도시 경찰서의 뜰에 내리쪼이던 무연히 맑기만 하던 가을 햇살. 천신만고 끝에 내가 대학을 졸업하던 날, 오늘처럼 따스하던 겨울 교정에서 막내의 사각모를 쓰고 수줍게 웃으시던 어머니. 어머니가 돌아가신 후 부쩍 자주 나를 사로잡는 이 지극히 감미로우면서도 쓰라리기 짝이 없는 기억의 범람에 걸음을 내맡기면서 나는 매일 지나다녀도 여전히 스산하게 다가오는 거리를 빈 시선으로 더듬었다. 아아, 어머니만 살아 계셨더라면 아버지와의 재회가 이렇게 껄끄럽지 않았을 텐데…… 다시 한 번 공항에서 피로에 지친 노인네의 앙상한 가슴에 처음으로 얼굴을 묻었을 때의 딱딱한 감촉이 되살아나면서 좀 전까지 머릿속을 부유하던 영상들을 지워 버렸다. 어두운 운명의 그림자 속에서 벗어나 막 숨을 돌리자마자 다시금 그 안에 갇혀 버린 기분으로 나는 우체국 안으로 들어갔다.

되도록이면 집에 들어가는 시간을 늦추느라 나는 동네 근처의 다방에서 이른 시간에 독한 위스키 한 잔을 시켜 놓고 테이블 위에 놓여 있는 지방 신문의 시시껍적한 소식들에서 구인광고에 이르기까지 눈으로 샅샅이 훑었다. 그러나 신문을 내려놓자마자 무엇을 읽었는지 조금도 기억을 해낼 수가 없었다. 생각은 애초부터 다른 곳을 헤매고 있었고 윤곽은 많이 흐려져 있어도 머릿속에서 나타났다가는 사라지는 얼굴이 있었다. 그것은 공회당 비슷한 건물을 가득 채운 사람들 앞에서 연설을 하고 있는 한 삼십대 초반의 젊은 얼굴이었다. 그리고 입구 쪽의 한구석에 앉아 있는 자그마한 체구의 한 여인과 호기심어린 시선으로 연단 위의 사람을 바라보고 있는 예닐곱 살 정도의 소년의 모습이 뒤이어 떠올랐다. 어머니와 형에게서 무수히 들은 이야기로부터 내가 그려낸 아버지의 가상의 얼굴이었다. 어렸을 적, 수없이 근사한 모습으로 장식되고 부풀어져 한때는 나를 의기양양하게 만들기도 했던 얼굴이기도 했다. 그러니까 내가 어머니 뱃속에 자리를 잡기도 전, 형이 막 일곱 살을 넘겼을 때이고, 아버지가 사라지기 일 년여 전의 이야기이다. 상상 속의 젊은이는 이상하게도 멋진 콧수염에 검정색 두루마기를 걸치고 있었고 부드러우면서도 강인한 시선에 힘을 주어 좌중을 향해 열변을 토하고 있었다. 때로 이 젊은이는 한밤중, 그림에서나 볼 수 있는 갑옷에 투구를 쓴 채 말을 타고 시골 큰집 뒤에 있는 야산을 달리기도 했다. 그런가 하면 이 동일한 얼굴이 남하 간첩으로 분장하고 온 식구가 잠든 집의 창문을 가볍게 두드려대 어린 시절의 불안한 잠 속에 틈입하기도 했다. 시간이 지나고 상상력이 퇴색함에 따라 내게 심히 불편한 느낌까지를 주던 모습들이었다. 그래도 이처럼 오랜만에 엉뚱한 장소에서 떠오른 이 초현실주의적 그림이 이날처럼 껄끄럽게 다가온 적이 없었다. 야릇한 불안감이 다시 나를 사로잡으면서 그 모습을 깨끗하게 밀어냈다. 그 자리에 이제는 익숙하게 된 아버지의 피곤하고 주름진 얼굴이 서서히 자리를 잡고 들어서면서 한편으로는 내게 약간의 안도감을 주는가 싶더니 다른 한편으로는 분노를 동반한 배반감을 격렬하게 야기시켰다. 늘 이런 식이었다. 나 자신 아버지에 대한 감정은 매순간 동짓달 팥죽 끓듯 변덕투성이었다. 별것 없는 주량에 나도 모르게 다섯 잔째 시킨 술잔을 비울 때쯤 해서는 화인지 설움인지 구별이 안 될 정도로 마구 섞인, 어떻건 새빨갛고 농밀한 감정이 양볼에까지 치받쳐 올라왔다. 그것이 한계를 지나쳐 눈가가 알알하게 뜨거워져 올라오는가 싶더니 그만 잔이 넘치듯이 눈물까지 한줌 쑥 빠져 나왔다. 이 나이에 무슨 한심한 노릇인가. 내 자신이 한심하다는 생각이 감정을 가라앉히기는커녕 이제는 아주 주저앉아 아무에게나 대고 트집을 부리고 싶을 정도로 고조되는 것을 느끼면서 나는 이 불안정한 기복이 위험 수위를 넘기 전에 자리에서 일어섰다.

딱하게도 위험 수위는 아버지 앞에서 터졌다.
"아버지, 제발 좀 편한 의자에 앉으세요. 제가 불편해서 못 견디겠습니다."

집에 도착해 현관문을 열었을 때, 여전히 등 없는 의자에 꼿꼿하게 앉아 다탁 위에 얹어 두었던 식물도감을 펼쳐들고 있는 아버지가 시선에 들어오자마자 나는 거의 악을 쓰듯이 외쳤다. 아버지는 그제야 상체를 천천히 움직여 놀란 듯이 나를 돌아다보셨다. 격렬한 내 목소리에 놀란 것은 무엇보다 나 자신이었다. 나는 황망히 덧붙여 설명을 했다.

"화분이나 얹어 두는 그 오똑한 의자에서 한나절을 보내시는 아버지를 뵙는 제 마음이 어디 편하겠습니까?"

"네게 불편을 주려고 그런 것이 아니라 진작부터 망가진 허리가 나이가 드니 더 극심해져서 이런 의자가 편해 그런다."

정말 미안하다는 표정을 짓고 대답하신 후 아버지는 그림이 곁들여진 식물학책을 다시 펼쳐들고 예의 자세로 되돌아갔다. 그러고 보니 아버지가 도착하신 이래 우리 형제들 중의 어느 누구도 연로한 아버지의 건강 상태에 대해 걱정어린 질문 한번 던진 적이 없었다. 마치 아버지란 사람에 대해 우리들이 느끼고 있는 파국의 감정의 강도가 아버지의 건강의 표지라도 되는 것처럼, 그리고 아버지가 다시 나타나 생생하게 과거의 파국을 상기시키고 있는 이상 그건 아버지의 왕성한 건강의 의심할 여지없는 증거이기라도 한 것처럼. 칠순을 넘긴 지 사 년이 된 아버지가 행여 팽팽하게 젊은 모습으로 도착했다고 해도 우리들 중 어느 누구도 놀라지 않았을 것이다. 나는 기이한 느낌으로 갑자기 더더욱 늙어 보이는 아버지를 바라보았다. 그 순간 나는, 아버지의 월북 이후, 사방으로 수소문한 결과 우리가 아버지에 대해 마지막으로 전해 들은 소식은 불행히도 심한 부상의 소식이었다는 것을 상기했다. 그러니만큼 감찰보호 대상 가족으로 지정된 후 한 달에도 서너 번씩 들러 아버지에게서 온 연락의 내용을 대라는 형사의 다그침만큼 어머니의 복장을 지지던 일도 드물었다는 것이다. 그럼에도 불구하고 그런 다그침을 아버지가 살아 있다는 증거로 보고 한 달 이상 그 사람들이 들르지 않으면 어머니는 오히려 그것을 불안해 하셨다니 당시 어머니의 심경이 어떠

했으리라는 것은 길게 상상할 필요도 없는 일이었다. 어머니는 돌아가시기 전까지도 당신의 건강 상태는 차치하고 그 시절을 떠올리시면서 새삼스럽게, 혹 그때의 부상이 지금에까지 누를 미치지나 않았을까 걱정하셨다. 머릿속 어디에선가 아버지께 묻는 어머니의 목소리가 생생하게 울리는 듯했다. 그러나 내 목소리는 통명스럽기 짝이 없었다.

"허리의 부상은…… 언제 당하셨어요?"

"부상?"

아버지는 아직도 붉은 기가 가시지 않은 내 얼굴을 살피시듯 나를 관찰하시면서 반문하셨다.

"어머니 말씀에 아버지께서 떠나신 후 얼마 지나지 않아 심하게 부상 당하셨다는 소식을 마지막으로 들으셨다던 게 생각나서요."

아버지는 잠시 침묵하시고는 약간 씁쓰름한 표정이 되셨다. 그러나 그 표정은 오래 가지 않고, 무언가 분명한 것을 요구하는 내 심사에는, 때로는 멍청하게 때로는 음흉하게밖에 보이지 않는 예의 미소가 그 자리에 영락없이 들어앉았다.

"부상이라고 하니 무슨 훌륭한 영광의 상처가 연상된다만, 내 허리는 그런 것과는 무관하다."

"그렇다면 어머니가 전해 들은 소식은 낭설이었나요?"

원래의 대화의 맥락을 잃고, 나는 마치 잘잘못을 따지기라도 하듯이 아버지에게 대들었다.

"글쎄다. 어떤 소식을 들었는지는 알 수 없다만 전시에 한두 번 가벼운 상처 안 입은 사람이 있었겠느냐?"

아버지의 대답은 늘 이런 식이었다. 이현령 비현령. 나는 물고늘어지고 싶은 고집이 생겼다.

"수색 고모네 아는 분이 1·4 후퇴쯤에 야전병원에서 치료중인 아버지를 직접 두 눈으로 확인했다고 들었는데요."

"수색 고모가 누구더라?"

말할 필요도 없이 아버지는 딴전을 피우고 계셨다. 나는 그 소식을 들으신 이후 한동안 노심초사 잠을 못 이루고 몇 번이고 그 소식을 전한 사람에게 자세한 상황을 들으러 큰형은 걸리고 작은형은 들쳐업고 이십 리나 되는 수색 고모네를 여러 번 방문했다던 형의 말이 생각나 새삼스럽게 어머니의 정성이, 내 자신의 정성이기라도 한 것처럼 억울하게만 느껴졌다. 대체 누가 어떤 방법으로 그 덧없이 소모되어 버린 고통의 대가를 보상할 수 있겠는가, 제법 비극적인 어투로 중얼거려 보았자 결론은 명명백백했다. 물론 그것은 아버지 장본인밖에는 없고, 방법 또한 아버지 스스로가 찾아낼 문제다. 그러나 아버지한테는 이 비슷한 생각이 떠오르는 기미조차 없었다. 도대체 아버지는 뭣하러 어머니도 안 계신 그 먼 길을 여기까지 왔는지 이해할 수가 없었다. 당신이 원하시기만 했다면 형과 의논해 약간의 시간이 걸리더라도 앞뒤를 알아보아 직접 서울의 맏이집으로 모실 수도 있었던 일이었다. 그러나 어머니가 돌아가신 것을 아시고도 애초 예정했던 대로 내게로 오시겠다고 한 것은 아버지의 선택이었다. 하기사 떠날 때 중공에 있는 가족에게는 알리지도 않았을 정도이니 이 여행에 아버지가 부여하는 중요성이라는 것도 대강은 알 만했다. 며칠 전의 대화 내용만 해도 그렇지 중공에서 아버지가 한 일이 뭔지, 어떻게 생활하고 있는지에 대해서는 아버지의 특기임에 분명한 그 모호한 수사법으로 늘 말머리를 돌리시지 않았던가. 공연히 흥분할 것도 기대할 것도 없다. 그저 한 달만 참으면 저절로 중공으로 돌아가실 것 아닌가. 한창 젊은 때만 해도 수시로 나를 사로잡던 일종의 무력감이 다시금 내 속에서 동아리를 틀려 하고 있었다. 어렵사리 자제하고 포기하고 저항하면서 이제 간신히 뛰어넘은 이역병 같은 것이 아버지의 출현으로 다시 재발된다면 이건 참으로 낭패스러운 일이었다. 나는 아예 입을 다물고 일어서려는데 아버지께서 뭐라고 중얼거리시면서 따뜻한 목소리로 내 이름을 부르셨다. 여전히 무릎 위에 펼쳐진 소형 식물도감에서 시선을 떼지 않은 채였다. 그 목소리에 감동이라도 받았는지 주책없이, 좀 전 카페에서처럼, 이번에는 콧등이 시큰해 오는 통에 나는 엉거주춤 돌아섰다. 그러나 아버지의 질문 내용은 역시 나의 감상적인 반응과는 무관했다. 잡초의 그림이 그려져 있는 면을 펴들고 아버지는 반갑기 짝이 없다는 듯 물으셨다.

"이것이 며느리밑씻개 아니더냐."

평소의 정상적인 상태였다면 웃음으로 넘겨 버렸을 상황이 드디어 술기운의 도움으로 극적으로 전개되려 하고 있었다. 나는 아버지가 도착하신 이후 나도 모르게 조금 과장해서 지켜 온 공손하고 예의바른 태도와 말투를 마구 벗어 던지고 경박하게 대들었다.

"아버지 정말 왜 이러십니까? 제게 하실 말씀이 그렇게 없으세요? 아니면 아예 말씀하기가 싫으세요? 왜 매번 화제를 돌리세요?"

"아니 식물학 박사님께 잡초 이름 하나 물은 게 잘못이더냐, 허허. 네가 만물박사처럼 보여서 그런다."

나의 태도에는 괘념치 않으시고 아버지는 정말 자랑스럽다는 듯이 가슴까지 펴면서 말씀하셨다. 나는 비아냥기까지 섞어 거침없이 되받았다.

"그렇죠. 저같이 그저 잡초나 붙잡고 십 년이나 늘어진 한심한 놈이 행여 아버지처럼 고매한 뜻에 일생을 바치신 분과 말 상대가 되겠습니까!"

한번 횃보가 터지고 보니 시원하기 짝이 없었다. 뿐만 아니라 지금까지 막연하던 것이 순식간에 명백한 진실로 자리를 잡으면서 나의 분노를 정당한 것으로 만들었다. 노총각으로 사십을 바라보아야 하는 처지, 떠돌아다니는 데 진절머리가 난 데다가 일종의 유유상종의 감정으로 잡초의 생리를 전공으로 택한 것, 앞날의 촉망되는 학자가 되기는커녕, 일생 별 볼일 없는 연구원으로 썩을 것이 뻔함에도 불안정한 이국 생활을 택한 도피적이고 파괴적인 결정…… 명백한 진실이란 다름이 아니라 이 구차하기 짝이 없는 나의 상황을 만든 원인은 하나부터 끝까지 아버지의 망령 탓이라는 사실이었다. 나를 퍼뜩 깨우는 것 같은 이 갑작스런 진실은 험악한 표정을 동반하고 마구 내 입을 통해 쏟아져 나왔다. 그뿐만이 아니었다. 나는 점점 더 공격적으로, 점점 더 논리정연하게 아버지를 궁지에 몰아넣을 방도를 찾아, 돌아가신 어머니와 형제들을 대변해, 내가 직접 겪지도 않은 못된 기억의 구석구석을 펼쳐 보였다. 그런 중에서도 쥐꼬리만큼 남은 나의 이성이 활동을 했는지, 나는 정작 목까지 치밀어 오르는 아버지의 이념에 대한 의심 섞인 직접적인 모욕은 여전히 삼간 채였다. 그것은 아버지에 대한 존경심에서라기보다는 행여 나의 의심이 사실로서 나타날지도 모른다는 두려움 때문이었다.

아버지는 별다른 충격의 표정도 없이, 눈을 감고 나의 폭언을 듣고 있었다. 그 무연함이 나를 더욱 화나게 만들어 결정적인 한마디를 하고야 말았다.

"아버지가 나타나지만 않았어도 어머니는 한 십 년은 더 사셨을 겁니다. 아버지 망령에 시달리느라 우리 가족 중 누구 하나 온전하게 남아 있는 사람이 있는 줄 아세요?"

그러나 내가 말미를 맺기도 전에 아버지께서 내 이름을 부르시며 돌아앉으셨다. 아버지의 목소리는 완연히 변모되어 있었다.

"창연이, 나 좀 보거라. 그만하면 할 만큼 했다. 아직 시간이 있으니 두고두고 쏟아도 괜찮지 않겠느냐? 나도 네게 할 말이 좀 있다. 내가 바로 그 망령을 벗어나 보고자 이렇게 온 게 아니냐. 너희들 속에 살고 있을지 모르는 내 망령을 더 늦기 전에 없애야 할 것이라는 생각을 오래 전부터 해왔다. 그러나 다른 한편으로는 아예 그것이 나의 늙어 가는 과정에서 생긴 기우이기를 더욱 간절하게 바랐기에 오랫동안 비교적 편안한 야인 생활을 할 수 있었다."

아버지는 잠시 침묵하셨다. 나는 씩씩거리기까지 하면서 냉소적인 얼굴을 하고 아버지를 똑바로 쳐다보았다. 아예 당장 자리를 박차고 뛰어나가 아버지가 내게—그것이 무엇이든—설명할 수 있는 일체의 기회를 박탈하고 싶은 욕구가 솟아올랐다. 그러나 어떤 결정을 내리기도 전에 내 속을 맑은 물 속 들여다보듯 한 아버지의 다음 말이 계속되었다.

"너는 지금 당장이라도 내가 하는 말을 듣지 않을 권리가 있다. 설령 네가 당장 방을 나간다 해도 나는 네가 있는 것처럼 말을 계속할 것이다. 그러니 네가 이 아비의 독백을 들을 의향이 있으면 고개를 들어 나를 똑바로, 있는 그대로 바라보기 바란다."

하기는 당장 자리를 박차고 일어서는 것은 구차한 도주에 지나지 않을 것이었다. 나는 도전적으로 고개를 들어 아버지를 똑바로 쳐다보았다. 이상하게도 아버지의 좀 전의 결연한 목소리와는 달리 얼굴에는 아무런 표정도 없었다. 아버지가 겪은 과거와는 무관한, 나이를 종잡을 수도 없고, 미움이나 애정 같은 감정의 기복과는 동떨어진 이 무표정의 표정은 이번에는 나로 하여금, 그저 생소한 사람의 흑백 사진을 바라볼 때와 같은 거리를 요구하고 있었다. 아버지와 나 사이의 이 무언의 시선의 교차는 한참이나 계속됐다.

이윽고 아버지의 얼굴에 그 특유의 미소가 번지기 시작했다.

"어디서부터 이야기를 끌어낼까가 막연하니 까짓것 아무 데서나 시작하자꾸나. 세월이 많이 지나갔으되 허무할 것도, 그렇다고 뿌듯할 것도 없구나. 한번도 이 애비를 본 적이 없으되, 네 말마따나 망령으로만 접해 온 너로서는 뒤늦게 나타난 애비에 대해 두루두루 불만족스러울 것이다. 생각건대 두 가지 생각의 가락 사이에서 주체할 수가 없겠지. 하나는 나에 대한 원망으로 내가 네 앞에서 그리고 이제는 이 세상에 없다만 네 어미 앞에서 무릎을 꿇고 한번만이라도 용서를 빌면서 울부짖어 주었으면 하는 것이겠고, 다른 하나는 이왕 모든 것 떨치고 떠난 바에야, 세상이 우러러보는 떠들썩한 위치에 있는 사람이 되어 너희들 머릿속 한구석에 살고 있는 그 망령의 한 자락에 부합하는 사람이 되어 있었더라면 하는 바람 아니겠느냐."

아버지의 말은 이 부분에서 재채기를 동반한 심한 기침으로 잠시 멈추었다. 아버지는 머리를 홰홰 내저으시면서 연거푸 서너 번 재채기를 하셨다. 아버지는 말할 필요도 없이 나의 태도를 잘못 이해하고 계셨다. 그러나 이상하게도 아버지의 기침은 조금 오래 계속되었다. 그때서야 나는 어머니의 말씀이 생각났다. 겨울이면 재발되는 아버지의 만성 천식이 하필 신혼 초야에 나타나, 그날 밤부터 참배를 한 궤짝이나 단번에 잡수시고야 나으셨다던 어머니의 말씀이었다. 이곳에 도착하신 이래 아버지가 저렇게 기침하시는 것을 자주 보았음에도 어머니가 그토록 자주 읊으신 아버지의 참배 사건이 한번도 머리에 떠오르지 않은 것이 이상할 정도였다.

"그런데 나는 네가 보다시피 네 앞에서 울면서 내 과거지사에 대해 용서를 빈 적도 없거니와 그렇다고 내 긴 인생을 장식해 줄 훈장 하나 달지도 않은 것은 물론이요, 이렇다 할 공적을 세우지도 못하고 네가 보기엔 참…… 딱한 삶을 연장해 온 늙은이의 모습으로 나타났다. 그러나 네가 어찌 들을는지는 몰라도 나는 어느 누구에게 무릎꿇고 용서를 빌 일을 한 적이 한번도 없다는 게 내 생각이니라. 너희 세 형제와 네 어미가 내 월북 이후 겪은 수모를 내가 상상 못 하는 바는 아니다. 그에 대해서는 나로서도 할 말이 없다. 그러나 너도 이제 세상이 뭔지 알 만한 나이에 이르렀으니 얘기한다만 그 수모의 책임의 소재지를 나 한 개인에 돌리는 어리석음을 범하지 않기 바란다. 물론 나는 아비 없이 성장한 경제적이고 심리적인 수모를 얘기하는 것이 아니다. 이미 이 땅에는 없는 네 어미는 알고 있겠다만, 나는 합의하에서 내 뜻을 따라, 내 처지의 다른 많은 사람들처럼 다시 데리러 올 것을 약속하고 북으로 갔다. 모든 일에 어찌 갈등이 없었겠고 철없는 두 아들에, 특히 만삭을 바라보는 아내를 두고 떠나는 심경에 어찌 마음의 찢김이 없었겠느냐. 그러나 뜻 없이 건성으로 사는 일이 그 당시나 지금이나 내게는 가장 큰 부끄러움이니 어찌하랴. 용서할 거리가 없다고 우기는 사람을 용서하는 것이 얼마나 힘든 일인지 이 애비는 잘 알고 있다.”

　아버지의 말씀은 점점 더 내가 전혀 예상하지 않은 방향으로 흘러가고 있었다. 잠시 사라졌던 아버지에 대한 의심이 다시금 솟아올랐다. 삼 년 가량이나 기다리면서 아버지가 내게 보일 수 있는 모든 태도를 상상하고 또 상상해 본 나였지만 지금 아버지가 펼치고 있는 종류의 말은 너무 뜻밖이어서 나는 어떤 반응을 보이기는커녕 아버지의 사고의 끄트머리를 따라잡느라 지독한 혼란을 겪고 있었다. 일생을 망령에 시달려 온 우리 가족에 대한 모욕 같기도 하고, 꼭 그런 것 같지만은 않은, 어느 쪽에 발을 디뎌야 할지 곤란한 말씀이었다. 한 가지 분명하게 드러나는 것은—내게는 부당하게만 보이는—아버지의 당당함이었다. 그렇게 생각하고 보아서 그런지 노인의 주름진 얼굴에는 상상 속의 아버지의 얼굴에 자주 나타나던 이상한 빛까지 발하는 것 같았다.

　“다시 한 번 반복하는 꼴이 되겠다만 내가 온 것은 너희들에게 용서를 빌려는 데 뜻을 둔 것은 아니다. 네 생각은 어떨는가 몰라도 네가 난생 보지 못한 애비라는 사람한테 첫 답신을 보냈을 때 벌써 반 정도는 이루어진 일 아니겠느냐. 나머지 반은 시간과 우리의 노력 여하에 따라 두고두고 이룰 일이리라. 내 뜻은 딴 데 있었다. 나는 내가 어떤 모양새를 가지고 너희들 속에 살고 있는지를 알 길은 없다만, 네가 방금 말한 대로 망령으로서 너희 살림의 주위를 떠돌아다녔다면, 이 내 망령이라는 것이 실제와는 천양지차일 것이라는 게 나의 소견이다. 그렇다고 늙은이가 주책없이, 죽기 전에 나 개인의 모양을 바로잡으려고 이 먼 여행을 계획했다고 생각하지 말기 바란다. 나는 바로잡을 모양새도 자랑할 만한 거리도 없다. 네 애비라는 사람은 그저 이십여 년 이상 농사에 매달린 야인일 뿐이고, 내 보잘것 없는 생애에 많은 우회를 거친 다음에 어렵게 이른 이 자리가 흡족할 뿐이다. 그리고 바로 있는 그대로의 나의 모습을 너희들에게 꼭 보여주고 싶었다……”

　아버지는 드디어 그 오뚝의자를 떠나 창가로 가 뒷짐을 지고, 어느새 조금씩 흐려 오는 겨울 하늘을 하염없이 바라보았다.

"겨울 날씨치고 따사하다 했더니 눈이라도 떨어질라는가부다……."

내 귀에는 물론 아버지의 날씨 타령이 들어오지 않았다. 며칠 전부터 고집스럽게 나를 따라다니던 의심이 아버지의 말씀으로 증명이 된 것 같기도 하고 아닌 것 같기도 했다. 나는 잠시, 아버지가 말문을 여신 이 기회를 이용해 단도직입적으로 질문을 던져 보는 방법을 생각했다. 그런가 하면 왜 내가 이다지도 고집스럽게 아버지에 대한 의심에서 헤어나지 못하는지 이해할 수가 없었다. 나는 나 자신을 설득이라도 하듯이 지금까지 그런대로 나를 안심시킨 여러 가지 사실들을 다시 떠올렸다. 무엇보다도 아버지가 벌써 오래 전에, 그것도 죽음을 각오하고 나의 어린 '동생'들까지 이끌고 북한에서 중국으로 이주를 감행한 것이 사람들이 말하는 그 전향이라는 것을 증명하는 것이 아니겠는가. 그러나 늘 그렇듯이 이 사실을 상기해 보아야 안심은 잠시일 뿐 또 다른 사실이 재빨리 머릿속을 비집고 들어왔다. 대부분 그런 부류의 사람들이 하는 것처럼 아버지는 한번도 시원하게 그 도망쳐 온 이북에 대해 이렇다 할 비판을 한 적이 없었다는 사실이었다. 도저히 그에 대해 길게 언급한 적이 없었거니와 나 또한 실상 한번도 진지한 호기심을 가지고 북쪽의 상황을 물어 본 적조차 없다는 데 생각이 미쳤다. 대한민국에서 사는 사람이면 누구나 가지고 있는 북쪽에 대한 확실한 지식이 있지 않은가. 게다가 우리 가족처럼 델 만큼 덴 사람들에게 있어서랴. 나는 아버지가 도착하신 바로 다음날 저녁 식사 중에 북한에 대한 나의 지식을 일부러 열을 올려 가며 아버지 앞에서 쏟아놓던 일을 상기했다. 하기는 내가 아버지의 입장에 있었더라도 그토록 확실한 지식 앞에서는 감히 반론은커녕 조그만치의 부언조차 삼갔을 것이다. 나는 다시 한 번 지독한 혼란을 겪으면서 농사에 구부러진 아버지의 뒷모습을 씁쓰름하게 바라보았다. 조금 마음이 안정되었다. 설령 '그렇다' 치자. 그러나 74세의 노인이 활동을 해봐야…… 그것도 야인을 자처하시는 분이……

이런 종류의 야비한 계산에 몰두해 아버지의 뒷모습을 주시하고 있는데 갑자기 아버지가 내 쪽으로 돌아섰다. 몸에 갑자기 전류라도 닿은 것 같은 착각을 주는 강한 시선으로 아버지는 말없이 나를 내려다보셨다. 아버지에게서 처음 본 그윽하고 깊은 시선이었다. 아버지의 눈자위는 붉게 물들어 있었지만 여전히 마른 채였다. 저것이 아버지의 나에 대한 사랑의 표정인가. 아버지의 사랑이라는 것을 한번도 경험해 본 적이 없는 나는 홀린 듯이 중얼거렸다.

"잠시 허리 좀 펴고 누워야겠다. 한 삼십 분 있다 깨워다고."

아버지는 느린 걸음으로 어머니가 쓰시던 침실 쪽으로 걸음을 옮기셨다. 뭉클한 덩이가 목줄기를 타고 올라왔다.

"아버지!"

정체를 알 수 없는 감동에 휩싸여 나는 무작정 이렇게 불렀다. 그러나 정작 할 말이 없었다. 피곤한 기색이 역력한 아버지의 얼굴이 나를 내려다보았다. 그러나 나는 올라오는 감정을 얼른 숨기고 투정하듯이 말했다.

"아버지, 왜 하필이면 고생만 되게 중국으로 도망하셨어요? 멀찌감치 일본이나 미국 쪽으로 길을 터보시지요……."

아버지는 내 말뜻을 잘 모르겠다는 표정으로 고개를 갸우뚱하시고는 잠깐 당황한 표정으로 서 계셨다. 그러더니 내 심중의 한 곳을 짚으셨다는 듯이 고개를 천천히 끄덕이시며 말씀하셨다.

"길이 오르막길이면, 그 길에 오른 사람들은 목을 축일 샘이 있는 내리막길이 나타나겠지 하는 기다림으로 걷는다. 그러나 가도가도 내리막길은 없는 오르막길이 있다. 그것을 알고 길을 오르는 사람, 그걸 모르고 내리막길만을 찾는 사람, 되돌아 내려오는 사람, 억지로 길을 깎아 내리막을 만드는 사람, 화가 나서 남을 탓하는 사람…… 수만 가지 사람이 같이 오르막길을 오른다. 너는 내가 어떤 사람인 것 같으냐?"

"길도 여러 종류일 텐데 하필이면 꼭 오르막길을 택할 이유가 있습니까?"

"그건 왠고하니…… 변함없이 평평한 대로만 있다면 오죽 좋겠냐마는…… 설사 그런 길이 있다고 해도, 아마 그렇게 말하는 너부터가 먼저 진절머리를 칠걸."

내가 무슨 말을 덧붙일 여유도 없이 아버지는 방으로 들어가 버리셨다. 그렇다고 선문답 비슷한 아버지 말씀의 진의를 따지고 들 여력도 없을 만큼 나는 지쳐 버렸다.

얼마나 누워 있었을까. 가물가물 감기려는 시선에 응접실의 한구석에 놓여 있는 아버지의 남루한 여행 가방이 분명하게 들어왔다. 나는 내가 무엇을 하는지도 모르고 벌떡 일어나 아버지가 주무시는 방문 앞으로 다가가 귀를 기울였다. 가속도로 뛰는 내 맥박 이외의 소리는 들어오지조차 않았다. 조금 숨을 돌이켰을 때에야 약하게 코고는 소리가 방 안에서 들려 왔다. 나는 아예 가방을 들고 내 방으로 숨어 들어가 문을 닫고 아버지 여행 가방을 뒤지기 시작했다. 손끝까지 바르르 떨릴 지경이었다.

나는 정작 내가 찾고 있는 것이 무엇인지도 모르면서 가방을 채운 것들을 흐트리지 않으려고 애쓰면서 온 신경을 손끝에 집중해 옷갈피를 더듬었다. 솜이 두둑하게 든 색바랜 천의 오버가 벌써 가방의 반 정도나 차지하고 있었고 앞자락이 반들거리기까지 하는 이 역시 남루한 양복 한 벌과 까칠한 모직 스웨터가 둘, 그리고는 잘 다려진 네 벌의 와이셔츠와 여기저기 조금씩 손질한 흔적이 보이는 속옷과 양말 나부랭이들로 가방은 채워져 있었다. 드디어 나는 가방의 밑바닥에서 딱딱한 물건이 들어 있는 비닐 봉지를 발견했다. 도둑질이라도 하는 것처럼 내 심장이 격렬하게 뛰었다.

그러나 비닐 봉지 속에는 한 권의 책자와 고량주를 연상시키는 액체가 담긴 병이 하나 수건에 싸여 들어 있을 뿐이었다. 나는 서둘러 까만 장정의 책을 펴들었다. 아무리 나의 한자 실력을 동원해 책을 훑어보아야 그것은 내가 막연히 예상했던 것처럼 이렇다 할 혁명가의 사상서도, 어록집도 아닌, 일종의 법국(法國) 여행 안내서에 불과했다. 나는 다시 한 번, 별 성과 없이 옷갈피를 샅샅이 뒤졌다. 그러나 이렇다 할 종잇장 한 장 만져지지 않았다. 다시금 책자를 집어들었을 때 한자로 가득 찬 책갈피에서 무언가가 툭 떨어졌다. 나는 나 자신도 모르게 화들짝 놀랐다. 방바닥에 힘없이 떨어진 것은 한 장의 사진이었다. 어머니도 애지중지 보물처럼 간직하시던 동일한 사진, 그러나 아버지의 것은 훨씬 더 분명하게 윤곽이 남아 있었다. 눈에도 선한 시골 큰집 앞의 정자나무 밑에 세 줄로 나란히 이씨 집안의 자손들이 엄숙한 자세로 서 있었다. 두 번째 줄의 왼편 쪽에 흐릴 대로 흐려진 채 아버지와 어머니의 얼굴이 보였다. 그리고 기껏해야 서너 살 정도의 큰형과 어머니 품에 안겨 있는 젖먹이 작은형. 물론 나의 모습은 없었다. 나는 대부분 이미 돌아가신 어른들의 얼굴까지 하나하나 마치 이 사진을 처음 보기라도 하는 것처럼 빨려 들어갈 듯이 들여다보았다. 그러나 수십 번도 더 들여다본 이 사진이 내가 알아내고자 하는 것을 뒤늦게 알려 줄 리가 만무했다.

나는 가방을 정리할 생각도 하지 않고, 묘하게도, 가난했던 유년의 시기를 연상시키는 그저 낡았을 뿐인 아버지의 소지품들을 멍하니 바라다보았다. 조금 전의 아버지의 시선의 이상한 효과가 다시 내 몸을 가로질러 갔다. 그때서야 나는 일종의 마취 상태에서 빠져 나왔고, 내가 방금 저지른 행위에 내 스스로 진저리를 쳤다. 우리 가족이 거처를 옮길 때마다 한두 번은 꼭 집으로 찾아와 냉랭한 불신과 위협적인 시선으로 집안을 한바퀴 훑어보고 가던 소위 담당 구역 형사들의 비슷비슷한 얼굴들이 그것 보라는 듯 의기양양한 자태를 지으면서 눈앞을 스쳐 지나갔다. 그 얼굴들의 대열 맨 끝에서 마침내 탈을 벗은 진정한 망령의 얼굴이 슬픈 표정을 하고 멈추어 섰다. 불행히도 그 딱한 취조자의 얼굴은 다름 아닌 나의 얼굴이었다. 나는 아버지의 가방을 다시 건드릴 엄두조차 내지 못하고, 결국 수치스런 일을 저지르고 만 내 두 손을 처치곤란한 괴물 바라보듯 오랫동안 주시했다.

심한 공복과 한기에 나는 눈을 떴다. 9시가 넘어 있었으나 밖이 희뿌연한 것을 보니 아침인 모양이었다. 나는 벌떡 일어나 방 안을 휘둘러보았다. 아버지 가방이 놓여 있던 자리가 비어 있었고 방문이 반쯤 열려 있었다. 그러나 어제 저녁 가방을 제자리에 가져다 놓은 기억은커녕, 어떻게 잠이 들었는지조차 기억에 없었다. 머리가 쪼개질 것처럼 아픈 것에 비해 몸과 마음은 의외로 가뿐한 것이 이상했다. 나는 가방과 함께 아버지가 사라지시기라도 한 것처럼 서둘러 방문을 열었다.

아버지는 예외없이 등받이 없는 의자에 앉아 내게 이미 안면이 있는 법국 안내서를 읽고 계셨다. 어제 저녁은 물론이요 아침 진지까지 벌써 혼자 차려 잡수신 기색이었다. 아버지는 슬쩍 내 안색을 살피시면서 말씀하셨다.

"그래, 술맛이 괜찮더냐? 네 형들 도착하면 한 잔씩 돌릴 양으로 내가 직접 담가온 것인데, 네가 그렇게 좋아하는 줄 알았으면 한 병 더 가져올 걸 그랬구나."

"죄송합니다, 아버지."

술병보다는 가방건을 생각하고 나는 진정으로 말했다. 그러나 아버지는 다른 내색 없이 눈까지 찡긋하면서 덧붙이셨다.

"죄송하긴…… 그런데 가방 속에 든 술병까지 감지할 정도면 너도 아주 대단한 술꾼인데. 속이 탈 텐데 내가 끓여 놓은 해장국 맛도 보련?"

아닌게아니라 속이 바짝 말라 물이라도 한 대접 들이켜려고 식당으로 가던 참이었다. 나는 그만 두 손을 바짝 들어 버리고 아버지가 손수 차려 놓은 아침상 앞에 엉거주춤 앉는 수밖에 없었다.

"나도 파리 관광 좀 할까 하는데 대동해 주겠니? 주중에는 네가 시간이 없을 것 같아서 말이다."

"어떤 관광요?"

아버지는 보시던 법국 안내서의 한귀퉁이를 펼치셨다. 중국어로 씌

어진 안내서의 내용을 전부 이해할 수는 없었지만 한 옆에 그려진 지도
와 묘지라는 한자로 보아 페르 라 셰즈 묘지를 설명하고 있는 것 같았
다.

"아니 하고많은 명소 중에 왜 하필이면 공동묘지부터……."

그러나 나는 곧 입을 다물어 버렸다. 아버지가 그곳을 보고자 하는
의도가 막연히 잡혔기 때문이었다. 페르 라 셰즈라면 묘지이기 이전에
거기에 묻힌 유명 인사들의 무덤을 장식하고 있는 조각품과 공원의 경
치로 유명해, 유학 시절 친구들과 어울려 한 번 가 본 적이 있었지만 사
십 헥타르가 넘는 곳을 걷느라 발바닥이 부르튼 기억도 있고 해서 되도
록이면 파리에 들른 친지들을 안내할 때마다 슬쩍 피해 간 장소이기도
했다. 아버지가 보고자 하는 것은 물론 쇼팽이나 아폴리네르나 들라크
로아와 같은 예술인의 무덤은 아닐 것이다.

"아들 보러 여기까지 왔으니 최소한 그것은 보고 가야지 않겠냐?"

아닌 밤중에 홍두깨 격으로 나는 아버지를 모시고 나왔다.

아무리 관광이 좋다지만 한겨울에 그것도 일부러 우리 부자의 외출
을 기다리기라도 한 듯 잔뜩 흐린 데다가 기온까지 갑자기 내려간 아침
나절인지라 아무리 명소인 페르 라 셰즈라 할지라도 사람의 그림자 하
나 보기 힘들었다. 그 안에 이르니 매운 바람까지 때맞춰 우리를 맞았
다. 나는 되도록이면 이 거대한 미로 속을 벌벌 떨면서 헤매는 것을 피
하기 위해 정문에서 산 지도를 펴들고 아버지께 여쭈었다.

"이 안을 다 둘러보시려면 서너 시간이 걸릴 텐데 다 보시겠어요? 아
니면……."

온갖 멋을 부려 조각 장식을 한 서구식 무덤들보다는 이 묘지의 크기
에 조금 당황하신 듯 잠시 멈춰 서서 첩첩이 무덤들인 사방을 휘돌아보
시는 아버지의 얼굴이 벌써 추위에 반쯤 얼어 있었다.

"다 보긴…… 가로질러 곧장 그리로 가자."

"그리라니요?"

나는 너무 당연하다는 투로 말씀하시는 데 약간 반발을 하며 일부러 되물었다.

"녀석, 딴청을 하기는…… 나 같은 사람이 여기를 오자고 했을 때 그게 어디일 것 같으냐."

아버지는 조금도 거리낌없이 말씀하셨다. 이 '나 같은 사람'이란 말씀이 강한 충격과 함께 여러 번 귓속을 울렸다. 나는 말없이 정문에서부터 동쪽 끄트머리에 위치하고 있는 '코뮌 병사들의 벽'을 향해서 걸었다. 공산주의권의 여행자들이 파리에서 빠트리지 않고 방문하는 상징적인 성소처럼 되어 버린 곳이었다. 아버지는 솜으로 누빈 두터운 오버 깃을 더욱 여미시고 걸으면서 주변의 기기묘묘한 조각품들을 감상하는 것도 잊지 않으셨다. 나는 평소 파리를 방문한 친지들을 안내할 때면 하던 최소한의 설명조차 잊고 아버지의 '나 같은 사람'이라는 말 속의 뜻을 새기는 데 열중했다. 아무것도 증명하지 않는 여전히 막연한 표현이었다. 그러나 나는 더 이상 트집이라도 잡듯이 아버지에게 덤벼들지도 않았고, 말꼬리를 잡고 아버지를 다그치지도 않았다. 파리의 습기찬 겨울바람이 뼛속까지 스며들어 왔다.

"무덤이 많기도 하다만 참 잘도 장식해 놨구나. 아직 멀었냐?"

돌길인 데다 적막한 추위 속을 걸으시기가 아무래도 힘드신지 아니면 나의 침묵이 너무 길었는지 한마디 하셨다.

"조금 남았습니다."

나는 건성으로 대답했다. 십여 년 전의 어느 여름 친구들과 어울려 이곳을 방문했을 때의 한 장면이 기이한 선명함으로 다가왔다. 그때도 나를 포함한 세 명의 유학생은 파리 관광 안내서에 따라 이곳에 왔고 역시 안내서에 씌어져 있는 대로 파리 코뮌의 막바지에 이곳에 스며든 국민병을 정부군이 생포 사살해 그 자리에 묻었기 때문에 역사적인 장소가 된 그 장식 없는 벽 근처로 다가갔었다. 다른 친구들은 꽃다발 하나로 조촐하게 남아 있는 흔적 없는 벽을 기억하고 있을는지 모르겠지만 내게 되살아오는 우울하고도 적막한 기억은 전혀 다른 것이었다.

우리가 그 벽 바로 앞에 있는 잔디밭에 앉아 막 사진을 찍고 났는데 검정 바지에 흰 와이셔츠를 입고 상고머리를 깎은, 비슷한 외양의 세 명의 동양인이 그 벽 앞으로 다가갔다. 그들 중의 약간 나이가 있어 보이는 사람이 말했다.

"이곳이 불란서 코뮌 당시 147명의 위대한 인민 혁명 전사들이 마지막 순간까지 싸우다가 무참히 사살된 역사적인 장소니 동무들 잘 봐 두라우."

엉뚱한 장소에서 모국어를 듣는 순간 반갑다는 생각보다는 그늘에 앉아 지친 다리를 쉬고 있었던 우리들은 제각기 자신도 모르게 폈던 다리를 모아들였다. 그러고는 그 특이한 사투리와 용어로 우리말을 주고받은 사람들을 기이한 동물 보듯이 바라보았다. 막 유학 생활을 시작한 우리로서는 난생 처음으로 가까이서 보게 된 북한 사람들이었다. 옆에 있던 유학생들의 머릿속에 어떤 생각이 스쳐 지나갔는지는 알 수 없어도 어느 누구도 그들 앞에서 입을 뗄 엄두도 내지 못한 채 일종의 방어 심리와 호기심이 뒤섞인 모호한 표정을 하고 서로의 눈치만 보았다.

이 불편한 장면이 이토록 선명하게 기억에 되살아나는 것은 그 순간 내가 바로 아버지를 생각하고 있었기 때문이었다. 그렇지만 나 자신 또한 친구들과 마찬가지로 이들에게 감히 말을 걸거나 다가간다거나 하는 것은 생각조차 못 했을 뿐 아니라 이상하게도 미친 듯이 뛰는 심장 때문에 더더욱 위축된 채 숨을 죽이고 그들을 바라보았다. 저들이 빨리 설명을 마치고 가 버렸으면 하는 마음과 우리들의 시선을 인식하지 않고 좀더 머물러 더 떠들어 주었으면 하는 상반된 감정에 묻어 오던 그 어색한 거리감에도 불구하고 나는 그들의 얼굴 위에서 환각처럼, 기억에도 없는 젊은 시절의 아버지를 보고 있었던 것이다.

나는 한바탕 들이닥치는 바람에 잠바의 깃을 올릴 생각도 잊고 70년대의 노인답지 않은 빠른 걸음으로 저만큼 앞서 가시는 아버지의 구부정한 뒷모습에서 시선을 뗄 수가 없었다. 마치 십여 년 전 그 불편하던 여름날 이곳에서 아버지 생각을 한 이후부터 줄곧, 행여 아버지를 만날 수 있을지도 모른다는 기대 속에서 하루하루를 살아오기라도 한 것 같은 감정의 착각에 사로잡혀 나는 뛰다시피 아버지에게 다가갔다. 정말 추우신지 바람에 온통 붉어지기까지 한 얼굴을 돌리시며 아버지께서 다시 물으셨다.

"거 참 바람 한번 극성스럽구나. 아직도 멀었냐?"

나는 길 저쪽 끝에서부터 또 한차례 몰려오는 바람을 막을 양으로, 아버지의 어깨를 껴안으면서 대답했다.

"이젠 거진 다 왔습니다. 아버지."

혜산 가는 길

이순원

"일단 여기까지는 왔구나."

기차에서 내려서며 그는 혼잣소리로 나지막이 말했다. 어젯밤 길림(吉林)을 출발한 증기기관차는 아침 열 시가 넘어서야 송강하(松江河)역에 닿았다. 참으로 먼 길이었다. 서울에서 홍콩으로, 홍콩에서 북경으로, 그리고 그곳에서 다시 길림으로 온 것이 어제 오후 늦은 시간이었다. 잠은 홍콩과 북경에서 각각 하룻밤씩 잤다. 거기서 뜨는 비행기 시간이 그랬다. 만약 길림에서 송강하로 뜨는 비행기가 있었다면 거기서도 호텔을 잡았을 것이다. 지난밤은 기차 침대칸에서 잤다. 아니, 잔 것이 아니라 누웠어도 거의 뜬눈으로 밤을 새웠다. 길림공항에 내려 곧바로 역으로 달려와 끊은 게 밤 9시 30분에 떠나는 송강하행 기차였다. 그것도 쉽게 구할 수 없는 표를 그곳에서 음식점을 한다는 교포에게 얼마간 웃돈을 주어 끊었다. 침대칸은 방 하나에 침대가 네 개씩 놓여 있었다. 고향으로 간다. 내 고향 혜산으로 가면 어머니는 볼 수 있을까. 아니, 창빠이(長白)에 사는 사촌동생 정님이네 집으로 나오실 수 있을까. 어린 시절 이웃처럼 드나들던 창빠이의 거리는 얼마나 변했을까. 또 거기서 건너다보이는 혜산은…….

떠나올 땐 거기만 가면, 그래서 어머니만 만나 볼 수 있다면 그 다음 일은 어떻게 되어도 좋다고 생각했다. 한 해 한 살씩 붙여 온 그의 나이 벌써 예순이었다. 처음 이야기를 꺼냈을 때 말리던 아내는 다녀와도 좋다고 했다. 그러나 불러 얘기했을 때 큰아들은 꼭 그렇게 가야 할 이유가 어디 있느냐고 말했다. 지난해 북에 갔다 나와 구속된 문 목사 이야기도 나오고, 임 뭣이라는 처녀애 이야기도 나왔다. 그때 누구보다 정부의 통일정책을 비난하던 작은아들도 마찬가지였다. 그는 아들에게 다르다고 말했다. 그때와 지금은 시간도 다를 뿐더러 그때 두 사람은 허가 없이 일본에서 북경으로, 혹은 백림(白林)으로, 그리고 거기서 바로 평양으로 갔지만, 애비는 허가난 여권을 가지고 북경에서 길림으로, 그리고 길림에서 창빠이까지만 가는 거라고 했다.

"좌우지간 일부러 그렇게 해서 좋을 이유가 어디 있느냐고요?"

큰아들이 말했다.

"그럼 너는 이 애비하고 40년 생이별을 하고 있다 연락이 닿아도 찾아오지도 않겠다는 얘기냐?"

말리는 아들이 섭섭해서라기보다는 더 말릴 말을 찾지 못하게 하기 위해 짐짓 그는 노여운 얼굴로 말했다. 아니, 노엽지 않았다면 거짓말일 것이다.

"상황이 그렇다는 얘기 아닙니까? 지금 이 땅 상황이요."

작은아들이 제 형을 거들어 말했다.

"그래도 나는 간다. 내달 초에 떠나기로 했다니까."

"가지 마세요. 가시더라도 좀더 세월 좋아지면 가세요"

"세월 좋아질 날 기다리다 보면 끝이 없어. 그나마 이것도 40년을 기다린 끝이야. 느 할머니 연세가 이제 팔십이다. 언제 세상 뜨실지도 모를 양반이셔."

그래도 아들들은 안 된다고 했다.

"창빠이까지만 가겠다는 건 지금 서울 있을 때 생각이고, 막상 길림이든 창빠이든 거기까지 가 보세요. 그러면 다리까지 놓였다는 강 하나 사이를 두고 혜산으로 안 들어가시게 되나."

"아니야. 느들이 암만 말려도 나는 간다. 느 당고모가 사는 창빠이까지만 갔다 올 거라니까."

떠나는 날에도 아들들은 공항에 나오지 않았다. 아내 혼자 그를 배웅했다. 그는 소리죽여 눈물짓는 아내에게 보름 후면 돌아올 거라고 말했다. 불과 사흘 전의 일이었다. 그런데 몸을 움직여 온 거리가 멀어서인지 그 사흘 전의 일이 한 달보다 더 먼 일처럼 생각되었다. 너희들은 모른다. 떠나올 준비는 거들어 줬어도 어쩌면 30여 년 넘게 살아온 아내도 모를지 모른다. 꿈에서조차 잊을 것인가. 내 고향 혜산진. 압록강 건너 사촌들이 사는 창빠이 마을…….

"남조선에서 온 리복태 선생 맞씁네까?"

역을 나서자 저만치 앞에서 이쪽을 살피던 40대 남자가 다가와 대뜸 첫마디에 그렇게 물었다. 창빠이에서 정님이가 보낸 사람이었다.

"예. 내가 이복태요."

그는 카메라가 든 짐가방을 추스르며 짧게 대답했다.

"첫눈에 알아봤잖재이요."

"많이 기다렸습니까?"

"아이오. 떠나긴 새벽에 떠났어도 아침 차가 아니면 낮 차일 거이라 생각하고 나왔습네다. 짐 인(이리) 주시라요. 차는 저기 세워 두었으니."

그는 남자에게 가방을 넘기고 뒤를 따라 걸었다. 길 옆에 일제 도요다 6기통 밴 트럭이 서 있었다.

"자리가 불편할 텐데, 가방 뒤에 실어도 되겠씀?"

"하기요. 그런데 예서 창빠이까지는 얼마 걸리는기요?"

"350릿길인데 도로 사정이래 안 좋고망이요. 부족하게 잡아도 여섯 시간은 좋이 가야 하고망. 타시라요."

"고맙씀."

서울에선 가끔씩 군민회(郡民會) 사람을 만났을 때 쓰긴 했으나 송강 하까지 오는 동안엔 단 한 번도 쓰지 않은 고향말이었다. 아니, 고향 사 람을 만나도 그 억양까지 40년 전의 그 말 그대로 썼던 건 아니었다.

비록 생면부지의 낯선 땅이었지만, 마음은 이미 창빠이를 지나 혜산 에 가 있었다. 군민회 누구에겐가 들었던 말이 생각났다. 여기 와 낳은 아이들뿐 아니라 우리도 이미 말을 잃어버리고 있다고, 고향말은 고향 사람을 만났을 때 나오는 것이 아니라 고향 흙을 봤을 때 비로소 제대 로 터져 나오는 것이라고.

"고단하면 주무시라요. 금방 닿을 거리도 아이고망."

대여섯 시간은 좋이 달려야 한다는, 어느 한 구간도 포장 안 된 흙길 은 깎아 놓은 무같이 흰 자작나무 수해(樹海)를 뚫고 이어졌다. 운전기 사는 눈을 비비며 어젯밤에도 못 잔 것 같은데 억지로라도 눈을 붙여 두는 게 나을 거라고 했다. 그러나 어디 잠이 올 길이던가. 포장 잘 된 매끄러운 길일지라도 그랬다.

"리 선생, 혜산이 고향이라면 고향 있을 땐 장백산엔 가 봤는기요?"

"아이요, 못 가 봤씀. 혜산이라 해도 백두산까진 200릿길인데 자동차 도 없던 시절 쉬운 길이 아이잖씀."

"맞씀. 조선 쪽에선 장백산을 올라간다고 하는데, 여기서는 올라가는 거이 아니라 조금씩조금씩 나무 숲을 뚫고 들어가는 거이랍니다. 그 길 이 바로 이 길이 아니겠씀. 아끄매 지나온 갈림길에서 왼쪽으로 가면 장백산으로 가는 거이고 이쪽으로 가면 창빠이로 가는 거이고."

"어릴 때 혜산에서도 들어간다고 들었씀. 들어가다 들어가다 보면 올 라온 데가 백두산이고 천지더라고……."

"산이 엔간히 커야지비. 그래서 그렇게 높은 산을 올라가는 거이 아니라 자꾸자꾸 들어가는 거라 하지 않았겠씀."

처음엔 그 조선족 운전기사와 별말을 하지 않다가 이제 한 시간만 더 가면 창빠이에 닿는다고 일러 준 다음부터 그런저런 말을 주고받는 동안 트럭은 어느덧 안개 숲을 헤치고 나오듯 자작나무 수해를 뚫고 나왔다.

"예부터가 행정구역으로 창빠이현(縣)입네다."

수해를 빠져 나오자 지평선에 거의 다 가 걸린, 여름해는 맞은편 민둥산에 마지막 햇살을 퍼붓고 있었다. 트럭은 그 민둥산을 비껴 동남쪽을 향해 달렸다. 그러다 민둥산을 지나 갑자기 눈앞이 확 트이며 귀에 익은 옛날의 그 물소리가 들렸다.

"서기요! 기사양반 서라니까!"

"차 말씀임?"

운전기사가 브레이크를 밟으며 물었다.

"여기가 마르구촌(馬鹿村)이 아인기요?"

"맞씀. 근데 그걸 우예 압니까?"

민둥산 아래쪽으로 강이 흐르고 있었다. 운전기사가 일러 주지 않아도 한눈에 그것은 압록강이었다. 그리고 눈을 들어 저 앞에 혜산……꿈에도 못 잊던 혜산 땅이 30미터도 채 안 되는 강물 건너에 보였다.

어릴 때 다녔던 학교 자리와 괘궁정(掛弓亭)의 활터, 봄 가을 학교에서 원족 다니던 얼럭굴(窟) 앞의 '비까비까 바위'도 바로 눈앞에 옛날 모습 그대로 보였다. 그때 학교를 다니며 이 압록강은 또 얼마나 부지런히 건너다녔던가. 그때는 혜산과 창빠이 사이에 목교(木橋)가 놓여 있었다. 어른들의 눈을 피해 호떡과 해바라기씨를 사 먹으러 자주 다리를 건너 창빠이로 왔었다. 가을이면 늙은 수사자 머리만하게 자라던 창빠이의 해바라기, 그때 호떡과 해바라기씨를 사들고 바라보던 강 건너의 혜산 풍경…… 집집마다 저녁 연기를 올리던, 40년을 떠나 있으면서도 눈에 선하던 그 모습 그대로 저기에 그가 자란 동네가 보였다.

그는 자동차에서 내려 두 손을 입가에 모아 쥐고 강 건너를 향해 있는 힘껏 소리쳤다.

"내가 왔수다! 내래 이 이복태가 왔수다——!"

그러나 몸을 비틀며 울부짖어도 목줄기에 탁 막힌 소리는 입 밖으로 나오지 못했다. 주체할 수 없는 눈물만 그렇게 하염없이 흘러 나왔다.

"리 선생, 가야지요. 이제 오나 저제 오나 사람들이 기다리고 있으거이니."

어떤 설움처럼 복받쳐 흐르는 눈물을 삼키고 있는 그에게 운전기사가 다가와 말했다.

"갑시다."

그는 지금 창빠이의 탑상가에 살고 있는 사촌여동생 정님을 찾아가고 있는 길이었다. 창빠이엔 정님이 말고도 그의 사촌이 여럿 살고 있었다. 강 하나를 사이에 두고 서로 다른 나라에 살고 있는 사람들……해방 훨씬 전, 아직 다리가 놓이지 않은 압록강은 큰아버지네가 건넜고, 이어 작은고모네가 건넜다고 했다. 그의 어린 시절에도 그 강은 국경이라기보다는 같은 조선말을 쓰는 강 건너 이웃 마을 사이에 흐르는 작은 개천에 불과했다. 이름만 넓어 압록일 뿐 혜산과 창빠이를 가르고 흐르는 물은 강폭이 채 30미터도 안 돼 큰물이 질 때가 아니면 건너자면 무릎을 걷고도 건널 수 있었다. 때로는 다리목에 지켜선 어른들의 눈을 피해 개울을 건너 창빠이로 건너가기도 했었다.

"저 강 건너 리 선생이 태어난 혜산은 지금은 함경도 땅이 아이오. 벌써 오래 전에 양강도 혜산시로 행정구역이 바꼈습네다."

"들었소. 그 얘긴……."

"그리고 저기 새로 다리 놓은 거이 있지 아이요? 저 세멘 국경교가 중조(中·朝) 합작교인기. 저게 원래는 목교(木橋)가 있었던 건 아오?"

"아오. 어릴 때 건너다니기도 했는기요."

"59년인가 60년인가 여게 큰물이 났었재이요. 그때 목교가 떨어져 나갔는데 3년 전에야 저 다리를 완공했소. 교각을 놓는데 여게 중국에서 세 개를 맡고 저게 조선에서 세 개를 맡아 놓았는데, 그래 이름도 여게서는 장혜교(長惠橋)라고 써붙이고 저게서는 혜장교(惠長橋)라고 써붙였재이요. 그전에 다리를 놓기 30년 동안은 줄배를 놨었고요. 양쪽 강가에 목책을 세우고 줄을 맨 다음 그 줄을 잡아 배를 몰았던 거이요."

비껴지나며 본 그 시멘트 다리는 2차선에 길이가 100여 미터는 족히 될 듯싶었다. 다리가 길어서인지 그 아래 흐르는 물은 더욱 좁아 보였다. 호떡과 해바라기씨를 사들고 건너던 그 물이 거기 그대로 흐르고 있었다.

"막 건널 수 없지만 건너면 리 선생 고향이오. 저게 강가에 나와 있는 사람도 리 선생 고향 사람들이고."

운전사 말로는 교량 합작을 조인하면서 중국에서는 창빠이현 최고 책임자가 나왔는데, 북한에서는 총리급이 나와 지금도 그 일을 놓고 창빠이 사람들은 혜산 사람들에 대해 '중국우월'의 본보기로 내세운다고 했다.

"웃기재이요. 같은 조선족 사람들끼리. 집안 내력을 대면 다 형님 아우고 아재 조카 사인데."

"다리는 여기 사는 사람이면 아무나 막 건널 수 있소?"

"아이오. 다리 양쪽에 양국의 교두(橋頭, 검문소)와 해관(海關)이 있습네다. 하지만 어느 쪽이든 도강증만 있으면 쉽게 다리를 건널 수 있재이요. 도강증이 없으면 바로 물을 건너도 되고."

"물이라면?"

"실제로 도강증이라는 게 상징적인 의미밖에 없다 이 말이재이요. 압록강에서는 강물에서 발을 떼어 상대국 강둑에 올라서야 도강이고 월경(越境)이지 이쪽이고 저쪽이고 남의 강둑 밑에 가 괴기를 잡아도 괜찮습네다. 교두가 있고 해관이 있어도 실정이 그러니 도강증 없이도 저쪽 사람이 이쪽 창빠이에 와 물건을 사가기도 하고요. 말이 국경이지

지키는 사람도 없이 신발만 벗어들고 자박자박 걸으면 건널 강이 무슨 국경이겠습네까. 리 선생도 가족들 보는 거이야 저게 사람들 여게 창빠이로 건너오라 해서도 볼 수 있겠지만 리 선생이 저쪽으로 건너가 고향 집에 오마니 옆에 자고 올 수도 있다 이 말이재이요. 자, 다 왔습네다. 저게 나와 있는 사람들이 리 선생 친척들이고마요. 저게요.”

운전기사는 탑상가의 입구에 차를 세웠다.

그가 이곳 창빠이에 사는 사촌들과 연락이 닿은 건 84년 봄의 일이었다. 그때 그는 자신의 사진관을 넘겨 준 큰아들 가게에 나갔다가 혜산군민회로부터 뜻밖의 소식을 받았다. 지난 4월 길림성 장백(長白)현에 사는 사촌누님 정자 씨가 육이오 때 월남한 사촌동생 이복태 씨를 찾아 달라는 편지가 KBS 사회교육방송을 통해 방송되었다는 것이었다. 그 방송을 들었다는 사람은 없었지만, 방송국에서 군민회로 연락을 했던 것이었다.

“맞을 거이요. 혜산진 샛골에 살던 이복태를 찾는다고 편지가 왔다니 이씨 지금 당장 방송국에 가보시라요. 지금 당장.”

전화 연락을 하며 군민회 사무실의 박씨는 평소 그답지 않게 싸우듯 소리쳤다. 그는 그 길로 큰아들과 함께 방송국으로 달려가 사촌누님의 편지를 복사했다. 그리고 적십자사를 통해 창빠이의 누님에게 “그해 겨울 내가 아버님과 동생, 그리고 작은삼촌과 함께 남한으로 나왔는데, 아버님은 이태 전 겨울에 돌아가시고 지금은 삼촌만 계시다”고 이쪽 소식을 전했다.

그러나 금방 올 줄 알았던 소식은 쉽게 오지 않았다. 중국에서 답장이 온 건 다섯 번째 편지를 띄우고 나서였다. 어머니가 살아 계시다는 것이었다. 그러다 정자 누님이 보낸 세 번째 편지 속엔 놀랍게도 어머니의 사진이 동봉돼 있었다. 이쪽으로 보내려고 일부러 찍은 것인 듯싶은 그 중판 크기의 사진 속에 어머니는 곱게 차려 입은 한복에 김일성 배지를 달고 있었다. 그러나 그가 이쪽의 가족 사진과 함께 보낸 그 한

복은 아니었다. 그쪽에 대하여 들으니 어두운 소식뿐이어서 사진과 함께 한복과 돋보기를 보내면서도 자칫 그것이 노모에게 화를 미치게 하는 것은 아닐까 공연히 마음이 무거웠었다. 아들이 보낸 한복을 입은 게 아닌 어머니의 사진을 볼 때도 그랬다.

창빠이의 누님 편지는 어느 날 갑자기 그렇게 왔지만, 그전에도 그는 이런저런 경로를 통해 어머니의 생사여부를 알아보려고 애를 썼다. 소식 닿기 이태 전에 돌아가신 아버님도 나이 일흔을 넘기고 나선 그쪽에 두고 온 어머니의 소식을 알지 못해 여간 애를 쓰지 않았다. 죽었을 거야. 찾아도 아매 느 오마닌 죽었을 게야…… 아버지는 다시 만날 수 없는 어머니를 보고 싶다는 말을 아들에게 거꾸로 그렇게 말하곤 했다.

그가 10년도 전, 혜산소학교 때 담임이었던 오모리 마사시케(大森重政) 선생을 수소문해 서울로 초청했던 것도 어머니의 소식을 알아보기 위해서였다. 그는 옛 일본인 담임선생에게 선생님은 그쪽과 편지 왕래가 가능할 테니 혜산의 그 인민학교 교장에게 월남한 제자(아니면 일본에 있는 제자라고 해도 좋고요)가 자기 어머니의 생사여부를 알고 싶어하니 연락해 주었으면 좋겠다고 편지를 내줄 수 있지 않겠느냐고 간청했다. 일본인 선생은 노력해 보자고 했다. 그러나 부부가 함께 서울로 왔던 그 일본인 선생은 그 후 연락이 없었다. 이쪽에서 편지를 해도 답장이 오지 않는 것이었다.

그리고 그보다 앞서 남북 적십자 회담이 서울에서 열리고, 북측 대표단이 처음 서울에 왔을 때에도 그는 자신이 만든 '망향'이라는 10페이지짜리 사진 소책자를 들고 아버지와 함께 북측 대표단이 쇼핑하고 있는 신세계백화점으로 달려갔던 일이 있었다. 그는 사진 책자에 자신의 가족계보와 그쪽에 있는 일가친지의 이름과 나이를 적었다. 그러나 그때 민간인이 북측 대표단을 접촉한다는 것은 불가능했다. 아니, 대표단이 아니라 그들이 묵고 있는 호텔도 백화점도 경비가 삼엄했다. 먼 발치에서나마 소책자를 펼쳐들고 있는 그들 부자를 찍는 남쪽 기자도 북쪽 기자도 없었다.

아버지가 이태만 더 사셨다고 해도 어머니의 소식을 들었을 것이다. 사진도 보았을 것이다.

돌아보면 그해 여름, 혜산고급중학교 졸업식을 얼마 안 남기고(북한의 학제는 7월에 졸업, 9월에 신학기가 시작된다) 육이오가 터졌다. 그의 나이 열아홉으로 어김없이 전시(戰時)의 입대 적령기였다. 먼저 영장이 나오지 않았던 건 아직 졸업 전이었던 때문일지도 모른다. 군대는 서울을 점령하고 이어 대전을 점령했다고 했다. 이어 졸업식 날짜가 다가오고 영장이 나왔다.

"못 보낸다. 쉽게 밀고 내려갔다고는 하지만 언제 어떻게 될지 모를 전쟁판에 내 어찌 널 보낼 수 있단 말이냐?"

아버지는 그에게 강 건너로 몸을 피하라고 했다. 파죽지세의 전세라고는 했지만 입대는 죽으러 가는 길이나 다름없었다. 다른 지방 사람들은 몰라도 혜산의 젊은이들은 학교꾼들마저 졸업식에 채 반이 참석하지 않았을 만큼 한밤중에 감시를 뚫고 강을 건너 창빠이 친척집으로 숨어들거나 운주봉(雲柱峰)으로 숨어들었다. 도강을 그때처럼 철저하게 단속했던 때도 없었다. 창빠이에 여러 친척이 있다 해도 말처럼 도강이 쉽지 않았다. 그는 무모한 도강보다 운주봉이 나을 것이라고 생각했다. 그러나 고원의 여름은 짧았고, 가을은 더욱 짧았다. 찬바람이 불면 어쩔 수 없이 다시 집으로 숨어들어야 했다. 사람들은 그가 강을 건넜을 것으로 생각했다. 어느 집보다 창빠이에 친척이 많았다.

그러던 그해 11월, 남쪽 군대가 혜산에 들어왔다. 그러나 그 남쪽 군대도 일주일이 채 못 돼 후퇴하기 시작했다. 압록강 곳곳의 다리를 건너 엄청난 숫자의 중국 군대가 밀고 내려왔다.

"매가단가 머인가 하는 미국 군대 대장이 남쪽 군대가 뜨고 나면 곧바로 압록강 일대에 원자탄을 쏟아부을 것이라는고망"

"그거이 일본 히로시마에 떨궜다는 거 말임?"

"그렇다재이요. 기러믄 여겐 완전히 재바닥이 되고 말 거인데."

"살자믄 남쪽 군대 뒤를 따라붙어야 한다는기."

그 원자폭탄이 떨어질 날짜가 12월 10일이라고도 하고 15일이라고도 했다. 들은 소문에 남쪽 군대가 밀고 올라올 때 미군이 비행기로 평양 시내에 어찌나 폭탄을 쏟아부었던지 두 층으로 포개진 벽돌도 없었다고 했다. 게다가 원자폭탄이 터질 것이란 소문은 남쪽 군대 입으로도 확인됐다. 중국 군대를 차단하기 위해서라도 떨어뜨리고 말 것이라는 것이었다.

"방법이 없다. 집안이 살고 봐야지."

12월 3일, 날짜도 잊지 않는다. 일가는 남쪽 군대의 뒤를 따라 남행 길에 올랐다. 아버지와 그와 열일곱 살된 동생, 그리고 삼촌과 먼 일가 붙이 아저씨가 따랐다. 어머니는 함께 나올 수가 없었다. 할아버지도 할머니도 거동이 불편했다. 아버지는 함께 떠나자고 했지만 어머니가 남겠다고 했다. 그 폭탄이 어떤 것인지는 몰라도 그래도 살 목숨은 살 것이고, 전쟁이라는 것도 북쪽이 이기든 남쪽이 이기든 이제 나라가 합쳐질 모양인데 그때까지 살게만 된다면 다시 얼굴을 볼 수 있을 것이라고 했다.

"석 달이야 가겠씀? 이래 빨리 밀고 올라오고 이래 빨리 밀고 내려가고 있는기."

피난을 떠나면서도 사람들은 양쪽의 화력을 비교해 남쪽 군대가 재북진할 것이라고 말했다. 아버지도 그렇게 믿었다. 서울 아래에선 어떤 일이 있었는지 모르지만 미국 군대가 들어온 다음 들은 평양 북쪽의 소식은 참으로 끔찍한 것이었다. 공습으로 포개진 벽돌이 없어질 정도라니…… 실제로 남쪽 군대를 따라 내려가며 본 곳 곳곳이 그랬다. 그건 서울도 마찬가지였다. 변변히 입은 것도 먹을 것을 가진 것도 없는 겨울, 남행길은 참으로 길었다. 걷다걷다 닿은 곳이 크리스마스 전날 거제도 피난민수용소였다.

"아이고, 오라바이 왜 인자 왔소? 왜 인자……."

"복태 맞나? 니가 내 사촌 복태가 맞나……."

"이거이 40년 만인가 50년 만인가……."

"누님! 정자 누님! 아바이는 돌아가셨소…… 오마니 얼굴도 못 보고…… 정님아. 니가 참말로 그 정님이가 맞나……."

"오래 사니끼 보기는 보는고망…… 야이야, 니가 왜 이래 늙었나? 핵교 다닐 때 그 훤하던 얼굴은 어데 가고……."

자동차에서 내린 거리에서 그는 거기에 나와 기다리던 사촌들과 부둥켜안고 한바탕 눈물부터 뿌렸다. 그때 정자 누님은 아이가 둘이었다. 후에 시집간 정님이도 애가 둘이라고(알고 있었다. 편지로) 했다. 정자 누님은 지금도 처음 시집 가 살던 그 집에 살고 정님이는 탑상가에서도 제법 큰 집에 산다고 했다. 작은 잡화가게를 하는 집이었다. 나온 사람들을 따라 정님이 집으로 와 그는 서울에서 가져온 물건을 풀었다. 그 짐가방 제일 아래엔 어머니에게 드릴 여름 한복과 겨울 한복, 양산, 몇 가지의 신경통 약을 넣어 왔다.

"동상, 니 난리가 난 기듬해 여름에 두루봉에 오지 아이했었네? 비행기에서 낙하산 타고."

저녁을 먹은 다음 다시 무릎을 맞대고 앉아 정자 누님이 물었다.

"아이요. 오려다 못 왔소. 그런데 내가 낙하산 타고 여기에 올 수 있었다는 건 우에 아오?"

"그것 때문에 작은오마니가 여간 고생을 한기 아이라니. 그때 니가 낙하산을 타고 두루봉에 떨어졌다고. 그것 때문에 혜산에서 인민대회도 열렸다는기, 니를 봤다는 사람도 나왔고. 니가 무꾸(무)하고 파를 파먹고 달아났다면서리."

"아이오. 왔슴 어케 되든 집에부터 들렀지요. 여게까지 왔씀……."

그해 겨울, 피난민수용소에 도착하자마자 국민방위군에 편입되었다. 그러나 이내 귀향 조치되고 말았다. 동생과 함께 형제가 부두로 나가

막노동을 했다. 몸으로 때워 하는 노동도 쉬운 게 아니었다. 삼팔 따라지, 함경도 아바이…… 내남없이 먹고 살기에 거칠었던 그 시절 싸워야 할 일도 많았고, 부두 부랑자들에게 몰매를 당해야 할 일도 많았다. 악착같이 붙어도 내 입 하나 다스리기 힘든 시절이었다. 그래서 그 두렵고 고통스러운 따라지의 유랑길을 벗어나기 위해 'Y부대'에 자원 입대했다. 비행기를 타고 가 낙하산으로 이북에 떨어지는 특수 임무 부대였다. 더욱이 그 부대는 임무 지역이 지역인 만큼 함경도나 평안도 사람들만 지원할 수 있었다. 우선 내 입 하나 간수할 수 있고, 훈련 후 개마고원에 투하될 거라는 소문이 더욱 그의 입대를 유혹했다. 참으로 거친 훈련이었다. 막상 유격훈련을 마치고 출동 준비에 들어갔을 때 느닷없이 다른 부대의 책임자가 와 수영 잘하는 사람들을 차출해 갔다. 압록강에서 태어나 압록강 물을 먹고 자란 그가 아니었던가. 영문도 모르는 채 그는 해상유격대의 창설 멤버가 되었다. 물쥐부대라고 불리던 해상유격대의 주 작전 지역은 동해안이었다. 비록 남쪽 유격대의 신분으로나마 다시 한 번 가 보려고 했던 고향땅은 결국 가지 못했다.

"그랬고망. 개마고원에 몇 차례 낙하산이 떨어지고 해놓으니 그런 거를 여게서는 니가 왔다 갔다고…… 잡힌 사람도 니도 함께 왔다고 그러고."

"그랬을 거이오. 유격대원이면 누가 훈련을 받았는지 서로 다 아니깐두루. 두루봉이면 바로 집 앞인데."

"그래 오마니가 당에서 추방 명령을 받았지 않았겠네. 오마니는 시부모가 있어 안 된다고 버팅기고. 옛날 일이지만 애 많이 먹었재이. 느 오마니가…… 니 땜새…… 샛골 느 집은 네 등분으로 나눠 남의 손에 넘어가고 오마니는 거게 남의 집 외양간으로 내몰리고서리. 난리 끝난 기듬해 느 할아버이하고 할마이가 한꺼분에 돌아가신 다음에도 그래 고생시리 살았는기. 니도 알거이고망. 문태하고 영태하고 작은아바이 아들이 있었잖았네. 그 애들 에미도 어른들 돌아가시고 나서 그 질로 재

가를 했고망. 그러니 느 오마니가 집체농장에 동원돼 다니면서도 그 간
난챙이들을 맡아 키우느라고 온갖 풍상 다 겪고시리. 보고 들은 사람도
말로 다 못해야. 느 오마니 고생한 거이는."
　"지금도 거게 샛골에 계시는기요?"
　"지금은 나왔다. 내일이믄 강가에 나가면 볼 수 있을 거이야. 오마니
는 못 본대도 오마니가 사는 집은."
　"거게 사람들 여게까지 장보러도 다닌다면서 내가 온다는 것도 모르
고 계신기요?"
　"일부러 기별 안 했고망. 온 다음에 기별해도 늦지 않을 거이고 해
서."
　"오마니는 여게로 안 다니십니까?"
　"안 건너오시는고망. 더러 건너다는 보셔도."
　"누님이 그쪽 혜산으로는요?"
　"잘 안 간다. 그쪽에선 이쪽으로 넘어와 장을 봐가도 여게서는 그래
안 다니는고망. 거게서 오는 인편에 그저 얘기나 듣고 살지."
　조부모가 돌아가시고 숙모까지 재가를 해버린 다음 이미 반동으로
낙인까지 찍힌 어머니는 누구보다 혁명적이었다고 했다. 어쩌면 그렇
게 될 수밖에 없었던 일인지도 모른다. 남쪽에서도 오랫동안 월북자의
가족이 받았던 대공기관의 끈질긴 감시와 거기에 더해진 일상사의 불
이익에 대해 보고 들은 바가 적지 않았다. 북이라고 해서 다를 게 없었
을 것이다. 어머니는 매일같이 집체농장에 동원되면서도 숙모가 남기
고 간 피붙이를 받아 키웠다고 했다. 그리고 피내림같이도 질기고도 질
긴 반동분자의 딱지를 떨어뜨릴 수 있었던 건 그로부터 8년 후의 일이
라고 했다.
　"느 오마니가 수령 훈장을 받았재이나. 거게 사촌동생들도 커서 문태
는 혜산진림업대학을 나오고 순태는 거게서 함흥으로 가 의과대학을
나오고 지금은 큰아 문태가 니 오마니를 모시고 사는고망. 듣기로 효성

도 그런 효성이 없다 그러고. 그런데, 니는 우에 살았네?"

"군에서 나와 사진 기술을 배웠고만요. 그래도 그게 먹고 사는 데는 괜찮을 것 같고 해서리 미제 사진기를 하나 구해 가지구성. 강원도에서요. 그래 거게서 사진관도 열고 땅도 장만해서 여게 있을 때처럼 벌도 좀 쳤고만요. 많이 칠 땐 서른 통도 늘구고 했는데, 아버님이 돌아가신 다음 줄기는 했지만 지금도 거게 가면 열 통은 내 벌통이 있고만요. 서울로 이사를 한 건 애들이 크니께 학교 때문에 옮긴 거고…… 거게 강원도에서 터전은 잡았다 해도 고향도 아인기 어데는 가서 못 살겠습니까? 벌도 아버지가 소일한다고 놔서 그래 키웠재이요. 통수 늘리는 재미로."

"말은 그래 해도 니 고생도 적지는 아이했을기고망. 눕고망 그만. 남은 얘기는 차차 하면 될 거이고 오니라고 엔간이 피곤도 했을긴데."

"자더라도 누님, 내 옆에서 자오. 자리에 누워도 쉬 잠도 안 올 거인데 얘기도 하고 우리 누님 손도 좀 잡고 자게. 정님이도 옆에서 자고……."

"그래. 그라이자. 40년 만인가 50년 만인가 내 생전에 니를 다시 볼 거이라고는 생각도 못했는기……."

늦은 밤 기적소리가 들렸다. 창빠이엔 기차가 없었다. 그렇다면 저 소리는 분명 강 건너 혜산에서 들려 오는 소리일 것이다. 예전에는 창빠이에 사는 사촌들에 대해 혜산 사는 그가 내세울 건 그것밖에 없었다. 철길에 못을 놓아 만든 칼로 사촌들이 주머니 가득 넣고 다니는 해바라기씨와 바꾸기도 했었다. 해방 전부터도 바닥도 혜산이 크고 창빠이는 작은 한 동네였지만 흔하긴 모든 게 창빠이가 더 나았다.

"누님, 저거이 혜산서 길주로 나가는 그 기차 소리가 아이오?"

"이 시간에 나가는 기차는 없을 거이고 아매 들어오는 기찰 거고망."

"지금도 증기기관차가 다니는기요?"

"언제는 그거이 아니었네?"

"그렇게 생각하고 들어서인지 소리가 내 어릴 때 그 소리하고 똑같지 않습네까? 거게 철길에 못을 놔 가지고 갈아 진태하고 해바라기씨하고 바꿔 먹고 그랬는데, 진태는 지금 무얼하오?"

"갸는 간 지 오래다. 난리통에, 여게서 왜 중국 군대가 안 들어갔네? 그때 통역병으로 잡혀 나가 소식이 없는기…… 난리가 참 많이 죽이고 찢어 놓고 했다. 니하고 니 오마니하고도 그래 찢어지고……."

자고 일어났을 때 날씨는 더없이 맑고 좋았다. 그는 사촌누이들을 따라 압록강 둑에서 혜산 쪽에 어머니가 살고 있는 집을 바라보았다.

"내 손끝을 잘 봐라. 저게 강 건너자마자 누르끼한 4층 벽돌집이 안 보이네? 거게 공동주택 3층이다. 오른쪽에서 두 번째로."

정자 누님의 손끝이 가리키는 곳에 빤히 손에 잡힐 듯 보이는 그 공동주택은 서울 변두리의 보통 연립주택이나 다를 게 없어 보였다. 혜장교 길이를 150미터로 잡는다 해도 강둑 너머의 길이까지 쳐도 300미터가 채 안 되는 정말 팔이라도 벌리면 창문을 열 것 같은 거리였다.

"문태가 림업대학을 나와 림업시험장에 들어간 다음 저게 공동주택으로 이사를 했고망."

그는 카메라의 렌즈를 망원렌즈로 갈아 끼웠다. 어머니가 사는 집이 보다 가까이 보였다. 문은 열려 있었지만 아무도 그 문가에 어른거리는 사람은 없었다. 한 손으로 카메라를 잡고 다른 한 손으로 그는 카메라 속의 문 쪽을 향해 허우적거렸다. 오마니, 좀 나와 보시오. 내가 왔수다. 오마니 아들 복태가 왔수다…… 그렇게 얼마를 서 있었는지 모른다. 그러나 끝내 어머니의 얼굴도 사촌의 얼굴도 그 문가에 비치지 않았다. 그는 빈 창문을 향해 수도 없이 카메라를 눌렀다.

"아매 지금쯤은 일부러 알리지 않아도 느 오마니가 니가 왔다는 걸 알 거이고망. 어제 니가 차를 타고 오는 걸 본 사람도 많을 거이고."

"그래도 탑상거리로 돌아가 더 알려야 되지 않겠씀?"

정님이가 말했다.

"알리면 우에 알리는데?"

"갑세다 오라바이. 가서 남조선에서 오라바이가 오마니 찾아왔다고 선전이나 더 하면 되는 거이니."

강 건너 어머니에게 아들이 왔다는 소식을 알리는 일은 그렇게 어려운 일이 아니었다. 아니 간단했다. 예나 지금이나 탑상거리엔 많은 조선 사람들이 강을 건너 장을 보러 왔다. 대개는 도강증을 내밀고 다리를 건넜지만 가뭄에 물이 준 강물을 자박자박 걸어 건너오는 사람들도 많다고 했다. 몰래 건너온 사람들이라기보다는 다리가 있는 곳까지 내려가거나 올라오기 귀찮아 여름엔 도강증을 가지고도 그렇게 바로 물을 건너다닌다는 것이었다.

"가슴에 수령 배지를 단 사람은 다 혜산 사람들이고망."

"그건 북쪽 사람들은 다 달고 다녀야 합네까?"

"다는 사람도 있고 안 다는 사람도 있고 그렇고망. 가마이 있어 봐라. 저게 사람이 오네."

정자 누님은 김일성 배지를 단 오십대의 남자를 붙잡고 말을 건네기 시작했다.

"아즈반은 혜산 어디 사오?"

"구릿말 사오. 그런데 무스그 일로 남 사는 데를 묻씀?"

"내 사촌이 남조선에서 왔재이요. 저 건너 공동주택에 그 오마니가 살고."

"남조선? 남조선 사람이 무스그 일로 말임?"

"전엔 거게 샛골에 살았댔소."

"그럼 월남자란 말임?"

"맞씀. 난리 때 여게까지 온 남조선 군을 따라 내려갔소."

"아, 먼 걸음이고망. 그런데 공동주택이면 저거이 아이오?"

"일 보시고 건너가면 거게 가서 말 좀 놓으시라요. 리복태라는 사람이 남조선서 오마니 찾아왔다고 말임."

정자 누님과 정님은 김일성 배지를 단 나이든 사람들에게마다 남조선서 온 사촌 피붙이를 알렸다. 그런 사촌들을 보고 놀란 건 오히려 그였다. 서울을 떠나올 때부터 전혀 생각하지 않은 방법은 아니지만, 그러나 알기로 그쪽에 그런 일을 알리는 것은 보다 은밀해야 할 것이라고 생각했다. 오히려 그랬다가 어머니나 그쪽에 살고 있는 친지들에게 화가 미치게 되는 것은 아닐까 찾아간 쪽에서 헤아리지 않을 수 없는 일이었다. 그런데도 창빠이의 사촌들은 그의 방문을 무슨 광고를 내듯 탑상거리에 떠들고 다니는 것이었다. 그렇게 말을 놓아 행여 내가 찾아온 것이 혜산의 그렇고 그런 일을 하는 기관에라도 들어가게 된다면 거기에 있는 가족들은 어떻게 될 것인가. 남에 있는 그런 기관이 북에라고 왜 없을 것이며, 남쪽 거리거리마다 붙어 있는 '의심나면 다시 보고 수상하면 신고하자'는 '113표어'인들 혜산이라고 왜 없을 것인가.

"누님, 그리고 정님이 니도. 그랬다가 저쪽 기관에 내가 오마닐 찾아왔다는 말이라도 들어가 되레 봉변을 당하시면 어찌하려고?"

"걱정 마라. 이래 안 알리고는 방법도 없잖네. 또 건너가 만나는 것도 아이고 니는 지금 중국에 온 거이지 북조선에 온 거이 아이잖네."

"괜찮소, 오라바이. 작은오마니가 오라바이를 불러서 온 거 아이잖씀. 오라바이가 제 발로 온 거까지 리유 달려 들면 이 세상에 리유 안 달릴 일이 어디 있겠는기요."

"아무리 그래도 그렇지. 소문나 좋을 일이 아인 것 같아 하는 소리지."

"괜찮다니깐두루. 개울 하나 건너라도 국경 너머 일인데. 어제 못 들었다 해도 저녁이면 기별이 갈 거이고망. 작은오마니도 듣고 문태 갸도 들을 거이고……."

"그만 광고하고 들어갑시다. 내가 가슴이 떨려 그러니끼니."

집에 돌아와 생각해도 아까 그 일은 아무래도 이쪽에서 경솔했다는 생각을 떨쳐 버릴 수 없었다. 남쪽 민통선 부근 어디에 그런 마을이 있다고 생각해도 그랬다. 그 마을에서 월북한 어떤 사람이 거기까지 찾아와 강 하나를 사이에 놓고 그렇게 떠들며 자신을 광고했을 때 그 월북자의 남아 있는 가족들은 과연 이 땅의 고질적인 허릿병과도 같은 '113'으로부터 자유스러울 수 있을 것인가. 또 그 월북자의 광고를 듣고 '가까운 경찰서나 군부대'로 달려가지 않을 남쪽 사람은 얼마나 될 것인가. 아니, 실제로 고향이 북쪽이라는 단 한 가지 이유만으로도 어떤 의무와도 같이 우리의 눈은 늘 오른쪽으로만 불을 켜듯 크게 뜨여져 있어야 했지 않았던가. 우리가 그러할진대 남쪽에서 올라간 월북자의 가족들은 어떠했을 것인가. 그리고 그런 심정이야 내가 찾아왔다는 소리를 들은 어머니도 어머니를 모시고 사는 문태도 마찬가지가 아닐 것인가. 더구나 무엇보다 은밀해야 할 기별이 은밀하게 다리를 건너간 것도 아니잖는가.

다음날부터 며칠간 그는 매일 압록강 둑에 나가 다리 건너편의 표정을 살폈다. 소식 알린 일이야 그렇다 해도 혹시 건너편 강가에 어머니가 나와 계시지나 않을까 해서였다. 그러나 아무리 기다려도 어머니는 나오시지 않았다. 아니, 그런 노인은 보이지 않았다. 거의 매일 같은 풍경으로 길주로 가는 혜산선 철도 옆 도로에 사람을 가득 태운 트럭이 지나가기도 하고, 또 시간 맞추어 그 철도에 기차가 들어오고 나가기도 했다. 그 강을 건너고 싶은 마음은 오던 날 마르구촌을 지나올 때부터 굴뚝 같았다. 그는 카메라로 강 건너의 이런 저런 표정을 잡았다. 압록강가에 나와 빨래하는 혜산 여자들과 거기에 미역을 감고 있는 혜산 아이들, 그 강둑에 내널린 갖가지 색의 빨래, 창빠이와 혜산을 잇는 국경 다리, 그곳에 서 있는 교두(橋頭)와 해관(海關), 혜산시 동산(東山)에 세워진 대형 조형물, 어머니가 살고 있는 공동주택을 그는 찍고 또 찍었다.

그런데 어느 날 그는 강둑에 나가 어머니를 모시고 산다는 사촌동생을 보았다. 비록 먼 거리에서긴 하지만 카메라 가방을 멘 이 낯선 '외국인'의 모습은 몸집도 행색도 달랐다. 그런 그를 알아보기라도 하듯 강 건너편에서 사십대의 남녀 한 쌍이 이쪽을 향해 손을 흔들었다.

"문태가 나왔고망! 문태가……."

사촌동생 정님이 그에게 알려 주었다.

"쟈가 정말 문태란 말이재."

"맞고망. 문태가……."

그는 둑 아래로 내려가 신발을 신은 채 강물로 뛰어들었다. 그러나 그는 그 강 중간쯤 이르러선 더 앞으로 나가지 못했다. 어머니를 모시고 사는 동생은 그가 쉽게 올라서서는 안 되는 땅 위에 서 있었고 그는 그 강 한가운데 서 있었다.

"니가 내 동생 문태가 맞네?"

"……."

"내래 니 형 이복태다! 이복태라고! 들리나 내 말?"

"……."

그래도 강둑 위의 아우는 말이 없었다. 그는 강 한가운데서 하류쪽을 향해 걸음을 떼었다. 그러자 강둑 위의 아우도 하류 쪽으로 걸음을 옮겼다. 이쪽에서 멈춰서면 저쪽도 멈춰섰다. 손을 흔들면 따라 흔들었다. 카메라를 목에 걸고 두 손을 치켜들어 흔들자 그쪽도 두 손을 흔들었다.

"맞구나! 니가 내 사촌동생 문태가 맞구나! 오마니는 건강하시냐?"

"……."

동생은 대답 없이 위 아래로 손을 흔들었다.

"니가 고생이 많구나. 니가……."

동생은 아니라고 손을 흔들었다.

"야, 문태야! 보고 싶었다. 오마니는, 오마니는 왜 안 나오시고……."

이번에도 동생은 양팔을 벌려 옆으로 손을 흔들었다.

"맞구나, 니가 맞아. 문태야, 형이다. 형이 니를 찾아왔다! 40년 만에……."

그는 울부짖으며 강바닥에 쓰러지듯 주저앉았다. 그러자 동생도 강둑 난간을 잡고 고개를 떨구곤 격렬하게 어깨를 들썩였다.

"말해라, 문태야, 울지만 말고 한마디라도 말 좀 해라."

"……."

몸을 일으켜 그는 다시 저쪽 강둑을 향해 앞으로 나갔다. 그러자 뒤따라 강으로 들어온 정님이 남편이 그의 어깨를 잡았다.

"더 가지 마시오, 처남."

"놔라. 나는 간다. 가 봐야겠다. 오마니 얼굴도 봐야 하고……."

"이러시면 아이 되오. 강 건너 처남 립장만 난처해집네다."

그는 다시 강바닥에 몸을 주저앉혔다.

"문태야 한마디만 해라. 한마디만……."

"……."

"처남, 그렇게 섰지 말고 말해라. 형님 소리 한마디만이래두."

동갑나이의 매부가 강둑에 선 사촌에게 말했다.

"오마니 건강하십네다. 형님……."

"오냐, 고맙다. 내 니 볼 얼굴이 없다. 오마니 잘 모시거라. 내 대신…… 통일되면 내 니한테 진 빚 다 갚을 거다. 문태야, 니도 잘 살고…… 오마니보고도 건강하시라고……."

"형님……."

그리고 다시 사촌동생은 말이 없었다. 압록강 반폭을 사이에 두고 형제는 망연히 바라보다가, 다시 걷다가, 앉았다가, 손을 흔들다가, 참을 수 없는 울음을 터뜨리곤 했다. 그러다 이윽고 동생이 먼저 발길을 돌렸다.

"오마니 걱정 마세요. 다시 만날 때까지 건강하시고요 형님……."

강바닥 한중간에 선 형을 향해 몇 번이고 뒤돌아보며 손을 흔들다 아우 내외는 다리 쪽으로 올라갔다. 그제서야 그는 가지고 나간 카메라에 아우 얼굴조차 잡아 두지 못했다는 것을 깨달았다.

"갑세다 처남. 가서 젖은 옷도 갈아 입으시고……."

매부가 어깨를 잡아 부축했다.

그는 그런 식으로라도 어머니를 만나길 원했다. 이제 언제라도 마음 먹으면 다시 올 수 있는 길이긴 해도 그 다시 오는 날까지 언제까지고 살아 계시리라는 보장 없는 어머니의 연세였다.

며칠을 더 그런 식으로 그는 강가로 나갔지만 혜산 가족과의 만남은 그것으로 끝이었다. 창빠이의 친지들과 압록강가에 나가 단고기(개고기)를 푸짐하게 차려 놓고 천렵하던 날 강 건너에서 어머니가 보낸 사람이 건너왔다. 어릴 때 샛골집에도 자주 들렀던 기억이 나는 숙항(叔行)뻘되는 친척 아저씨였다.

"복태한테 오마니 말만 전하고 감세."

"뭐라시던가요. 오마니가……."

"그리는 마음으로 치자면야 자식이 오마니 그리는 것보다 오마니가 자식을 그리는 게 더하지 않겠냐셨고망. 하지만 강 건너 가족들 생각한다면 그만 돌아가라고 하셨네. 동생 얼굴 봤으면 빨리 돌아갈 거이지 무에 더 볼 얼굴이 있어 못 가느냐고 그러시고망. 안 나오신다네. 자네가 백날을 그렇게 강가로 나와 기다려도…… 가슴 찢어지는 거야 복태보다 그런 말 전하는 오마니가 더하실 거이고…… 말 전하는 내 생각도 자네가 인자 그만 돌아가는 거이 여러 모로 나을 듯싶으이. 자네 대신 몇 십 년을 오마니 모시고 사는 아우 앞날을 생각해서도…… 오마니도 그 점을 넘려하시는 거이고…… 생사 알고 사는 모습 알면 됐지 얼굴 본다고 풀릴 한들도 아이잖는가. 매일 맞대고 살 거이 아니라면 떠난 쪽이나 남은 쪽이나 지난 우리 사십 년이…… 아직 한꺼번에 그 한 다 씻을 수 없는 게 우리 세월이고망. 조금씩조금씩 허물어 가야제…… 전에 여게 있을 때 느 아바이 봄마다 하던 벌 합봉(合蜂)하드끼……."

이제 나이 일흔은 넘었을 듯싶은 그 아저씨는 이쪽에서 억지로 쥐어

주는 수저까지 거절한 채 다시 강 쪽을 향해 걸어갔다.

합봉이라…….

그는 강물에 들어선 노인의 뒷모습을 바라보며 혼잣소리로 망연히 중얼거렸다.

그건 돌아가신 아버지께서 봄마다 즐겨 쓰던 양봉 기술이었다. 분봉(分蜂)이 벌의 살림 늘리기라면 합봉은 봄 짧고 여름 짧은 이곳에서 세력이 약한 두 벌통 살림을 한 살림으로 합쳐 세를 튼튼히 하는 기술이다. 서로 모시는 여왕벌이 다른 두 개의 벌통을 한 벌통으로 만드는 일은 대단한 노력이 필요하다. 자칫 잘못 손을 댔다가 오히려 걷잡을 수 없는 집안 전쟁을 일으킨다. 이 때문에 노련한 양봉 기술자도 합봉에 이르러서는 '시간'과 '단계'의 통합 비법을 쓴다. 우선 합치려는 두 벌통 사이에 다른 빈 벌통을 놓고, 양쪽 벌통에 각각 열 개씩 들어 있는 소비(벌집)를 다섯 개씩으로 줄인다. 그러고는 빈 벌통 한가운데를 신문지로 분계선을 만들고 각각 다섯 개씩의 소비를 같은 편끼리 옮긴다. 그리고 그 다음 작업이 중요하다. 양쪽으로 나누어진 벌들이 서로 눈치를 살피고 소리를 들으며 냄새를 맡을 수 있도록 벌통 가운데를 막은 신문지에 손가락 굵기만한 구멍 몇 개를 내어놓는다. 사람이 해줄 일은 끝났다. 나머지는 벌의 일이다. 이틀 후면 기적과 같은 화합의 대공사가 벌통 속에서 진행된다. 양쪽 벌들은 자기들을 가로막고 있는 신문지 장벽을 조각조각 가루로 썰어 벌통 밖에 쌓아 놓는다. 벌들이 한 식구가 되는 것이다. 남으로 와서도 아버지는 봄마다 꼭 세가 약해진 벌통을 골라 합봉 작업을 했다. 놀라운 건 그렇게 스스로 통일을 이룬 벌통이 그해 가을엔 제일 많은 수확을 거둔다는 것이었다. 다른 벌통에서 두 초롱의 꿀을 따면 그 벌통에선 세 초롱의 꿀을 땄다. 아버지는 그걸 통일꿀이라고 불렀다. 그도 아이들도 그렇게 불렀다. 어쩌면 아버지는 그 합봉을 양봉 기술자로서가 아니라 한 실향민의 통일의식으로 치렀던 것인지 모른다. 벌 합봉하드끼…… 노인은 휘척휘척 강을 건너고 있었다.

"나, 내일 길림으로 나갈랍니다."

그는 돌아가기로 결심했다. 아직 어머니의 뜻이 그러하다면 돌아가야 하리라. 그리고 내년 통일꿀을 들고 다시 어머니를 찾아오리라. 아니, 우선 두 벌통의 합봉부터 하리라.

기우는 햇빛 속에서도 압록강은 말없이 흐르고 있었다.

아들이 떠났다는 기별이 전해지던 날 강가로 나오신 어머니는 저녁 해질 때까지 한자리에 꼼짝도 않고 서서 강 건너 먼 하늘만 바라보시다 들어가셨다고 했다. 입고 계시던 옷도 아들이 보내 준 물빛색의 한복으로 다음날에도 그 다음날에도 어머니는 그렇게 강가로 나오셨다고 했다

어머니 오시다

주유훈

마가을의 한낮이였다.

이름있는 연주가이며 작곡가인 황설규는 비행장으로 달리는 승용차
에 앉아있었다.

황금빛잎사귀들을 떨쳐입고 시원하게 트인 도로의 량쪽으로 줄지어
달려오는 은행나무들이 정오의 가을볕을 받아 환하게 타오르는데 그
밝은 빛을 반사하여 드넓은 논벌의 누런 벼이삭들도 더 선명한 황금빛
으로 설레이는듯싶었다.

자연의 이 희한하고도 놀라운 광경에 무관한 황설규는 지금 심중에
설레는 흥분의 파도를 감당하기 어려운듯 지그시 눈을 감고 있었다.

'어머니!……'

근 40년동안 마음속에 간직된 부름이 문득 입밖으로 흘러나왔다. 그
자신이 다 큰 두 자식의 아버지로 되고 어찌하면 할아버지로도 될 수
있는 그런 나이에 이르러서도 넋의 보물처럼 마음속에 간직했던 부름
이였다.

　승용차에는 운전사 말고 뒤좌석에 그 혼자뿐이였다. 기상수문연구사인 안해는 례성강 상류지대의 물연구로 출장나갔다가 오늘로 돌아오게 되여있어 구태여 알릴 필요가 없었다. 새로운 론문집필을 위한 현지답사로 백두산탐험대에 간 지리학자인 장인한테도 전화를 걸었더니 급히 오겠노라는 것이였다. 농업대학을 졸업하고 3대혁명소조에 나간 아들과 예술단 기악중주단에서 첫 배우생활을 시작하자마자 지방순회공연에 나간 딸한테도 그들이 난생처음 보게 되는 할머니가 오후 2시에 도착한다는 기쁜 소식을 전해주었다.

　어머니와 아들한테 똑같이 너무나도 가슴 벅찬 이 상봉, 이 감격의 폭발을 고령에 심장을 앓는다는 어머니가 과연 견디여낼수 있을지, 손자, 손녀, 며느리, 사돈까지 단꺼번에 비행장에서 만나면 충격이 더 할수 있다는 우려가 생기여 차라리 제혼자 나가는 것이 낫지 않을가 하는 생각이 들었다. 그리고 놀랍게도 어머니와의 상봉을 처음만은 자기가 독차지하고싶은 천진한 아이의 욕심과도 같은 심리에 스스로 어처구니 없기도 했다. 그리도 생사를 알길 없던 어머니를 만나게 되다니…… 꿈이 아닌가싶어 와뜰 놀라며 정말 꿈이 아니기를 바라는 공연한 마음도 모두 눈굽이 뜨거워지는것으로만 되였다. 최근 10년간 오지리와 스위스, 프랑스와 북구라파 나라들에 공연을 다니면서 여러 교포들을 만나게 되는 때가 있어 부모님과 누이동생(살아있다면 이젠 쉰고개를 바라보련만 여전히 8살 소녀로만 보이는 혜경이)의 소식을 알려고 두루 수소문했으나 허사였었다.

　몇년전 고향방문단으로 서울에 나갔으나 남측적십자사는 가족을 찾을수 없다고 하면서 살았는지 죽었는지조차 알려주지 않았다. 사흘밤을 자지 못하며 서울에서 몸부림치던 일…… 어머니와 아버지, 누이동생이 모두 잘못되였다는 절통한 생각에 가슴이 무너지는것만 같았었다.

　그런데 이렇게 뜻밖에 어머니가 제3국에서 오실 줄이야……

승용차는 살같이 달리는데 그 고르로운 진동에 몸을 맡기며 황설규는 여전히 눈을 감고 앉은채 어머니의 영상을 눈앞에 그려본다. 몇달전에 받은 사진에서 본 늙고 낯설은 녀인의 얼굴이 아니라 리별의 그해, 그 시각부터 가슴에 간직해온 30대 젊은 모습 그대로의 영상!…… 여전히 젊어보이나 어쩔수 없이 세월과 함께 희미해지던 얼굴이 불시에 명확히 눈앞에 다가오며 미소를 짓는것이었다.

황설규의 손은 바이올린의 현줄을 짚어가듯 넥타이 중간쯤을 더듬어본다. 거기엔 이미 수없이 읽어봐서 거의 외우다싶이한 어머니의 편지가 있었다. 그 편지구절들속에서 생생히 울려오는 어머니의 목소리……

……

설규야. 아직도 나한테는 네가 16살 나이때로만 생각되는구나. 너를 품에 안고 키워온 열여섯해, 고생스러워도 그 열여섯해만은 나에게도 생이 있었으나 너와 헤여진 다음 오늘까지는 오직 어둠속에서 허둥지둥 헤매이고 다닌듯 네가 없는 세상은 아무런 즐거운 기억도 남지 않은 암흑의 공간, 암흑의 시간이었다……

네가 셈이 들었다고 내가 대견해서 남몰래 눈물을 찍어내던 때는 해방되는 해, 네 열한 살 잡히던 이른 봄이였지……

'그래…… 그때 학교에서는…… 수학려행이라는걸 떠났지.' 설규는 아득히 흘러간 그날을 더듬기 시작했다……

새벽에 교외렬차를 타고 도심지대를 벗어나 산중의 절간을 보고오는 것이 고작해서 그날의 '수학려행'이였다. 일본아이들과 부자집아이들이 금강산 구경을 떠날 때도 보내지 못했는데 점심밥 한끼와 차삯만 마련해주면 되는 '수학려행'인데야, 하면서 어머니는 빛다른 반찬까지 마련해주느라고 애를 썼었다.

그때 어머니는 지내 옴하다나니 너무 일찍 깨서 아침밥을 지어놓았다. 조금이라도 더 아들을 재우려고 가마에 밥그릇을 다시 들여놓고 자리에 누워 자지 않고 시간을 기다리였다. 잠이 깨여 궁싯거리는 아들에게 어머니는 말했다.

"마음놓구 좀더 자거라. 내 깨우지 않으리."

자기 때문에 더 쉬지도 못한다는 것을 알게 된 아들은 일어나 옷을 입으면서 차라리 역에 나가 기다리는게 낫다고 말했다. 야유회나 등산에 떠날 때 흥분해서 잠도 제대로 못자는 어린애 마음 때문만은 아니란 걸 어머니도 알고 있었다.

설규는 제가 빨리 집을 나서야 어머니가 다문 얼마라도 더 자리에 편히 누워 잠들수 있다고 생각해서, 이른봄의 스산한 역에 나가 떠날 시간까지 오래동안 떨것을 알면서도 밤중이나 다름없는 때에 집을 나선 것이였다. 어머니는 그것을 기억하고 있었다!……

앞시창으로 마주 달려오는 길을 내다보느라니 거무스레한 아스팔트길의 고속도 흐름이 곧장 가슴으로 안겨오며 련이어 추억이 밀려들었다.

……일찌기 고향인 함흥을 떠나 청운의 뜻을 품고 고학으로 전문학교까지 나와 시를 써보려고 『백조파』 동인지에도 관계했다가 룡정이요, 상해요 방랑생활끝에 49년 무렵에 백범 김구계렬의 출판사에서 잡지편집인으로 일한적 있는 아버지는 황설규가 바이올린을 배우러 다니자 아들을 질책했다.

"이 애비도 시쪼박을 써보느라구 하다가 망했는데 네가 바이올린이나 붙잡구 앉아 어쩌자는거냐. 아서라, 일찌감치."

그러나 이미 음악에 넋이 팔린 설규는 바이올린을 놓을수 없었다. 고서적수매상으로 집안살림을 보태나가던 어머니는 아들의 간절한 소원을 보다 못해 푼푼이 모은 돈과 시집올 때 가지고 온 친정 어머니의 유물인 은가락지까지 판 돈으로 바이올린을 사주었다. 설규는 기뻤다. 온 세상을 준대도 그 바이올린과는 바꾸고 싶지 않았다.

바이올린통을 마루에 내던지던 아버지도 입이 쓰거운듯 외면하고 말았다.

한번은 학교에 갔다오니 누이동생 혜경이 바이올린을 꺼내 장난삼아 켜보고 있었다. 화가 동한 설규는 대뜸 누이동생의 귀밑을 한대 쥐여박았다.

그때 옹크리고 앉아 콜짝콜짝 울던 그 모습이 오늘까지도 눈앞에 남아있다.

그뒤부터 아예 장난질을 못하게 바이올린의 활조이개를 뽑아서 따로 감추어놓군 했었다. 은빛이 나는 활조이개는 새끼손가락 기장만한 나사못 같은 것이였다. 그런 바이올린을 50년 여름에 집에 두고 떠나왔다.……

어머니의 편지구절이 다시금 설규의 귀전을 울리였다.

……설규야, 아버지도 혜경이도 다 잃으면서 나는 일생을 너만 바라보고 살아왔다. ……아들아, 보고싶다. 어서 빨리 너의 아버지, 너의 동생의 소원을 모두 함께 담아서 나는 보고싶다. 아들아, 나의 아들아!……

급히 멎은 승용차에서 내린 황설규는 항공역사안으로 들어갔다가 비행장구내로 나왔다. 코트주머니에 두손을 지른채 서성거리며 황설규는 마가을의 푸른 하늘을 자꾸 처다보았다.

비행기의 도착을 알리는 안내원의 목소리가 울리자 그는 굳어진듯 멈춰서고 말았다. 비행기의 발동소리…… 착륙시간은 너무도 긴 것 같았다. 드디여 비행기에서 내리는 사람들…… 초조와 흥분에 싸여 황설규는 정신없이 그쪽만 바라보며 서있었다.

젊은이들, 늙은이들, 외국인들…… 그들은 모두 마중나온 사람들과 악수를 나누거나 포옹을 하고 있었다. 그러나 어머니같이 보이는 녀인은 아무데도 보이지 않았다. 마지막으로 안내원의 부축을 받으며 비행기 승강대에서 내려서는 한 로파의 모습이 보였으나 그 로파가 어머니는 아니였다. 설규는 안타까운 눈길을 사람들쪽으로 옮겨갔다가 다시 그 로파를 보았다. 40년 세월이 흘렀으니 어머니도 저렇게 늙으실수 있다는 생각이 처음으로 황설규의 머리에 떠올랐다. 아니, 그럴수 없어. 아무리 세월이 간들 어머닌 저렇게 늙으실수 없어……

하지만 저도 모르게 한걸음한걸음 그리로 걸어가게 되던 황설규는 낯설은 로파를 향해 몇걸음 못미처 멈춰서고 말았다.

그런데 여전히 안내원의 부축을 받으며 서있던 그 로파가 불현듯 두 팔을 허우적이며 부르짖는 것이였다.

"그게 설규가 아니냐!"

황설규는 그 갈린듯한 음성을 듣는 순간, 하늘과 땅이 통채로 흔들리는 것만 같아 다리를 옮길수 없고 입을 열수가 없었다. 40년의 풍상에 키도 작아지고 모습도 변했으나 그 정다운 목소리를 어찌 잊을수 있으랴.

황설규는 어머니한테로 와락 달려나가 허리를 굽히며 격정을 터뜨리듯 부르짖었다.

"어머니! 접니다. 설규…… 제가 설규입니다."

체소한 로인은 여전히 두팔을 허우적이였다. 설규가 어머니를 끌어안자 어머니는 아들의 가슴팍에 어린애처럼 백발의 머리를 묻고 몸부림을 치며 흐느낀다.

황설규는 어머니의 앙상한 어깨를 어루만지며 더욱 꽉 끌어안았다. 어머니는 머리를 제치고 팔을 들더니 메마르고 떨리는 손가락들을 벌려 눈물이 흐르는 아들의 볼을 더듬는다. 아들은 어머니의 애무에 몸을 맡기듯 잠시 눈을 감고 움직일줄 모른다……

어머니는 한팔로 싸안고 황설규는 어떻게 비행장구내를 나왔는지, 어떻게 승용차에 탔는지 스스로도 의식해 낼수가 없었다. 승용차의 뒤 좌석에 같이 앉은 설규의 눈앞에는 오직 어머니의 얼굴만 있었고 그의 두손은 어머니의 두손만 붙잡고 놓을 줄 몰랐다. 첫 순간에는 말을 할 수가 없었다. 잔주름살이 덮인 눈언저리와 눈물에 젖은 눈만이 보이는 어머니의 얼굴…… 비행려정에서 건강이 어떠냐 하는 가장 간단하고도 선차적인 질문조차 무의미한것으로만 느껴졌다.

어머니가 먼저 눈물을 거두며 진정하고 나서 떨리는 음성으로 입을 열었다.

"설규아, 이렇게…… 내 혼자 왔구나."

"어머니!……"

설규는 너무도 오랜만에 불러보는 이 부름에 목이 꺽 막혀왔다.

"어머니, 아버진…… 아버진 왜 못오셨습니까? 혜경이, 혜경이는?……"

"차차 얘기하자. 너를 만나니…… 이 가슴에서 동이 터지는 것 같구나."

그러다가 아들에게로 다시 얼굴을 돌리며 쏟아지는 회포를 누를길 없는지 어머니는 조용히 말을 이었다.

"아버진 네가 경연에서 1등 했다는 소식을 듣구 그렇게두 기뻐하셨는데…… 용타. 그래두 생전에 아버지한테 기쁨을 드렸으니 말이다."

"어머니, 그건 제가 용해서 그런게 아닙니다. 우리 수령님 은덕이구 당에서 보살펴준 덕택입니다. 사실 저같이 의지가지 없는 몸이 대학공부까지 하구 적은 재능까지 꽃피우게 된 이 은혜를 어찌 다 헤아리겠습니까!"

설규의 말에 귀를 기울이는 어머니의 눈가엔 눈물이 그렁하니 고이였다.

운전사는 차를 고속으로 몰지 않았다. 아마도 모자간의 만남과 그들의 정회를 흐트릴가봐 저어하는상싶었다.

…… 설규야. 네가 살아있는걸 처음으루 알게 된건 1956년도 여름이다. 난 그때 밤이면 푼전모아 장만한 '트란지스타'로 이불속에서 평양방송을 듣는게 어김없는 일과였댔다. 평양방송 아나운사의 말은 그대

로 너의 목소리처럼 생각되더라. 하루는 방금 '단추'를 눌렀는데 그때 과연 거기서 무슨 말이 튀여나왔겠니.

"방금 전국기악독주경연에서 1등을 한 황설규의 바이올린독주를 보내드렸습니다."

나는 그만 눈앞이 아찔해서 이불을 활 열어제끼고 '트란지스타'가 내던져지는 줄도 모르며 "내 아들이 살았다!"하고 외쳤구 그바람에 아버지도 혜경이도 놀라서 달려왔지. 난 반실신상태에 빠져 머리속이 빙빙 돌고 "설규가…… 설규가 살았어."하고 더 이상 입이 열려지질 않았어. 온밤 식구들은 꼬박 한잠도 자지 못했지. 그날부터 나의 모든 넋은 더욱 세차게 북으로 쏠렸고 아들을 만나려는 필생의 목적에 희망과 성광이 비치는 것 같았어. 너를 보고 죽는다면 죽음도 불사할 결심이였다.

한데 우리가 사는 상도동마을에 네가 북에 가서 '공산주의 음악가'가 되여 음앙콩클에서 1등을 했다는 소문이 쫙 돌았지. 우리 식구들이 이 말을 내지 않은것은 더 말할것도 없으니 다른 사람들도 그 방송을 들은 것이 분명했어. 그러다가 경찰이 불의에 우리 집을 가택수색을 하여 '트란지스타'를 찾아내였다. 아버지는 경찰에 끌려가서 북의 방송을 듣는다고 문초를 당하고 매를 맞았어. 후에도 북의 방송에서 흘러나온 말이 항간에 돌면 아버지부터 호출해 가군했다.

아버지는 시름시름 앓다가 중병이 들었다.

너를 못보고 죽는것이 한이라면서 림종때 나한테 이렇게 말했어.

"여보, 옛 시구에 '호미도 날이언만 낫같이 들리 없고……'라구 하였고. 아버지도 어버이지만 어머니보다 못하다는 소리요. 아들을 만나겠다는 내 마음이 당신보다 못하기에 이렇게 일찍 가는거지. 그러니 당신은…… 당신의 결심은 끝날같으니……"

4·19 직후 "가자 북으로, 오라 남으로, 만나자 판문점에서."하는 프랑카드를 들고 혜경이네들이 데모를 벌릴 때 나는 치마폭에 돌을 싸안아 그들한테 갖다주며 당장에 너를 만나게 될줄로 알았다. 허나 그건

이루어지지 못했지. 너를 만나려는 희망은 물거품이 된 것만 같아 바람직하지도 못하다는 절망에 싸여 몸부림을 쳤단다…

"어머니!……"

황설규는 이렇게 부르짖었다……하지만 그는 가슴을 진정시키지 못하는 어머니를 더이상 홍분시켜서는 안된다고 생각했다.

"어머니…… 얘기는 집에 가서…… 있다가…… 있다가……" 그러면서도 여전히 황설규는 아버지를 생각하며 가슴이 끓어올랐다.

'아버진 그렇게…… 한데 난 아버지의 림종두 모르구 그 시절에 뭘했던가. 음악대학생으로서 바이올린 연주에서 1등의 영예를 얻고 영광의 절정에 서 있었지…… 그런 순간이면 부모님과 혜경이를 더 생각했지만서두……'

차는 벌써 시내의 중심도로에 들어서고 있었다.

저녁이였다.

고층아빠트의 널다란 방들, 늘 텅 비다싶이 하던 이 방들이 지금은 홍분과 감격때문인지 갑자기 몹시도 비좁아진것만 같이 느껴졌다. 상봉의 첫 순간들은 지나갔으나 뜨겁게 달아오른 집안의 공기는 여전히 눈물에 젖어 있었다.

어머니는 아들을 제곁에만 붙들어놓으려 했으며 숙성하게 다 큰 손녀는 어린애처럼 할머니의 팔을 잡은채 이방저방 같이 다니면서 한사코 떨어지려 하지 않았다. 주방에서 돌아치던 안해는 아직 눈시울이 벌건채 이따금 전실과 방들을 내다보며 행복한 미소를 짓군하였다.

무아몽중에 헤매이는듯한 설규는 저녁식사가 어떻게 끝났는지 제가 무얼 먹고 마시였던지도 몰랐다. 다만 어머니가 조국의 향취가 그리웠다고 하며 부루와 쑥갓을 많이 드는것을 보면서 옛날식성을 잃을수는 없다고 생각하며 감심했을뿐이다. 가장 평범하고 너무도 당연한 이 가정적인 단란함…… 불빛 밝은 방안에 식구들이 어머니를 모시고 앉아 있는 이것이 비상한 행운처럼 여겨져 믿어지지 않았다.

한편 설규는 감격만이 차있는듯한 방안의 공기 그리고 즐거운 말소리와 미소어린 얼굴들. 그 어디에나 어쩔수 없이 눈물이 슴배여있음을 느꼈다. '아버지도 동생도 끝내 못만나고 말았구나……' 하는 생각이 들었던것이다.

어머니는 며느리의 손을 잡고 앉아있었다.

"이제 50이 넘었으니 새애기라구 부를수도 없구…… 그동안 사둔님들이 친부모를 대신해서 보살펴주시느라구 얼마나 수고가 많았겠나……"

"어머님…… 하루면 가고 올수 있는 길을 40년만에, 그것두 지구를 한바퀴 돌아 수륙만리를 걸어서 오나 다름없는 어머님의 그 고생에 비하면 무엇이 수고겠습니까."

안해의 눈가에서는 또다시 불빛에 이슬이 번뜩이더니 안해는 그만 고개를 숙이고 만다.

설규는 어머니에게 말했다.

"이애 외할아버진 지리학자가 돼서 집에 계실 때가 적습니다. 이번두 백두산에 가셨는데 어머님이 오신다는 소식을 받구 래일쯤 아마……"

"아니, 칠십로인이 그런 높은 산지대를 다니시게 하다니…… 탈이라두 만나면 어쩔려구. 곁에서 말려야지."

아들 며느리를 가벼이 나무람하는 어조였다.

"아버님은 아직 기운이 넘친다구 하시면서 어디 우리네 말을 들어주셔야죠. 이번에두 늙은 몸이지만 가만 앉아있게 되지 않았다구 하면서 백두산엘 떠나셨지요."

며느리의 말이다.

설규가 곁들어 설명하지 않을 수 없었다.

"작년에 어떤 나라 잡지에 제주도 한나산 화산대를 일본렬도와 련결시켜보려는 해괴한 글이 실렸다고 합니다. 그래서 하시는 말이 '한나라

한강토인데 남북이 분렬되였다구 다른 나라 사람들이 숙보구 드는것 같아 어디 참을수가 있나'하면서 화산대연구를 위한 현지답사를 떠났지요.''

어머니는 저으기 놀라와하였다.

"한데 그게 무슨 말이니? 한나산 화산대를 일본렬도와 결부시키다니.''

그러나 설규는 어머니를 안심시켰다.

"론박할 자료들은 풍부하다고 합니다.''

설규는 자기도 분개했던 그 문제를 말하게 되였다. 남조선의 량심있는 학자들도 움직였지만 북의 학자들이 가만 있을수 없다는 것, 장인이 일찌기 백두산 화산대는 물론 우리 나라 중부의 신계평원 화산대를 연구한 글도 썼다는 것, 백두산, 신계평원, 한나산 화산대를 한지맥으로 련결시키는 확고한 자료들이 있다는 것을……

그러다가 설규는 한탄하듯 서운하게 말했다.

"다른 나라에서 들어온 자료들두 많은데, 글쎄 제 나라땅인 한나산을 현지답사 못한단 말입니다.''

"그러기말이다!''

어머니는 울분에 차 부르짖듯이 말했다. 40년 세월 가슴속에 개피던 고뇌에 찬 통탄이 이 한마디에서도 분출하는것만 같았다.

체소하고 내성적이던 어머니는 더욱 작아지고 형편없이 폴싹 늙어버려서 만나는 순간부터 아들의 마음이 아프게 허비여졌는데 어째선지 몰라도 지금 이 순간에는 어머니가 예전날의 그 담담하고 꼿꼿하던 모습처럼 보이는 것이였다. 생활의 세파 속에서 얼어붙었을망정 그 내심 깊이에 대쪽처럼 강직한 성정이 살아있음을 보는듯하여 설규는 눈물겨 움도록 기쁘고 다행한 생각이 들었다.

어머니는 곁에 앉은 손녀의 머리에 손을 얹어 쓰다듬으며 말했다.

"이앤 신통히두 제 고모를 닮았구나. 눈매두 그렇구, 앉음새두 그렇구, 제 피줄이 갈데 없지…… 한데 이름두 제 고모이름을 달았으니……"

"어머니…… 혜경이를 보구싶구…… 그 앨 잊을수 없어서……"

"잘했다."

하고 어머니는 깊은 한숨과 함께 말했다.

"그러니 그 애두 여기 와 살아있는것 같구……"

이리하여 어머니는 주름살이 모여드는 눈시울을 쪼프리며 지나온 일들을 말하기 시작했다.

…… 혜경이는 그때 학교에두 더 갈수 없었지. 우리 모녀는 고서적수매상에 파철장사까지 겸하면서 근근히 살아갔는데 아무리 남조선땅에 있어봐야 너를 만날 날은 더 멀어만져가는듯했단다.

한데 혜경의 나이는 벌써 20살을 넘어섰다. 고삭고 고랑이 패인 초가지붕우에도 노란 호박꽃이 피여나듯 가난속에서도 꽃은 피여 혜경은 놀랄만치 곱게 번졌지. 녀대중퇴생이라 돈많은 집 자식들도 탐을 냈어. 중산층 청년들은 물론이고……

그무렵, 해외에 사는 네 아버지 친구인 홍씨분이 왔었는데 그는 자기들이 사는 곳에도 교포청년들이 있으니 거기서 혜경이를 결혼시키면 두루두루 의지해서 살아나갈수 있지 않겠느냐는 것이였어. 그때는 들을만해 있었는데 홍씨분이 떠날 림박에야 나의 머리속에는 문득 제3국에 나가 살면 그게 믿음직한 연줄이 되여 너를 만날 길이 빠르지 않겠나 하는 생각이 들었단 말이다.

혜경이가 해외에 있는 청년과 결혼하면? 하지만 딸의 미모를 재산으로 섬기며 그것으로 딸의 운명을 휘저어놓게 되는 것 같아 나는 저혼자 머리를 흔들었어.

난 그런 궁리를 잊어버리려고 했으나 생각은 어쩌는수 없이 그리로 돌아가더구나.

만일 딸한테 마음에 둔 청년이 없다면? 해외에 좋은 대상자가 있다면?

한데 이 단순한 생각이 결국 그 애를 잃어버리는 것으로 될줄이야 누가 알았겠느냐.

하지만 난 그때 그런 생각을 막을수가 없었어…… 어머니의 말을 듣고있는 황설규의 눈앞에는 모녀간에 벌어진 일이 너무도 방불히 그려졌다.

……밖에서 눈보라가 치는데 갑자기 정전까지 되여 집안이 캄캄해졌다.

어머니는 혜경에게 말했다.

"얘야, 불을 켜선 뭘하겠니. 기름두 없는데…… 먹은 그릇 부시는건 이따가 하렴."

그러면서 딸의 손을 구들아래목으로 끌어 곁에 앉히였다. 가뜩이나 좁은 집안이 캄캄나라로 되고 보니 움속같이 숨막히며 압박감만 생겼다.

어머니는 며칠째 줌저리던 말을 하려고 마음 먹었다. 캄캄해서 서로 얼굴표정을 알아볼수 없는 이런 순간에 불시에 말할 용기가 생긴 것이였다.

"얘, 혜경아……"

"엄마, 뭐예요?"

"나는 말이다. 우리가 이제……"

딸이 재촉해서야 어머니는 말을 잇대었다.

"얘야, 내 한가지 묻자, 너한테 봐둔 총각이 있나?"

"없어요. 어머니…… 그런데 갑자기 그건 왜 물어요?"

어둠속에서 딸의 가쯘한 흰 이발들이 어슴푸레 보여서인지 딸이 미소를 짓고 있다고 생각되였다.

"얘야, 우린 아무래두 이 남조선땅을 떠야겠다. 여기서 살기두 어렵구…… 유럽이건 남미주건 3국에 가 사느라면 차라리 거기서 네 오빠를 만날 길두 빨라질것 같구나."

"어머니, 식구가 흩어진 가족이 어디 우리뿐이예요? 다 떠나가면…… 통일 위해 싸울 사람은 누가 남겠어요?…… 남북삼천리 온 겨레의 한결같은 소원을 두고 말예요."

그러다가 딸은 생각난듯

"한데 3국으로 가는것과 총각이요 애인이요 하는건 무슨 상관인지 도무지……"

하고 의문스레 머리를 기웃거리는 것이였다.

어머니는 딸의 손을 찾아쥐고 주저주저 말을 꺼냈다.

"애야, 아버지 친구되는 그 홍씨분 있지 않니. 거기에 똑똑한 청년이 있다는구나…… 어때, 한번 사진이라두 주고받을 생각이 없냐?"

딸은 고개를 숙인채 듣고만 앉았을뿐이다.

어머니는 딸을 너무나 갑자기 딱한 립장에 몰아 넣은듯싶어 매정한 처사를 뉘우치듯 우선우선한 어조로 말했다.

"그저 한번 생각해보라는거지…… 마음에 둔 사람이 있으문 내 한번 보자꾸나."

"그런 사람이 없어요."

딸은 조용히 대답했다.

허나 어머니는 바로 그 이튿날, 자기가 얼마나 딸의 심정을 괴롭히였는가를 깨닫게 되였다. 책을 사러 온 딸의 동창생을 조용히 만나 물었더니 혜경이한테는 애인이 있는것 같다는것, 깊은 사이는 아니지만 대학을 졸업하고 어느 회사에 입직한 청년이 혜경이를 따른다는것이였다.

번지도 없는, 그저 구멍가게처럼 지게문을 안으로 당겨서 열어놓군 하는 고서적점포앞에 앉아 지나가는 행인들을 멍하니 바라보던 어머니는 움쭉 자리에서 일어나 역시 지게문으로 해서 허리를 굽히며 집안에 들어섰다.

딸은 웬일인지 낡은 책가위에 풀칠을 하던 일감을 구들에 펴놓은채로 뒤돌아앉아 장농을 헤쳐놓고는 움직일줄을 몰랐다.

혜경은 어머니가 들어온줄도 모르고 오빠가 남기고 간 그 바이올린통을 내놓고 그것을 어루쓸어만지며 하염없이 앉아있었다. 집안의 가보처럼 장농의 밑바닥에 소중히 건사하는 바이올린통이였다.

어머니를 돌아보는 딸의 눈에는 이슬이 맺혀있었다.

어머니는 가슴이 무너지면서 딸앞에 허물어지듯이 주저앉았다.

"혜경아, 이 에밀 용서해라. 내가 널 괜히 마음을 괴롭히구……"

그러자 혜경은 도리머리를 하며 "아녜요. 아녜요."하고 연신 뇌이고 눈물이 가랑가랑해서 말했다.

"아녜요. 어머니, 날 용서해줘요. 한순간이라두 주저했던 저를…… 오빠를 만나는게 그게 어디 어머니만 바라는 소원인가요? 제 앞날두 사랑두 오빠를 만나는 길에 있어야 해요. 난…… 난…… 모든걸 각오했어요."

어머니는 딸을 와락 그러안았다.

"애야! 제발 그만둬라."

"어머니!……"

모녀는 부둥켜안고 앉아 볼을 맞부비며 서로의 얼굴에 눈물을 흘렸다.

어머니는 통곡을 하며 이렇게 부르짖었다.

"하늘두 무심하다…… 기차로 몇시간이면 가닿을 곳에…… 아들을 두고…… 글쎄 그 애를 만나자구 너두 그런 결심을……"

……설규야, 그곳 3국에서의 생활도 근 20년이 흘러가더구나. 그동안 무슨 일인들 없었겠니?……

그때는 네 매부가 일하는 『아세아뉴스』 잡지가 경영난으로 겨우 지탱

해갔다.

게다가 혜경은 둘째녀석을 낳은 뒤로는 산후병이라면서 자주 앓아 눕군하였다. 북의 소식을 싣게 되면서부터 『아세아뉴스』는 활기를 띠기 시작했으나 네 동생의 병세는 나아지질 않고 더치여만갔다. 약보다도 그저 한증탕에나 가면 되는것처럼 말하군했지.

난 얼머나 청맹과니였겠니. 딸이 숨기는 진짜병은 몰랐으니 말이다. 그 애가 아예 몸져눕게 된 다음에야, 더는 어쩔수 없이 짐이 기운 다음에야 나는 그 애의 병이 산후탈이 아니라 수토병이란걸 알게 되였다. 금수강산 내 나라를 떠난것이 죄가 아니냐! 이역만리에서 흔히 만나는 수토병이 심하면 이렇게 된다는걸 난 모르고있었어. 어려서부터 그 애가 물도, 음식도 가리는것이 많고 좀 웬만한걸 먹어도 몸에 두드러기가 돋고 약도 부작용이 많은 '알레르기성체질', 특이체질이라는것을 왜 모른단 말이냐! 다른 사람은 모를수 있지만 이 에미야 글쎄…… 그러니 내가 무슨 어머니란말이냐…… 범과 같은 미물도 제 새끼의 탈을 이렇게 모르진 않을거란 말이다. 다름아닌 내가 물좋은 고향을 떠나 해외로 나오자고 했으니까 혜경이는 제 병 때문에 내가 너를 만나는 길에서 조금이라도 물러설가봐 그랬던거다. 이 어미가 딸을 살리자고 굶어도 고향 가서 굶자고 하며 부랴부랴 이사짐을 쌀가봐 나를 여직껏 속였던것이다.

마지막 순간에 혜경은 간신히 이렇게 말했어.

"어머니, 저 애들두 인젠 클만큼 컸으니 어머니의 손을 바라지 않아두 될거구…… 그리구 애들 아버지두 말하지 않았어요?…… 북의 '해외동포원호위원회'에서 손길이 예까지 닿아 인제 오라버니를 만날수 있는 길이 트일수 있다구…… 어머니만 오빠를 만나면 난 유한이 없어요…… 아, 보고싶은 오빠!……"

이렇게 그 애는 마지막에도 너를 불며 갔어.

내 심정은 과연 그때 어쨌겠니. 차라리 일찌기 너를 만날 결심을 완강히 품지 않았더라면 너의 아버지도, 누이동생도 잃지 않을수도 있었을것을…… 하는 생각까지 들었댔다.

하여 나는 이 세상천지에 홀로 남게 되었구나. 딸 죽은 사위란 불꺼진 화로라고 하지만 너의 매부는 그렇지 않았어.

그 사람은 후취도 하지 않구 나를 장모가 아니라 친어머니처럼 의지하니 나두 힘이 생기구……

그는 내가 너를 만나는 길을 열어주려고 힘과 수고를 아끼지 않았다. 조국통일을 위해『아세아뉴스』지에 직접 글도 써냈고 너의 소식을 수소문하던 끝에 여기 '해외동포원호위원회'의 손길을 붙잡게 되었다.……

마침내 우리는 네가 살아있을뿐아니라 공화국의 유명한 연주가, 작곡가로 활동하고 있음을 알게되였지……

그렇게 되여 아버지도, 혜경이도 못오고 결국 나만 이렇게 와서 너희들을 만나는구나……

황설규는 눈을 감았다. "오빠를 만나면 난 유한이 없어요…… 유한이 없어요…… 보고싶은 오빠. 오빠……" 8살 소녀의 목소리가 되여 누이동생의 말이 그냥 귀에서 떨어지지 않는다.

안해는 고개를 들지 못하고 있었다. 혜경은 할머니의 주름진 이마의 땀발을 손수건으로 살그니 훔쳐주고나서 어디서 듣고 보았는지 할머니가 등이 발라할가봐 어깨와 잔등을 두주먹으로 살작살작 두드려 안마를 해주는것이였다.

어머니는 숨을 가라앉히고나서 약간 거쉰 음성으로 열을 띠여 말했다.

"내가 올 때 거기 와있는 괴뢰령사놈이 나보구 뭐랬는지 아니? 북에 가면 랍치된다는 거지. 그래 내가 말해주었다. '랍치는 무슨 랍치. 난 거기 가면 대접받을 사람이야…… 랍치되면 아들집에서 살게되구 더좋지. 그런데 당신들은 해외에 나와서까지 내가 아들한테 가는 길을 막

자구 하니 그게 바루 통일하자는 심보가 아니지 않나'하구 쐈주었지."

그러던 어머니는 갑자기 생각난듯 손녀더러 가방과 함께 가져온 길쭉한 지함을 들고 오라고 일렀다.

"얘기만 하다나니 제일 귀중한걸 여태 잊구 앉았구만."

설규가 지함의 끈을 칼로 끊어드리자 어머니는 뚜껑을 제치였다. 그 안에서 연회색수지주머니에 넣은것이 나왔고 수지주머니속에서는 한쪽이 불룩하니 퍼진 검은 빛갈의 통이 나왔다.

어머니는 그것을 두손으로 떠올리며 아들을 향해 내밀었다.

"이사람, 이게 그…… 한달이면 돌아온다면서 떠날 때 두고 갔던 바이올린통이네."

너무도 놀란나머지 한걸음 물러서던 황설규는 급기야 달려들면서 통을 부여안았다. 그는 자꾸 손이 떨리기만 하여 통을 내려놓고도 얼른 열수가 없었다. 희슥하니 모서리가 닳고 퇴색한, 거무스레한 통을 안해가 조심히 열여제끼였다.

구식바이올린이 통안에 조용히 누워있었다. 칠이 벗겨지고 줄이 풀려진 그 바이올린이 오늘까지 형체를 보존할수 있다는 것이 믿어지지 않았다. 설규에게는 그것이 생소한 바이올린으로 보였다. 허나 눈여겨보느라니 아득한 그 시절이 불시에 가까와지며 바이올린의 울림통과 네개의 줄과 까만 윤이 흐르는 흑단목줄조이개의 손잡이, 토색빛의 반질반질한 턱받치개의 미세한 부분이 하나하나 되살아나며 눈굽에 핑그르 눈물이 돌았다. 바이올린과 얽혀진 그때의 온갖 생활이 뒤범벅이 되여 단꺼번에 머리속을 휘저어놓는다.

어머니는 용서를 비는듯한 어조로 말했다.

"애아비는 혜경이 그 통을 들춘다구 자물쇠를 채우려다 안되니까 활조이개를 따루 건사했었지. 그걸 어디다 잊었는지…… 그래 그때 맞는 걸 하나 구해서 이렇게…… 맞춰놓았어."

그러면서 어머니는 바이올린의 활을 어루만지며 떨리는 음성으로 말했다.

"참, 이애 고모는 나이가 든 때에는 늘 이렇게 말했어. '어머니. 이 통을 들춘다구, 이 활루 쓸어본다구 다시 오빠한테 매를 맞아봤으면…… 그럼 얼마나 좋겠어요.'하구 말이다…… 남조선에서 떠날 때 약간의 가장 집물을 처리할 때도 그렇구 그후 바다를 건너간 다음에두 몇번이나 이사를 하면서도 혜경이는 그것만은 못다치게 했지…… 언젠가 네 조카녀석이 어릴 때 난 그녀석 취미대로 외삼촌의 바이올린을 맡겨버리려고 했지…… 한데 그때 혜경이 나보구 눈물을 머금고 '어머니, 그래서는 안돼요!'하는 바람에 둘이 다 붙잡구 울었지. 제 애 녀석한테는 다시는 이걸 뒤져내지 못하게 윽박지르구 말이다…… 죽을 때두 마지막으로…… 이걸 제가 누운 이불옆에 놓구 어루만져보면서……"

설규는 주먹을 꽉 부르쥐고 끓어오르는 오열을 강잉히 참느라고 무진 애를 썼다. 제 고모와 똑같은 이름을 가진 혜경이는 한번도 본적없는 고모를 생각하며 눈물이 그렁해 앉아있고……

바이올린의 활을 추켜들고 뒤부분에 꽂혀있는 조이개를 한참이나 들여다보던 황설규는 묵묵히 일어나 다른 방으로 가서 두손에 자그마한 자개박이칠함을 들고왔다. 훈장과 메달, 증서들을 넣어두는 통이였다. 그안에서 그는 웬 길쭉한 나사못같은것을 찾아내여 쥐고 들여다보며 혼자말처럼 뇌이였다.

"그러니 이 활조이개는 필요없게 되였군요……"

설규는 어머니에게 그것을 보이였다. 손매듭 하나만큼한 동그란 돌리개부분은 여전히 은빛으로 번쩍이였다.

"어머니…… 그때 전…… 옷을 갈아입으면서 호주머니안에서 이걸 보구…… 그냥 가지구 왔어요. 오늘까지 보관했습니다. 지금까지 어떻게 남아있게 됐는지 저두 믿어지지 않습니다."

설규의 목소리는 떨리고 있었다.

"아니, 그럼 그게…… 이 바이올린의 활조이개란 말이냐?"

어머니는 놀랐으나 조심히 떨리는 손가락으로 아들의 손바닥에서 그
것을 들어올렸다. 안해는 알고 있었지만 그 사연을 딱히 모르는 딸애는
할머니의 손에서 활조이개를 받아들고 진귀한 보물을 보듯 오래도록
들여다본다. 바이올린수인 그가 매일매일 너무도 자주 쥐게 되는 그런
활조이개였지만……

황설규는 경련을 일으키는듯 말을 듣지 않는 손가락들을 움직여 마
른 천을 짚고 울림통과 줄, 활채의 기름기를 말끔히 닦아냈다. 그는 현
줄들을 팽팽히 조이였다. 딸애가 제 한번 타보겠다고 나서는 눈치였으
나 안해가 슬며시 딸의 팔을 잡는 것이였다.

황설규는 몇번 활을 쓸어보았다. 처음에는 생각탓인지 바이올린소리
같지 않고 그 무슨 신음같이 울리였다. 어느 한줄의 음이 틀리게 울렸
으나 그게 무슨 대수랴……

"어머니…… 아버지와 혜경이, 그리고 어머니와 나, 그때 우리 식구
들이 부르던 노래를…… 그 곡을 한번 타보겠습니다."

황설규는 전혀 손에 익지 않은듯한 바이올린을 타기 시작했다. 매개
현들의 독특한 음색도, 활의 당김새에서 오는 고유한 촉감도 잊은지 이
미 오래인, 자기것이면서 자기것이 아닌 바이올린이였다.

　　푸른 하늘 은하수 하얀 쪽배엔
　　계수나무 한나무 토끼 한마리
　　돛대도 아니 달고 삿대도 없이
　　가기도 잘도 간다 서쪽 나라로

어머니도 고개로 천천히 박자를 맞춰가며 조용히 입속으로 따라부른
다.

황설규는 그 노래의 곡조를 세번이나 타고나서 문득 활을 줄우에 멈
춘채 눈을 감았다. 그러다가 급하게 쫙 활을 쓸어내렸고 멈췄다가는 다

시 그렇게 격조높이 쓸었다. 재차 더 한번…… 흡사 흐느끼는듯 무엇인가 부르짖다가 목이 메이는듯싶다.

허나 그것은 잠시뿐, 뒤미처 감격과 환호와 격정을 터지는 세찬 선률이 튀여오른다. 줄과 활의 맞부딪침 속에서 빠르고 급한 음향들이 어울려 몸부림을 치며 떨고 있었다.

수난의 지난날을 더듬으며 만나지 못하고 가버린 아버지와 누이동생을 못내 그리는 애절한 울림이 흐르다가도 다시 선률은 세찬 강물처럼 장쾌한 울림이 되여 날아오르는 것이었다.

황설규는 여전히 눈을 감은채 팔을 세차게 움직이며 활을 쓸었다. 그는 눈앞에 환영처럼 얼른거리는 무수한 사람들을 보고있었다. 통일의 그날처럼 그저 웃고 외치고 우는 사람들의 물결, 서로 부둥켜안고 돌아가는 인산인해의 광장이 떠오른다……

어머니는 며느리와 손녀사이에 앉아있었다. 감정의 폭발을 체험하는 작곡가, 연주가를 보는것이 아니라 아직도 그의 어릴적 바이올린 솜씨를 대견해하듯 어머니는 얼굴의 주름살들조차 활짝 펴지는 미소를 띠우고 아들을 바라본다.

설규는 활을 멈추었다. 가뜩이나 피곤할 어머니를 음악으로 더 흥분시키는것 같아 갑자기 걱정스러워졌다.

"어머닌 지치셨어요. 오시느라구…… 우선 오늘밤은 빨리 쉬셔야겠어요."

"괜찮다. 난 그 바이올린소리가 좋구나…… 지난날의 눈물두 있구, 앞날의 희망두 있구……"

어머니는 손가까이 열려진채로 있는, 바이올린을 꺼낸 빈통의 언저리를 매만져보며 조용히 말했다.

"애아비야, 그 아까…… 애아비가 간수했던걸 좀 다시 보자구……"

진귀한 보물처럼 이 손에서 저 손으로 넘어가던 그것이 혜경의 손에서 어머니의 손에 다시 옮겨져갔다.

어머니는 손바닥우에 놓인 그 자그만 은빛의 쇠토막을 잠시 들여다
보다가 꼭 감싸쥐고는 아들과 며느리, 손녀를 둘러보며 갈린 음성으로
천천히 말을 했다.

"애들아, 내 오랜 세월…… 머나먼 나라들을 돌아서…… 이렇게 와
놓고보니…… 너희들을 만났는데두 소원은 가슴속에 그냥 그대루 남아
있는것 같구나. 남편도 딸도 다 잃고 나혼자 온게 죄스러워서만 아니
다. 온 겨레가 만남을 이루지 못했는데 내 소원이란 항차 무엇이겠느
냐…… 그래 내 소망이 제 아들 하나 만나는것으루 끝나야만 하겠느
냐…… 나는 일생을 아들을 찾아 헤매였다…… 에미와 아들을 죽어서
도, 살아서도 가를수 없듯이 조국두 한피줄로 이어진, 둘로 가를수 없
는 하나이란 말이다. 그러니 난 이제 무엇을 해야겠느냐?!……"

"어머니!……"

황설규가 어머니를 마주보며 열띤 목소리로 부르짖었다.

어머니는 손을 펴고 길쭉한 나사못같은 활조이개를 들여다보며 말했
다.

"애아비야…… 네 조카들한테 이게 오늘까지두 여기 있었다는걸 꼭
얘기해줘야겠다. 그리고 거기 있는 사람들에게두 이 사연을…… 이것
이 어떻게 단순히 바이올린의 활조이개이겠니?!"

황설규는 활조이개를 쥔 어머니의 손을 자기의 두손으로 꼭 감싸쥐
면서 떨리는 목소리로 불렀다.

"어머니!……"

설규는 어머니의 손을 움켜잡은채 한동안 놓을줄을 몰랐다. 설규의
감싸쥔 두손안에는 어머니의 작은 손이, 어머니의 손안에는 그 활조이
개가 있었다. 어릴적 어머니가 들려준 옛말속에서 나오는 행복의 열쇠
처럼 이날 이때껏 소중히 간직했던 그것, 오랜 세월 애틋한 향수가 응
결체처럼 굳어진듯한 딴딴한 쇠토막이 지금은 더 큰 열망과 신념에로
아들과 어머니를 떠미는 그 무엇으로 되는것만 같았다.

“어머니……”

설규는 조용히 목메이며 불러본다. 방금전까지만 해도 어머니의 쇠잔한 늙음에 대한 동정과 련민의 정을 누를길 없었던 그는 이상하게도 이 순간 어릴 때처럼 여전히 자기를 손잡아 이끌어주는듯한 어머니에 대한 존경의 감정으로 가슴이 부푸는것을 느꼈다.

어느덧 방안에는 혜경이가 타는 바이올린의 소리가 울리기 시작했다. 처녀는 바이올린을 켜면서 그 곡조에 맞춰 아버지가 타던 노래의 2절을 입으로 조용히 부르는것이였다.

은하물을 건너서 구름나라로
구름나라 지나선 어데로 가나
멀리서 반짝반짝 비치는것
새별등대란다 길을 찾아라

그러던 혜경이는 후에 그자신이 명명한 「통일환상곡」, 아버지가 아까 타던 즉흥곡을 선률이 별로 차이나지 않게 거의 그대로 재현하면서 바이올린의 활을 휘두르는것이였다……

……며칠이 흘렀다. 그동안 하루이틀 지나 백두산에 갔던 사돈도 오고 3대 혁명소조에 나갔던 손자도 왔다.

온 가족이 모란봉이나 대성산에 가거나 기념관과 박물관들을 참관하느라고 계단을 오르고 내릴 때면 손자와 손녀가 량쪽에서 할머니의 팔을 끼여 부축해주군하였다. 혜경은 할머니곁에 붙어서 친절히 설명하며 의젓하게 행동하다가도 집안에 들어서기만 하면 아예 응석둥이 예닐곱살 철부지소녀로 돼버리고 만다. 꼭 여태 받아보지 못한 할머니의 사랑을 다 벌충하려는 심산인것만 같았다.

어머니는 그동안 사소한 부엌일도 며느리를 밀어놓고 제가 하려고 했으며 아들의 식성에 맞는 음식을 손수 제가 짓느라고 애썼다. 어머니에게서 이보다 더 즐거운 일은 없는가보다.

손녀가 할머니한테 매달리면서 "떠나지 말아요. 우리와 영영 같이 살면 안 되나요?" 할 때 설규는 슬그머니 머리를 돌리였다. 어머니가 다시 떠나야만 한다는 그것이 이제 와서는 믿어지지를 않았다. 손자손녀가 "하루만 더……", "이제 하루만 더……" 할 때도 어머니는 그저 "오냐, 오냐"하고 웃으면서 그네들의 어떤 청도 다 들어주는 인자한 할머니로 되는것이였다.

다른 식구들이 잠든 깊은 밤, 어머니는 손자의 침대에서 흘러내린 모포를 제대로 덮어주고는 설규의 방으로 왔다. 어머니와 아들은 마주앉아 또 다시 조용조용 끝없는 이야기를 시작한다.

문득 어머니는 깊은 한숨을 쉬며 말했다.

"애아비야, 내 늘그막에 네곁에서, 저 애들곁에서 지내면 얼마나 좋겠니. 편안하구 근심이 없구…… 하지만 가야 한다."

"어머니……"

설규는 뭐라고 말했으면 좋을지 몰랐다.

어머니는 말을 이었다.

"거기에 네 조카들이 있어서만 아니다. 여기 소식두 전하구, 북의 동포들의 마음두 전하구…… 나를 막아나섰던 자들한테 똑똑히 말해줄것도 있으니…… 나두 해외에서나마 통일성업에 무엇이든 보탬을 해얄게 아니냐……"

그 다음날 밤에도 어머니는 혼자생각에 잠긴듯 멍하니 앉았다가 느닷없이 중얼거린다.

"나는 가야 한다. 가야 해……"

단순히 오늘까지 제 아들 하나만을 찾아 떠난 길이 아닌듯 어머니는 어제날보다 더 굳세게 앞길을 걸어가려는것만 같았다. 그래서인지 설규는 어머니와 헤여지는 쓰라린 마음보다 어머니를 생전에 꼭 통일된 조국땅에 다시 모실수 있다는 확신이 더 강해지는것이다.

······비행장으로 나가는 승용차의 뒤좌석에는 어머니를 가운데 모시고 량곁에 아들과 손녀가 앉았다. 앞좌석에는 박사인 사돈령감이, 뒤에서 오는 다른 차에는 며느리와 손자가 탔다.

황설규는 오른팔로 어머니의 섬약한 허리를 끌어안고 눈을 감은채 앉아서 아무 말도 못했다. 작별의 시각은 사정없이 박두하는데 차는 너무도 빨리 달리는것만 같았다. 마음의 준비는 되여있어도 막상 어머니를 다시 보내야만 하는 설규의 심정은 무던히도 괴로왔다.

그동안 황설규는 고령에 심장병까지 있는 어머니를 종합검진도 시키고 해당한 대책도 세우려고 애를 썼다. 장생불로의 산삼을 마련하여 다른 보약재들과 같이 지함안에 정히 싸넣었다. 그러나 한편 생각해보면 산삼록용도 무슨 그리 큰 효험이 있을상싶지를 않았다. 분렬의 비극에서 오는, 아들과 손자손녀, 며느리와 다시 헤여지는 심장의 아픔을 무엇으로 가실수가 있으며 진정시킬수가 있단 말인가······

승용차밖으로 줄지어 달려오는 은행나무들은 이미 스무날전의 그 나무들이 아니였다. 황금빛 잎사귀들은 다 떨어져 앙상한 가지들만 남고 이삭이 설레이던 논벌에도 벼동배기들이 생겨났다. 가을은 저물고 또다시 한해가 다 지나간다······

어머니는 아들을 돌아보며 미소를 짓는다. 애잔하고 쓸쓸한 미소가 아니였다.

설규는 어머니를 한팔로 다시금 싸안는다. 섬약한 허리에, 아니 어머니의 온몸에 깃든 굳센 힘과 넋을 감촉하는듯하여 설규자신이 다시 마음이 든든해지기 시작했다.

어머니는 손을 들어 자기의 가슴을 매만진다.

어머니는 가느다란 끈을 목에 걸었다. 얼핏 보면 목걸이 같았다. 패물이나 호신부, 십자가는 더욱 아니였다. 어머니가 끈을 목에 걸고 품속에 넣은 자그마한 비단천주머니속에는 바로 설규가 40년 세월 간수해온 그 바이올린의 자그마한 활조이개가 있었다.

어머니는 그것을 소중히 간수해가지고 간다. 미래에로 통일에로 사람들을 부르는 투쟁의 신념이 깃든것이기나 한듯……

어쨌든 그것은 어머니한테서나 아들한테서 단순히 은빛의 쇠토막이 아니였으니 거기엔 어머니가 굳게 간직해가는 뜨거운 소원이, 주국의 하늘아래에서 어머니를 다시 모시려는 아들의 소원이 함께 깃들어있었던것이다.

차는 비행장을 향해 달리였다.

쇠찌르레기

— 취재수첩을 펼쳐놓고

림종상

지난 여름 어느 날 나는 동물학연구소 조류학전문가 원창운의 초청을 받고 그의 서재에서 우연히 하루밤을 꼬박 새운 적이 있었다.

그는 쉰을 넘긴 나의 대학동창이며 세계적 명성을 떨치고 스무 해 전에 80고령으로 세상을 떠난 생물학 박사 원홍길 교수의 손자다.

서로 전공이 다르다 보니 학창 때에는 얼굴만 익혔었다. 그 후 기자생활을 한 적이 있는 나는 그를 취재길에서 만났다. 이제와서는 서로 흉금을 털어놓는 벗으로 되었다.

내가 그의 서재에 들어섰을 때에는 초저녁이었다. 무엇인가 부지런히 쓰고 있던 창운은 "조금만 참아주게."하며 초청을 해 놓고도 무례하게 턱으로 쏘파를 가리켰다. 서재는 조금도 달라진 것이 없었다. 두 벽을 꽉 채운 책장, 수려한 산수화 족자, 여러 종류의 새 박제품—이것들은 할아버지로부터 물려받은 것이다.

나는 주인의 책상 앞 빨간 비로도천(부드러운 털실이 천의 겉면을 도드라지게 짠 고급 천의 한 가지) 받침대 우에 홀로 도고하고 날씬한 자태로 놓여 있는 자그마한 쇠찌르레기 박제품에 눈길을 세웠다.

머리에 흰 빛이 돌고 등과 날개, 꽁지에 검은 자색의 윤이 흐르는 쇠찌르레기.

박제품 가운데서 가장 작은 것이였지만 늘 봐도 주인의 각별한 우대 속에 이 방에 자리잡고 있는 저 쇠찌르레기…….

"작가님 기다리게 해서 미안하이."

그가 붓을 놓자 문이 열리면서 주부가 가시오갈피 찻잔 두 개를 마주 앉은 앞탁에 내려놓고 조용히 나갔다.

"차나 한 잔 들라구."

"례절이 그럴사해!"

연한 김이 물물 피여오르는 찻잔을 들며 나는 은근히 쓸까스렀다.

우리가 이런 말투로 이야기를 나눌라치면 틈없는 옛정이 되살아옴을 서로 감득하군 한다.

"내 급히 도움받을 일이 생겼어."

"이건 아닌밤중에 무슨 홍두깬가? 자네 혹 나의 탐방심리를 악용할 셈인가?"

어이가 없었다.

"아니, 아니 그런 게 아니라니까."

그는 써 놓은 종이장을 가리켰다.

"편질세. 40년 만에 서울에 있는 막내삼촌에게 보낼 거네."

그는 장문의 편지를 내밀었다.

나는 심한 의혹에 사로잡혔다.

붙일 길 없는 서울에 편지를 쓰다니?!

"분계선 장벽을 자네 편지로 한 번 뚫어 볼 셈인가?"

"그럴 수야 없겠지. 한데 붙일 길이 트일 것 같기도 해서……. 나야 어디 편지라는 걸 써 본 적이 있나? 서툰 글을 작가님이 한 번 봐 달라는 걸세."

나는 그의 진정에 과할 길도 없거니와 서울에 띄울 편지라기에 부쩍 마음이 동했다. 탐방심리가 되살아났다고나 할까.

창운의 편지는 안부를 묻고 이곳 소식을 알리자 앞 뒤 맥락도 닿지 않는 무슨 사진 이야기로 삐여져 달아났다.

삼촌!

그 동안 생소하리만큼 변모된 모습을 말 못하는 사진으로 상면한 오늘 저는 눈물이 헤퍼져 글을 쓸 수가 없군요…….

"이 삼촌의 사진이라는 건 뭔가?"

나는 성급히 물었다.

"그런 일이 있었지. 며칠 전 일본 조류학자 요시하라라는 사람이 가져다 주더군. 그와 함께 찍은 삼촌의 사진일세."

창운은 요시하라와 면담한 적이 있었다. 그는 '세계조류협회 아세아 본부'인 야마나시조류연구소에 적을 둔 사람이다.

연구소의 창립자 야마나시 박사에 대하여 창운은 이미 전부터 지상을 통하여 알고 있었다. 뿐 아니라 스무 해 전 그는 할아버지를 선배로 숭배하면서 원홍길 교수 생존시 따오기라는 새의 보호와 관련한 질문서한까지 보내 왔던 사람이다.

친절하게도 교수는 회답서신과 함께 수많은 연구서적들도 보내 주었다. 그 가운데에는 교수가 필생을 바쳐 서술한 여러 권으로 된 『조선조류지』도 들어 있었다.

면담이 끝날 무렵 요시하라는 교수의 성의가 고마워 방문기념으로 사진을 가져 왔다는 것이다.

창운은 사진을 내려다보았다.

늙은 막내삼촌의 옛 모습이 어렴풋이 떠올랐다.

이런 런고였군…….

"선생의 삼촌 원병후 박사입니다."

창운은 여전히 무표정한 눈길로 삼촌을 내려다보았다. 묘연해진 기억이 되살아올랐던 것이다.

그때 창운은 10대 소년이였다. 그러니 기억조차 혼미해진 삼촌이다.

'어차피 늙은이로 변했단 말이지?'

그의 눈앞에는 어느덧 전쟁 전 평화롭던 그 시절 원산농업대학 학생이였던 삼촌이 방학 때 집에 와서 할아버지와 나란히 자전거를 타고 백여 리 밖 조류 채집터로 가던 모습이 안겨 왔다.

'그때 할머님도 이 도시락을 자전거에 매달아 주셨댔지……'

"원병후 박사께서도 이젠 회갑을 넘겼습니다."

착잡해진 창운의 심정을 건드리기 조심스러운 듯 요시하라는 조용히 귀띔했다. 했으나 창운은 대리석과도 같은 무표정한 자태를 종내 흩으러뜨리지 않았다.

"그 요시하라가 삼촌에게 편지를 쓰라더군. 전해 주겠다는 걸세. 아마 딴에는 사례한다는 거겠지. 동료들의 권고도 있고, 또 나도 할 소리가 있어서……. 어차피 남의 손을 빌어 편지를 붙이기는 하겠지만……."

그의 편지는 사진 이야기가 끝나자 이번에는 왕청같은 회고담으로 이어졌다.

삼촌!

열 살 때 헤어져 쉰을 넘긴 이 조카를 상상이나 하실는지? 아니 저보다도 할아버님, 할머님의 얼굴조차도 기억에서 퍼그나 희미해졌을 것입니다. 허나 혈육의 뉴대만은 세상만물이 다 변해도 끊어질 수 없는 것이기에 아마 삼촌도 작고하신 부모님들과 이곳 조카들을 늘 잊지 않고 계시리라 믿습니다.

40여 년이 지난 오늘에야 비로소 삼촌에게 편지를 쓰게 된 저는 안부를 묻기 급하게 할아버님, 삼촌과 고모, 그리고 저에 이르는 우리 집안 3대가 혈육뿐만이 아닌 조류학이라는 또 하나의 강한 유대로 이어져 있다는 것을 먼저 상기해 보았습니다.

삼촌도 기억하고 계시겠지만 북과 남으로 갈라져 있는 우리 가문의 뉴대는 이제 새삼스럽게 돌이켜볼 때 혈육 못지않는 자그마한 새 쇠찌르레기와도 련결돼 있었지요.

그것은 할아버님으로부터 시작된 어쩔 수 없는 인연이였습니다. 혹 천명인지 아니면 우연인지 알 수 없기는 하지만 말입니다…….

미래의 조류학 권위자 원홍길의 운명은 1934년 초여름 어느 날 아침에 이미 결정된 셈이였다.

새와 곤충 채집에 천성적 취미를 가지고 있던 그는 함흥의 어느 사립학교 박물교원으로부터 조류학계에 첫발을 내디디였다.

후에 교장이 된 그는 조선 바지저고리 바람으로 운동장 교단 우에서 엄한 훈시를 하고 있었다. 이때 머리 우로 먹이를 입에 문 새 한 마리가 날아 지나갔다.

'아니 저 새가?!'

훈시를 하고 있다는 것조차 잊어버린 그의 눈길은 새가 날아간 방향을 따르고 있었다. 그 자리에서 뒤따를 수 없다는 것을 뒤늦게 판단한 그는 돌연히 교단에서 뛰여내렸다. 맨 앞줄에 서 있는 머리를 따늘인 딸에게 달려갔던 것이다.

"애야, 어서 빨리 저 새가 어디에 둥지를 틀었는지 따라가 봐!"

노한 듯한 큰 소리가 울렸다.

교원, 학생 모두 아연해 했다. 언제나 리성을 잃지 않던 원홍길이였던 것이다.

다시 교단에 오른 그는 서둘러 훈시를 마쳤다. 그리고 학생들이 줄지어 서 있는 대렬 속을 마구 달리여 딸을 따랐다.

새는 왜놈 도지사의 관사 앞 숲 속 한 구새 먹은 나무구멍에서 먹이를 찾아 다시 날아 나왔다. 분명 둥지였다. 새둥지에는 너덧 마리의 새끼들이 먹이를 기다리며 지저귀고 있었다.

그는 환성을 질렀다.

'그러니 저 새가 여기서 여름을 날 것이 분명하지 않을가?'

그는 딸에게 매일 몇 차례씩 이곳에 와서 새의 상태를 관찰하고 기록할 것을 요구했다. 딸은 비가 오나 바람이 부나 하루에도 몇 번씩 나타나 자그마한 수첩에 관찰자료를 적었다. 관사를 순찰하던 순사들의 쫓기움을 받기도 했으나……

허나 나중에는 '새를 관찰하는 아버지와 딸'이라는 신문기사의 주인공으로 등장했다.

그 새는 아직까지 우리 나라에서는 서식한 적이 없고 쟈바 군도 쪽에서 겨울을 나고 봄이 되면 조선반도를 거쳐 만주를 지나 씨비리에서 번식하는 철새로서 '북방쇠찌르레기' 또는 '씨비리쇠찌르레기'로 알려진 해충을 구제하는 매우 리로운 조류다. 이것은 일본학자들이 내린 결론이였다.

그런 여름철새 '북방쇠찌르레기'가 우리 나라 동해안 지방에서 서식하고 번식을 하다니?

삼촌!

그때 삼촌은 열 살도 못 됐지만 할아버님과 고모를 따라 다녔다지요?

삼촌이 조류계에 발을 들여놓게 된 것도 그 쇠찌르레기 때문이라더군요.

후날 할머님은 커가는 우리들께 늘 넘불 외우듯 말해 주었습니다.

그렇게 엄하던 할아버님도 어린 막내가 자기의 뒤를 이어 새를 좋아한다고, 그래서 삼촌을 늘 할아버님의 특별한 보호와 비호 속에서 우리 아버지를 비롯한 형님 세 분들의 질투의 대상이였다고 하시더군요.

할머님의 애절한 회고담이 아직도 귀에 삼삼합니다.

이렇게 쇠찌르레기는 조류학을 탐구하는 우리 가문의 앞길을 시사해 주고 운명지어 준 하나의 예언자처럼 군림한 셈이였지요.

온 집안이 이 새로 하여 그처럼 행복과 영광에 휩싸였던 1947년을 기억하겠지요?

아마 그 해는 영원한 기억으로 남아 아직도 삼촌을 즐겁게도 해줄 것이고
또 괴롭게도 해줄 것입니다…… .

원흥길에게 있어서 1947년은 과학활동에서 전환의 해였다.

한 해 전까지만 하여도 덕천, 안주 일대의 산골 농업학교 교장에 지
나지 않았던 그가 종합대학 생물학 교원으로 초대되였던 것이다.

게다가 해방 전부터 관찰연구해 오던 '북방쇠찌르레기'가 씨비리에
서 서식하고 번식하는 게 아니라 북반부지역에서 여름철을 보낸다는
것을 확인하였다.

고심어린 과학적 탐구가 꽃을 피우게 되였으니 이 해 여름 그는 해방
후 처음으로 평양에서 열린 인민박람회에 수십 종의 박제품을 출품하
면서 북방쇠찌르레기를 북조선쇠찌르레기라고 고쳐 명명하고 론문을
발표하여 국제조류계의 공인을 받았던 것이다.

복은 쌍으로 오지 않는다지만 그에게 있어서 47년은 또한 가정에서
도 경사가 덮인 행복한 해였다.

수의축산전문가인 맏아들이 자격을 받은 방역의로, 셋째 아들이 평
양의학대학 학생으로, 넷째 즉 막내인 병후가 원산농업대학에 입학하
였던 것이다.

게다가 태평양전쟁의 희생물로 돌아오지 못한 둘째 아들인 창운이
아버지와, 남편을 따라 해방 전 서울에서 빈한한 살림에 쪼들리던 딸이
병사한 것으로 해서 생겼던 마음의 상처도 세월이 덧쌓이면서 점차 아
물어 갔던 것이다. 그러니 이 해 원흥길은 최상의 행복 속에서 국제적
으로 공인된 높은 학적 명예의 긍지 속에 가슴을 펴고 당당하게 살아가
고 있었다.

삼촌!

삼촌은 아마 북조선쇠찌르레기가 국제조류계의 공인을 받던 날 근엄하기로 소문이 자자하여 지어(더 나아가서, 또한) 괴벽한 사람으로까지 불리우던 할아버님의 얼굴이 이상하리만큼 실룩거리던 것을 아직도 기억하고 있을 것입니다.

그때 인민학교 학생에 불과했던 저의 기억에도 생생하게 남아 있는데 하물며 삼촌이 어떻게 잊었겠어요.

할아버님은 분명 그때 속으로 흐느끼고 계셨습니다. 다 자란 자식들과 철부지 손자들 앞에 눈물을 보이지 않으려고 그처럼 얼굴을 실룩거리면서도 참으려고 애쓰시던 할아버님이 아니였습니까.

그러던 할아버님이 51년 초 종합대학이 깊은 산 속에서 자리잡았을 때였습니다. 할아버님이 하루아침에 실망한 자태로 처참하게 돌변했을 때를 지금도 저는 잊을 수 없습니다.

큰아버지와 셋째, 막내삼촌이 모두 함께 남으로 나갔다는 청천벽력과도 같은 소식을 들었으니까요. 지어 큰아버지는 자식 넷과 큰어머니까지 버리고 말입니다.

전쟁으로 궁핍한 때 엎친 데 덮친 격으로 조부모님께서는 큰집과 저의 형제까지 모두 올망졸망한 손자 여덟 명을 맡아 키우지 않으면 안되였습니다.

그때부터 할아버님은 더욱 과묵해졌고 어린 저의 눈에도 알릴 만큼 마음의 고통을 참느라 모지름을 쓰시더군요. 걸음걸이까지 휘청거렸으니까요.

아마 그 시절 10년은 더 늙으셨을 거예요.

그때 할아버님은 밤마다 홀로 어디엔가 나갔다 새벽에 오시군 하였는데 하루는 제가 몰래 뒤따랐습니다. 글쎄 밤새워 박제품을 만드는 게 아니겠습니까.

자식 모두를 잃어버린 괴로움을 묵묵히 이겨내는 길이 할아버님에게는 그 일밖에 더는 없었을 것입니다. 이렇게 할아버님은 전쟁피해로 모두 류실된 박제품, 동물표본 등 180여 종의 교편물을 만들어 놓고야 말았습니다.

산발인들 얼마나 탔으며 남모르게 밤새운 밤인들 몇 밤이나 되는지 그것은 아무도 모를 것입니다.

그러던 할아버님께서는 전쟁이 끝나고 온 나라가 환희로 들끓던 날 돌연히 자리에 눕고 말았습니다.

비록 원자탄 바람에 겁을 먹고 따라갔다고는 하지만 그래도 자식들이 지성인인 것만큼 이런 날에는 새들이 둥지로 찾아들 듯 문전에 나타날 수 있으리라던 한오리의 기대마저 포기해야 했으니까요. 마지막 지탱점을 잃자 할아버님은 끝내 쓰러졌던 것입니다.

왜 그렇지 않겠습니까!

삼촌을 대를 이을 기둥으로 믿었던 그 한 가지 리유로 해서 효자라고 자부하던 할아버님이 아니었습니까. 그런 막내삼촌마저 아버지의 슬하에서 떠나갔으니 말입니다.

철부지였던 우리들도 그때 할아버님이 잘못되는 것 같아 숨도 크게 못쉬고 눈치만 살폈습니다.

며칠 후 할아버님은 돌연 아무 일도 없었다는 듯 자리를 털고 일어나셨습니다. 무엇인가 큰 결심을 내리시였던 것입니다.

청춘의 활력을 되찾으신 듯 할아버님은 그때부터 묵묵히 방방곡곡을 다다니시며 조류연구에 전심했고 벌써 60년대 초에 방대한 『조선조류지』를 비롯한 무려 80권의 저작을 발표하여 세계적인 조류학자로 명성을 떨치게 되였습니다.

흰두리미떼를 따라 북방으로부터 간석지 진펄에 빠지며 조사연구를 떠났던 어느 해 마가을(늦가을)이였습니다.

그날은 례성강 하구에 다달으기 전날이였나 봅니다.

해 떨어진 갈대숲은 마가을 찬바람을 이겨내지 못하고 몹시 설레였습니다.

을씨년스럽고 썰렁하던 밤이였지요.

허지만 진펄 가운데 못박힌 듯 서 계시던 할아버님은 마을로 되돌아설 념을 안 하시더군요.

한동안 남쪽의 먼 하늘을 무표정한 눈길로 바라보셨습니다. 그 쪽 하늘에서 늦비가 내리려는지 검은 구름으로 덮혀 있었습니다.

비록 성글기는 했어도 그 년세에 흰오리 하나 없던 머리칼이 바람에 흩날렸습니다.

건강이 넘려되여 저는 몇 번이나 되돌아서자고 권고했으나 그때마다 침묵으로 물리칠 뿐이였습니다.

갈대숲에 차디찬 비꽃(비가 오기 시작할 때 성글게 떨어지는 빗방울)이 떨어지기 시작했습니다.

"할아버님"

또다시 애원하며 불렀습니다.

그제야 제가 곁에 있었다는 것을 알아차리기나 한 듯 "오냐, 창운이로구나." 하시더니 별로(①별나게, 특별히 ②그다지, 별반) 자별한 눈길로 주시하는 게 아닙니까. 전 그때 처음으로 할아버님의 그런 인자한 눈을 보았습니다.

꺼칠해진 볼과 입술, 진탕이 게발린(지저분하게 묻은) 바지자락을 이윽토록 굽어보시던 할아버님은 후 하고 깊은 숨을 내쉬시였습니다. 풋내기 조류학자가 못내 미덥지 못하셨나 봅니다. 그러다가 거칠어진 제 손을 잡으시며 이번에는 저의 눈을 찬찬히 여겨보시더군요.

"네 분명 원홍길의 손자가 틀림 없으렷다?"

할아버님의 물음에 저는 그만 겁이 더럭 났습니다.

'망녕하시는 게 아닐까? 아니면 이 갈밭에서 혹시 유언이라도?'

불길한 예감이 머리를 호되게 때렸습니다. 가슴이 막 떨리더군요. 그때 벌써 80을 턱 밑에 앞둔 고령이였으니 저의 예감도 무리한 것은 아니였습니다.

"왜 대답이 없느냐?"

독촉을 받고서야 저는 서둘러 대답을 올렸습니다.

"이젠 네가 우리 원씨 조류가문의 기둥이로구나. 손때 묻은 도끼에 발등을 찍히운다더니. 허참, 넌 그런 자식이 되진 않겠지?"

실성하지 않으셨다는 것을 깨닫자 저는 그때까지도 할아버님 심중에 삼촌을 앉혀놓고 이처럼 심한 상실감에 모대기신다는 것을 통절히 깨달았습니다. 삼촌의 상실이 얼마나 마음속에 옹이져 있었으면 저러랴?

짐작조차 해본 적이 없는 저는 삼촌 대신 용서를 빌고 맹세를 다지려고 감탕 우에 꿇어앉으려고 했습니다.

"오냐 됐다. 너라도 내 마음의 기둥으로 돼다오. 꺾이우지 말고!"

저는 그만 눈물을 쫙 떨구었습니다. 이제는 삼촌 대신 저를 그 자리에 세우시면서도 영원히 지울 길 없는 삼촌에 대한 정을 떼지 않고 계신다는 엄연한 현실 앞에 그만 가슴이 저려옴을 이겨낼 수가 없었습니다.

제가 이렇게 단언하기는 좀 거북하나 삼촌은 비록 친자식이기는 하지만 우리 할아버님의 진속을 다는 알고 있지 못할 것입니다.

"손가락 열을 다 깨물어 보아라. 아프지 않은 손가락이 없느니라."

이 찰나에 저는 할머님이 늘 곁에 없는 삼촌들을 놓고 혼자말처럼 외우시군 하던 그 평범하고도 너무나 명백한 말씀의 참뜻을 비로소 깨달은 듯싶었습니다.

저는 마음다졌습니다. 백 번 죽는다 하더라도 삼촌들처럼 되지 않겠노라고.

"애야, 이젠 돌아가자. 인차(곧, 이내) 겨울이 닥쳐올 텐데. 그 애들인들 오죽이나 생각이 번거롭겠니……."

삼촌!

삼촌은 할아버님의 마음속에 아직도 자식으로 남아 있어야 한다는 자신을 단 한 번만이라도 자각해 본 적이 있습니까? 제가 대학을 나오고 할아버님의 뒤를 이어간다고 하여 그래 삼촌을 대신해 줄 수 있다고 생각하십니까? 어디 대답해 보십시오!

저의 이 무례한 질문에 대답할 수가 없을 것입니다. 아니 할아버님의 깊은 마음을 결코 리해하지 못할 것입니다.

이제는 세상을 뜨신 할아버님 령전에 자기의 저술을 올리고 싶다하며 통곡을 터뜨렸다는 삼촌의 그 가슴저린 심정으로도 결코 대답으로는 되지 못할 것입니다…….

"자식들은 부모를 버려도 부모야 어떻게 제 살점과도 같은 아이들을 버릴 수가 있을고……."

깊은 밤 잠 못 이루시던 조부모님들의 상처 입은 가슴을 달래주며 주고받으시던 그 하많은 밤과 새벽을 저는 잊을 수가 없습니다.

삼촌!

편지가 너무 많은 곁가지를 쳤군요. 하긴 40여 년의 이야기를 전하자니 아마 두서가 없게 됐나봅니다.

삼촌! 우리는 다음날 저녁 흰두루미떼를 따라 례성강 하구에 다달았습니다.

삼촌이 언제인가 국제조류리사회 통보에 발표한 남조선에서는 보기 드물어졌다는 흰두루미떼의 마지막 서식터를 찾아서 말입니다.

통보에서 삼촌은 흰두루미떼를 놓고 이렇게 썼지요?

"조선전쟁 전까지만 하여도 전 조선에 걸쳐 겨울에 이주하여 사는 매우 흔한 새였다. 그러나 지금은 경작된 전야에서 월동하는 몇몇 쌍에 불과할 정도로까지 그 수가 줄어들었다. 내가 어렸을 때 평안남도 강서군에서 200~300 마리로 된 이 새의 큰 무리를 본 바 있으나 지금 우리는 1950년 이후 동기이행조류로서의 그 동태에 관한 자료도 가지고 있지 못하다."

할아버님은 삼촌의 글을 보신 뒤에 "어쩌면 이럴 수가 있는가."고 하시며 그 원인을 직접 알아보시기 위해 이번 조사의 길에 오르셨습니다. 한탄만 하고 있는 삼촌의 그 연구태도가 못내 마음을 상하게 하셨던 것입니다. 삼촌이 주저앉았으니 고령인 할아버님이 몸소 그 흰두루미의 보호와 증식을 위한 길에 어떻게 나서지 않을 수 있었겠습니까.

아, 만약 이 연구조사대의 대오 속에 저와 같은 풋내기가 아니라 삼촌이 동행하였던거라면 할아버님은 얼마나 마음이 가벼웠겠습니까. 그러니 저를 데리고 조사의 길에 오르신 할아버님은 숭숭 빠진 이빨처럼 대를 건느게 된 아픔을 어떻게 묵살였겠습니까?

다음달 저녁때 조사단 일행은 분계선이 가로막힌 연백벌 례성강 하구에 다달았습니다…….

원홍길 교수 일행의 앞에는 드디여 례성강 하구 무연한 갈밭 감탕 속에 서식하고 있는 흰두루미떼가 나타났다.

교수는 조류학자 특유의 사색 깊은 안색으로 두루미떼를 끈덕지게 관찰하며 서서히 접근하고 있었다.

갈밭이 끝나고 강기슭에 거의 다달았을 때 교수는 문득 멈춰 섰다.

왜서인지 알 수 없으나 교수의 눈길은 어느덧 강 건너 한 지맥으로 잇닿아 있는 저쪽 기슭에 몇 마리밖에 보이지 않는 흰두루미에 가 있었다.

교수의 얼굴에는 근심의 빛이 어리였다.

"저 새들이 살아가기 불편한 모양이군."

그는 중얼거렸다.

꽤 오랜 시간 관찰하던 교수는 돌연히 옷깃을 세우며 달려갈 태세를 취했다.

"알아봐야겠어. 알아봐야 하구말구!"

교수는 살얼음이 진 갈밭을 따라 갈기슭을 향해 허리를 꼿꼿이 펴고 당당하게 걸어나가고 있었다.

"할아버님, 더는 가실 수 없습니다."

창운은 성급히 달려가 교수의 팔을 잡았다. 가누지 못한 로인의 장대한 체구가 창운에게 쏠리였다.

"이건 무슨 버릇 없는 짓이냐! 흰두루미가 왜 저쪽에서는 저렇게 적은지 원인을 밝혀야 할 게 아니냐. 놔라!"

노여움에 불타는 교수의 눈길과 애원하는 손자의 눈길이 부딪쳤다.

"분계선장벽이 가로막혀서……."

"뭐 분계선? 그런 건 몰라! 알고 싶지도 않고."

교수는 손자를 뿌리치려고 하다가 그만 그 자리에 말뚝처럼 서버렸다. 그도 그제야 가로질러간 철조망을 보았던 것이다. 그는 절망에 빠져 긴 한숨을 내쉬였다.

"제 나라 제 땅을 밟고 제 고향에서 살고 있는 새를 보러 가야 하는데 분계선이 무엇이기에 내 앞길을 막는단 말이냐!"

가슴을 어여내는 듯한 비분이 그 어떤 악조건 앞에서도 꺾이우지 않고 한평생 새를 따라다니던 교수를 그만 절망에 빠뜨려 놓았던 것이다.

창운은 분렬의 비극을 통절히 절감하며 몸부림치는 할아버지를 넋잃은 사람마냥 얼없이 내려다보았다.

"아, 비통쿠나. 국경 없이 나드는 새가 나를 부르고 있는데 조류학자인 내가……."

교수의 통탄하는 목소리는 벌써 심히 갈려 있었다.

이때 얼기설기 엮어진 철조망 저 넘어에서 두서너 마리의 흰두루미가 깃을 펴고 강을 유유히 건너 날아왔다.

비감에 젖어 있던 교수의 눈길은 어느덧 서서히 날아와 이쪽 무리에 내려앉은 흰두루미를 점도록 바라보았다.

"지각 없는 새들도 떼를 찾아 넘어오는데……."

교수는 탄색하였다.

분명 조류학자로서 이 계절에 흰두루미를 연구하기 위하여 분계선 넘어에 나와 이쪽의 흰두루미떼를 관찰하리라 믿고 있던 막내가 종시 보이지 않았던 탓이리라.

해 떨어지자 어둠이 내려앉았다.

교수는 멀리 남쪽 땅을 바라보던 눈길을 힘없이 떨구었다.

갈대숲을 터벅터벅 헤치며 돌아서는 교수는 걸음걸이도 무척 휘청거렸다.

그 밤만은 갈대숲도 무심히 넘길 수 없었던지 비바람을 맞아 세차게 설레이고 있었다.

삼촌!

그런 일이 있은 다음 할아버님의 기력은 죽지 부러진 날새처럼 팍 떨어졌습니다.

아마 그때 할아버님은 분명 속으로 삼촌을 애타게 부르고 있었을 것입니다. 바로 다름아닌 막내삼촌을 말입니다.

그럭저럭 몇 달이 지나갔습니다.

어느 날 할아버님에게는 삼촌이 430종 조류를 현지조사하여 쓴 『남조선의 조류』라는 책을 받아 볼 기회가 차례졌습니다.

물론 3국에 있는 조류학자가 보내온 것입니다. 그 외국인은 저자와 할아버지가 부자간이라는 것도 알지 못하는 학자였습니다.

책을 받아 쥔 할아버님의 안면에는 알릴 듯 말 듯 기쁨이 물결치고 있었습니다.

어쨌든 자식이 쓴 책을 받았으니 왜 그렇지 않겠습니까.

그런데 그 책에는 남쪽 어디에선가 삼촌이 처음으로 발견했다고 하는 까만 비둘기가 소개돼 있었습니다.

그 대목을 읽으신 할아버님의 얼굴은 대번에 시커멓게 흐려졌습니다. 부르쥔 투박한 주먹이 무릎 우에서 부들부들 떨고 있더군요.

"이럴 수가 있나. 불효막급한 눔!"

억이 막혀서인지 할아버님은 좀체로 자신을 수습하지 못했습니다.

곁에 있던 할머님마저 숨을 죽인 채 괴롭게 방바닥만 내려다보고 있었으니까요.

욱하면 범처럼 무서운 평안도 출신의 할아버지 성미를 한생을 함께 한 할머님이 왜 모르겠습니까.

거친 숨소리는 좀체로 고르로와지지 않았으나 퍼그나 시간이 지나서야 례성강가에서 돌아온 다음 자주 듣게 되는 한숨소리가 새여나왔습니다. 그 한숨은 내심 무엇인가 개탄할 때 듣게 된다는 것을 알아차린 할머님이 무릎걸음으로 다가가더군요.

"령감, 무슨 일이 있었소?"

"창운이를 데리고 오우!"

할아버님은 옆에 있던 저도 가려보지 못하고 찾는 것이였습니다.

저는 무릎을 꿇고 앉았습니다.

"이 놈은 도적놈이다! 그런 놈이 무슨 조류학자란 말이냐!"

모두 어안이 벙벙해졌습니다. 저 역시 삼촌의 책을 읽었으니까요.

"령감 망녕했소? 아무리 그런 자식이로서니 어떻게 그런 말씀까지……"

할머님은 눈굽을 찍으시며 말끝을 흐렸습니다.

"겉만 낳은 자식을 놓고 로친이 무얼 안다고 그래! 글쎄 이제는 이놈이 제 애비가 젊었을 때 처음으로 어느 섬에서 발견한 까만 비둘기를 제가 발견한 것으로 이 책에 썼단 말이요.

창운아, 네 이 글을 읽어라. 똑똑히 알아 듣고 아들놈이 어떤 녀석인지 가늠해 보라구 말이다."

저는 어쩔 수 없이 까만 비둘기의 사진을 가르쳐 보인 다음 글을 읽었습니다.

"분명 들었겠지? 이런 놈이 어떻게 학자란 말이요. 제 애비의 성과까지 쉽게 제것으로 만드는 후레자식인데."

할아버님은 분명 격분에 차 있었습니다.

"그 애가 몰라서 그랬겠지. 아무럼 애비의 것까지 도적질할 애요?"

"모르고 한 짓이라도 죄는 같애. 학자라면 우선 량심이 있어야 해. 제가 이런 책을 쓰려면 먼저 나온 글들을 모조리 읽어야 할 게 아닌가. 그게 학자의 초보적 태도란 말이다. 창운아."

할아버님의 질책에 저는 정신이 펄쩍 들었습니다. 삼촌의 연구태도를 놓고 저에게 경종을 울려 조류학의 기둥감으로 키우시려는 웅심깊은 마음을 받아 안았으니 말입니다.

아무 대답도 올리지 못하고 있는데 할아버님께서는 또다시 깊은 한숨을 내쉬시였습니다.

"하긴 제 자식하나 바로 키우지 못한 내 잘못도 크지. 하지만 네 삼촌이 이런 엉뚱한 짓을 저지른 것은 넓게 생각해 보면 서로 오가지도 못하고 편지조차 띄울 길이 없으니 어쩔 수 없는 점도 있을 게다. 이것이 하나의 큰 비극이 아니냐! 분단의 비극이 순수 조류를 연구하는 우리 집안에까지 이런 고통을 들쒸우다니……"

할아버지는 깊은 한숨을 내쉬였습니다.

"한즉 그 놈은 후창일대에서 매닭이 새로 발견되였다는 것도 모르고 조류학을 전공한다고 할 게 아니냐?

낯도 코도 모르는 다른 나라 학자들과는 서로 오가기도 하고 학술교류도 하는데 무수한 철새들이 날아드는 교두보로 공인돼 있는 우리 나라에서만이 북과 남이 서로 남처럼 담을 쌓고 지내니 참으로 가슴 아픈 일이로다. 말 못하는 새들은 분계선을 자유롭게 넘나드는데 리성을 가졌다는 사람들은 서로 부자간에도 소식조차 전할 길 없으니 이런 강요된 고통을 어찌 앉아서 참아낼 수 있을고!"라고 하시며 할아버님은 갈라진 혈육과 강역을 두고 오래동안 쓸쓸한 감정에서 헤여나지 못하시더군요.

"작가 선생, 옛적에는 편지를 '안서'라고도 했다지?"

창운은 나를 쉬우려고 딴전을 피웠다.

나는 그의 생각이 고마워 다 식은 오갈피차를 한 모금 마셨다. 그래도 달아오른 가슴은 식지 않았다.

"그런 옛말이 있었지. 그립던 사람의 소식을 기러기가 전해 주었다고 해서 기러기 안자, 글 서자를 써서 '안서'라고 해 왔나 보더군. 그런데 왜 갑자기 안서 이야기는?"

나는 조심스럽게 되물었다. 편지를 읽으면 읽을수록 탐방가다운 개인적 취미는 어느새 뒤전으로 밀려나고 나 자신 창운이와 그의 친지들이 겪고 있는 괴로움을 피부로 느꼈기 때문이였다.

이 땅에 리산자가 무려 천만이나 된다니 한 집안의 비극만이 아닌 천만이 당하고 있는 고통, 아니 온 겨레가 반 세기가 다 돼오도록 분렬된 쓰라림을 더 이상 감수해서는 안된다는 공통된 감정에서 벗어날 수가 없었기 때문이였다.

불현듯 나의 눈앞에는 지난 7월 초 림수경을 맞자 평양시가 부글부글 끓던 모습이 떠올랐다. 21살의 나어린 수경을 혈육으로 맞아 잠못 들던 평양, 그가 탄 자동차가 드넓은 대통로 한복판에서 떨쳐나온 사람들의 물결에 파묻혀 오도가도 못하던 광경, 손을 잡을 길 없던 아빠트의 녀인들이 화분에 소중히 키워 온 진귀한 생화를 송두리째 뽑아 자동차 우로 꽃보라처럼 내려뿌리며 눈물을 감추지 못하던 모습—이것이야말로 끊어진 혈맥을 다시 잇자는 온 겨레의 소원이 활화산처럼 터진 광경이 아니였던가!…….

"역시 우리 집안은 새와 숙명적으로 얽혀져 있는가봐."

창운이 상념의 세계를 헤매고 있는 나를 돌려세웠다.

"우리 집에 한 마리의 새가 안서를 물고 날아 왔으니 말이네. 그 새 역시 쇠찌르레기였지. 저기 저 박제품과 같은……."

"할아버님 생존시에 세상을 한 번 들었다 놓은 바 있는 그 극적인 사건 말인가?"

20여 년 전 나는 어느 신문에서 바로 지금 펼쳐 놓고 있는 취재수첩에 써 넣었던 '새들은 분계선을 넘나들건만……'이라는 기사를 상기하였다.

"새가 편지를 물어 왔다면 어쩐지 동화 같기도 하고 만화 같기도 하지만 그거야 어쩔 수 없는 현실이였지……."

앞에서부터 읽어 오던 편지의 여운인지, 아니면 창운의 감회깊은 회고담 덕분인지 나의 생각은 벌써 20년이 훨씬 지난 그 해 초여름에 가 있었다.

대학을 졸업한 창운이가 조류연구실 연구사로 있는 지 7년째 되는 해였다.

그날 아침 그는 몇 명의 연구조수들과 함께 모란봉에 올랐다. 수없이 걸어 놓은 인공 새둥지에 날아든 새들을 조사관찰하기 위해서였다.

그는 뜻밖에도 어느 새둥지에서 발목에 알루미늄 표식가락지를 낀 한 마리의 '북조선쇠찌르레기'를 잡았다.

'역시 운명적인 새야!'

'이상하리만큼 친밀해진 새가 아닌가!'

표식가락지에는 다음과 같은 글이 새겨져 있었다.

農林省 JAPAN C 7655

유심히 살펴보던 그의 생각은 몹시 번거로왔다.

'이 새를 일본 농림성에서 날려 보냈단 말이지?!'

순간 그는 왜 그런지 할아버지가 오랜 세월 심혈을 기울여 쌓아 놓은 과학의 공든 탑이 대번에 와르르 무너져 내리는 듯한 심한 상실감에서 벗어날 수가 없었던 것이다.

'아직까지 없다던 일본에서 쇠찌르레기가 새로 발견됐단 말인가? 하다면 '북조선쇠찌르레기란' 란 명명은?'

그는 할아버지의 귀중한 과학적 업적에 속하는 이 새의 이름이 바뀌여야 한다는 엄청난 현실 앞에 어쩔 바를 몰랐다.

어깨가 축 처진 그는 생물학연구소 소장인 할아버지 앞에 표식가락지를 내놓았다.

"음, 이 새에 이런 가락지가 달렸단 말이지, 이거 참 기쁜 일이로군."

가락지를 유심히 살펴보던 교수는 매우 범상하게 그리고 태연하게 말했다. 아니 오히려 기쁨을 감추지 못하는 것 같았다.

새로 알게 된 사실 앞에 자기의 학적 명예보다도 학자적 량심을 앞세웠던 것이다.

교수는 서슴없이 야마나시로부터 받았던 따오기에 대한 회답서한과 함께 조류계의 국제적 공약에 따라 표식가락지를 끼워 놓은 일본 조류연구소에 그 새를 모란봉에서 잡았다는 것을 통보해 주었다.

하지만 회신을 기다리는 창운의 심정은 의연히 복잡했다. 할아버지의 학적 권위를 제 손으로 허물어뜨리는 결과가 빚어질까 두려웠던 것이다.

그는 초조한 나날을 보내고 있었다.

그런데 할아버지는 끄떡도 하지 않고 종전대로 정상적인 연구사업에 몰두하고 있다.

'타는 속을 내보이지 않으려고 저러시겠지……'

이제와서는 면바로 바라보기조차 송구스러웠다.

드디여 가슴을 조이던 시각은 닥쳐오고야 말았다. 통신이 날라 왔던 것이다.

"애, 네가 읽어 봐라."

창운의 손은 심히 떨리였다.

'예측대로 된다면? 아, 그땐, 그땐……'

판결을 기다리는 죄수마냥 안절부절 못하는 그를 피뜩 훔쳐본 원 교수는 랭담한 어조로 "어서 읽으라는데……"하고 독촉한다.

창운은 떠듬떠듬 읽기 시작했다. 입안이 깔깔해져 발음마저 제대로 안되였다.

"일본 농림성의 이름이 새겨진 가락지 'C 7655'는 분명 일본제 가락지이기는 하지만 일본에서는 북조선쇠찌르레기를 날려 보낸 적이 없다."

창운은 놀라움에 사로잡혔다. 다음 순간 내려가지 않던 가슴이 확 풀리는 듯한 만족감을 맛본다. 만약 이 자리에 할아버지만 없었더라면 소리쳐 만세라도 불렀을 것이다.

하지만 교수는 응당하다는 듯 한 점의 안면변화조차 보이지 않았다.

'학적 신념이 저렇듯 암반과도 같았단 말인가!'

그는 할아버지를 존경어린 눈길로 바라보았다. 왜서인지 그런 형상의 모습을 오래오래 가슴에 새겨 두고 싶었던 것이다.

"통신이 끝나지 않았겠는데 마저 읽어야지……."

과연 더 계속되였다.

그는 헤덤비며 읽었다.

"남조선 조류학계에서는 바로 몇 해 전까지도 일본 농림성 제품 가락지를 사용하였다. 그 번호의 새를 날린 경위는 다음과 같다.

새 날린 곳—경성림업시험장

새 날린 날—1963년 6월 7일"

듣고 있던 교수는 돌연 얼굴을 처들었다. 그리고 흥분을 감추지 못할 때만 보이군 하던 투박한 주먹으로 무릎을 내려쳤다.

"그렇단 말이지. 아! 이젠 그 새가 남쪽에까지 뻗어 나갔구나. 그러니 멀지 않아 온 강토에 퍼질 게다."

교수는 확신에 차 있었으나 여전히 근엄한 자세를 그냥 그대로 유지하고 있었다.

자신의 학적 명예 따위는 안중에도 없던 교수였으나 온 나라에 매달아 놓은 인공 새둥지가 은(보람 있는 값이나 결과)을 내자 저으기 만족을 참지 못한다.

그 새가 번식되여 남쪽에까지 퍼졌다는 새 소식은 고령의 교수를 그처럼 흥분시켰던 것이다.

나는 소설과도 같은 이 대목을 원창운이 어떻게 썼을가 싶어 몹시 궁금하였다. 그리하여 그때 그에게 들었던 이야기를 더듬어 보기를 그만두었다.

나는 다시 편지를 읽어 내려갔다.

삼촌!

저는 그때 그야말로 조류학자의 본보기, 애국자로서의 참모습을 비로소 발견하였습니다.

몸소 정성들여 보호 증식한 새가 이 나라 온 강토 그 어디에서나 서식하게 되었다는 사실을 확인하였을 때 그처럼 긍지를 느끼시는 할아버님을 저는 꿈에도 잊을 수 없습니다.

저는 저렇듯 훌륭한 할아버지의 손자로 태여나 대를 잇게 된다는 긍지로 하여 가슴이 벅차오름을 막을 길이 없었습니다.

"애야, 왜 더 읽지 않느냐. 날려 보낸 사람이 있을 텐데."

화다닥 놀란 나는 성급히 통신을 훑어 보았습니다. 통신은 계속되었습니다.

날려 보낸 사람—원병후

종류—Sturnus sturninus(둥지 안의 새끼)

삼촌의 이름이 나오자 할아버님은 비호처럼 다가와 통신을 앗아냈습니다.

"내 그럴 줄 알았다! 아무렴 그 놈인들 왜 그 새에 무심할고!"

할아버님께서 슬하를 떠난 삼촌을 칭찬하는 것을 처음으로 보았습니다.

그때 할아버님께서는 무심결에 책상을 가볍게 두드리시더군요. 아마 그 옛날 어린 삼촌을 품에 안고 도닥여 주시던 그 감정, 그 장단이 간절히 되살아났던가 봅니다.

허나 할아버님의 기쁨은 순간을 넘기지 못하였습니다. 편지마저 띄울 길이 없어 조류계의 국제적 공약을 아들에게조차 전하지 못하는 안타까움을 안고 한동안 묵묵히 창밖을 내다보시더군요.

밖에서는 진눈이 구질구질 내리고 있었습니다. 그러니 할아버님의 마음은 한결 더 무겁고 아팠을 게 아닙니까.

세계가 다 리행하는 국제적 공약이 어찌하여 한강토, 한겨레, 아니 한피줄을 이은 친부자지간에도 이 땅에서는 실현되지 못한단 말입니까!

그날 밤 할머님은 흐느껴 우시더군요. 삼촌이 쓴 책을 보시고도 울지 않던 할머님이 한갖 딱딱한 통신자료에 실린 삼촌의 석 자 이름. 우리 가문과 운명적으로 얽혀져 있는 그 한 마리의 쇠찌르레기가 아들의 이름을 몰고 왔다는 단순한 현실 앞에 부모 없는 손자 여덟 명을 맡아 키우시느라 린색하기 그지없던 할머님도 그 날만은 끝내 자신을 다잡지 못하셨습니다.

"이 녀석아! 왜 가락지에 몇 자 적어서 안서로 띄우지 못했느냐. 그러면 못 쓴다더냐? 아이적 홍역을 앓으면서 이 에미의 속을 지지리도 태우더니 다 자란 지금에도……."

곁에 두지 못한 자식이 얼마나 그리웠으면, 그리고 아픈 사연을 가슴에 묻어 두고 얼마나 심뇌하였으면 할머님이 이 소식 앞에서 삼촌과 이어진 하많은 회고 가운데서 하필이면 애기적 시절을 되새겨 보았겠습니까.

조부모님들에게 있어서 삼촌은 언제나 요람 속의 아가이며, 품 속의 아가로 남아 있었던 것입니다. 피를 나누어 생을 주고 젖을 먹여 자래운 자식이 아닙니까!

삼촌의 가슴에 또 못을 박을 줄 알지만 저는 다시 편지 띄울 기회가 아직은 쉽지 않겠기에 여기서 할아버님의 림종에 대한 이야기를 마저 하지 않을 수가 없습니다. 할아버님의 아들 대신 림종을 맞은 손자로서 응당 전해야 할 의무이기도 하기에 저는 그 소식을 전하지 않고 피할 수가 없구만요.

림종을 사흘 앞둔 날 늦은 아침이였습니다.

병석에 누워 계시던 할아버님께서는 생의 종말을 예견하시였는지 저를 자신의 승용차에 태우고 정든 대학주변을 한 바퀴 천천히 돌더니 모란봉 기슭에서 내리셨습니다. 청암리토성이 뻗어 나간 홍부동 쪽에서 말입니다.

할아버님은 여느 날과 달리 지팽이를 버리시고 대신 저에게 의지하여 포장한 공원길을 따라 최승대가 있는 숲에 이르셨습니다.

숲에는 손수 나무를 타고 올라가 매달아 놓은 해묵은 인공 새둥지로 쫙 덮혀 있었습니다.

할아버님은 아무 말씀도 없이 이제는 퍼그나 탈색된 하나하나의 새둥지를 모조리 올려다보시며 걸어 올라가시는 것이였습니다.

아마 굴곡 많은 인생, 기쁨도 슬픔도 묵묵히 묵삭이시며 걸어온 자신의 발자취를 더듬었을 것입니다.

생의 흔적으로 남아 있는 그 말없는 둥지들과 일일이 심중을 털어 놓기나 하시려는 듯 어떤 둥지 아래에서는 한동안 유심히 올려다보며 서 계시기도 했고 또 어떤 둥지 앞에서는 고개를 끄떡거리기도 하시며 말입니다.

퍼그나 긴 시간을 들여 이렇게 돑으시던 할아버님은 최승대에 오르시여 앉지도 않고 성벽에 기댄 채 먼 남쪽 하늘, 삼촌들이 있을 그 쪽 하늘을 점도록 굽어보시였습니다.

그러시고는 오던 길로 되돌아 또다시 둥지들을 빠짐없이 여겨보시였습니다. 아마 이 시각 둥지들과도 리별의 정을 나누었을 것입니다.

그때는 생각이 짧아 미처 가늠하지 못했지만 그날 할아버님은 삼촌 대신 저에게 둥지를 보시며 마음속으로 가르쳐 주기도 하고 당부하기도 하면서 하나하나 유산으로 넘겨 주시였을 것입니다.

그 보잘나위 없는 새둥지가 무엇이기에 할아버님은 저를 지팽이삼아 의지하고 불과 며칠밖에 남지 않은 여생에서 많은 시간을 떼내여 모란봉에 오르셨겠습니까.

삼촌의 '안서'를 날라온 새가 깃들어 온 모란봉이 아닙니까. 보다는 이 땅에 생을 받은 한 평범한 학자로서 한생을 바쳐 공들여 온 그 귀중한 것들을 후대들에게 고스란히 넘겨 주어야 하겠다는 선배의 의무감에서 그렇게 하였을 것입니다.

림종의 시각이 다가왔습니다.

아들 없는 자리에 손자 여덟 명이 꿇어앉았습니다.

할머님의 부축으로 침대에서 일어나 앉으신 할아버님께서는 마치 점검이나 하듯 손자들을 근엄한 눈길로 굽어보는 것이였습니다.

우리들은 소리 없이 흐느꼈습니다.

아마 할아버님께서는 우리들의 얼굴에서 아들들의 모습을 찾고 있었을 것입니다.

이윽고 '점검'을 마친 할아버님께서는 뒤 번 힘겨운 기침을 하시더니 "울지들 말아! 생물체가 생을 마치는 것은 자연의 범상한 법칙이다!"라고 말씀하시는 게 아니겠습니까.

울음을 삼키던 우리들은 너무도 흔연한 자세로 림종을 맞으시려는 할아버님을 홀린 듯이 쳐다보았습니다. 그 모습은 마치 성현군자의 형상으로 돋보였습니다. 그래서인지 그 말씀이 유언이라고 짐작하면서도 도무지 믿어지지가 않더군요.

"우리 원씨 가문은 조류가의 집안이다. 그러니 이 땅의 모든 숲에 새가 욱실거리도록 만드는 것으로 나라를 떠받드는 기둥이 되어야 한다. 그걸 명심하거라!"

숨쉬기가 가쁘신지 할아버님께서는 잠시 말씀을 끊으시고 또다시 저희들을 둘러보시였습니다.

흐느낌소리가 높아졌습니다.

그러나 할아버님께서는 책망하지 않으셨습니다. 할아버지와 애비 없는 손자들 사이에 이어져 있는 마지막 정을 소중히 간직하시려는지…….

침묵을 지키던 할아버님은 깊은 한숨을 내쉬고서야 할머님을 돌아 보시며 말씀을 이으셨습니다.

"자식들이 부모, 제 새끼를 버리고 달아난 것은 잘못한 짓이요. 그러나 그것은 외세로 인하여 나라의 분단이 빚어낸 비극이 아니겠소. 그러니 자식들이 돌아오면 반갑게 맞아 주오. 그 애들이 보고 싶구려. 그 애들이……."

갑자기 튀여나온 기침이 할아버님의 유언을 중단시켰습니다. 우리들은 안타까와 어쩔 바를 몰랐습니다.

련사흘 우리와 함께 밤을 지새운 의사 선생이 급히 주사를 놓았습니다. 만약 이때 의사 선생이 없었더라면 유언은 여기서 끝났을 것입니다.

주사의 덕으로 할아버님은 다시 말씀을 이으셨습니다. 그러나 목소리는 벌써 심히 갈려 겨우 가려들을 정도였습니다.

"허지만 그 애들이 부모를 찾아올 땐 거저 와서는 안된다고 이르오……."

그때 할아버님은 식어 가는 손으로 저의 손을 더듬어 잡았습니다.

"창운아! 네가 삼촌들에게 전해다오. 그리고 막내, 기둥으로 믿어 왔던 그 놈 병후에게는 조류가의 자식답게 남쪽의 새들을 모조리 연구해야 한다고 해라.

너에게는 내가 다하지 못한 북의 새를 맡긴다. 내가 쓴 책은 60년대 전반기까지에 불과하지 않느냐…….

통일이 되는 날 너와 나 그리고 삼촌이 연구한 것을 합치면 그게 완성된 『조선조류지』가 될 게다.

이것이 민족분단의 고통을 몸으로 체험한 우리 원씨 가문의 3대가 통일의 제단에 올릴 가장 귀한 선물로 되지 않겠느냐.

내 생전에 다 하려고 했는데 나라가 동강나다 보니 다하지 못하고 가는구나. 제일 큰 한이 그것이다. 내 이 소원을 너희들이……."

유언을 마치신 할아버님은 방안의 모든 박제품들과도 정을 나누시듯 둘러보신 다음 편히 누우시더니 이윽고 조용히 눈을 감으시였습니다.

할아버님은 이렇게 운명하시였습니다.

슬하에 둔 자식 다섯 가운데 어느 누구도 앞에 놓지 못하고 말입니다.

장대하던 체구가 시신으로 변하자 갑자기 졸아든 듯 작아 보였습니다. 피부에 남아 있던 마지막 윤기마저 사라졌으나 입언저리에만은 약간의 즙이 남아 있었습니다. 살아 생전에 하고 싶었던 말을 다하지 못하고 떠나가신 듯 입은 약간 벌려져 있었습니다.

세상을 버리시게 되는 이 마당에서 할아버님께서는 하고 싶은 말씀이 왜 그것뿐이였겠습니까!

못다 하신 말씀이 있다면 아마 그것은 분명 단 한 명의 자식이라도 앞에 두지 못하고 떠나가시게 된 그 분단의 슬픔일 것이며 원이라고 저는 짐작합니다.

분계선이 가로막혀 례성강을 건느시려다가 건너가지 못하신 할아버님이 시기에 그 강을 건너올 길 없는 아들들을 기다리지는 않으셨겠지만 그래도 최후의 순간까지라도 아마 그 절박한 기대만은 버릴 수가 없었을 것입니다.

그러니 아들 앞에 남길 유언과 손자에게 할 유언이 어찌 같다고 말할 수 있겠습니까.

허나 할아버님은 끝내 아들 앞에 할 유언만은 남기시지 못한 채 가슴에 품고 가셨습니다.

삼촌!

삼촌은 이 엄연한 현실을 결코 외면할 수 없는 할아버님의 아들입니다. 저 역시 혈육이며 손자이기에 결코 외면할 수 없는 존재입니다.

이제 통일도 멀지 않아 앞날로 보입니다.

통일의 그날, 삼촌은 나서 자란 고향, 항시 쓰린 회오 속에 잊어 본 적이 없는 고향에 달려오게 될 것입니다. 그때 삼촌은 또 하나의 현실 앞에서 가슴을 쥐여뜯을 것입니다.

자식들은 부모를 버리고 갔지만 나라에서는 할아버님의 장례를 사회장으로, 애국렬사들만이 안치되는 릉에서 잠들게 해주시였습니다.

통일의 그날에도 어차피 생존해 계시는 부모님을 만나 볼 수는 없겠지만 영원한 이름으로 남아 있는 부모님들의 넋은 받아 안게 될 것입니다.

평양교외 애국열사릉 대리석 비석에 쪼아 박은 묘비문을 알려드립니다.

원홍길

생물학연구소 소장

박사, 교수, 후보원사(과학발전에 이바지한 우수한 학자에게 주는 명예칭
호로 원사보다 한 급 아래)

3년 후에 할머님도 별세하시였습니다. 할머님의 유해도 생전소원을 헤아려 합장했으며 묘비석 뒷면에 ‘부인 최운숙’ 이라고 새겨 넣었습니다.

나란히 누워 계시는 조부모님들의 이름은 력사와 더불어 영원할 것입니다.

삼촌!

장벽이 허물어지고 끊어졌던 혈맥이 다시 이어지는 그날 삼촌은 유언을 다 못한 할아버님의 떳떳한 아들로 령전에 나타나리라 믿습니다.

그날이 비록 한식이나 추석, 혹은 제사날이 아니라 하더라도 풍속에 어긋난다고 탓할 겨레는 아무도 없을 것입니다.

조상의 품은 언제나 너그러우니까요.

편지를 덮고 난 나는 한동안 얼없이 앉아 있었다.

밤은 사람들의 무거운 마음을 안고 각일각 깊어갔다.

아쉽기는 하지만 더 이어지지 않은 취재수첩도 지금은 덮어 놓을 수밖에 없다.

허나 통일의 려명은 기어이 오고야 말 것이 아니겠는가.

그때면 나도 끝나지 못한 취재를 마치고 빼곡히 채워진 수첩을 펴놓게 될 것이다.

북에 있건, 남에 있건, 해외에 있건 온 겨레가 일일천추로 학수고대하는 그날 독자들은 이 단편소설 「쇠찌르레기」가 아니라 온갖 새들이 수려한 이 땅의 푸르른 숲 속에서 노래하며 속삭일 몇 권의 다부작 장편소설『쇠찌르레기』를 받아 안게 될 것이다.

이것 또한 내가 통일의 축제에 올릴 최대의 선물이 아니겠는가.

나는 그 장편소설을 다시는 이 땅에서 분단의 쓰라린 력사가 되풀이되지 않기를 바라며 세상에 내놓을 것이다.

산제비

리종렬

7월의 거리에는 해빛이 넘치였다. 산들바람이 화려한 거리를 장식한 가로수들이 푸른 잎사귀들을 반짝이며 조용히 설레였다. 넓게 틔여 저 멀리로 뻗은 아스팔트 포도에서는 아지랑이들이 아물아물 피여올라 거기에 흐르는 승용차들이며 전차들이 잔물결 이는 신비한 수면 우로 달리는 듯하였다.

보통문 앞 건늠길로 회색 치마저고리 차림의 한 할머니가 바람에 저고리고름을 날리며 총총히 걸어 건너 천리마거리에 들어섰다. 검버섯이 내돋은 갸름한 얼굴, 서리가 내려 희끗희끗한 머리……. 할머니는 행인들 속을 누비며 허둥지둥 걸어나갔다.

다급한 걸음이였다. 때로는 마주오는 사람과 부딪칠 번도 하고 발을 헛디뎌 비척거리기도 했다.

집에 로부모를 둔 듯한 젊은이들이 걱정스러운 얼굴로 할머니를 돌아보았다.

그들, 젊은이들은 물론 거리로 지나가는 나이 지숙한 사람들도 어느

거리나 마을에서도 흔히 만나 볼 수 있는 이 수수한 할머니가 로시인 박세영의 미망인이라는 것을 몰랐다. 녀인은 명망이 높은 시인의 창작 활동과 사회활동 뒤에 깊이 숨어 있어 그 모색과 이름조차 세상에 전혀 알려지지 않았던 것이다. 그저 가정주부일 따름이었다.

일흔이 썩 넘은 미망인은 오늘도 입맛이 떨어져 조반을 설치고 자리에 편안히 누워 있었는데 넓은 응접실의 유방고성기에서 갑자기 방송원의 격정에 넘친 목소리가 울려 나왔다.

"시민 여러분!……. 시민 여러분……."

처음에는 어느 발전소나 련합기업소가 조업한 흔히 있는 소식인가 싶어 무심히 들었는데 시민 여러분을 거듭 찾자 귀를 기울였다. 제13차 세계청년학생축전에 참가하기 위하여 서울을 떠난 무슨 대표가 방금 전에 평양에 도착했다고 하며 열렬히 환영하자고 호소했다.

김숙화는 어떻게 자리에서 일어났는지 몰랐다. 가슴이 쿵쿵 뛰고 귀 안에서 회오리바람소리가 윙윙거려 고성기소리가 똑똑히 들리지 않았다. 그는 허둥지둥 응접실로 나가 고성기에 다가갔다. 고성기에서는 방송원의 목소리가 아니고 통일이냐 분렬이냐 하는 노래가 터져 나오고 있었다. 문득 잘못 들은 것이 아닌가, 꿈이 아닌가 싶은 의혹이 엄습해 들었다. 누구한테나 물어 보고 싶었지만 식구들은 다 직장이나 학교에 나가고 집이 텅 비여 있었다. 그는 옆집에나 밖에 나가 물어 보면 인차 알 수 있는데도 머리가 돌아가지 않아 속만 달아올라서 응접실 안을 맴 돌다가 라디오도 틀어 놓고 텔레비죤도 켜 보다가 다시 고성기 앞에 앉아서 또 무슨 소리가 나오지 않나 기다렸다. 시간이 얼마나 지났던지 갑자기 바깥 층계 쪽에서 발자욱소리가 울리고 창문 밖에서 젊은이들이 왁짝 떠들어댔다.

"몇 명인가?"

"한 명이래."

"아니 여러 명이라던데……."

"개선문광장을 지나는 걸 본 동무한테 들었어. 한 명이야. 서독을 거쳐 왔다누만."

"서독?"

"고려호텔에 든다누만. 모두 보자구 거기로 밀려가."

"가자구, 가 보자구!"

김숙화는 창문을 열었다. 벌써 두 청년은 아파트 모퉁이를 날 듯이 돌아가고 있었다. 문득 남편 생각이, 오늘을 보지 못하고 작고한 그이 생각이 가슴을 저릿하게 파고들었다.

김숙화한테는 웬일인지 서울서 왔다는 그 대표가 고령의 무게 있는 저명인사로 안겨 왔다. 뒤따라 김구 선생이나 려운형 선생과 비슷한 용모가 떠오르는 것이었다.

그는 안방으로 들어가 후들후들 떨며 나들이 옷을 갈아입었다. 가자. 고려호텔로 가자. 가서 인사드리며 혹시 『새누리』, 『별나라』의 염군사, 카프시절의 청년시인 박세영을 아는 분인지도 몰라. 혹시 문예에 조예가 깊은 분이면 만사람을 제쳐놓고 나하고 회포를 나누며 감회의 눈물에 젖어 「로화」랑 읊어 보일지도 몰라…….

맑은 물에 발 잠그고 사랑을 속삭이며
우리의 사랑은 딸기같이 열정이라던
"로화" 그대는 내 사랑이였다…….

거리에는 이전보다 행인들이 퍽 적어 보였다. 모두 소식을 듣고 고려호텔 쪽에서 밀려갔는지, 김숙화는 서울대표를 못 볼 것 같은 조바심에 걸음을 다그쳤다.

숨이 턱에 닿아 헐썩거리며 활개를 젓는데 웬 처녀들 세넷이 옆으로 달려 지나가며 쟁쟁하게 떠들어댔다.

"이름이 뭐라구?"

"림, 림숙경인가 수경이래. 서울 외국어대학 4학년생 21살인가 22살이구."

"아니 고런 처녀가……."

"완전히 미인이래."

김숙화는 걸음을 늦추며 단숨을 헐헐 몰아쉬였다. 서울대표가 그런 애어린 처녀인가.

갑자기 지진이 이는 듯 포도바닥이 움씰거리는 듯한 환각과 함께 현기증이 치밀었다. 너무 다급한 걸음에 혈압이 또 어떻게 되는 것 같았다.

그는 숨을 좀 돌리고 싶어 가로수 그늘 밑으로 가서 잔디밭에 맥없이 주저앉았다.

그때 뒤쪽에서 웬 녀인이 새된 부르짖음소리가 달려왔다. 이윽고 며느리가 달려와 덮치듯이 두 팔을 붙잡았다.

"할머니, 할머니 왜 속상하게 굴어요!"

빨갛게 익은 며느리의 얼굴에 땀줄기가 번들거린다.

"편치 않은 몸에 어디로 간다고 이렇게 나섰어요? 집에 와 보니 계시지 않겠어요. 그냥 찾아 돌아다녔어요. 이웃에서 대주지 않았다면, 아이, 속상해. 담당의사도 얼마나 권유했나요, 집에서 가만히 안정하라고."

"서울대표가 온 걸 아느냐?"

"대표가 처녀라든 게 사실이냐?"

"몰라요. 돌아가자요."

"아가야, 너한테 효성이라는 게 꼬물만치라도 있으면, 애야 날 좀 거기까지 데려다 주렴아. 그 기특한 처녀, 고향처녀를 만나야겠다."

"정 원하시면 저한테 업히세요. 하지만 가야 못 봐요. 거기서 온 사람 말이 사람들이 밀려들어 인산인해래요. 막 밀고들어 수라장이래요. 타고 온 승용차가 오그라졌대요."

김숙화는 며느리의 무던하고 매사에 정직한 성품을 잘 알고 있었다. 그러나 오늘만은 자기를 달래자고 깜찍스레 거짓말을 꾸며대는 것 같아 노여움이 들었다. 그는 입술을 고집스럽게 다물고 응대를 안 했다.

며느리의 목소리가 부드러워졌다.

"할머니 이제 테레비에 방영한대요. 하루종일, 편안히 척 앉아 구경하면 더 좋지 않아요? 돌아가자요, 할머니. 자 일어나자요. 하나, 둘, 셋."

며느리의 팔 힘에 못 이겨 쳐들리우자 할머니는 서러움이 북받쳤다. 며느리들이란 다 이런 것들인가. 령감이 없으니 세상에 자기 마음을 알아줄 데가 없는 것 같았다.

시인은 별세했지만 그의 서재는 생전의 모양과 질서를 고스란히 간직하고 있었다.

채광이 잘 드는 넓은 창문에 드리운 색갈 연한 창가림, 창턱과 그 밑에 주런히 놓인 갖가지 희귀한 화분들, 한 쪽 벽을 채운 서가의 희서들과 옥편, 사전, 시인 자신의 시선집과 시집들, 여러 세대의 작가들로부터 기증받은 책들…… 안쪽 벽에 걸린 고색이 짙은 풍경화, 구석 쪽 받침대 우에 불후의 색조와 곡선미를 자랑하며 서 있는 청자기 꽃병, 고즈넉한 정숙, 벽에 배여 연하게 풍겨 나오는 담배냄새…….

모든 것이 예전 그대로인데 없는 것은 시인뿐이다. 그 허무의 공간을 의식하는 순간마다 이 아담한 서재가 시인이 벗어 놓고 떠나간 싸늘한 허울처럼 느껴지군 한다.

며느리한테 부축되여 댁으로 돌아온 미망인은 안방 아래목에 한 시간 남짓 죽은 듯이 누워 있다가 가슴이 좀 진정되고 노여움도 사그라져 서재로 올라왔다.

그는 창 곁의 안락의자에 앉아 구슬픈 눈매로 방안을 둘러보았다. 손때 묻은 책들도 책상 우의 필통도 탁상들도 잉크단지도 모든 것이 시간의 정지 속에 얼어붙은 듯 이전 자리에 그대로 놓여 있다.

어찌 보면 그것들은 숨을 죽이고 아직도 이 방안에 여운으로 흐르는 듯한 시인의 발자욱소리며 기침소리, 펜이 달리는 소리, 바둑 노는 소리를 여겨듣는 것 같다.

미망인은 문득 체소하고 당차게 생긴 그이가 갑삭한(좀 가벼운 듯한) 걸음으로 방에 들어서며 시원한 랭수를 찾는 것 같아 저도 모르게 사이 문 쪽으로 눈길을 돌렸다. 그러나 거기에는 그림자 한 점 어른거리지 않는다.

갑자기 그는 두 손으로 얼굴을 가리우고 소리 없이 울었다.

"여보, 여보, 어째 오늘을 보지 못하고 갔어요. 평양에 서울처녀가 왔어요. 당신 그처럼 바라던 통일이……. 통일의 문이 빠끔히 열린 것 같아요. 아. 지금 당신이 계신다면……. 여보! 여보!"

가슴에 피눈물을 떨구며 부르나 아무런 응대도 없다. 방안은 깊은 바다물 속처럼 괴괴하고 어둑해지는 듯했다.

한때 이 방은 얼마나 떠들썩했으며 얼마나 밝은 웃음소리로 흥성거렸던가.

설 명절마다 송영, 엄흥섭, 박태원, 리용악, 박산운, 김순석 등 유명짜한 작가들이 모여들어 큼직큼직한 유리잔들로 축배의 술을 들며 서로 창작성과와 무병장수를 축수했으며 취흥에 거나해지면 시를 읊고 노래까지 불렀었지……. 이 주부는 기쁨에 들떠 피곤도 모르고 안주접시들을 날아들이고……. 향긋한 술냄새와 담배연기 속에서 손님들이 주부가 노래를 불러야 한다고 떠들면 아, 얼마나 수줍고 행복했던가……. 좀 섭섭한 일이 있었다면 민촌 선생이 늘 오시지 않은 일뿐. 자택에 원님처럼 틀고 앉아 좀처럼 남의 집을 찾지 않는 성미인 그이는 채취공업기술자인 아들을 보내여 시인에게 세배하게 함으로써 설 인사를 차렸다.

설날의 손님들은 웃고 떠들고 노래부르지만 않았다. 밤이 깊어 성에 긴 창문 유리에 검푸른 어둠이 비끼면 어느덧 모두 명상에 잠겨 서울과 남녘 여러 지방의 옛 문우들을 추억했으며 그들은 지금 어떻게 설을 쇠는가, 무슨 술을 마시는가, 거기서도 이 순간 우리를 추억해 주는 친구들이 있을가, 술에 만취되여 을지로나 명동 어디에 쓰러진 친구는 없을가 하고 이야기들을 하였다. 그러다가 북남의 문학이 작품의 소재와 주제, 쓰는 방법도 날이 갈수록 달라져 점점 이질화된다고 침울한 안색으로 통탄했다. 이럴 때면 한때 서울의 전위시인이였다는 박산운이 인상적이였다. 그는 술을 쭉 들고 상을 내리치며 한숨만 짓지 말고 모두 건재해서 통일을 위해 싸우자, 통일이 되면 통일문학을 건설하자고 기염을 토했고 듣는 이들의 눈에는 물기가 번쩍이였다.

손님들은 낮에도 밤에도 무시로 찾아들었다. 지금은 중견시인들로 된 이들이 20대에는 이 방으로 조심스럽게 찾아들어와 창작시를 지도 받았다. 박세영은 '서정이 없는 시는 죽은 시다, 서정은 시의 생명력이다, 이 세상 모든 사람들의 목소리가 다른 것처럼 시인의 목소리는 개성적이고 특색이 있어야 한다, 자기 개성을 날카롭게 벼러라, 시어를 탁마하라.'고 늘 젊은이들에게 강조하였다. 한 시인은 졸렬한 서정시, 서정이 없는 메마른 구호시 때문에 호된 비난을 받고 그것이 납득이 안 되고, 모욕으로, 인신공격으로 느껴져 현관을 나서며 다시는 이 집에 발길을 돌리지 않겠다고 했다. 박세영은 소리쳤다. 리성이 허약한 저런 놈은 시인이 못 된다고…… . 그리고는 인차 성이 누그러져 자존심을 보면 뭐가 되긴 될 것 같은데 하고 빙그레 웃었다. 이 방에서 문학론쟁은 얼마나 많았던가. 참 떠들썩한 시절이였지. 그 시절에 이 방은 사색의 방, 론쟁의 방, 탐구의 방, 문우들의 우정이 깊어지는 방이기도 했다.

남조선에서 무슨 충격적인 사변이 생기면 시인은 잠자지 못했다. 전혀 진정을 못하고 방안을 서성거리다가 원고지 우에 펜을 달리는가 하면 얼굴빛이 거멓게 질리고 입술이 까칠하게 말라들어 끙끙 갑자르며 붓방아만 찧었다. 조심스럽게 서재로 들어가 어서 쉬라고 하면 펜을 내던지고 돌아앉아 자기불만을 하소연처럼 토로했다. 어떤 때는 자신이

아니라 제3자에 대한 비난투로 혹은 3자의 입장에서 자기를 가혹하게
깎아내리는 것이었다. "시인 박세영은 없어졌어, '별나라'시절의 박세
영이 아니야. 로둔해졌어. 심장이, 감각이, 배꼽에 기름이 지자 안일해
지고 무사태평해져 둔한 고기덩어리가 됐어 젠장, 압제가 있고 감옥이
기다리고 배를 곯아야 감각, 심장이 예민해지는가. 울분 속에서만 시정
이 터져오르는가. 압제와 가난만이 량심과 정의, 시정의 토양인가." 시
인은 늘 자기불만에 차 있었고 곁에서 누가 괜찮은 시를 쓰면 자기한테
는 그만한 시가 없는 듯 몹시 부러워했다. 나타내지는 않지만 속으로는
약간 질투도 하는 것 같았다.

자기불만은 절대 이 방에서 새겨지지 않았다. 며칠 모대기다가는 어
느 아침 갑자기 행장을 꾸려가지고 개성으로, 개풍과 장풍지방으로 달
려나가 남녘 땅을 지척에서 바라보며 시상을 잡으려고 애썼다. 서울 하
늘을 바라보자고 송악산에 오른 것은 여러 번이였다. 그렇게 하여 쓴
것이「그립다, 서울은 내 고향」,「어머니이시여, 통곡을 그치시라」,「다
시 돌아와 보고 가라」등 수십 편의 서정시들이다. 그는 이 시들을 개성
의 '시인의 밤'과 분계선 연선 농민들 앞에서 읊어 만사람의 가슴에 통
일념원이 식지 않고 설설 끓어번지게 했다. 그리고는 이 방에서 송영을
맞아들여 평온한 얼굴로 바둑을 두는 것이였다.

누구누구해도 이 방의 단골손님은 극작가 송영이였다. 서울 배재고
보의 한 학급에서 공부하며 맺어진 그이들의 우정은 반세기가 넘도록
금이 갈 줄 모르고 깊어만 져 머리에 인생의 서리가 하얗게 내려도 10
대의 시절처럼 야자하며 너나들이로 지내고 서로 진정에 넘친 고무와
격려와 비판으로서 도와 참사랑, 참문학의 원숙기에 손잡고 가지런히
들어서는 것이였다. 두 분의 우정은 공화국의 문예계에 유명해져 어느
설 명절을 앞두고 한 화가는 커다란 재털이 속에 마주앉아 담배를 피우
는 그들을 만화로 그려 문학신문에 싣기까지 했다. 그 희한한 우정은
실로 많은 일화를 남겼다.

송영이 유쾌한 익살의 '대가'라면 박세영은 건망증의 '대가'였다.

어느 날 두 사람이 거리를 산책했는데 시인이 한 리발관 앞에서 송영에게 여기서 좀 기다려 달라 하고는 리발관으로 들어갔다. 마침 안에는 손님이 없었다. 그러자 시인은 밖에 송영이 서 있다는 것은 까마득히 잊고 리발의자에 편안히 앉아 리발을 했다. 송영은 밖에서 아무리 기다려도 벗이 나오지 않아 리발관으로 들어가 보았다. 그때 시인은 얼굴에 비누거품이 잔뜩 칠해져 있었는데 앞 거울에 비친 벗을 보더니 빙긋이 웃으며 오래간만일세. 어디서 오는 길인가. 자네도 리발을 하자고 왔나 했다는 것이다.

이 방에서 그들은 신중한 얼굴로 마주앉아 작품토론도 했고 밤늦도록 바둑을 두기도 했는데 언제 봐야 송영은 왼쪽 입귀에 상아물부리를 느슨하게 물고 있었다. 거기에 담배가치가 꽂혀 있을 때도 있고 없을 때도 있었다. 어느 해 8·15에는 둘이 마주앉아 맥주를 들며 배재고보의 동창들인 라도향, 리상화, 김소월을 추억하다가 재사박명이라고 한숨 지었고 서울의 문단 형편에 대하여 오래동안 이야기했다. 그러다가 임자나 나나 빨리 죽지 말고 오래 살아 조국통일을 보자고 하며 껄껄 웃었다. 웃음 속에 진심이 토로되였다.

시인은 정말 통일을 보기 위해 오래 살려고 애썼다. 완강한 의지로 섭생을 잘해 나갔다. 그처럼 즐기는 술담배도 애써 조심해 과음하거나 과식하는 일이 전혀 없었고 흡연도 알맞춤하게 했다.

환갑이 지난 다음에도 아침 일찍 일어나 이를 닦고 세수를 하고 땀이 약간 내밸 때까지 보통강 유보도(유원지에 만들어진 산책길)를 따라 달리기를 했다. 그 일과는 여름이나 겨울이나 시계처럼 정확히 지켜졌다.

그 년세에 찬바람을 맞으며 달리기가 싫지 않느냐고 물으면 통일을 봐야 될 거 아니요 하고 웃었다.

세월은 빨리도 흘렀다.

고령의 홍명희 선생이 먼저 별세하더니 송영을 비롯한 오랜 문우들이 차례로 세상을 떠났는데 그들이 남긴 유언과 유서들에는 조국통일을 보지 못하고 가는 절통한 심정이 눈물겹도록 차 넘치였다.

시인의 생활에 갑자기 변화가 왔다.

우선 아침달리기를 그만두었다. 아침체조도 이따금 소창을 열어 놓고 방안에서만 했다.

왜 그만두었느냐고 물으니 그처럼 통을 즐기던 이가 침통한 얼굴에 쓸쓸한 미소를 지었다.

"남들이 웃지 않겠어. 다 가고 혼자 남았는데 아직도 더 살고파 이 악을 부린다고. 어떤 땐 남들의 나이를 도적질해 가져서 이렇게 오래 사는 것 같아 좀 면구스럽거든."

"통일을 보지 않겠어요. 기다리고 기다려 온 통일인데……."

"통일이라……. 통일이야 봐야지……."

1987년 7월 7일, 탄생 85돐이 되는 날이 다가오자 시인은 한 일 없이 너무 오래 산 것이 창피하다고 생일을 절대 쇠지 않겠다고 했다.

그러나 당에서는 생일잔치상을 차려 보내고 애국가의 가사시인이며 한평생 1800여 편의 서정시, 서사시, 가사, 동요, 동시를 창작하여 민족문화 발전에 거대한 기여를 한 로시인의 생일을 성대히 쇠도록 배려 하였다.

로시인은 그 생일잔치상 앞에서 자신의 인생총화와 소감, 결의를 담담한 목소리로 피력했다. 그리고 이 자리에 남녘의 친척들과 문우들이 없는 것이 못내 섭섭하다고 하며 갑자기 떨리는 목소리로, 때문에 우리의 명절, 우리의 기쁨에는 언제나 그늘이 진다. 어서 조국통일을 이룩하여 이 그늘을 가셔내자고 했을 때 일가친척들이며, 래빈들 모두가 가슴들이 후더워졌다.

작년부터 시인은 시름시름 앓다가 아주 자리에 눕게 되였다. 처음에는 그저 로환이려니 생각했는데 거듭된 진찰과정에 불치의 병, 방광암이라는 것이 판명되였다. 그것은 시인에게 가해진 최대의 정신적 타격이였다.

그 후 시인의 건강은 가속도로 파괴되였다.

금년 설날 시인은 아들에게 부축되여 신년사를 듣다가 조국통일문제를 협상하기 위하여 남조선의 정계, 사회계, 종교계 인사들을 평양에 초청한다는 대목이 끝나자 한 손으로 눈을 싸쥐였다. 어깨가 물결쳤다. 조용한 흐느낌…….

"애들아, 민촌이, 송영이 보지 못하고 간·통일이, 통일이 오는구나!"

그날 밤 시인은 의식을 잃었다. 혼수상태에 빠졌다. 입밖에 내지는 않았지만 분단의 캄캄한 장벽 우에 아름다운 모습을 눈부시게 드러내기 시작한 통일을(말년의 그한테는 통일이 그 어떤 정치적 개념이 아니라 아름다운 녀인의 모습으로 인격화되여 있었다) 병마 때문에 안아 보지 못하고 가게 되였다는 절망감이 환자를 쓰러뜨린 것 같았다.

미망인의 추억은 끝이 없었다.

일가친척들은 물론 문예계와 사회계, 유명무실의 인사들이 문병하려 이 방으로 찾아들었지…….

림종을 며칠 앞둔 어느 날 밤, 이 방에는 일가친척들이 빙 둘러앉아 운명해 가는 그이를 지켜보고 있었다. 마음 여린 며느리와 딸의 눈에는 벌써 눈물이 가랑가랑 맺혔다.

숨결이 쇠잔해지던 환자가 갑자기 눈을 뜨더니 둘러앉은 사람들을 하나하나 쳐다보다가 피기 가신 가냘픈 손을 내밀어 극진히 사랑했던 며느리의 손등을 쓸어만지고 키를 낮추는 손자의 머리를 쓰다듬었다.

"왜들 이렇게 모여 앉았나? 아직은 일러. 멀었어." 그리고는 안해를 빤히 지켜보았다. 단둘이 하고 싶은 이야기가 있는 듯. 그 눈치를 인차 알아차리고 아들이 자리를 뜨자 며느리와 손자, 친척들이 이 방에서 나가 주었다.

안해는 가슴 우에 놓인 남편의 손을 두 손으로 싸쥐고 얼굴을 가까이 가져갔다.

그이는 안해의 백설 같은 귀밑머리를 지켜보았다.

"칠흑 같던 머리가 이 지경이 됐으니. 고생이, 맘고생이, 마감에는 간호원 노릇까지??"

"여보!"

안해는 허물어지듯 그이의 가슴에 얼굴을 묻고 흐느껴 울었다.

"울지 마, 울지 말아요. 애들이 듣겠소. 시인은 죽지 않아. 사람들 가슴에 심어 준 시정 속에 영생한다지 않아. 박세영이도 재주는 적지만 시인은 시인이였으니까. 영생은 못 해도??"

안해는 얼굴을 들고 눈물을 훔치고는 애정이 끓는 눈매로 남편을 굽어보았다.

그이는 평소에 통말할 때처럼 눈을 총명하게 빛내이며 입가에 알릴 듯 말 듯 미소를 그리였다.

"나는 말이여, 환생이라는 게 있다면 저 산제비가 되고퍼. 산제비."

실성하여 하는 소리 같았다.

"예?"

"그러면 훨훨 날아다니며 서울에도 가 여기 소식이랑 전하고. 사람들을 통일에로 부르고."

"산제비가 좋아요?"

"그럼. 아, 그게 언제였던가?"

시인은 아득한 추억을 더듬는 듯 실눈을 짓고 무엇인가 골똘히 생각했다.

"아마, 34년 봄이나 여름이였어. 감옥살이를 하고 나서 몸이 말이 아니였지."

그 무슨 힘 때문인가 그이의 눈앞에 50여 전 일이 생생하게 떠오르는 듯하였다.

"몸을 추켜세워 또 시를 써야 했어. 그래 충청북도 보은에서 병원을 경영하는 친구를 찾아갔지. 좋은 친구였어…… 그 친구 도움으로 하루는 충청도 명승인 속리산 문장대라는 데 올라가 아침 해돋이를 구경하는데 무엇이 옆으로 휙 날아지나지 않겠어. 산제비야 산제비. 눈부신 해빛 속에서 깃을 퍼덕이며 아득히 솟구쳤다가 돌멩이처럼 날아 떨어지기도 하고 거침 없이 휙— 휙— 날아 도는 그 새가 정말 부러웠어. 병약하고 의기도 저상했던 나한테는 그 산제비의 기상, 용맹이 못 견디게 부러웠어."

그것도 이전에도 여러 번 한 이야기였다.

그러나 건망증이 심한 시인은 그것을 전혀 느끼지 못하는 듯, 안해도 그런 내색은 보이지 않고 심취해서 들었다. 림종이 다가오고 있는 이 시각 그 이야기에서 남편의 한생을 움직인 심혼의 비밀을 엿보는 것 같아서였다.

"여보, 읽어드릴까요? 저기 「산제비」가 있어요."

시인은 눈을 명상적으로 내리감았다.

안해는 서가에서 『박세영시선집』을 들고와 펼쳐 들고 조용히 시줄을 읽어 내려갔다.

남국에서 왔나
북국에서 왔나
산에도 상상봉
더 오를 수 없는 곳에
깃들인 새

너희야말로 자유의 화신 같구나
너희 몸을 붙들자 누구냐
너희 몸에 알은 체 할 자 누구냐
너희야말로 하늘이 네 것이요
대지가 네 것 같구나

……

나는 차라리 너희들같이

날개라도 펴 보고 싶구나

한숨에 내닫고 단숨에 솟치여

너희같이 돼보고 싶구나

……

산제비야 날아라

화살같이 날아라

구름을 휘정거리고 안개를 헤쳐라

……

억양의 고저도 없는 매우 서툰 랑독이나 시인은 거기서 최대의 위안을 받고 있는 듯 얼굴에 평온한 안정이 깃들었다. 단지 눈꼬리의 주름살에 투명한 이슬이 맺힐 뿐…….

창문으로 흘러드는 부드러운 해빛이 미망인의 무릎을 따스하게 감싸고 있었다.

김숙화가 손바닥으로 볼을 적신 눈물을 닦는데 며느리가 유리사발에 과일물을 담아 가지고 들어왔다.

"할머니 드세요. 막 시원해요."

"거기 아무데나 놓아라." 그는 쌀쌀하게 일렀다.

며느리는 무슨 뜻인지 방긋 웃어 보이고는 유리사발을 원탁 우에 놓고 나갔다.

김숙화는 생각 깊은 눈길로 며느리의 뒤모습을 지켜보았다. 그처럼 살뜰하고 다감다정한 며느리가 속마음을 도무지 알 수 없는 남처럼 문득 느껴져서였다.

그러나 인차 다른 생각이 들었다. 저것들 마음이 우리하고 같을 수야 없지.

분단의 아픔을 한평생 피눈물로 체험한 우리 늙은 것들하고야 다를 테지. 그는 조용히 한숨을 내쉬며 쓸쓸한 미소를 머금었다. 체념의 미소였다.

평양은 제13차 세계청년학생축전과 남녘 백만학도들의 사절 림수경에 대한 환영으로 련일 들끓었다.

집안에서는 매일 림수경에 대한 화제뿐이었다. 그러나 할머니한테는 아들과 며느리를 비롯한 식구들이 그저 놀라운 소식으로 이야기하는 것만 같아 속이 공연히 언짢아졌다.

그는 이전처럼 내내 자리에 누워 있지 못하고 일찌기 일어나 세수를 한 다음 고집스럽게 입을 다물고 기색이 표표해서 화분에 물을 주는가 하면 응접실 마루까지 닦았다. 남편과 그의 문우들의 심정을 대신하여 티끌만치라도 보탬이 되는 일을 하고 싶어서였다.

그는 돋보기를 끼고 림수경에게 편지를 써보내는가 하면 노상 땀을 흘리는 처녀한테 주겠다고 의농에서 흰 천을 꺼내 손수건도 말아 보는 것이었다. 아들과 며느리는 로망으로 여기는 셈인지 도와 주지도 않아 말리지도 않았다. 그는 허리가 아파 자리에 누웠다가도 서울처녀가 텔레비죤 화면에 나타나면 며느리나 손자한테 부축되여 응접실로 나왔다.

할머니는 먼저 간 남편과 그의 문우들이 꿈에도 잊지 못한 소원, 숨지면서도 절규한 통일, 통일의 날이 눈앞에 다가왔다고 믿었다. 그래서 마음이 즐거우면서 그만큼 슬픔이 더해져 노상 눈물을 훔치면서 텔레비죤 앞에 앉아 있었다. 그는 애정어린 눈매로 서울처녀를 바라보다가는 소행이 너무 기특하고 대견스러워 혀를 차기도 하고 갖가지 찬사를 아끼지 않았다. 처녀가 수수하면서도 잘 생겼다고, 연설을 막힘 없이 척척 잘한다고, 조선치마 저고리를 입으니 더 산뜻하고 고와 보인다고, 할머니한테 림수경이 벌써 자기 손녀처럼 여겨졌다.

그래서 내내 처녀 곁에 있으면서 그를 보살펴 주는 심정이였다. 어떤 때는 기자들이 너무 매달린다고 나무람하고 너무 많이 연설하고 조국 통일 구호를 불러 목이 쉬겠다고 걱정하는가 하면 처녀를 너무 걷기운다고, 자기가 몸만 성하면 내내 업고 다니겠노라고 했다. 그러다가 텔레비죤에서 곳곳의 집회들에서 연설하는 장면만 비치니 낯색이 흐려져 어째 식사는 안 시키는가고 거듭 잔소리를 했다. 곁에 앉은 며느리가 듣다못해 말했다.

"화면에 비치지 않아 그렇지 어째 식사를 안 시키겠어요. 보살펴 주는 일군들이 따라다니겠는데, 걱정말아요."

"너는 그렇게 마음이 편해서 좋겠다."

림수경이 평양을 떠나는 날은 날씨마저 흐릿했다.

할머니는 나들이 옷차림으로 단장하고 며느리 몰래 집을 나섰다. 자기가 나가지 않으면 환송사업에 구멍이 생기고 림수경이도 섭섭해 할 것 같아서였다.

림수경이 지나가게 될 거리는 어디나 인산인해였다. 서울처녀의 손이라고 꼭 잡아 봐야 하겠다고 마음먹은 할머니는 사람들이 적은 데를 찾아 이리저리 헤메다가 전차를 타고 시가중심을 빠져 나가 충성의 다리 앞 대통로로 갔다.

거기에는 사람이 비교적 적은 것 같았는데 국제평화대행진대가 지나갈 시간이 박두하자 어디서 밀려드는지 대통로의 량 옆에 사람들이 빽빽이 밀려들어 물결치듯 설레이며 술렁댔다. 가로수들의 밑, 아파트들의 베란다, 지붕, 공중다리, 어디에나 사람, 사람, 사람들이였다. 모두 하나같이 림수경에 대한 화제로 웅성거렸다.

처녀가 판문점을 통과하는 것이 위험하지 않는가. 남측에서 받아 주겠는가. 차라리 평양에서 그냥 공부를 시키는 것이 나을 텐데 어째 보내는가. 떠드는 소리, 호각소리, 누구를 찾는 소리. 저 아래쪽에 승용차의 경적소리 같은 것만 울려도 사람들은 대통로로 왁 밀려 나오고 질서유지 대원들은 두 팔을 벌리고 그들을 뒤로 떠밀면서 소리소리 질렀다.

들어서라고, 사고가 난다고, 사람들은 주춤주춤 물러서면서도 진정 못하고 공연히 붐비며 설레였다. 군중들 속에는 막을 수 없는 열기가 팽배하여 폭발 직전에 이른 것 같았다.

김숙화 할머니는 온몸이 땀에 젖어 모두 제정신이 아닌 것 같은 사람들한테 이리저리 떠밀리다가 어디 좀 나은 자리가 없나 싶어 고개를 쳐들고 두리번거리였다. 그때 누군가의 따뜻한 손이 팔목을 덥석 잡더니 옆으로 끌었다. 환한 옷차림의 젊은 녀인이였다. 무척 낯익은 얼굴이다. 그는 며느리를 알아본 순간 놀라서 멎어 섰다.

"너도 나왔냐?"

"아이 속상해. 어째 알리지도 않고. 온 거리를 찾아 헤맸어요!"

발갛게 탄 며느리의 얼굴에는 땀이 번들거렸다. 흘러내린 머리칼 몇 오리가 이마에 붙었다.

"아가야"

"가자요. 빨리 가자요. 저기 좋은 자리가 있어요!"

며느리는 다짜고짜로 그의 손목을 잡아끌며 설레이는 사람들 속을 비집고 나갔다.

김숙화는 웬일인지 설음(설움) 같은 것이 터져 올라 목이 메면서 걸음이 제대로 되지 않았다.

'너도 마음이 같구나. 통일을 바라는 마음에 높낮이가 있을 수 없지.'

할머니는 자기도, 며느리도 그리고 몇 시간 전부터 여기 나와 기다리고 있는 이 수십만의 사람들도 모두 한결같은 심정일 것이라고 생각하니 가슴이 벅차오르고 눈굽이 저려 왔다. 이렇게 마음들이 한결같은데 통일이 안되겠느냐.

갑자기 아래쪽에서 환성이 터져 올랐다. 뒤따라 승용차들의 경적소리, 징소리, 나팔소리, 열풍 같은 기운이 파도쳐 왔다. 숨이 막혔다. 사람들은 목이 터지게 만세를 부르며 앞으로 밀려 나갔다.

김숙화는 며느리의 손에서 빠져나와 정신없이 대통로 복판으로 뛰여

나갔다. 그는 마주오는 선두차를 향해 손을 흔들고 발을 구르며 피타는 소리로 부르짖었다.

“수경야— 애야— 수경아— 장하다. 손녀야—.”

터져 오르는 환호성 속에 선두차가 서서히 멎어 서자 사람들이 미친 듯이 달려나가 다음 차, 림수경이 탄 무개차를 에워싸고 팔이나 옷깃이라도 만져 보자고 손을 쳐들고 흔들어대였다.

“수경아!”

“수경아!”

“내 딸아!”

목멘 부르짖음소리, 울음소리, 흐느낌소리, 웃음소리, 림수경은 한 손으로 머리칼을 쓸어올리고 격정에 넘친 얼굴로 사람들을 둘러보며 눈물을 삼킨다.

“여러분! 평양시민 여러분! 안녕히, 안녕히 계십시요!”

“수경아!”

김숙화는 두 팔을 높이 쳐들어 흔들며 허둥지둥 달려나가 사람들 속을 비집고 들어갔다.

“수경아!”

그 순간 누구인가 할머니의 다리를 안아 억척 같은 기운으로 추켜 올렸다.

“수경이, 수경이— 이 할머니를 봐요. 박— 세— 영— 시인의 안해야—.”

물결치는 사람들의 머리와 손들 우에 우뚝 솟아오른 김숙화는 밑에서 울리는 며느리의 부르짖음소리를 어렴풋이 들으며 림수경을 향해 두 팔을 뻗치였다.

림수경이도 그 소리를 알아들었는지 허리를 굽히고 한 팔을 한껏 내뻗쳐 할머니의 손끝을 잡았다. 처녀의 손은 불덩이 같았다. 그 손으로 혈육의 정이 흘러들어 가슴을 뜨겁게 쳤다.

"할머님! 할머님! 안녕히 계세요!"

"수경아 애야—."

할머니는 더 말을 잇지 못하고 얼굴을 이그러뜨리며 끅끅 흐느껴 울었다. 눈앞에서 희부연 안개가 소용돌이칠 뿐 아무것도 보이지 않았다. 그 다음에는 무슨 일이 있었는지 알지 못했다.

대통로를 가득 메운 사람들은 앞으로 밀려 나가며 손을 흔들고 함성을 터뜨렸다.

"잘 가라—."

"여— 잘 가라—."

할머니는 사람들의 물결에 떠밀려 주춤주춤 걸어 나가다가 저 멀리 인파 우에 언뜻거리는 림수경의 모습을 밝은 얼굴로 지켜보았다.

너희야말로 자유의 화신 같구나
너희 몸을 붙들자 누구냐
……
너희야말로 하늘이 네 것이요
대지가 네 것 같구나

산제비야 날아라
화살같이 날아라
구름을 휘정거리고 안개를 헤쳐라.

상봉

남대현

    번잡한 시내를 벗어나 승용차가 대동강을 따라 뻗어 있는 휘넓은 고속도로로 접어들기 바쁘게 뒤좌석에 몸을 깊숙이 파묻은 재호는 다시금 입 속으로 되내여 보았다.

    '송영태라……'

    역시 기억에 떠오르는 이름이 아닌 것은 물론 어떤 인연이 있는 사람도 아니였다. 그렇다고 그와 비슷한 이름이 짚이는 것도 아니였다. 그런데도 왜서인지 이 이름만은 처음 알게 된 그 순간부터 노상 머리 속에 맴돌이치면서 사라지지 않는 것이였다. 사라지기는커녕 취재를 다닐 때나 바쁜 원고에 쫓기우다가도 잠시 머리를 식히려고 담배대에 불을 붙일 때면 은연중 다시 되살아 나면서 갖가지 상념들까지 불러일으키군 했던 것이다.

    재호가 이 이름을 알게 된 것은 얼마 전 태풍으로 조난당한 남조선의 어선이 우리의 경비정에 의해 구조되였을 때였다. 그 '대양호'의 선원 명단에 바로 이 송영태라는 이름이 있었던 것이다. 언제나 남조선 사람들을 대할 때면 그랬지만 이번에는 그냥 스쳐 버릴 수 없는 이 이름으로 하여 더욱 그는 자기가 남조선에서 살던 때의 일들, 그러니까 이젠 거의 30년이나 지나가 버린 아득한 소년 시절의 추억들을 더듬어 보기 시작했다.

책가방은 보뚝에 팽개치고 밀사리를 해먹느라고 늘 돼지주둥이가 되어 돌아가군 하던 국민학교 시절로부터 서울에 있는 친척집에 얹혀 중학교를 다니던 때의 일, 그러다가 그것마저 걷어치우고 다시 고향에 내려와 있던 일, 어쨌든 아버지가 있는 일본으로 밀선을 타고 건너갈 때까지의 열다섯 해 동안 사귀였던 잊지 못할 사람들을 하나하나 다 짚어 보았지만 여전히 영태라는 이름은 기억나지 않았다. 한데도 이 이름 석 자만은 줄곧 안개 속에 가리워 있는 어떤 신기한 물체처럼 아롱아롱 눈앞을 어지럽히면서 뇌리에 끈질기게 매달려 떨어지지 않는 것이였다. 그 점이 재호를 안타깝게 했고 바로 그 안타까움이 그를 직접 만나라도 보지 않고는 견딜 수 없게 했던 것이다. 그래서 지금 '대양호'의 선원들이 떠나게 되여 있는 남포항으로 차를 달리고 있는 것이였다.

'무슨 착각이겠지. 지나친 기대는 흔히 엉뚱한 착각을 불러일으키는 법이니까.'

언젠가 남조선 예술인들이 평양에 와서 공연하던 때 있은 일을 생각하면 그는 지금도 어처구니가 없었다.

첫 공연을 취재하기 위해 극장으로 간 그는 먼저 흡연실에 들렸었다. 담배 생각이 나서라기보다 실은 저도 모르게 흥분되는 심정을 다소나마 눅잦히기 위해서였다. 남조선에서 온 사람들을 대할 때면 무작정 가슴부터 울렁거리는 그였다. 아무리 침착하려고 해도 마음은 자꾸만 조급해지기만 했다. 얼마나 보고 싶던 사람들인가!

누가 의거 입북했을 때는 물론 시위를 하다가 어떤 대학생이 분신했다는 보도를 듣기만 해도 그 이름을 곱씹으며 고향에 있는 친지들의 얼굴을 떠올리고는 혹시 그 동생이나 아들이 아닐가 하고 이모저모 따져 보기까지 했던 것이다. 그런 그로서 우선 담배라도 태우며 마음을 진정시키지 않고서는 취재는 고사하고 구경조차 제대로 할 수 없을 것은 당연한 일이었다.

담배불을 얻으려고 재털이 앞으로 다가서던 그는 자기에게 공손한 태도로 담배대를 내밀고 있는 사람을 보는 순간 그만 우뚝 굳어지지 않을 수 없었다. 저절로 눈이 둥그래지면서 숨이 딱 막혔다. 그가 남조선에서 온 사람이라는 데서만이 아니라 놀랍게도 바로 자기가 서울에 있을때 한동네에서 같이 살던 윤성우 같았기 때문이었다. 동글납작한 얼굴이며 늘 웃고 있는 듯한 귀여운 눈매 그리고 마주 쳐다볼 때면 눈을 깜빡거리군 하는 버릇까지 틀림없는 그 성우였다. 나이가 들어 눈가에 주름이 잡혔달 뿐이지 신통히도 어릴 때 모색 그대로였다.

"아—니 이게?"

재호는 저도 모르게 그의 손을 덥썩 거머쥐였다.

"성우가 아니요! 엉? 돈암동에서 살던…"

무슨 영문인지 몰라 얼떠름해하는 그였으나 재호는 더 큰소리로 부르짖었다.

"날 모르겠소? 재호요 재호! 왜 미아리 로타리에서 자전거 쥬브땜하던 기영이네…"

뽐프질하는 시늉까지 해대는 재호를 바라보는 그의 눈은 더욱 퀭해졌으나 재호는 제잡담 그를 한 쪽으로 이끌었다.

"이거라구야 참! 이렇게 다 만나다니 엉? 근데 언제 음악공부는 다…"

마치 무엇에 몰리우는 사람처럼 사방을 두리번거리던 그는 다급히 두손을 내저었다.

"아, 아네유. 뭔가 착각을 하신가 분데 전 충주 태생이지유 네. 충주 농고를 졸업하고 국악을 전공한 리태식이라구 네."

'리태식이? 충주?'

재호는 아연해지지 않을 수 없었다. 아무리 보아도 성우가 틀림없는데 착각이라니? 착각을 해도 분수가 있지 아무렴 내가…… 재호는 이 사람이 분명 성우가 틀림없으나 자기의 신분을 가리워야 할 필요로부터 변명을 하는 것으로, 그래서 부러 말씨까지 달리하는 것으로 여겼던 것이다.

그런 사정쯤은 짐작한다는 듯이 이번에는 재호가 입귀를 찢으며 히죽 웃어 보였는데 재호의 이 괴상한 미소로 해서 그는 아예 질겁한 표정이 되고 말았다. 더 마주서 있다가는 어떤 봉변을 당할지 모른다고 여겼는지 그는 뭐라고 한마디 내뱉고는 부랴부랴 흡연실을 빠져 나갔다. 가면서도 힐끔힐끔 뒤돌아보는 폼이 벌써 반정신은 나간 사람이었다.

그때까지만 해도 재호는 자기가 그의 말대로 착각하고 있다는 것을, 고향 사람들이며 옛시절에 대한 추억이 너무도 간절했던 나머지 어떤 환각에 사로잡혀 그런 망측한 실수를 저질렀다는 것을 미처 깨달을 수가 없었던 것이다. 이젠 불혹이라는 마흔고개를 넘어서서 그런지 느닷없이 고향 생각이 떠오르는가 하면 동요 시절의 잊지 못할 추억으로 하여 잠 못 이룰 때가 많았다. 확실히 사람이란 나이가 들어 갈수록 향수에, 추억에 젖어 들기 마련인 모양이었다.

'고러고 보면 착각이란 참……'

좌석 등받이에 머리를 젖힌 재호는 허구픈 실소를 머금은 채 차창가에 펼쳐지는 정경을 바라보았다.

아직도 더위는 찌는 듯했으나 역시 가을은 가을이었다. 눈에 띄지 않게 찾아든 가을은 눈에 띄지 않게 조심스레 퍼져 나가고 있었다. 대동강가에 서 있는 황철나무 잎사귀들도 황이 들자면 아직 멀었지만 그래도 한잎 두잎 떨어지고 있었다.

"부장 동지! 우리 돌아오는 길에 와우도에 들리지 않겠습니까?"

차를 몰고 있던 인수가 불쑥 묻는 말이었다.

“……”

“글쎄 전 올 여름 한 번도 해수욕을 못해 봤단 말입니다. 시내 수영장이야 어디 성이 차야 말이지요. 실컷 해수욕을 한 다음 백사장에 척 앉아 조개도 좀 구워 보고 어떻습니까?”

언제나 상대방에게 질문을 해 놓고는 그 질문에 대답하기도 전에 제가 먼저 댑하군 하는 버릇이 있는 인수였는데 보매 그는 질문을 하는 것이 남한테서 대답을 듣기 위해서가 아니라 자기가 대답을 하기 위한 데 있는 것 같았다. 그의 이런 버릇을 누구보다도 잘 아는 재호는 그가 무엇을 물어 볼 때마다 잠자코 있기가 일쑤였다. 아니나다를가 그는 이번에도 자기의 질문에 대한 대답을 스스로가 했다.

“자— 그럼 그렇게 결정했습니다. 시간은 낮 두 시로 하지요. 그러니 그때까지 취잴 끝내얍니다.”

그리고는 얼른 속도계기판 밑에 있는 록음기 스위치를 절컥하고 눌렀다. 그런 그의 행동은 마치 이 결정은 이미 확고한 것이기 때문에 더 이상 론의할 여지가 없다는 것을 그리고 이런 훌륭한 결정이야 응당 멋진 음악으로 축하하지 않을 수 없다는 식이었다. 록음기에서는 기다리기라도 했던 것처럼 〈축복하—노라〉 하는 녀가수의 경쾌한 노래소리가 울려 나오기 시작했다.

이태 전에 사진부 기자로 입직한 인수였지만 본업인 촬영은 물론 글까지 제법 미끈하게 다듬어 내는 데다가 2급 면허증까지 가진 터여서 웬만한 보도기사쯤은 혼자서 맡아 뛰고 찍고 쓰고 하는 이를 테면 3박자를 겸비한 신문사의 사랑받는 막냉이였다. 어디서 그런 정력이 솟구치는지 원산이나 함흥쯤은 하루 사이에 왕복해 치우고는 밤새워 사진이며 원고를 정리해서는 부장이 출근하기도 전에 책상 우에 갖다 놓는가 하면 점심시간엔 점심시간대로 또 온 정구장을 갈범처럼 뛰여다니는 것이었다. 온몸에 차 넘치는 에네르기를 아무데라도 탕진하지 않고는 몸살이 나서 견디지 못하는 것 같았다.

그에게 남다른 특징이 있다면 그것은 그의 얼굴에 유별나게 많이 돋아난 여드름이였다. 그것 역시 남달리 분출되는 정력 때문인 것만은 틀림없었으나 아무리 그렇다 해도 좀 지나칠사 했다. 량볼은 물론 턱이며 이마까지도 온통 울긋불긋한 주홍 일색인데 얼핏 보면 한창 익어 가는 딸기밭을 련상케했다. 마주서기만 해도 누구나 이 친구가 과연 리발소에 가서 면도를 어떻게 하랴 싶은 걱정이 먼저 일 정도였다. 그러나 그는 이것을 시끄러워하거나 타내기는커녕 오히려 안팎으로 활력이 넘쳐나는 진짜배기 청춘에게만 나타나는 특별한 상징으로 여겼는데 왜 처녀들이 그걸 알아보지 못하는지 안타깝다는 것이였다. 아니 그런 처녀들이 불쌍하다는 것이였다.

그런 인수는 재호를 각별히 사랑했다. 더없이 순진하고 소탈해서만이 아니라 남다른 사연이 있기도 했다.

인수를 처음 만날 때였다.

재호는 자기가 취재를 떠날 때마다 특히 남조선 사람들을 대상해야 할 그럴 때마다 언제나 키가 껑두룩한데다가 얼굴이 여드름투성이인 사진부의 신입기자가 뒤따른다는 것을 알았으나 그저 심상하게 여겼었다. 아마 이번 기사에는 사진이 첨부되는가 부다 하고 여기거나 갓 배치를 받았으니 실습을 따라다니는 것이겠거니 했었다. 그런데 암만 신문을 봐야 사진이 받쳐지기는커녕 견습생의 처지라면 의례 있을 법한 인사조차 한마디 없이 그냥 졸졸 따라다니기만 하는 것이였다. 모르긴 해도 어떤 다른 목적이 있는 게 아닐가 하는 의심이 들었고 그러자 곧 불쾌하기까지 했다.

"이건 뭔가? 어째서 날 그림자처럼 쫓아다니지?"

참다 못해 한마디 했을 때였다.

"미안합니다. 저 사실 솔직히 말하면……"

말로는 미안하다고 했으나 씨물씨물 웃으며 코잔등을 긁어대는 폼이 속으로는 그닥 꺼려하는 기색이 아니였다. 그는 면구스러울 때면 언제나 코잔등을 긁는 버릇이 있었던 것이다.

"솔직이 말해 제가 부장 동지를 따라다니는 건 사실입니다. 그러나 걱정하지 마십시오. 부장 동지한텐 아무 상관이 없는 일이니까요. 전 단지 자신을 위해 뛰고 있을 뿐입니다. 사진기자로서의 본분이라고 할가."

'본분?'

금방 입직한 데 불과한 햇내기한테까지 벌써부터 기자의 본분에 대해 따질 사람이 없기도 하거니와 설사 어떤 과제가 있다 해도 그한테 돌아가야 할 만큼 촬영기자 진영이 빈곤하지 않다는 것을 잘 알고 있는 재호로서는 그의 말이 가소롭기 짝이 없었다.

"그래 그 본분이라는 게 어떤 건데?"

"솔직히 말하면 그건……"

"제발 그 '솔직히 말하면' 하는 건 걷어치우게. 동무가 하는 말이 거짓이 아니라면 말일세."

"그러지요. 그럼 걷어치우지요. 사실 전 한 장의 사진, 그것도 한 장의 예술사진을 찍으려고 합니다. 그게 저의 희망이고 소원이지요. 이렇게 말하면 좀 주제 넘은 소린지 모르겠습니다만 력사에 남을 만한 그런 사진을 찍고 싶단 말입니다. 바로 그래서 부장 동질 쫓아다니는 겁니다."

"력사에 남을 사진? 허— 그러니 동문 나를 취재대상으로 그것도 어느새 력사적인 인물로까지 춰올린 셈이군 그래 응?"

점점 분수없이 놀아대는 인수를 재호는 어이없이 바라보았다.

"뭐 력사적인 인물이 따로 있습니까?"

마주 바라보는 눈빛이 제법 만만치 않았다.

"전 부장 동지야말로 그런 사람이라고 봅니다. 60년도까지 남조선에서 살다가 일본을 거쳐 조국에 귀국한 부장 동지야말로 분단된 우리 조국을 량쪽에서 다 체험하고 있지 않습니까. 그것만으로도 얼마든지 력사적인 인물이라고 할 수 있지요. 아무렴요."

대꾸한 대야 아무 소용이 없을 뿐더러 자기 견해는 이미 어쩔 수 없이 확고하다는 것을 보여 주려는 듯 그는 한 손을 내리그으며 자신 있게 말을 이었다.

"사실 전 부장 동지가 남조선 사람들을 취재할 때마다 혹시 그들 속에서 가까운 친척이나 동무들을 만나게 되지 않을가 해서. 바로 그 순간을 놓치지 않기 위해 이렇게 따라다니는 겁니다. 생각해 보십시오. 아니 부장 동지가 직접 그런 사람을 만난다고 상상해 보십시오. 그 순간이야말로 얼마나 감격적이겠습니까. 늘 꿈에서만 그리던 모습이 눈앞에 나타났을 때의 그 격정, 그처럼 불러 보고 싶던 이름을 목청껏 외치면서 서로 얼싸 부둥켜안는 억센 손길 그리고 이게 꿈이 아닌가 해서 다시 쳐다보군 하는 눈물에 젖은 간절한 눈빛……. 과연 이런 장면을 그대로 담은 사진을 무심하게 볼 사람이 있을가요? 천마디 만마디 말로도 형언할 수 없는 이 벅찬 환희의 장면을 말입니다. 전 어떤 일이 있어도 그 감격적인 장면을 포착하고야 말겠단 말입니다. 기어이! 제목은 '상봉'이지요. 어떻습니까? 솔직히 말하면 이건 저의…… 아이구 미안합니다. 또 그 말이 튀여나와서. 사실 이건 아직 그 누구한테도 말하지 않은 비밀이지만 부장 동지한테만은 털어놓는 겁니다."

"?!"

재호는 새삼스런 눈길로 인수를 바라보지 않을 수 없었다. 그런 포부를 안고 있었다니! 놀라왔다. 아니 더없이 기쁘고 고마왔다. 두 팔을 벌리고 인수를 힘껏 껴안아 주고 싶기까지 했다. 그런 줄도 모르고 그를 소격하게 대했던 자기가 민망스럽기 짝이 없었다. 사실 인수가 야심을 품고 포착하려고 하는 그 장면이야말로 바로 일구월심 자기가 바라고 있는 천추의 소원이 아닌가! 정녕 그 한순간을 기다리며 산다고 해도 과언이 아닐 자기였다. 감격에 겨워 몸부림칠 그 꿈 같은 상봉을 상상할 때마다 그는 저절로 온몸이 부르르 떨리군 했다.

'그럼 진작 그렇다고 할 노릇이지.'

누구나 자기의 간절한 소망이 다른 사람의 념원으로 되고 있다는 것을 알았을 때 그에 대해 느끼는 감정이란 자못 류다른 것이다.

그때부터 재호는 인수를 친동생처럼 여기면서 집에 자주 청하기도 하고 청해서는 각가지 별식을 차려 놓기도 했다. 그리고는 남조선에서 살던 때의 일들을 하나하나 구체적으로 얘기해 주었는데 그때마다 인수는 취재대상에 대한 새로운 파악으로 해서 흥미를 가졌다면 재호는 재호대로 여태껏 그 누구에게도 털어놓지 않았던 귀중한 추억들을 품을 놓고 펼쳐 보일 수 있게 된 것이 여간만 즐겁지 않았던 것이다.

많은 얘기들 중에서도 인수가 제일 관심을 가진 것은 영옥이에 대해서였다. 인수가 관심을 가졌다기보다 재호 자체가 어릴 적부터 앞뒤집에서 같이 자란 영옥이, 그래서 누구보다 가까왔고 또 그래서 누구보다도 잊혀지지 않는 영옥이에 대해서만은 특별히 력점을 찍어 가며 말했기 때문인지도 몰랐다.

"그러니까 한마디로 말하면 그 영옥이가 부장 동지한텐 첫사랑이였다 그 말이군요. 리해됩니다. 예."

이젠 자기도 사랑이 어떤 것이라는 것쯤은 알고 있다는 듯이 제법 고개까지 끄덕거리는 인수였으나 재호는 그 말을 탓하지 않았다. 이성에 대한 색다른 감정이라고는 별로 느끼지 못하던 철부지 시절이였지만 그 애틋한 추억을 굳이 첫사랑이 아니라고 우기고 싶지는 않았던 것이다. 뉘라서 그런 시절이 없으련만 재호에게는 특별히 가슴속 깊이 소중하게 새겨져 있는 영옥이였던 것이다.

"어쨌던 이젠 인수의 요구가 뭔가 하는 걸 안 이상 취재대상자로서 최선을 다할 테니 걱정 말게. 그리구 미리 말해 두지만 나한테 꼭 그런 순간이, 인수가 바라는 그 '상봉'의 순간이 있으리라는 걸 확신해마지 않는다는 거네. 알겠나? 그러니 부지런히 날 쫓아다니게."

이번엔 반대로 자길 따라다니라고 장담해 나선 재호였으나 유감스럽게도 그 약속을 좀처럼 지킬 수가 없었다. 워낙 쉽게 차려지지 않는 기회였던 만큼 매번 기대는 컸고 기대가 컸던 만치 실망 또한 여간 아니였다. 그것도 한두 차례라면 몰라라 해를 넘기면서까지 반복되다 나니 요즘에 와선 자연히 인수도 자기에 대한 기대가 소원해질 수밖에 없었는데 그것을 재호 자신도 느끼지 않을 수 없었다. 첨엔 그래도 남반부 사람들이 오기만 하면 제 먼저 이름들을 알아 가지고 와서는 그 명단을 펼쳐 보이기도 하고 고향이 근방만 돼도 이 사람이 기억에 없느냐고 따져 묻기도 했으나 요즘에 와선 그런 일도 없었다. 은근히 섭섭한 생각이 들기도 했지만 그렇다고 인수한테 왜 관심이 덜해지느냐고 탓할 수도 없는 노릇이였다.

"안됐네 인수!"

자리를 고쳐 앉은 재호는 주머니에서 담배를 꺼내며 말했다.

"나 때문에 동무의 야심작이 늦어져서 말이네. 나로선 실상 열성을 다하고 있네만 어디 혼자 힘으로 되여야 말이지."

"너무 걱정하지 마십시오."

익숙한 솜씨로 변속을 하고 난 인수는 뒤돌아보며 히쭉 웃었다.

"대책을 세우느라고 했으니까요."

"대책?"

"솔직히 말해 이태 동안 부장 동지를 따라다녔지만 아무런 소득이 없지 않았습니까. 그래서 전 취재대상을 부장 동지가 아니라 남조선에서 오는 사람으로 바꾸었단 말입니다. 말하자면 해방 직후나 전쟁 때 월남한 사람들이지요. 고향이 여기인 그런 사람을 찾는 것이 선생님 친지나 친구들을 기다리기보다 훨씬 상봉의 확률이 높을 게거든요."

'그러니까 이젠……'

이젠 인수가 자기를 취재대상에서까지 밀어 놓는다고 생각하니 불쑥 노여움이 솟구쳤다. 그리고 그런 인수가 원망스러웠다. 이미부터 그런 눈치를 모르고 있은 건 아니지만 정작 그한테서 그 말을 듣고 보니 마치 사랑을 약속한 처녀한테서 버림을 받은 것처럼 못내 서글프기도 했다. 설사 사실이 그렇다 해도 자기한테 그걸 감추어 주기라도 했더라면 하는 생각이 들자 이번에는 아무 말이나 그저 생각한 대로 내뱉군 하는 인수가 밉살스럽기까지 했다.

"아니 부장 동지!"

후시경을 통해 재호의 표정을 지켜 보던 인수는 그제야 자기의 실책이 무엇인가를 느꼈는지 서둘러 부언했다.

"그렇지만 어디까지나 기본은 부장 동지란 말입니다. 아무렴 부장 동질 내놓고야 어떻게…… 그렇다는 걸 잊지 마십시오."

저로서도 그 말이 뻔한 변명으로밖에 들리지 않는다는 것을 깨닫지 않을 수 없었던지 그는 례의 버릇대로 손가락을 또 코잔등으로 가져갔다.

'녀석! 코잔등은 왜 자꾸……'

괜히 그의 애꿎은 버릇에 화가 동한 재호는 인수의 울긋불긋한 한 쪽 볼따구를 흘겨보았다.

'하긴 다른 데야 긁기도 어려울 테지. 하도 많이 돋아난 여드름이니까.'

담배연기를 깊숙이 빨아들인 재호는 다시 등받이에 기대며 두 눈을 지그시 감았다.

참! 내가 살던 안망실에도 어머니를 따라 월남해 온 친구가 하나 있었지. 전쟁 전에 남에 온 아버지를 찾아왔다고 했던가? 행상바구니를 인 어머니가 이마을 저마을 다니면서 남편을 수소문할 때면 그 친군 늘 나무를 하거나 부엌에서 밥을 짓군 했지. 꽤 드세기도 하던 녀석이더니. 이름을 뭐라고 했더라?…… 그래 그래!

동태! 그를 이렇게 불렀었다. 이름이 동태래서가 아니라 한 쪽 눈알이 약간 두드러진데다가 붉기까지 해서 그렇게 불렀던 것이다. 첨엔 아이들이 노는 데도 섞이질 않고 집 안에만 붙박혀 있어서 놀림가마리가 된 동태였으나 차츰 지나면서부터는 전혀 딴판이었다. 얼마나 아귀센 녀석인지 점점 동네아이들을 제 맘대로 휘여 부리기 시작했다. 두 마리의 늑대를 물어 메친 사나운 세빠뜨가 과수원을 지키는 줄 알면서도 자기는 울타리 밖에서 망을 보고 다른 애들을 바자 안으로 내모는가 하면 다 썩어 가는 위태위태한 가지에 달려 있는 홍시까지도 다른 애를 시켜 따 오게 했다. 말을 잘 듣지 않을 때면 대뜸 구 두두룩한 눈알을 번뜩이며 "너 죽어 보간?"하고 욱박아대군 했다.

이런 동태를 누구보다 못마땅해한 것은 재호였다. 자기 말이라면 학교를 뚜꺼먹고 당장 참외밭을 습격하거나 가재잡이를 하던 친구들이 동태 눈치만 살피면서 제 말을 잘 들으려 하지 않기 때문이었다. 한마디로 말해 누구도 감히 건드릴 수 없으리라고 여겼던 골목대장의 위치가 동태로 하여 위협당하게 된 것이었다.

'어디 보자.'

그러던 어느 날 재호를 참을 수 없게 만든 일이 벌어졌다. 그것은 한창 딱지치기를 하닥 돌아보니 방금 전까지 꽁지머리를 달싹거리며 줄넘기를 하던 영옥이가 마당 복판에서 울고 있기 때문이었다.

재호는 언제나 영옥이의 철저한 보호자였다. 서로 처마를 맞대고 있는 이웃 사이라거나 학교에 가서도 나란히 같이 앉기 때문만이 아니었다. 워낙 귀엽고 깜찍하게 생기기도 했지만 보다는 너무나도 참하기만 해서 걸핏하면 눈물부터 흘리군 하는 영옥이를 동네에서는 물론 학교에 가서도 자기가 돌보지 않으면 안 된다는 일종의 의무감이 작용하고 있었던 것이다. 그런 보호에 습관이 된 영옥이는 영옥이대로 무슨 일이 있을 때는 말할 것도 없고 어떤 색다른 것이 생기기만 해도 꼭꼭 그것을 치마폭에 감추어 가지고 와서는 재호를 찾군 했는데 그때면 재호는 그것을 아주 응당한 것으로 받아들이는 것이었다.

"이기 뭐라는 기고?"

"트롭프스야."

"드로브스? 난 듣도 보도 처음이다. 묵어도 되는 기가?"

한 알을 입에 넣고 어금이에 힘을 주어 으드득 하고 깨물면 금시 입 안에서는 여태까지 알지 못하던 그런 향기롭고도 달콤한 맛이 가득히 퍼지군 했다. 나머지 알들을 입에 다 털어 넣고 손바닥에 묻어 있는 사탕가루까지 혀바닥으로 핥고 나서는 늘 이렇게 말하군 하는 것을 잊지 않는 재호였다.

"니 누구 때리모 내한테 말해라. 알았제? 내사 힘이 세이까이."

제딴에는 고맙다는 인사 대신이었다. 그러면 영옥이는 그 사과꼭지 같은 고개를 간당거리군 했었다. 그런데 그 영옥이가 울고 있는 것이 아닌가!

주위를 두리번거리던 재호는 곧 저쪽 낟가리에 자빠듬히 기대여 있는 동태, 방금 영옥이한테서 빼앗은 것이 틀림없는 고무줄을 한 손에 칭칭 감아대고 있는 동태를 보았던 것이다. 다짜고짜 그 앞으로 다가선 재호는 대뜸 그의 멱살을 틀어잡았다.

"야 이 새꺄, 그 고무줄 못 주겠어?"

벌떡 자리에서 일어나며 재호의 팔을 뿌리친 동태는 자기 얼굴을 재호 코 앞에 바싹 들이대며 소래기를 질렀다.

"못 주갔다 시꺄!"

"징말이가?"

"덩말이다!"

깃털을 세우고 잔뜩 벼르는 닭새끼처럼 둘은 코와 코를 맞댄 채 노려보기만 했다. 이번엔 동태가 먼저 입을 열었다.

"야! 이 고무줄이 너 거가?"

"내기 아이다. 영옥이 기다. 그라이께 내 기나 같은 기다!"

"영옥이 거가 왜 너 거나 같은 거가? 헹!"

그렇지 않아도 별뚝사리 영옥이 편만 드는 재호가 동태에게는 더없이 꼴사나왔던 것이다.

"영옥이가 뭐이가? 너네 동생이가? 너네 각시가?"

"뭐 각시?"

재호는 저도 모르게 영옥이 쪽을 흘끔 돌아보았다. 두 손을 모아 쥐고 눈이 동그래서 이쪽을 지켜 보고 있는 영옥이였으나 그 모습이 왜서인지 어떤 용기를 돋구어 주었던 것이다.

"그래 각시라모 우짤래. 내 각시다 와 새꺄!"

재호의 이 대꾸에 그 불거진 눈이 더욱 휘둥그래진 동태는 갑자기 고개를 젖히고 "덱—거"하고 숨넘어 가는 소리를 질렀다. 그러다가 이것만은 도저히 잠자코 있을 수 없다는 듯이 마당을 빙글빙글 돌아가며 웨쳐대기 시작했다.

"어—허—각시각시 놀각시 노린내 난다 퉤! 각시각시 놀각시……"

정말 침을 퉤퉤 뱉으며 돌아가는 동태를 노려보고 있던 재호는 힝 하니 달려가 다리를 걸어 메치려고 했다. 그러자 엎치락뒤치락 싸움이 붙었다. 그날 재호는 이마가 깨지고 동태는 코피가 터졌다.

며칠 후였다.

학교에서 돌아오던 길에 재호는 동무들과 함께 다리 아래에서 미역을 감았다. 실컷 자맥질을 하고 나서 강변에 나온 그는 어리둥절해지지 않을 수 없었다. 나무가지 우에 얹어 놓았던 옷이 온데간데없기 때문이였다. 다른 애들 옷은 다 있는데 유독 자기 옷만 없는 것이였다. 곧 동태의 작간이라는 것을 짐작했지만 발가벗은 알몸으로는 어쩌 볼 도리가 없었다. 한데 벌써 아래도리만 대충 꿰찬 동태는 다른 애들과 함께 강우에 있는 다리 란간에 붙어 서서 재호를 놀려대기 시작했다. 서로마다 뭐라고 지껄여댔으나 그래서는 효과가 없다고 여겼는지 동태가 아이들을 제지시켰다. 이윽고 두 손을 나팔처럼 만들어 입가에 붙인 동태가 먼저 선창을 뽑았다.

"재호 불—×은 말불—×! 시—작!"

그러자 모두가 똑같은 나팔주둥이가 되여 합창을 하는 것이였다.

"재호 불×은 말불× 바람이 불며는 흔들흔들!"

'아이고 조새끼 우째 뽈고'

급한 대로 얼른 그쪽을 향해 손바닥 안으로 주먹을 밀어 넣으면서 "요거나 먹어라."하고 연방 감자를 먹여댄 재호는 옆에 있는 보리밭으로 뛰여들었다. 그러나 밤송이 같은 보리이삭이 허벅지며 엉치를 찔러대는 통혜 할 수 없이 고랑 사이에 엎드리지 않을 수 없었다. 그렇게 납작 엎드려 있느라니 장황중에도 킥킥 웃음이 나갔다. 발가벗은 채 숨을 할딱거리며 엎드려 있는 꼴이 저로서도 꼭 논판 벼포기 사이에 네 발을 뻗고 있는 개구리 같았기 때문이였다. 동태가 이 꼴을 보지 못하는 게 여간 다행스럽지 않았다.

이젠 어쩔 수 없이 어두워지길 기다리는 수밖에. 하지만 어두워진단 들 홀딱 벗은 채로야 어딜 나선단 말인가! 찔끔 눈물이 삐여져 나오려고 했다.

'보자. 동태 새끼 가만두지 않을 끼다!'

이렇게 열 번 스무 번도 더 맹세를 다지고 있는데 자박자박 자갈 밟는 소리가 들려 왔다. 분명 누가 이쪽으로 다가오는 소리였다.

'짱구로구나! 옷을 가주 오는 기제.'

너무나도 반가운 김에 껑충 뛰쳐 일어나던 재호는 저도 모르게 자라 목을 하고 다시 주저앉지 않을 수 없었다. 글쎄 그가 영옥이일 줄이 야……

그후부터 동네에서는 물론 학교에서까지 새로운 소문이 퍼졌다. 어허— 재호하고 영옥이하고 보리밭에서 어쩌고저쩌고……

"니 소문 들었어?"

어느 날 울상이 된 영옥이가 찾아와 하는 말이였다.

"무슨 소문?"

"니하고 내하고 글씨……"

다음 말은 잇지도 못하고 뒤로 뺑 돌아선 영옥이는 숨만 할딱거렸다.

"말해라. 니캉 내캉 우쨌다는 기가?"

"글씨 보리밭에서…… 잔…… 체했다고……"

"잔 체?"

재호는 저절로 웃음이 킬킬 나갔다.

"우쨋다 말이가. 니사 본래 내 각시아이가. 그라께에 잔 체도 해야 되는 기제."

"뭐―야?"

갑자기 입술을 앙다문 영옥이가 와락 달려들어 팔이며 잔등을 사정없이 꼬집어대기 시작했다. 얌전하기만 하던 영옥이가 그처럼 영악스러울 줄은 짐작도 못한 터였다.

"아이고 아야!"

"말해, 내가 니 각시야?"

"아프다, 고만해라."

"글씨 각시야 아니야?"

"아니야 아니야."

동태로 해서 퍼진 소문도 소문이였지만 영옥이 한테서까지 봉변을 당한 재호로서는 어떻게든 그만한 보복을 하지 않고는 견딜 수 없었다. 그래서 궁리해 낸 것이 마을 어귀에 있는 동태네 집 앞을 오갈 적마다 외쳐대는 합창이였다.

'니가 합창을 했응께 나도 합창을 한다. 새끼!'

그것은 아이들이 흔히 넘불처럼 외우군 하는 "잰내비 밑구녕 새빨개"로 시작되는 것인데 그것을 "새빨간 건 사과"로 잇지 않고 "새빨간 건 동태", "동태는 이북놈", "이북놈은 뿔나고", "뿔난 건 빨갱이"로 고쳐 불렀던 것이다. 이북 사람들은 다 얼굴이 빨간데다가 뿔까지 났다는 이남 당국의 악선전을 들은 데서 기인되지만 그 말을 할 때면 이북에서 온 동태가 제일 참지 못해한다는 것을 알고 있었기 때문이였다. 정말 그 합창이 터지기만 하면 동태는 두 마디 안팎에 부지깽이나 장작개비,

손에 닥치는 대로 거머쥐고 달려나오군 했다. 그럴수록 재호는 더욱 목청을 돋구군 했다.

그런데 하루는 아무리 외쳐대도 아무 반응이 없었다. 호기심이 동한 재호는 아이들과 함께 살금살금 그 집 문 앞으로 다가갔다. 잠자코 방문에 귀를 기울이고 있는데 뜻밖에도 훌쩍거리는 동태와 그를 달래는 동태 어머니의 목소리가 새 나왔던 것이다.

"일없다, 일없어. 그런 소리야 백 번 들은들 뭬라니? 난 그저 네 아버질 찾기만 하믄 뿔이 백 개라도 좋갔다. 천 개라도 좋갔어. 기린데 네 아바진 어드메 있기에…… 살아 있기나 한지 원…… 어이휴― 하늘도 무심하지……"

동태 어머니는 흐느끼고 있었던 것이다.

그때부터 재호는 더는 그 '잰내비'를 외우지 않았다. 아니 외울 수가 없었던 것이다. 그것이 어떤 의미를 갖는지 다는 몰랐어도 결코 함부로 외워서는 안 될 말이라는 것만은 깨달았던 것이다. 그는 그것을 이듬해 동태네 모자가 다시 아버지를 찾아 다른 데로 이사를 간 다음 더욱 똑똑히 느꼈던 것이다. 마치 자기 때문에 그들이 마을을 떠난 것 같아 못내 죄스러운 마음을 떨칠 수가 없었다. 그래서 30년이 지난 지금에 와서도 그 일만은 생생하게 기억되는지도 몰랐다.

'그들이 이젠 아버지를 찾았을가? 그 동태도 살아 있으면 벌써 마흔이 넘었겠구나!'

새삼스레 세월의 무상함을 절감하지 않을 수 없었다.

이윽고 부두에 이르렀다.

어느새 부두에는 남조선 어민들을 바래러 나온 수많은 환송객들이 꽃다발을 흔들며 서 있었다. '대양호'라는 어마어마한 이름에 비해서는 너무나도 초라한 어선 한 척이 꽁무니로 퐁퐁 흰 증기를 뿜으며 잔교에 붙어 있는데 어민들은 승선안내원이 호명하는 데 따라 한 사람씩 부두에서 걸어와 그 배에 오르고 있었다.

한생을 파도에 부대끼여 온 듯한 백발을 날리는 늙은이가 있는가 하면 금방 중학교나 졸업했을 애티 나는 청년의 모습도 보였다. 늙은이건 젊은이건 배에 오른 선원들은 모두가 하나같이 손에 쥔 꼬깃꼬깃한 수건으로 눈굽을 찍어대고 있었다. 그런 그들의 모습에 재호는 저절로 눈굽이 저려 들었다. 그들에 대한 남다른 감정도 감정이였지만 그들이 타고 있는 배를 보느라니 은연중 밀선을 타고 일본으로 건너가던 때의 일이 떠올라서였다. 역시 리별이란 언제나 슬프고도 고통스러운 것이였다.

"송영태 동포!"

재호가 잔교로 다가서던 바로 그때 돋보기를 코마루에 걸친 늙은 승선안내원이 호명한 이름이였다.

얼른 부두 쪽으로 돌아선 그는 긴장한 눈길로 어부들을 주시했다. 그러나 대답하는 사람이 없었다. 나서는 사람도 없었다.

재호는 몇 사람밖에 남아 있지 않는 선원들이였으나 그들이 하나같이 지켜 보고 있는 사람, 어떤 늙은이를 부둥켜안은 채 흐느끼고 있는 사람이 모르긴 해도 송영태가 아닐가 하는 짐작이 들었다. 그의 이런 짐작을 옆에 있는 승선안내원이 확인해 주었다.

"저 사람이 송영태지요. 글쎄 이번에 아버지를 만나지 않았갔소! 40년 만에 말이웨다. 마주서 있는 저 령감이 바로 그의 아버지라우."

'아버지? 그럼 저 사람도?'

문득 월남한 사람을 취재대상으로 하겠다던 인수 말이 생각난 재호는 곧 주위를 두리번거렸다. 웬걸 인수는 어느새 사진기를 들고 서로 껴안고 있는 두 사람의 주변을 이쪽 저쪽으로 돌아가고 있었다. 역시 야심작에 대한 기회만은 놓치지 않고 있는 인수였다.

"아바이! 저 사람이 어디서 산답니까? 송영태 말입니다."

기자로서 응당 해야 할 취재긴 하지만 그걸 누굴 통해 하고 있는가 하는 데 대해서는 미처 따질 경황이 아니였던 재호는 승선안내원이 의

아한 눈길로 쳐다보는 것조차 의식하지 못했다.

"배의 소속이 제주도라니까 모두들 거기서 살았디요"

'제주도?'

재호는 무춤하지 않을 수 없었다. 제주도라면 단 한 번도 가 보지 못한 곳일 뿐더러 알 사람이 있을 리 만무하기 때문이였다.

'제주도에 있는 송영태?'

저절로 고개가 기웃거려졌다.

옆에 있던 동료들이 다가가 뭐라고 이르기도 하고 팔이며 어깨를 붙잡았을 때에야 그는 겨우 로인으로부터 떨어졌는데 그때부터 그의 어깨는 더 세차게 들먹거렸다. 두 손에 얼굴을 묻은 채 흐느끼던 그는 무슨 생각이 들었던지 눈물을 말끔히 씻은 다음 조용히 그 자리에 무릎을 꿇고 앉는 것이였다. 그리고는 두 손으로 정히 땅을 짚으면서 천천히 머리를 숙이기 시작했다. 이마가 땅에 닿았으나 그는 일어날 념을 않고 그대로 엎드려 있었다. 아니 엎드린 채 온몸을 떨고 있었다. 언제 다시 만날지 모를 아버지, 아니 이젠 필경 다시는 만나지 못할 아버지에게 남기는 마지막 인사라는 것을 깨닫게 되자 재호는 절로 목이 꽉 메여 올랐다. 옆에서 그 모습을 지켜 보던 사람들도 하나같이 얼굴을 싸 쥐고 돌아섰다.

이윽고 자리에서 일어난 그는 이젠 한시바삐 아버지로부터 멀어지려는 듯, 마치 누가 붙잡는 것을 뿌리치기라도 하는 것처럼 다급한 걸음으로 이쪽을 향해 걸어왔다. 잔교에 다가선 그가 승선안내원의 손을 잡으면서 얼핏 고개를 든 바로 그때였다. 재호는 저도 모르게 흠칫했다. 온몸이 갑자기 전기에 감전되기라도 한 것 같았다. 혹시 잘못 보지나 않았나 해서 다시 보았으나 틀림없었다. 눈물에 젖어 있긴 했지만 분명 그의 한 쪽 눈이 두드러져 있었던 것이다.

'아—니?'

방금 전까지 옴해 있던 동태에 대한 생각이 눈앞에 환각으로 나타난

게 아닌가 싶어 아연해졌다. 그러나 환각은 아니었다.

'설마?'

다시 보니 역시 환각이 틀림없었다. 작달막한 키에 쩍 버그러진 어깨, 바다바람에 그슬린 검스레한 살갗, 더우기 다부진 체격에는 어울리지도 않게 장발을 한 머리는 동태라고 여기기에는 너무도 판다른 사람이 아닐 수 없어서였다. 확실히 눈의 표적을 내놓고는 어릴 때 동태의 모습이라고는 어디에도 찾아볼 수 없었다. 하지만 재호는 한순간도 그의 얼굴에서 눈을 뗄 수가 없었다. 가슴은 점점 더 활랑거리기만 했다.

'아니, 동태일 수 있다. 저 눈 그리고 전쟁 때 월남한 사람치고는 너무도 젊은 나이!'

아버지를 찾아 월남했던 동태가 여기에서 아버지를 만났다는 사실은 도저히 그가 동태일 수 없다는 것을 증명하고 있었지만 재호는 그런 것을 따질 여유가 없었다.

리엇은 그것만으로는 도저히 그를 동태로 믿을 만한 근거가 못 된다고 우겨대는 것이었으나 감정은 한사코 이런 반박을 물리치고 동태일 수 있다, 아니 동태다 하고 속삭이는 것이었다. 어떤 확신에서보다도 이 순간을 놓치면 영영 다시는 만회할 수 없는 그런 기회를 잃어버릴 수 있다는 다급함에 쫓겨 재호는 배와 련결된 계단을 밟으려는 그에게 엉겁결에 부르짖었다.

"동태!"

한참 만에야 그것도 천천히 이쪽으로 고개를 돌린 그는 무심한 표정으로 멍하니 마주보기만 했다.

"절…… 찾으셨는가요?"

너무나도 태연한 모습에서 재호는 대뜸 실망을 느끼지 않을 수 없었다. 새삼스레 동태가 아니라는 것을 깨달았기 때문이었다. 언젠가 대극장 휴계실에서 있었던 일이 피뜩 되살아 나면서 자기가 또 하나의 망측한 실수를 저질렀다는 것을 통감했다.

"이거 미안합니다. 제가 그만 착각을 했나 보군요. 하긴 뭐 이젠 30년 전 일이니까요. 실은 혹시 어릴 때 안망실에서 살던 동무가 아닌가 해서……"

마주 바라보는 그의 두 눈이 일순 가늘게 쪼프려지는 것 같았다.

"뭐라구요?"

한 걸음 가까이 다가선 그는 유심히 재호를 뜯어보기 시작했다.

"안망실? 그럼 거기서도 안망실에서 사셨단 말입니까?"

도저히 리해랄 수 없다는 듯이 고개를 기웃거리는 그였으나 재호는 그의 이 말에 다시금 후다닥 놀랐다. 재차 심장이 박차를 가하기 시작했다.

"살구 말구요. 그 안망실에서 살던 재홉니다. 류재호요!"

"재호?"

여태까지와는 전혀 다른 놀란, 기겁한 표정으로 변한 영태였다. 그러나 그만큼 어조는 더 큰 의혹에 젖어 있었다.

"안망실에서 살던 재호야 일본으로…… 아버지를 찾아 일본으로 갔는데……"

"바로 일본에 갔던 그 재호가 나란 말이요. 나."

재호는 벌써 제 목소리가 아니였다.

"?!"

영태는 갑자기 무엇에 찔리우기라도 한 것처럼 뒤로 주춤했다. 그러다가 이번에는 당장 꿰뚫기라도 하려는 듯한 그런 시선으로 재호를 노려보는 것이였다.

"아—니 그럼 이게?"

"그래 동태가 맞지? 안망실에서 어머니와 함께 살던 그 동태가."

"맞네. 그 동태네. 영태라는 이름 대신 늘 동태, 생동태로 불리우던 그 영탤세!"

순간 재호의 환성이 터져 올랐다. 생동태라는 말을 듣자 여태껏 안개 속에 싸여 있던 그의 이름, 송영태라는 이름이 불현듯 뚜렷한 표상으로 되살아 났기 때문이었다. 그렇지! 생동태!

"오―영태!"

"재호!"

두 사람은 동시에 한덩어리가 되였다.

"어디 좀 보세. 어디……"

아무래도 믿어지지 않는지 재호의 어깨를 그러쥔 영태는 새삼스레 재호를 이모저모 뜯어보았는데 그것은 재호도 마찬가지였다. 이때까지는 그가 그토록 동태이기를 바랐으나 동태가 틀림없다는 것을 안 이제 와서는 혹시 그가 어릴 적 그 동태가 아니지 않나 하고 못내 의심스럽기만 했다.

비로소 재호는 영태의 모습에서 어릴 때의 흔적, 이제는 거의 사라져 가는 희미한 것에 지나지 않지만 틀림없이 그런 점들을 발견해 낼 수가 있었다. 오래동안 만나지 못했던 사람의 얼굴을 갑자기 대할 때면 처음에는 헤여져 있었던 사이에 생긴 외모의 변화로 하여 좀처럼 알아볼 수 없다가도 차츰 그 얼굴은 이전 모습으로 되돌아가면서 그 사람에게 고유한 표정이 되살아 나는 모양이였다.

"이게 얼마 만인가, 엉? 일본으로 갔더니 언제 이리루 왔나?"

"이젠 20년이 돼 오네. 아버지를 찾아 일본으로 가긴 했지만 그땐 벌써 아버지가 귀국을 하시지 않았겠나. 그래서 나도……"

"그래? 그것 참! 어쩌면 자넨 나와 그리두 비슷한가! 웅? 나 역시 얼마나 아버지를 찾아다녔게. 어머니와 함께 말이네. 안망실을 떠난 후로 충청도, 전라도를 다 훑었다네. 그런데 그렇게도 찾던 아버지가 글쎄 여기에 와 계실 줄이야. 우리가 아버지를 찾아 남으로 갈 때 아버진 우릴 찾아 다시 북으로 들어오셨단 말이네."

'그랬댔구나! 그런 줄도 모르고……'

불쑥 머리에 행상을 이고 이 마을 저 마을 다니면서 남편을 수소문하던 영태 어머니의 가긍한 정상이 떠올랐다.

"그러니 어머닌 아직도?……"

"그렇네! 아직도 아버지를 찾아다니시네. 내가 아무리 만류해도 아버질 찾기 전엔 눈을 감을 수 없다시면서 말이네. 그래서 작년에 우린 또 제주도에까지 가지 않았겠나. 마지막 땅인 셈이지. 난 제주도에서도 아버질 찾지 못하면 어머니가 어떻게 될가 하고 못내 걱정스러웠네. 생각해 보게. 이남 땅에 온 첫날부터 아버지를 찾아다닌 어머니가 아닌가! 이젠 환갑이 넘은 나이지만 아직도 '평안도 룡강에서 온 송수진 씨를 찾습니다.'라는 현수막을 내건 생선수레를 끌며 골목을 누비고 있다네. 그런 어머니가 제주도에까지 아버지가 없다는 것을 알면……

재호! 난 아버지를 만났지만 이 사실을 어머니한테 알리기가 무섭네. 어떻게 알린단 말인가! 그 소식을 들으면 어머닌 아마…… 아버지를 찾아다닐 땐 혹시 아버지가 돌아가시기라도 했으면 어쩌나 하고 불안했는데 정작 살아 계시는 아버지를 만나고 보니 이젠 도리여…… 참! 살아 있다는 게 이렇게 무서운 일로 될 줄이야……"

영태의 목소리는 떨리고 있었다. 그의 두 눈에 솟구쳐 오른 눈물은 점점 커다란 방울이 되더니 마침내 볼을 타고 주르르 흘러내렸다. 그런 영태의 모습을 보지 않으려고 고개를 돌린 재호는 얼른 말머리를 돌렸다.

"그래 거기 친구들은 잘 있나? 안망실 친구들 말이네."

무슨 말이던 해야겠기에 꺼낸 말이였으나 하고 보니 맹랑했다. 아버지를 찾아온 남녘 땅을 돌아다닌 영태가 안망실에 다시 갈 리 만무라는 생각이 들어서였다.

"언젠가 대구에 볼 일이 있어 갔다가 얼핏 한번 들렀었네."

손수건으로 눈굽을 찍어대던 영태는 코멘 소리로 대꾸했다.

"선환일 만났는데…… 선환이 알지? 짱구 말이네. 농사를 짓느라고 이젠 령감이 다 됐어. 등이 굽어 든데다 이발까지 다 빠진게…… 다른 친구들은 어디로 갔는지 보이질 않더군. 물어 보니 뿔뿔이 다 흩어졌다는거야. 서울로, 부산으로. 참!"

무슨 생각이 들었던지 영태는 곧 재호의 팔을 거머쥐며 똑바로 마주쳐다보았다.

"생각나나? 영옥이! 왜 어릴 때…… 그래그래 자네 '각시' 말이네."

그의 입에서 영옥이 말이 나오자 재호는 저도 모르게 심장이 쿵 하고 흉벽을 쳤다. 그처럼 애타게 그리웁던 영옥이 소식이였으나 막상 그에 대한 말을 듣게 되자 어째선지 반갑다기보다 두려운 생각이 들면서 잘 믿어지지 않았다. 오히려 영옥이에 대한 말을 그토록 수월하게 해대는 영태가 어떤 불가사의한 존재로만 여겨지는 것이었다.

"인천에서 만났었네. 우리 배가 인천회사에 소속돼 있을 때였으니까 그것도 벌써 5년 전일세."

'인천?'

재호는 여태까지 영옥이가 다른 곳에서 살고 있다고는 생각해 본 적이 없었다. 대학을 다니거나 시집을 가게 되면 의례히 다른 고장에서 살게 마련이건만 왜서인지 영옥이만은 늘 그 안망실, 가을이면 하얀 박꽃이 초불처럼 피여나는 그 초가집에서만 살 것으로 여겼던 것이다.

"만나자마자 자네 얘길 하데. 아마 자네만은 잊혀지지 않는 모양이야."

"인천에서 무얼하게? 이젠 아이도 두셋은 될걸?"

짐짓 흔연한 표정을 지어 보인 재호였으나 그런 재호를 바라보던 영태는 왜서인지 곧 시선을 아래로 깔았다.

"영옥인 그때까지 혼자였네. 아니 지금도 혼잘 거네."

"혼자라니 그건 왜?"

다시 재호를 여겨보는 영태의 기색은 그에 대한 얘길 해야 할지 아니면 말아야 할지 망설이는 눈치가 분명했다. 그러나 숨을 한껏 들이그으며 고개를 끄덕거리는 것으로 보아서 얘기하기로 결심한 모양이었다.

"고등학교 3학년때라던가? 아버지가 갑자기 돌아가시자 부득불 늙은 어머님과 셋이나 되는 동생을 자기가 돌보지 않으면 안 될 처기가 됐다는 거야. 그래서 할 수 없이 학교를 그만두고 일을 하기 시작했지. 사도공, 세탁부, 지어는 련탄공장에서까지 일했지만 그게 안정된 직업일 수는 없었다는 거네. 마침 그때 동생이 대학에 진학하게 됐다네. 자긴 비록 고등학교도 졸업하지 못했지만 하나밖에 없는 남동생만은 어떤 일이 있어도 대학공불 시킬 결심이였다네. 그런데 매달 납부금을 무슨 수로 충당하겠나. 그래서 생각다 못해 시작한 일이……"

재호는 점점 숨이 가빠지면서 목이 탁 드는 것을 느꼈다.

"결국 그는 동생을 위해, 식구들을 위해 자길 희생시킬 결심을 한 거네. 가족들도 모르게 말이네. 그 길밖에 딴 도리가 없었다는 거야. 아무리 애를 써도 일자리가 있길 하나 그렇다고 누가 도와주길 하나 그래서 결국……

난 아무 말도 할 수 없었네. 그의 딱한 사정도 사정이였지만 그의 처참한 모습을 보기가 너무도 가슴이 아파서 말이네. 그때 내가 놀란 게 뭔지 아나? 그런 애길하면서도 영옥이가 우는 게 아니라 웃고 있는 것이였네. 서글픈 미소긴 했지만 직업이 갖다 준 그런 미소가 얼굴에 떠 있는 게 아니겠나. 어릴 때 그처럼 마음이 예려 잘 울던 영옥이가 이젠 이런 녀자가 됐구나 하고 생각하니……"

가빠 오르던 숨이 일시에 목구멍을 꽉 메우는 바람에 재호는 저도 모르게 가슴을 움켜쥐였다. 눈앞에 보이던 모든 것이 대번에 빙그르르 어지러이 맴돌이치는 것이였다. 그 귀여운 눈매로 말뚱말뚱 쳐다보군 하던 영옥이, 그러다가 알았다는 듯이 고개를 까닥거리고는 뽀르르 달려가군 하던 영옥이가 그렇게 되다니? 저절로 신음이 터져 나왔다.

"뚜——"

출발을 재촉하는 '대양호'의 고동 소리였다.

그제야 재호는 이미 배에 올라 있는 어민들은 물론 승선안내원이며 부도에 서 있는 환송객들까지도 자기들 두 사람을 지켜 보고 있다는 것을 알았다.

"이렇게 만났는데 또 헤여져야 하다니? 재호! 우린 왜 이렇게 살아야 하나. 엉? 북에 있던 내가 남에서 살고 남에 있던 자네가 북에 있으면서도 서로 오가지도 못하니 말일세. 그래 우리가 무슨 죄를 지었다고……"

이렇게 되뇌이는 영태의 목소리는 한탄이라기보다 차라리 그 어떤 부르짖음이었다. 아니 가슴을 긁어 내는 피타는 절규였다. 그것이 우리의 죄가 아니라는 것을, 바로 우리 나라를 둘로 토막친 외세와 그 세력에 아부하는 분렬주의자들 때문이라는 것을 말해 주고 싶었으나 재호는 가슴이 미여져 올라 말이 나가지 않았다.

그러나 영태는 곧 얼굴을 들었다. 무슨 생각이 들었는지 갑자기 두 눈을 번쩍이며 재호를 쳐다보던 그는 이제까지와는 전혀 다른 확신에 넘친 어조로 말했다.

"그렇지만 난 믿네. 믿는단 말일세. 우린 이제 더는 갈라져서 못 사네. 통일은 온 이남 땅의 민심일세. 민심은 곧 천심이라지 않나! 서로 만남이, 우리가 영원히 헤여지지 않을 그날이 멀지 않았다는 걸 믿네. 안 그런가? 부디 우리 그날을…… 재호!"

와락 재호를 그러안은 영태의 두 볼로는 뜨거운 눈물이 흘러 나왔다. 재호 역시 이때껏 애서 참아 오던 눈물이 물목이 터진 듯 마구 쏟아져 나왔다. 통곡이라도 하고 싶었다. 아니 가슴을 치며 마구 몸부림이라도 치고 싶었다.

"암…… 그렇지 않구! 곧 다시 만나구 말구……"

배전에 나가 영태의 손을 쥐고 있을 때는 물론 손을 흔들며 목메인 소리를 웨칠 때까지도 지어는 영태를 실은 '대양호'가 웅기중기 솟아 있는 기선들 사이를 빠져 시야에서 사라질 때까지도 재호는 제정신이 아니였다. 마치 자기가 어떤 꿈을, 그것도 어떤 무시무시한 악몽에 시

달리고 있는 것만 같았다. 사실 악몽이 아니고 뭐란 말인가! 아니 악몽인들 이런 악몽이 어데 있단 말인가! 설사 악몽이라 해도 이건 너무나도 모질고 잔인한 꿈이 아닐 수 없었다.

영태 아버지를 만나 어릴 때 영태와 함께 지내던 일이며 남편을 찾아 헤매던 영태 어머니에 대한 얘기 그리고 이제부턴 자길 영태로 여겨 달라면서 자주 집으로 찾아갈 것을 약속하고 헤여진 다음 차에 올랐을 때까지도 그는 여전히 모든 것이 사실로 믿어지질 않았다. 이걸 어떻게 사실로 믿을 수 있단 말인가! 사실이라면 이건 또 너무나도 황당하고 허무한 사실이 아닐 수 없었다.

꿈이라기에는 너무나도 가혹하고 사실이라기엔 너무나도 허황한 현실, 이 비정한 현실이 바로 오늘의 북과 남이라는 생각이 들자 재호는 새삼스레 가슴이 터지는 것 같았다. 우린 왜 이렇게 살아야 하는가고 부르짖던 영태의 그 애통한 절규가 터진 가슴을 더욱 갈기갈기 찢어대는 것이였다.

정녕 우린 왜 이렇게 살아야 하는가! 왜? 남편이 북에 있다는 것도 모르고 온 이남 땅을 다 찾아 헤매여야 하는 안해, 살아 있는 아버지련만 그 소식을 어머니에게 알리기조차 두려워해야 하는 아들, 그처럼 순진하던 영옥이가 밤녀인이 되여 애소를 머금은 채 거리를 헤매고 있다는 걸 알면서도 속수무책으로 있어야만 하는 이 현실⋯⋯

과연 내가 바라던 것이 이런 것이였단 말인가! 단 한순간만이라도 만나 보았으면 한이 없을 것 같던 그 천추의 소원이 이토록 가슴 쓰린 것이란 말인가! 그처럼 생각만 해도 저절로 가슴이 떨리군 하던 그 꿈만 같은 순간이 이다지도 비통한 것이란 말인가!

들썩하고 몸이 들추었을 때에야 재호는 제정신으로 돌아왔다.

승용차는 어느새 항구도시를 벗어나 대동강을 끼고 달리고 있었다. 9월의 미풍에 잔주름이 곱게 잡혀 있는 강수면이였으나 모래를 실어 나르는 수송선 한 척이 강복판에서 그 일매진 주름을 우악스레 찢어 내고 있었다.

　차를 몰고 있는 인수는 줄곧 침묵이였다. 그 역시 부두에서 받은 충격으로 하여 무슨 말을 꺼내기에는 마음이 착잡한 모양이였다. 구래도 그처럼 고대해 오던 기회가 차례진 것만큼 그 기분만은 각별하리라 여겨 재호는 지나가는 말처럼 한마디 던졌다.

　"그래 이젠 소원이 이루어졌나? '상봉' 말이네."

　아무 대꾸도 없던 인수는 한숨부터 내쉬였다.

　"사실 전 오늘 얼마나 당황했던지…… 그처럼 바라던 기회가 한 번도 아니고 두 번씩이나 차례졌으니 말입니다. 그런데 첨엔 몸이 떨리고 손이 떨려 촬영을 할 수가 있어야지요. 그게 좀 진정되는가 했는데 이번엔 또 눈물이 나와 초점을 맞출 수가 없는 게 아닙니까. 참…… 그런 사정도 사정이지만 전 어쨌던 오늘 제가 그처럼 노리던 순간을 제대로 찍지 못했습니다."

　"찍지 못하다니?"

　재호는 놀라지 않을 수 없었다.

　"찍지 못했다기보다 찍을 수가 없었지요. 글쎄 제가 노리던 그런 장면이 차례져야 찍을 게 아닙니까. 숱한 장면을 찍긴 했지만 그건 다 색갈이 어두운 것들 뿐이란 말입니다. 부장 동지!"

　다른 말은 몰라도 이 말만은 더없이 중요하다는 것을 강조하려는 듯 인수는 잠시 사이를 두었다가 입을 열었다.

　"전 오늘에야 비로소 우리의 상봉이 어떤 것인가 하는 걸 알았습니다. 직접 겪어 보고서야 말입니다. 한마디로 말해 우리의 상봉은 제가 바라던 그런 감격이나 기쁨은 고사하고 도리여 슬픔이고 고통이라는 것입니다. 설사 만났다 해도 만난 기쁨보다 몇 배 더한 생리별의 아픔을 다시 겪지 않으면 안 되는 상봉이 아닙니까. 그래서 그토록 바라던 원이 새로운 한으로 맺히는 그런 상봉이지요. 결국 제가 바라는 그런 상봉이 아니였다는 걸 똑똑히 알았단 말입니다."

사실 그런 상봉이 아니고 뭐란 말인가! 기쁨이 아니라 슬픔이고 바라던 원이 도리여 한으로 맺히는…… 그래서 아직은 있을 수 없는 상봉……

하지만 재호는 왜서인지 그렇게만 여기고 싶지 않았다. 아니 그렇게만 여길 수가 없었던 것이다. 오늘의 상봉이 비록 괴로운 것이긴 했지만 그 괴로움 속에서 뭔가 새로운 것을 절감하지 않을 수 없었다. 그것이 뭔지 저로서도 찍어 말하기는 어려웠지만 슬픔이나 고통만이 아닌 그것을 초월하는 그 어떤 더없이 강렬하고도 절박한 것이 있었다.

문득 남편을 찾아 헤매는 영태 어머니며 영옥이의 애처로운 모습이 떠오르는가 하면 자기를 부둥켜안고 외치던 영태의 목소리가 되살아났다. 순간 그는 어떤 충격에 몸을 떨었다. 그것은 여태까지는 감각으로만 느끼던 것을 두 눈으로 똑바로 바라보면서 온몸으로, 심장으로 받아안게 될 때 체험하게 되는 그런 비상한 충격이였다.

"인수!"

재호의 목소리는 낮았으나 떨리고 있었다.

"나 역시 오늘의 상봉이 괴로웠네. 그렇지만 난 바로 그 괴로움 속에서 래일에 대한 확신, 뚜렷한 확신을 가지게 됐네. 상처의 고통은 종처를 도려낼 때가 제일 심한 법이 아닌가! 새 생명의 탄생 역시 가장 모진 진통을 거치기 마련이고, 난 오늘의 상봉에서 우리가 바로 그런 처지에 있다는 걸 똑똑히 깨달았네. 삼천리 강산이 하나로 되고 외세가 물러나고 분렬의 장벽이 무너지고…… 그렇네! 통일이네. 우리가 그토록 바라던 통일이 이젠 바로 눈앞에 다가섰단 말이네.

내 눈에는 보이네. 북남으로 자유로이 오가는 사람들의 모습이 말이네. 통일의 광장에 우리 수령님을 높이 모시고 목청껏 만세를 부르는 7천만 겨레의 감격에 넘친 모습이 말이네!"

이렇게 외치는 재호의 두 눈에는 그날의 환희와 열광이 한껏 너울치고 있었다.

통일시대를 향한 문학적 도정

1. 민족 공동체 의식의 회복을 위해

금강산 관광이 세간의 화제가 되고 있다. 행정 구역상 강원도의 고성 군과 회양군에 속해 있는 금강산. 물리적 거리는 우리의 일상 생활권으 로부터 불과 한나절도 안 걸리는 지척의 땅에 있으나, 적어도 전후세대 에게 심리적 거리는 아득히 먼 전설의 땅에 있다. 금강산은 우리에게 반 세기에 걸치도록 단 한차례도 자신의 실재의 모습을 보여주지 않고, 노 래, 속담, 설화를 통해서만 그 신비한 자태를 희미하게 비추어 주고 있 었다. 따라서 금강산 관광은 이미 그 자체로 관념의 안개 속에 묻혀 있 던 신비의 세계를 현실 속으로 끌어내는 문제적 사건이다. 물론 금강산 관광이 지닌 문제성은 비단 여기에서 그치지는 않는다. 금강산의 실제 모습의 현현은 궁극적으로는 분단 이데올로기의 미망에 의해 아득히 멀 어지고 묻혀진 북한땅 전역의 실재를 찾고 복원하는 도정으로서의 의미 를 지닌다. 다시 말해 금강산 유람선의 활주는 육중한 분단의 장벽을 허 물고 민족 통일과 화해의 틈새를 열치는 단초로서의 문제성을 내장하고 있다.

아직 민간 차원의 미미한 수준에서나마 이와 같은 남·북한의 교류의 길트기가 가능할 수 있었던 것은 말할 것도 없이 종전의 이념적 대결과 반목의 냉전체제에서 상호 의존적인 경쟁과 협력의 경제 공동체로 재편

된 1990년대의 세계질서와 직접 관련된다. 탈냉전시대의 도래는 일단은 한반도의 분단체제를 규정, 강요, 강화시켜 온 외부적 규정력의 해체를 의미한다. 그러나 남·북한은 아직 서로를 적대국가로 상정하는 이른바 "1950년 질서"에서 크게 벗어나지 못하고 있다. 반세기에 걸쳐 대립적인 양극화로 치달았던 한반도의 분단체제가 아직 세계정세의 변화에 제대로 대응하지 못하고 있는 것이다. 이제 우리에게는 종전의 냉전구도의 관성에서 벗어나 새롭게 변화된 국내외 상황을 민족적 화해와 통합의 긍정적 계기로 적극 활용하는 자세가 절실하게 요구된다. 그렇다면 반세기에 걸친 분단체제를 극복하고 민족 공동체의식을 회복할 수 있는 가장 긴요한 방안은 무엇일까? 1990년대 남·북한 문학사에 등장한 이산과 상봉의 문제를 중심 항목으로 다룬 통일문학의 출현은 이러한 문제제기에 대한 창조적인 응답의 모색으로서의 의미를 지닌다. 핏줄의 문제만큼 남·북한의 민족 공동체의식을 뚜렷하게 확인할 수 있는 요소도 없을 것이기 때문이다.

2. 남한, 탈이념과 문학적 리얼리티의 모험

90년대 들어오면서 분단문학의 흐름은 통일문학으로 선회하는 특징적인 양상을 보인다. 분단문학이 한국전쟁의 비극성과 분단 이데올로기에 대한 비판을 중심 항목으로 삼았다면, 통일문학은 분단체제의 이질성을 극복하고 진정한 민족적 화해와 연대의식을 회복하는 현실적인 방안에 대한 모색이 중심 내용을 이룬다. 통일문학의 주요 소재는 대체로 이산 가족을 비롯한 남·북한 주민의 직접적인 상봉과 이를 통한 비극적인 회한의 문제로 모아진다. 또한 이들 작품은 사건 전개의 배경이 제3국으로 설정되어 있는 공통성을 지닌다. 아직 한반도에서는 분단체제의 공세적인 대결 논리가 지속되고 있기 때문에 이데올로기로부터 열린 공간에 해당하는 제3국이 작품 배경으로 등장하게 된 것으로 파악된다. 그럼에도 불구하고, 남·북한의 일반 주민이 직접 만나서 동질성과 이질성의 실상을 체험적으로 확인하는 일련의 과정이 작품의 전면에 등장하는 것은 우리 사회가 경직된 냉전체제의 미망으로부터 이미 상당히 벗어나고 있음을 여실하게 보여주는 현장이기도 하다.

홍상화의 「어머니 마음」은 유복자로 태어난 주인공 인구가 중국에 거주하는 사촌의 중재를 통해 북한에 사는 아버지를 상봉하는 이야기이다. 인구에게 아버지는 어머니의 비천하고 방탕한 행실에 대한 혐오가 가중될수록 이와 대조되는 인자하고 지성적인 모습으로 더욱 크게 부각되어 왔다. 어머니와의 삶에 대한 부정의식이 월북한 아버지에 대한 그리움을 강렬하게 불러일으키는 내적 계기로 작용해 왔던 것이다. 우여곡절 끝에 인구는 아버지를 만나서, 중국 대련항에서 위해로 가는 하룻밤의 상봉 기간을 보낸다. 여기서 그는 자신과 아버지와의 공통점을 확인하면서 깊은 혈육의 일체감을 느낀다. 아버지의 발이 자신과 같이 편발이라는 것, 색소폰 연주의 18번이 '오 대니 보이'라는 것 등이 여기에 해당하는 주요 항목들이다. 이와 같이 주인공이 난생 처음으로 만난 아버지에게 쉽게 혈연관계로서의 친연성을 느끼고 어린아이처럼 기뻐하게 된 것은 '어머니와는 전혀 다른 부류의 사람이라'는 기대에 대한 확인이 이루어졌기 때문이다.. 이 작품은 일반적으로 이산 가족에 대한 그리움과 상봉의 문제를 분단체제의 이념적인 역사적 상황에 입각하여 접근하는 경우와 달리, 개인사적인 삶의 특수성으로 끌어들여서 구체적인 생활 감각에 비중을 두고 접근하고 있다는 점에서 새로운 흥미를 끈다.

이원규의 「강물은 바람을 안고 운다」는 자본주의의 상술 논리가 체질화된 남한 사람과 북한 주민의 만남에 관한 얘기를 비감어린 어조로 묘파하고 있다. 19세기 말에 이주했던 우리 유민들의 발자취를 따라 연해주 취재에 나선 남한의 한 방송 취재팀은 하산 역사에서 우연히 북한 벌목공들을 만난다. 남·북한의 주민이 아무런 마음의 준비도 없이 서로 얼굴을 마주 대하게 된 것이다. 이때 나타나는 반응의 양상은 크게 세 단계로 나누어 정리해 볼 수 있다. 첫번째 단계는 '석고상처럼 하얗게 질려서 허공을 짚듯이 허둥거리며 달려오'는 취재팀 일행의 당황하는 표정을 통해 드러난다. 어린 시절부터 받아 온 반공교육의 연장선에서 드러나는 무의식적인 반응이다. 이 점은 또한 남한 사람을 즉물적으로 경계하고 회피하는 북한 사람들의 경우에도 크게 다르지 않다. 두 번째

단계는 같은 동포로서 느끼는 반가움과 친밀감의 표현을 통해 드러난
다. 배고픈 표정을 하고 접근한 남한 사람에 대해 북한 사람은 "굶는 동
포를 냐둘 수는 없지비. 우리하고 가티 들고 날래 나가오다"라며 깊은
동포애를 표시한다. 이때부터 이들은 서로 급속하게 친해져서 통일문제
부터 시작해서 여러 가지 살아가는 물정에 대한 얘기를 허심탄회하게
나눈다. 서로에 대한 만남의 관계가 적대적인 분단 국가의 구성원에서
민족 공동체의 구성원으로 전환된 것이다. 세 번째 단계는 북한 사람이
느끼는 남한 사람에 대한 분노와 배반감의 표출로 드러난다. 남한의 방
송 취재팀은 북한 벌목공과의 조우를 상품성 있는 방송 특종으로 만들
기 위해 카메라에 몰래 담고 있었던 것이다. 경제가치가 있으면 무엇이
든 상품화시켜내는 자본주의의 끈덕진 시장 논리가 여기에서도 그대로
발휘되고 있다. 이 작품에서 자본주의의 음험한 상품 논리의 생리에 대
한 진면목은 북한 사람들로부터 필름을 빼앗기는 곤경을 겪은 이후에
더욱 노골적으로 부각된다. 카메라맨은 빼앗길 것을 대비하여 먼저 찍
은 필름의 일부를 교묘하게 숨겨 두고 있었던 것이다. 작가는 여기에서
남한의 북한에 대한 접근 태도의 저변에는 민족 공동체의식을 내세우는
대의적인 명분보다 자신의 실리를 계산하는 천민 자본주의 논리가 우세
하게 작용하고 있음을 비판적으로 직시하고 있다. 그래서 이 필름사건
의 결말은 다음과 같이 처리된다.

　　김민규의 팔에서 풀려난 조경호가 캠코더에 모니터를 결합하기 위해 필름
　　카세트를 침대 위에 놓는 순간, 현식은 어찌할 수 없는 힘에 이끌려 민첩하게
　　그것을 집어 창문 밖으로 던져 버렸다.

　남·북한의 진정한 화해와 민족적 동질의식의 회복은 무엇보다 먼저
따뜻한 동포애로써 상대방을 진실되고 정직하게 감싸 안는 태도부터 선
행되어야 한다. 자신의 경제적 실리 추구를 위한 민첩한 계산 논리에 입
각한 만남의 과정은 민족적 연대의식에 점점 더 깊은 균열을 일으킬 뿐
이다. 작가는 이 점을 힘주어 강조하고 있는 것이다.
　한편, 90년대 통일문학 중에서 특히 최윤의 「아버지 감시」와 이순원

의 「혜산 가는 길」은 진정한 민족 통합의 구체적인 방안에 대한 모색을 제기하고 있다는 점에서 주목된다. 「아버지 감시」는 프랑스에서 거주하고 있는 주인공이 한국전쟁 때 좌익 이념에 대한 신봉으로 월북했던 아버지를 만나서 겪게 되는 소통 부재의 단절에서 화해로 가는 과정을 다룬 이야기이다. 아직 공산주의를 완전히 포기하지 않은 아버지는 자신의 신념을 위해 최선을 다했던 과거에 대해 당당한 자세를 견지한다. 반면에 아들은 아버지에게 월북한 사람의 아들로서 겪어야 했던 고난의 삶에 대한 보상 욕구가 불거져 나오는 것을 억제할 수 없다. 부자간의 한 아파트 생활은 지난한 불통의 시간으로 이어진다. 여기에서 부자간의 화해의 실마리를 찾을 수 있는 방법은 무엇일까? 작가는 제각기의 서로 다른 이념과 삶의 역정을 인정해 주는 자리에서 가능할 수 있다고 전언한다. 작품의 결말이 주인공이 아버지를 파리 코뮌 당시 인민혁명 전사들의 무덤으로 안내해 주는 여정으로 마무리되는 것은 이러한 정황을 구체적으로 뒷받침해 준다. 이 작품은 반세기에 걸친 분단의 역사가 축적한 이질성의 장벽이 혈연의 문제만으로 한순간에 와해될 만큼 단순치 않음을 섬세하고 냉정한 어조로 제시하고 있는 것이다.

한편, 「혜산 가는 길」은 분단 극복과 통일의 방안에 대한 논의를 좀더 직접적으로 작품의 전면에 내세우고 있다. 주인공은 40년 만에 어머니를 만나려 압록강을 사이에 두고 고향 혜산이 지척에 보이는 중국 땅 장백에 간다. 그러나 여기에서도 주인공은 어머니를 만나지 못하고 "강 건너 가족들을 생각한다면 그만 돌아가라"는 말만 전해 듣는다. 이 소설에서 가장 중요한 대목은 어머니의 말을 전하는 친척 아저씨의 다음과 같은 진술이다. "한꺼번에 그 한 다 씻을 수 없는 게 우리 세월이고 망. 조금씩 조금씩 허물어 가야제…… 전에 여기 있을 때 느 아바이 봄마다 하던 벌 합봉하드끼……" 합봉이란 "서로 모시는 여왕벌이 다른 두 개의 벌통을 한 벌통으로 만드는" 기술이다. 작가는 남·북한의 진정한 통합은 일방적인 정부 주도의 방식이 아니라 점차 아래로부터의 민족적 공감대를 확대시켜 나가는 과정 속에서 마침내 가능하다는 것을 자연의 삶의 생리를 끌어들여 흥미롭게 제시하고 있다.

이상에서 보듯 근자에 발표된 이산의 설움과 상봉을 소재로 한 남한

의 소설은 분단의 역사가 침전시킨 이질성의 참모습과 민족적 화해의
지난한 과정을 정확하게 직시하기 위한 문학적 리얼리티의 구현을 시도
하고 있다. 이러한 작품은 통일시대를 향한 준비 과정으로서의 중요한
의의를 지닌다. 앞으로는 남한뿐만 아니라 북한의 실상과 통일정책까지
도 작품 속에 끌어들여 포괄적으로 형상화하는 좀더 본격적이고 창의적
인 통일문학의 출현이 요구된다. 물론 이러한 요구에 대한 충족은 남·
북한의 교류의 확장과 더불어 북한 사회에 대한 면밀한 구조적 이해가
선행되면서 가능할 수 있을 것이다.

3. 북한 또는 추상적 열정의 전체주의

북한에서의 문학은 근본적으로 남한과는 판이하게 다른 성격과 위상
을 지닌다. 북한에서는 국가 이념체계와 당의 정책에 상응하는 엄정한
문예정책을 수립하고 있으며, 모든 문예물의 창작은 여기에 입각하여
계획, 실천, 평가, 검열, 지도된다. 실상 북한 문학은 당의 공식적인 지
배체제 이데올로기를 재생산하고 교양하는 일종의 문화적 지배장치이
다. 북한에서의 작가는 남한과 달리 당의 충복한 복무자 내지 인민 대중
의 교양적 지도자로서의 위상을 지닌다. 그래서 북한 문학은 정론적이
고 도식적인 범주를 크게 벗어나지 못한다.

1990년대 들어 북한에서는 혈육의 정을 그리워하는 이산의 아픔을
중심 소재로 하는 작품이 두드러지게 많이 등장한다. 이들 작품들은 비
교적 탈이념적인 성향을 뚜렷하게 드러낸다. "조국통일에 관한" 주제를
다룬 종전의 작품들이 대체로 반미구국투쟁이나 남조선의 지배정권에
대한 왜곡과 비방으로 일관되었던 점에 비할 때, 이러한 현상은 90년대
북한 문학의 새로운 특성으로 주목된다. 이러한 문학적 변모의 양상은
1980년대 후반 들어 임수경, 문익환, 황석영 등의 방북 인사가 늘어나
면서 북한 동포들의 가슴 깊숙이 잠재되어 있었던 이산 가족에 대한 아
픔과 상봉의 기대가 지배 이데올로기의 층위를 뚫고 전면에 표출되면서
나타난 것으로 이해된다. 혈육에 대한 그리움의 문제는 이데올로기적

명분으로 통어할 수 없는 가장 본질적이고 절대적인 것에 해당한다.

주유훈의 「어머니 오시다」는 제3국에서 거주하는 어머니가 북한에 와서 40년 만에 아들 황설규를 만나는 감격적인 순간에서부터 시작된다. 남한에 살던 어머니는 56년 여름날에 우연히 남몰래 듣던 평양방송을 통해 50년에 월북한 아들의 생존 소식을 알게 된다. 평양방송에서 '방금 전국 기악 독주 경연에서 1등을 한 황설규의 바이올린 독주를 보내 드렸습니다'라는 멘트가 흘러 나왔던 것이다. 이때부터 어머니의 삶의 과정은 아들과의 상봉의 문제가 절대적인 꼭지점에 놓이게 된다. 딸 혜경이를 제3국으로 시집 보낸 이유도 여기에 있다. 제3국에 나가 살면 그게 "믿음직한 연줄이 되어" 아들을 만나기에 유리하다고 생각했던 것이다. 그러나 결국 이것이 문제가 되어 혜경이는 수토병에 걸리어 죽게 된다. "기차로 몇 시간이면 가 닿을 곳에 있는" 아들을 만나는 데 이토록 가혹한 대가를 치러야만 했던 것이다.

그러나 어머니는 40여 년 세월을 그토록 간절하게 아들과 함께 사는 날을 고대해 왔으나 정작 그 목적이 성취되는 지점에 이르자, 다시 이산의 아픔이 되풀이되는 기약없는 이별의 길을 선택한다.

"여기 소식두 전하구, 북의 동포들의 마음도 전하구— 나를 막아 나섰던 자들한테 똑똑히 말해줄 것도 있으니— 나두 해외에서나마 통일성업에 무엇이든 보탬을 해얄 게 아니냐—"

어머니의 궁극적인 목적은 아들과의 해후의 기쁨을 자신만이 누리는 것이 아니라, 이산 가족 모두가 해후의 기쁨을 공유할 수 있는 남·북한의 완전한 통일에 있었던 것이다. 따라서 통일 성업에 보탬이 되기 위해 아들과 이별하는 어머니의 발길은 더욱 본질적이고 근원적인 상봉을 위한 예비 과정으로서의 소중한 의미를 지닌다.

이 소설은 어릴 때부터 켰던 아들의 바이올린을 매개항으로 하여 비교적 높은 구성적 밀도를 이루어내면서, 이산의 아픔을 응축적으로 심화시키고 있다. 그러나 작가의 통일의식이 북한의 대남전략의 범주내에서 개진됨으로써, 반통일 세력에 대한 폭넓은 인식과 균형 잡힌 비판의식을 확보해내는 단계로는 나아가지 못하고 있다.

리종렬의 「산제비」는 KAPF 출신 시인이며 북한 애국가의 작사자인 박세영의 미망인 김숙화 할머니가 제13차 세계 청년 학생 축전에 참가하기 위해 입북한 임수경을 통해서 느끼는 통일의 열망과 기대를 중심 내용으로 하고 있다. 김숙화 노인은 응접실의 유방고성기에서 서울에서 대학생 임수경이 올라왔다는 놀라운 소식을 전해 듣고 그토록 통일을 갈망하다가 끝내 소원을 이루지 못하고 죽은 남편 박세영 시인을 떠올리며 슬퍼한다. 박세영 시인은 설 명절마다 송영, 엄흥섭, 박태원, 리용악, 박산운, 김순석 등 우리들에게도 낯익은 카프 출신의 월북 시인들과 술을 마시며 서울의 문우들을 그리워하며 통일을 간곡히 기원하곤 하였다. 그는 임종을 앞둔 유언에서조차 통일에 대한 간절한 원망을 진술한다. "나는 말이여, 환생이라는 게 있다면 저 산제비가 되고퍼. 산제비." (……) "그러면 훨훨 날아다니며 서울에도 가 여기 소식이랑 전하고. 사람들을 통일에로 부르고"라고 읊조리는 것이다. 김숙화 할머니의 남편에 대한 기억은 임수경에 대한 반가움을 더욱 증폭시키는 내적 계기로 작용한다.

한편, 할머니는 임수경에 대한 반가움이 커갈수록 며느리와의 정서적인 이질감의 간격을 발견하게 된다. "분단의 아픔을 한평생 피눈물로 체험한 우리 늙은 것들하고야 다를 테지" 하는 생각이 들게 된 것이다. 이 점은 분단 1세대와 2~3세대 간의 통일에 대한 관심과 열망의 질적 차이를 지적한 것으로서 남한의 경우도 동일하게 적용된다.

이 작품의 결말은 김숙화 할머니도 참여한 판문점을 넘어 남으로 떠나는 임수경에 대한 환송 장면이 압권을 이룬다.

시간이 박두하자 어디서 밀려드는지 대통로의 량 옆에 사람들이 빽빽이 밀려들어 물결치며 설레이듯 술렁댔다. 가로수들의 밑, 아파트들의 베란다, 지붕, 공중다리 어디에나 사람, 사람들이였다. 모두 하나같이 림수경에 대한 화제로 웅성거렸다. (……) "수경아—애야—수경아—장하다. 손녀야—" 터져 오르는 환호성 속에 선두차가 서서히 멎어 서자 사람들이 미친 듯이 달려나가 다음 차, 림수경이 탄 무개차를 에워싸고 팔이나 옷깃이라도 만져 보자고 손을 쳐들고 흔들어대였다.

　인산인해를 이룬 인파들이 임수경을 만나기 위해 열광하는 모습이 실감있게 그려져 있다. 전체적인 분위기가 마치 큰 잔치의 행사처럼 들뜬 채 술렁거린다. 임수경을 외치는 환호성은 곧 통일에 대한 열망의 심도를 나타내는 것이기도 하다. 그래서 작가는 이 작품을 끝내면서「산제비」라는 시를 다시 인용하여 임수경과 연결짓고 있다.

　이 작품은 임수경의 방북을 기화로 솟구쳐 오른 통일에 대한 열망의 뜨거움을 잘 드러내고 있다. 그러나 통일에 대한 격정적인 열정을 뒷받침하는 구체적이고 현실적인 문제에 대한 천착은 전혀 드러나지 않고 있다. 민족 분단에 대한 역사적 배경과 그 극복 방안에 관한 진지한 탐색이 간과된 채, 오직 통일의 당위성만을 열광적으로 강조하고 있는 형국이다. 물론 여기에는 임수경의 방북이라는 실제적 사건이 가져온 정서적 충격으로 인해 차분하게 역사적 상황을 인식할 여지를 갖기 힘들었을 것이다. 그러나 반세기에 가까운 분단 역사가 쌓은 높은 이질성의 켜를 무시한 채, 오직 통일의 당위성만을 열광적으로 강조하는 것은 통일 성업에 실질적인 도움이 되기는 어렵다.

　림종상의「쇠찌르레기」는 월남한 조류학자 원병오 박사가 북녘의 가족에게 새를 통해 교신을 보낸 극적인 실화를 소재로 하고 있어 더욱 흥미를 끈다. 작품의 구성 방식은 작중 내레이터가 원홍길 박사의 손자인 창운이의 월남한 막내 삼촌 원병후 박사에게 보내는 편지를 소개하는 액자식 구성으로 짜여져 있다. 창운이의 편지 내용을 순차적으로 따라가 보면 다음과 같다. 원병후는 할아버지 원홍길 교수가 자신의 조류학의 학풍을 이을 후손으로 여기고 가장 총애하던 막내 아들이다. 그러나 그는 전쟁중인 51년 초에 돌연 부모의 곁을 떠나 월남하게 된다. 그 이후 북녘 가족의 원병후 박사에 대한 소식은 간혹 조류학에 관련된 학술지와 책자를 통해 알게 된다. 그러던 중 어느 날 창운은 남쪽의 원병후가 표식 가락지를 끼워서 날린 쇠찌르레기를 발견하게 된다. 이 대목은 이 작품 전개 과정에서 가장 절정을 이루는 중요 부분이다. 원병후 박사는 여기에서 자신이 증식한 쇠찌르레기가 온 강토에 서식하게 되었다는 점, 남한에 간 아들이 자신과 같이 쇠찌르레기에 깊은 애착을 갖고 연구하고 있다는 점에 학자로서의 큰 기쁨과 만족을 느낀다. 그러나 이 사건이 지닌 가장 중요한 의미는 이러한 점보다 원홍길 교수의 가문과 운명적으로 얽혀 있는 쇠찌르레기가 아들의 이름을 물고 왔다는 사실 그 자체에 있다. 쇠찌르레기가 민족 분단으로 인해 한맺힌 이산의 아픔을 겪고 있는 부모와 자식 간에 해후의 다리를 놓아 준 것이다. 그러나 새를 통한 간접적인 상봉의 기쁨은 이내 이산의 현실에 대한 통절한 아픔을 더욱 심화시키는 역할을 하게 된다.

"이 녀석아! 왜 가락지에 몇 자 적어서 안서로 띄우지 못했느냐. 그러면 못 쓴다더냐? 아이적 홍역을 앓으면서 이 에미의 속을 지지리도 태우더니 다 자란 지금에도……"

이러한 탄식에는 곁에 두지 못한 자식에 대한 그리움이 뼈아프게 아로새겨져 있다. 자식에 대한 사무치는 원망과 아쉬움을 그의 아이적 시절과 병치시켜 표현함으로써 어머니의 곡진한 모성애가 더욱 극대화되고 있다.
　이 작품 역시 북한 문학에서 볼 수 있는 일반적인 특징처럼 주제의식의 설명적인 제시, 주인공의 지나친 전범화, 정론적인 결말처리 등의 도식성을 피하지 못하고 있지만, 그러나 극적인 가족사의 사연이 실감있게 매개됨으로써 높은 문학적 긴장력과 흥미를 성취해내고 있다.
　재일교포 출신 작가인 남대현의 「상봉」(1992)은 주인공 재호가 태풍으로 조난당했다가 북한 경비정에 구조된 남조선 어선에서 어린 시절의 친구와 상봉하는 것이 중심 내용이다. 재호는 아버지를 찾아 일본으로 갔다가 다시 북한으로 와서 이제는 신문사 기자로 일하고 있다. 그의 이러한 이력은 늘 남한 소식이나 의거입북한 남한 사람에 대해 깊은 관심을 갖게 하는 요소이다. 그는 어느 날 구조된 남조선 어선 "대양호"에서 어린 시절 아버지를 찾아 떠돌던 친구였던 송영태란 명단을 발견한다. 부두에 도착했을 때 송영태는 한 노인을 안고 울부짖고 있었다. 그 노인이 바로 송영태가 어릴 때부터 찾아 헤매던 아버지였다. 송영태와 그의 어머니가 아버지를 찾아 남으로 갈 때 아버지는 그들을 찾아 북으로 왔던 것이었다. 그러나 이들의 그토록 바라던 상봉의 기쁨은 다시 이별의 아픔을 낳는 계기가 된다. 송영태는 다시 남으로 귀환해야 하기 때문이다. 분단 상황에서 상봉은 "감격이나 기쁨은 고사하고 도리어 슬픔이고 고통"이다. 그렇다면 이 땅에서의 진정한 상봉은 어떻게 이루어질 수 있는가? 그것은 물론 완전한 통일의 성취에 있다. 그래서 작품의 결말은 재호의 통일에 대한 솟구치는 열망에 대한 강조로 마무리된다.

> "내 눈에는 보이네. 북남으로 자유로이 오가는 사람들의 모습이 말이네.
> 통일의 광장에 우리 수령님을 높이 모시고 목청껏 만세를 부르는 7천만 겨레의 감격에 넘친 모습이 말이네!"

특히 위의 인용문에서는 "우리 수령님을 높이 모시고"와 같은 앞에서 살펴본 작품과는 변별되는 지배체제 논리에 대응되는 선정적인 표현이 전면에 등장하고 있다. 이것은 작품의 발표 연대와 무관하지 않은 것으로 이해된다. 1991년에 『조선문학』 정론에서는 최근에 발표되고 있는 조국통일 주제의 작품들이 미제에 대한 민족적 증오심을 불러일으키지 못하고 지엽적인 문제들에 머무르고 있다고 경고한다. 이 작품은 이러한 경고성 지적 이후에 발표되었기 때문에 분단에 대해 "외세와 그 세력에 아부하는 분렬주의자" 탓이라고 적시하거나 위의 인용문의 경우처럼 당의 공식적 이념과 대응되는 정치적 담론이 전면에 등장하게 된 것으로 보인다.

이상에서 살펴본 이산 가족의 그리움과 상봉을 중심 소재로 한 북한 소설은 공통적으로 통일에 대한 전체주의적인 열망이 전면에 표출되고 있으나, 민족 분단의 역사적 상황과 남·북한 간의 이질성의 실상에 대한 객관적인 성찰의 과정이 매개되지 못하고 있다. 이들 작품들이 통일에 대한 염원을 강조하고 있음에도 불구하고 공소하고 허망한 여운을 반복적으로 남기는 까닭이 여기에 있다. 그럼에도 불구하고 1990년대 들어 북한 문학에서 가장 심원한 인간 심성인 혈육의 정에 대한 그리움을 탈이데올로기적인 범주에서 작품화한 것은 그 자체로도 중요한 의미를 지닌다. 혈육에 대한 그리움과 상봉의 갈망은 오늘날 남·북한 간의 냉엄한 분단의 장벽을 허물고 민족 공동체의식을 찾는 가장 핵심적인 내용에 해당하기 때문이다.

4. 맺음말

1990년대 들어서면서 분단문학은 통일문학의 양상을 뚜렷하게 드러낸다. 전쟁의 비극성과 분단 이데올로기의 허구성에 대한 비판적 개진으로 집중되었던 분단문학이 남·북한의 이질성의 참모습을 확인하고 진정한 민족적 화해의 길에 대한 모색을 지향하고 있는 것이다. 이와 같은 통일시대를 향한 문학적 대응의 양상은 북한 문학에서도 적지 않게 찾아볼 수 있다.

북한의 소설에서 이산 가족의 그리움과 상봉의 문제는 쉽게 통일 지향의 당위성에 대한 강한 열망으로 치닫는다. 오늘날 "냉전의 섬"으로 남아 있는 한반도에서 민족 통일에 대한 당위성은 아무리 강조해도 지나치지 않지만, 그러나 분단 반세기가 축적한 두 체제간의 이질성의 깊은 층위에 대한 심사숙고가 선행되지 않고서는 한갖 장식음에 그치는 한계를 벗어나기 어려울 것이다. 한편, 남한의 경우는 서로 다른 지배체제 속에서 살아온 남·북한의 이질성의 간격을 구체적으로 성찰하는 면모를 드러낸다. 그러나 아직 북한에 대한 온전한 이해의 부족으로 분단 상황을 남·북한에 걸쳐 동시적이고 입체적으로 조망하고 그 극복의 가능성을 가늠하는 단계로 나아가지는 못하고 있다. 통일문학은 아직 본격적인 단계로 나아가지 못하고 있는 것이다.

여기에서 이산 가족의 그리움과 상봉의 문제를 다룬 남·북한의 문학을 함께 이해하는 과정은 결국 분단 상황에서의 삶의 현황과 그 극복의 길에 대한 모색을 객관적으로 성찰하는 실마리를 제공해 준다는 점에서 중요한 의미를 지닌다. 앞으로 통일문학은 여기에서 더 나아가 민족적 에네르기를 소모해 온 남·북한의 상극적인 관계를 상생의 관계로 전환시킬 수 있는 통일철학을 정립시켜 나가는 더욱 근본적이고 창조적인 모험을 시도해 나가야 할 것이다.

노루 사냥

박덕규

이틀 동안 진행된 공개 특강은 이제 마지막 요리 시범을 남겨 두고 있었다.

이틀 일정이라 해도 사실 하루 세 차례씩 모두 여섯 가지 주제를 감당해야 하는 강행군이었다. 각 강의별로 다채로운 요리를 간략하게 소개하고 난 뒤에 그 중 대표적인 요리를 직접 해보이는 순서로 마련돼 있었기 때문에 말도 행동도 제한된 시간을 고려해야 하는 어려움이 컸다.

특히 첫날은, 특강에 들어가기 전부터 몰려들어 인터뷰다 사진 촬영이다 요구하는 기자들 탓에 한껏 어수선한 채로 시작된 데다 익숙지 않은 텔레비전 녹화를 겸하고 있는 행사라 눈에 띄는 몇 번의 실수가 발생했다. 두 번째 강의의 주요리로 채택된 '평양 온반' 요리 시범 때는 마지막까지 고생이었다. 가스 불이 약해져서 닭고기가 설익는 바람에, 대표 시식자로 참석한 평양 출신의 한 귀순자가 쥐어짜듯이 "평양에서 먹던 맛 기대롭네다"라고 품평하고 말았다. 영리한 남한 사람들이 그것만으로 북한 요리를 우습게 볼 까닭은 없었지만, 사실 박당삼이 요리하는 틈틈이 "이거이, 불이 약해서리, 닭고기가 문제겠는데……"라고 중얼거려 두지 않았더라면, 톡톡히 망신을 당할 뻔한 지점이었다. 엔지가 났다고 치고 다시 하자고 말하고 싶었지만 일정이 워낙 빡빡했고, 텔레비전 촬영팀에서도 별반 표정을 짓지 않아서 그냥 넘어가기로 했다.

그에 비해 오늘은, 시작 전에 무대 전면에 나붙은 '북한 요리 공개 특강—오지혜 요리학원'이라고 쓴 현수막 한쪽 귀퉁이가 떨어진 것과, 오전 강습 시간 '대동강 숭어국' 요리를 시작할 때 마이크 장치 때문에 두 번 엔지를 낸 것을 제외하고는 별 무리 없이 진행되고 있었다. 번잡스럽던 어제에 비하면 오십 석 가까운 자리가 듬성듬성 비어도 보였고, 그래서 얼마간은 김이 빠지는 감도 있어서, 오히려 저 어리석은 박당삼이 긴장을 풀다가 평소처럼 촌스런 언동을 다시 하게 될까봐 가슴 조마조마하기도 했다. 그러나 다행스럽게도 그는 여전히 긴장을 풀지 않았다. 실수는 없었어도 어제보다 더 심하게 떨고 있는 것처럼도 보였다.

박당삼은 연신 손등으로 이마의 땀을 닦으려다가 시선을 의식해서인지 금세 손을 내리곤 했다. 예리한 사람들의 눈에는 그의 손이 때때로 바르르 떨리고 있는 것을 볼 수 있을 정도였다.

"자, 박당삼 씨. 이제 마지막으로 보여주실 요리는 어떤 종류죠?"

거구의 사나이 강길동이 여전히 땀을 흘리고 있었다.

"예, 이번에는 명태를 이용한 요리들입네다."

"예. 좋습니다. 명태 요리라면 어떤 것들이 있습니까?"

"생명태를 그대로 이용한 요리가 있고 말입니다. 얼려서 먹는 동태 요리, 그리고 말려서 먹는 북어 요리가 있다는 건 여러분들도 다 아실 거이구……."

오늘 처음 방청하러 온 사람들 때문인지, 박당삼이 함경도 사투리를 지워 보려고 일부러 서울 말씨를 쓸 때마다 방청석 한곳에서 킥킥거리는 소리가 났다.

"아, 북어 요리는 저도 잘 알지요. 북어하고 마누라하곤 사흘에 한번 씩 두들겨 주라고 한 옛 선현의 가르침을 이어받으려다가 제가 늘 이 꼴로……."

방청석에서 또 웃음이 터져 나왔다. 뚱뚱한 체구를 꼬았다 풀었다 하고 있는 사회자 강길동의 개그맨다운 우스갯소리가 어제에 이어 오늘도 주효하고 있었다. 어쩌면 강길동의 익살스런 진행이 아니었더라면 이 요리 특강이 온통 뒤죽박죽되었을지도 몰랐다. 박당삼도 긴장된 얼굴에 웃음을 담느라 약간은 어색한 얼굴이 되었다. 아직 그는, 남한식 유머에는 전혀 익숙하지 않다는 듯이 잠시 겁먹은 눈이 되었다.

"명태 요리 중에서 명태국이나 북어국 같은 건 여게서도 볼 수 있으니까니 잘 알 수 있는 거이구, 닭알 흰자위하고 섞어서 완자를 빚어 가지구서리 국으로 먹는 명태완자국이나, 명태하고 두부에다가 고추장을 간으로 해서 끓이는 명태두부지지개, 또 북어자반이나, 명태데친회, 명태쌈, 명태순대 이런 것들이 있구, 젓갈류로 명태알젓, 명태밸젓……."

"명태알젓이란 건 알겠는데, 명태밸젓이란 건 뭡니까?"

"명태 밸, 기러니까니 명태 창자를 가지구서리……."

"아, 밸…… 밸이 틀려 못 봐 주겠다 할 때 그 밸 말씀이군요."

이번에는 웃어 주어야 할 관객들로부터 반응이 없자 강길동은 재빨리 말머리를 돌려 놓았다.

"명태 요리, 예에, 이렇게 명태 요리가 다양할 줄은 예전엔 미처 몰랐네요. 북한 사람들이 명태를 참 좋아하나 보지요?"

"함경도 바다에서 많이 잡히는 것이 이 명태하고 청어 같은 거인데……. 함경도는 원래 땅이 척박해서리, 영양을 고루고루 섭취할 수가 없습네다. 그래서리 사람들이 일찍 눈이 나빠진단 말입니다. 명태가 사람 눈에 좋다는 걸 알아 가지고, 명태 요리가 점점 발달되었지요. 아마 여게 사람들도 아실 거인데요. 간유라고 있지요?"

"간유, 알지요. 고고이 명태 눈시깔이 아입메?"

터져 나오는 폭소를 무시하고, 박당삼은 굳은 표정으로 대답했다.

"간유란 그런 거이 아이고, 명태 간에 붙어 있는 기름이지요. 함경도 사람들이 그거이 눈에 좋다는 걸 알아 가지구서리 명태를 리용한 요리를 많이 해먹고 있습둥. 또, 명태하고 문어, 홍합 이런 걸 섞어서 끓인 '건곰'이라는 거이 있는데, 그거이 이즈음에는 주로 고위층에서나 먹구서리⋯⋯."

"자, 그러면 박당삼 씨⋯⋯ 이 많은 명태 요리 중에서 오늘 어떤 걸 대표로 요리를 해주시겠습니까?"

"남한 사람들, 시장에 가서 순대 먹는 걸 보았는데⋯⋯. 아바이순대라고 하구서리 북한에서 만들어 먹는 돼지밸순대를 흉낼 낸단 말입니다. 오늘 제가 이 명태로 만든 순대를 만들어 보이겠습둥."

"명태밸순대, 아니 명태순대! 예! 우선 재료부터 소개해 주시죠."

"명태 이 키로그람, 시래기 삶은 거 일 내지 이 키로그람, 파 오십 그람, 마늘 이십 그람, 소금 오 그람, 고추장이나 된장 삼십 그람, 간장 팔십 그람, 기름 삼십 그람, 고춧가루 삼 그람⋯⋯."

"자, 화면에 소개되고 있지요? 방청객 여러분께서는 나누어 드린 책자를 보시면 됩니다. 오늘 북한의 청진 호텔에서 주방장으로 일하시다가 1994년 말 우리 한국 자유의 품으로 귀순하신 박당삼 씨의 북한 요리 공개 특강을 보내 드리고 있는데요. 예, 또 군침이 돕니다. 저, 어제 어복 요리란 걸 먹고 배 터지는 줄 알았는데, 아, 가자미식해를 먹었더니 금방 쑥 꺼지더라구요. 오늘도 한번 배 터지게 먹어 볼 수 있을 것 같네요."

어제는 주로, 가자미와 무를 주재료로 한 가자미식해, 대동강에서 잡은 숭어로 끓이는 대동강숭어국, 국수와 편육으로 만드는 어복장국들을 소개했고, 오늘은 평양식 냉면과 함흥식 냉면, 소고기, 돼지고기 등의 육류 요리, 그리고 달걀을 이용한 '닭알 요리' 몇 가지와 단묵(양갱)류를 만들어 보였다. 모든 요리가 다 관심을 끄는 셈이었으나, 특히 단술이나 안동식혜 같은 것으로 알았던 가자미식해가 전혀 다른 요리임을 안 방청객들의 탄성은 강습이 끝난 뒤 일반 시식 시간이 되자 끝날 줄 모르고 이어졌다.

박당삼은 1993년 이후의 귀순자 중에서는 운이 좋은 편에 속했다. 대부분의 귀순자들은 방 한칸 마련할 형편도 안 되는 정착금으로 말 그대로의 제대로 된 정착을 할 수가 없었다. 박당삼 역시도, 가끔 있는 강연회에 초대되는 걸 제외하면, 이것저것 닥치는 대로 일하고 먹고 살아야 할 사람이었는데, 금세 그에게 손을 뻗어 온 사람이 있었다. 그가 한때 청진에 있는 호텔에서 요리를 했다는 신문 기사가 서울의 한 유명 호텔 사장의 마음을 움직였던 것이다.

그를 채용한 호텔 뷔페 식당에 따로 북한 요리 특선 코너가 마련되는 정도의 반응이 있었다. 그러고는 일 년이었다. 사실 그의 북한에서의 요리사 경력이란 건 남한으로 치면 크게 봐 주어서 좀 큰 분식집 주방장 경력 몇 년 정도일 뿐이어서 갈수록 고객들의 호기심에서 멀어져 갈 수밖에 없었다. 그나마 북한 요리에 지속적으로 관심을 두는 실향민들 대부분이 호텔 뷔페를 자주 찾을 수 없는 처지라는 문제도 있었다.

북한 요리 전문가로 대접받기에도 미흡했고, 그렇다고 재빨리 보통의 한국 요리사로 전환하는 일도 여의치 않아서 서서히 호텔 주방에서 잔심부름이나 할 처지에 놓인 그에게 또 한 사람의 후원자가 나타났다.

"북한 요리 전문 강사, 어때?"

시부모를 대접하기 위해 그 뷔페를 찾았을 때 남편은 지나가는 말로 내게 그렇게 권유했다. 젖먹이 때 서울로 오긴 했지만 원래는 고향이 황해도 해주인 덕으로 자라는 동안 이북식 만두나 냉면 맛을 자주 볼 수 있었다는 시아버지가

"이걸 먹고 있으니까 니들 할머니 생각나는구나. 맛도 참 구수한 게 옛날 맛 그대로다."

라고 맞장구를 쳤다. 늘 아들이 하는 일이나 말을 못마땅하게 여기며

혀부터 끌끌 차곤 하는 시아버지로서는 의외의 반응을 보인 셈이었다.

최근 북한을 탈출해서 우리 나라로 귀순해 온 사람들이 이러쿵저러쿵 말이 많은 채로 다양하게 자기 삶을 꾸려 가고 있는 걸 주변에서 쉽게 발견하곤 하지만, 아직 북한 요리 강의를 한다는 사람 얘기를 들어보지는 못했다. 그런 만큼 북한 요리 강습 시간을 강좌에 넣으면 우리 요리학원을 위해서 상당한 홍보 효과가 날 것이라는 기대는 손쉽게 할 수 있었다. 그런데 그를 처음 보았을 때, 나는 여간 망설여지지 않았다.

"박당삼이라고 합메다."

아무리 통제된 세상에서 삼십여 년을 살아왔다 하더라도 같은 민족이 사는 세상의 초호화 호텔에서 일 년을 근무해 봤으면 겉모양이나마 세련된 데가 있을 법했는데도 그는 어딘가 몸에 잘 안 맞아 보이는 조리복을 입은 채 얼굴을 제대로 들지도 못하고, 앞으로 포개듯 모은 두 손으로 양 소매를 만지작거리면서, 겁먹은 노루같이 눈알을 굴리며 사방을 두리번거렸다.

"아새끼, 꼭 인민군 패잔병같이 해가지고……."

그를 요리 강사로 추천했던 남편마저도 그가 요리학원에 처음 출근하던 날 그렇게 말하곤 찌익, 하며 침 뱉는 소리를 냈다.

웬일인지 몰랐다. 새삼스럽게 무슨 민족정신이 발휘되기라도 했을까? 남편의 뜬금없는 추천을 들어 주느라 북한 출신의 촌뜨기를 우리 학원 강사로 채용하고 강사료를 꼬박꼬박 지불하고 있을 나는 아니었다. 그럼에도 나는, 어김없이 '박선생' 어쩌고 하면서 그를 보조 강사로 활용하는 한편으로, 남한에서 발행된 북한 요리책을 따로 구입해 그에게 북한 요리를 다시 연마할 시간까지 마련해 주고 있었다.

"그 자식이 뭐 써먹을 데 있다고 자꾸 끼고 노나 그래. 차라리 내가 데리고 있다가 잘 구슬려서 북한 부동산 얘기나 쓰게 하는 게 나을 것 같지 않아?"

출판사를 한다고 시작했다가 삼 년 만에 수억을 고스란히 날리고도 아직 정신 차릴 이유가 없을 정도로 돈이 제법 남은 남편이 자신의 빌딩에 세들어 있는 나의 요리학원을 기웃거리면서 그렇게 비아냥거리곤 했다.

정말 이상한 일이었다. 실리적인 문제라면 오히려 남편을 앞서는 내가 어째서 저 어눌한 박당삼을 곁에 두고 있는지 나도 알 수 없었다. 나는 보다 과감하게, 우리말을 제대로 구사하는 데도 서툰 그를 삼 개월 만에 요리 강의를 시켜 버렸다. 동네 아줌마들을 모아 놓고 처음 강의를 하면서 쩔쩔매던 그때의 그 눈물겨운 모습이란……. 게다가 그는 보기보다 성질까지 급해서 자신이 요리한 음식이 다 끓을 때까지 견뎌내지 못했다.

"화력이 문젬둥."

그가 요리 강의를 할 때 연신 냄비 뚜껑을 열며 중얼거리는 그 말은 우리 학원 강습생들 사이에 한동안 유행어가 되었다.

"저 자식, 누가 북한놈 아니랄까 싶어서 저러나. 되게 우락부락하네, 그놈 참."

남편은 정말 그에게 북한의 땅 얘기를 써 보라고 한 것 같았다. 그렇게 해보겠노라던 박당삼이 하루 만에 "쓸라고 보니까니, 잘 모르겠습메다" 하고는 두손 들더라는 남편의 설명이었다. 실제로 두만강을 넘어 탈출해서 연변 지방을 헤매고 다닐 때 급한 성미 때문에 여러 차례 조교(중국 거주 북한 교포)한테 잡힐 뻔했다는 얘기를 박당삼의 입을 통해 직접 확인할 수도 있었다.

북한 사람들이 성미가 급하다는 건 시아버지를 보면 알 수 있었다. 남편의 이마에 난 흉터가 시아버지가 던진 재떨이 때문이었다. 그것도 내가 시집을 온 뒤의 일이었으니, 그 전에는 오죽했으랴 싶었다. 시어머니는 가끔 이런 말을 했다.

"어휴, 너희 할아버진 정말 대가 센 분이었어. 6·25 때 피난을 가는데 하여튼 짐이란 짐은 모두 혼자 이고서 백 리를 단숨에 걸어가시더라구.

너희 할머니가 무겁다고 몰래 짐을 버리려다가 귀쌈을 얻어맞는 걸 내가 봤지 않겠니. 너희 아버진 그에 비하면 아무것도 아니지."

따지고 보면, 시조부에 시아버지가 문제가 아니었다. 바로 남편만 하더라도 빈둥대는 모습이 지겨워 못 봐 주는 꼴인데도 여차해서 빗나가기 시작할 땐 정말 번갯불에 콩 볶아 먹을 정도였다. 한번 강짜를 부리면 절벽이었다. 출판사업만 해도 그랬다. 형제들은 말할 것도 없고, 남편이 자기 친구 중에 대학교수가 있다고 늘상 뻐기던 바로 그 교수마저 간곡히 만류하던 일을 시작해서, 텔레비전 광고다 뭐다 떠들어 대다 결국 수만 권 되는 책을, 역시 남들은 좀더 두고 보자는 걸 얼렁뚱땅해서 모두 덤핑으로 팔아 넘기고 만 것이었다.

"글쎄, 국어사전 하나 안 갖다 놓고 출판사 차린 놈들이 개떡 같은 책들 하도 많이 만들어내서 출판업 유통구조가 개판이 된 거잖아, 이거."

들은 풍월은 있었는지 남편은 출판사 문을 닫을 무렵 그런 식으로 유통구조 문제를 들먹이곤 했다.

박당삼이 등장하고부터 남편은 요리학원에 와서 기웃거리는 일이 많아졌다. 어쩌다가 빌딩 관리사무실에 들러 임대료 수금 상태나 살피는 것을 중요한 업무로 삼고 있는 남편으로서는 전에 없던 일이었다.

"신경 쓰지 마. 통일 되면 평양이나 청진에다가 맨 먼저 오지혜 요리학원 분점을 내줄 테니까."

신경이 쓰여 일을 못 하겠으니까 제발 좀 기웃거리지 말라고 당부하는 나를 남편은 그렇게 일축했다.

픽, 하고 웃다가 생각해 보면 남편의 말도 그럴싸하긴 했다. 방송에서 북한의 명승고적을 전부 김일성이가 다 제 별장으로 삼아 버렸다는 말이 나올 때마다 "저기다가 콘도를 세우고 스키장을 만들면 끝내 주는 건데……" 하던 남편의 말도 저급한 졸부 수준 그대로였지만, 그 또한 터무니없는 야망은 아닐 거라는 생각도 고개를 자꾸 치켜들었다.

'북한 요리 공개 특강'을 생각해낸 것도 남편 덕인지 몰랐다. 오지혜 요리학원이야말로 북한에서 살던 요리사를 강사로 두고 있는 유일한 곳이니까, 확실한 명분이 있었다. 언론사 홍보는 보도자료 한 장으로 충분할 것이었고, 잘만 하면 이 기회에 인연이 잘 닿지 않았던 텔레비전하고도 손잡을 수 있을 것도 같았다.

"텔리비전이며, 온갖 신문, 잡지에 다 나가는 거니까, 유명인사들을 다 끌어와서 특별 시식 시간을 넣는 거야. 대기업 재벌들, 북하에 진출하지 못해서 안달이 난 친구들 있잖아, 그 사람들 중에서 북한이 고향인 사람들 많다구. 정치인 중에도 있고, 또 탈북자들, 개네들 중에서 말쑥하게 잘생긴 친구들 다 불러서 한번 멕이는 거지, 뭐. 고향 냄새 솔솔날 거 아니겠어? 우리가 우리 동포들 모아 놓고 대접 한번 잘한다고 치고 말이야. 요리 프로로 나가는 거니까 출연료는 방송국에서 부담할 거 아니겠어."

신통한 남편의 말까지 얹어지고 있었다. 친정 오빠 소개로 알게 된 케이블 텔레비전 프로듀서를 만나 요리 프로그램에 육 일 동안 매일 아침 북한 요리 공개 특강을 방영하기로 합의했다. 그 다음부터는 방송국 이름을 팔아 가며 재벌, 중견 정치인, 탈북 귀순자 십여 명을 특별 시식자로 초대하는 데 성공했다. 그러는 중에 두 군데 기업으로부터는 이번 '북한 요리 공개 특강'의 협찬자로 이름을 내어 주고 협찬금을 받아 방송국과 나눠 갖게 되는 개가를 올리기도 했다.

그 다음부터는 모든 일이 순조로웠다. 몇 개 신문에 보도가 나가게 되자, 방송국, 잡지사에서 전화가 걸려 오기 시작했다. 듣도 보도 못한 잡지가 왜 그렇게 많은지 몰랐다. 요리 특강에도 관심이 많았지만, 박당삼이란 인물 개인에 대해서 취재하러 오겠다는 매체도 많았다. 어떤 출판사에서는 정말 남편 생각처럼 박당삼이 쓴 북한 이야기를 책으로 내고 싶다는 뜻을 피력해 오기도 했다.

"야, 얼지 말고 옆집 에미나이들한테 설명을 한다고 생각하고 해 봐."

다른 귀순자들을 특별 시식자로 불러 오는 일에 적극적으로 나서던 남편이 이번에는 월드컵에 출전하는 축구선수를 격려하는 감독처럼 박당삼의 어깨를 툭툭 치고 있었다.

아슬아슬하고 속터지는 순간도 없지 않았다. 취재는 좋은데 별 시답잖은 요리 잡지사에서까지 와서 취재 경쟁을 벌이는 통에는 골치가 지끈지끈 아파와 잠시 '이런 걸로 내가 괜한 욕심을 내고 있지 않나' 하는 후회도 들었다. 어쨌든 무난하게, 그러니까 성공적으로 일이 성사되고 있는 중이었다. 가끔 소매를 만지작거리며 땅을 내려다보는 박당삼의 자세도 어느 새 조금씩 고쳐져 있었다. 특히 뚱뚱한 개그맨 강길동은 텔레비전에서 볼 때와는 딴판으로 순발력이 대단했다. 나중에 내가 요리 프로그램에 고정 출연을 하게 된다면 강길동을 사회자로 써 달라고 해야겠다는 생각도 들었다.

두터운 피부 밖으로 혈관이 툭 튀어나와 보이는 박당삼의 손이 여전히 떨리고 있는 게 보였다. 명태 배를 가르고 내장을 꺼낼 때 검붉은 피가 그 손을 덮고 있었다는 걸 한동안 모르고 있은 듯했지만, 그는 자신이 해야 할 순서를 놓치지는 않았다. 어제처럼 한창 녹화 도중에 가스 불이 시원찮아진 걸 모르는 불상사는 오늘 발생할 수 없었다. 어제 일정이 끝나고 나서는 보조 강사 전원을 집합시켜 놓고 한바탕 야단을 친 것이 남편이었다. 기운이 쭉 빠져 버렸던 나는 오히려 남편이 고맙게 느껴졌다.

"명태 밸을 꺼낼 때는 열주머니가 터지지 않도록 조심하구서리……."

"맞습니다. 김밥도 옆구리가 터져서는 소리가 요란해서 안 되지요."

"여게 명태 살 볶은 거하구, 고추장, 고추장 없으면 된장하고 간장하고 간을 잘 맞춰서리, 순대소를 만들어서……."

"그리구서리……."

강길동의 재치 있는 맞장구.

"소를 넣은 명태를 편편한 그릇에 놓아서리, 찜솥에 넣어 개지구……."

찜솥에서 명태순대가 쪄지는 동안, 오늘 특별 시식자로 모셔진 손님들과 얘기를 하는 시간이 마련되고 있었다. 오늘의 특별 시식자는 세 사람이었다. 십대 재벌의 하나로 꼽히는 주영기업 장정기 명예회장이 노구를 이끌고 나와 있었고, 이십 년 전 무장 간첩으로 남파되었다가 체포 직전 자수한 이후 지금은 유명한 교회의 목사가 되어 '북한에도 복음을!'이라는 운동을 한창 벌이고 있는 김명주, 그리고 얼마 전 망명해 온 북한 최고위층 간부의 아들 유성도가 조금은 어색한 표정으로 무대 왼쪽에 마련된 특별석에 자리해 앉아 있었다. 러시아 벌목공 출신과 일가족 귀순자, 연예인 귀순자 들에다 이북 출신 기업 대표들이 다양하게 어울려 한 팀이 되었는데, 어쩌다 보니 오늘 마지막 요리 시식자들은 모두 함경도 출신이 아닌가 싶었다.

"자, 우리 아리따운 리포터 슈퍼모델 여미지 씨, 오늘 특별 시식자분들과 말씀 좀 나눠 주시죠."

카메라 한 대가 이미 특별 시식자들을 향하고 있었고, 이름이 불린 여미지도 일찌감치 준비되어 있었다는 듯이 톡톡 튀는 음성으로 말을 시작하고 있었다.

"자, 오늘 이곳 오지혜 요리학원에서 열리고 있는 북한 요리 공개 특강, 특별 시식자 세 분과 잠시 얘기 나눠 보도록 하겠습니다. 회장님 고향은 어디시죠?"

"예, 함경도 주을입니다. 재작년에 북한엘 가 보니까 경성이라고 이름이 바뀐 것 같더군요."

장정기 회장과는 김명주를 사이에 두고 앉아 있는 유성도가 맞다는 듯이 고개를 끄덕였다. 장회장은 삼 년 전 사업 확장차 북한을 방문하고 와서는 김일성에게 칙사 대접을 받았다고 떠들고 다녀서 물의를 빚은 적이 있었다.

"함경도가 고향이시니까 어릴 때 이 명태 요리도 많이 드셨겠군요."

"그럼요. 아까 저 요리사가 소개를 했지만 '건곰'이라 해서 국을 끓여 먹기도 하고, 북어찜에다가 조림도 있고……. 명태국은 지금도 집 사람이 거의 매일 끓여 주지요."

"명태순대는 잡숴 본 적이 있으세요?"

"어릴 때 먹어 본 것 같은데……. 잘 기억이 나지 않아요."

"예, 잠시 후에 제가 맛있는 진짜 함경도 명태순대를 대접해 올리도록 하겠습니다."

여미지의 잘 뻗은 날씬한 슈퍼모델 다리가 이번엔 김명주 목사 앞에 머물렀다.

"요즘 많이들 귀순해 오셔서 김 목사님이 제일 바쁘실 것 같은데, 어떻습니까?"

"예, 모두들 기꺼이 하나님의 품에 안기고 있으니까, 저는 하는 일이 별로 없지요."

그때껏 침묵을 잘 지키고 옆에 앉아 있던 남편이 "큼큼" 하고 헛기침을 했다. '예수' 얘기만 나오면 그야말로 밸이 틀리는 사람이었던 것이다. 사실 그 점에서는 나도 비슷했다. 나는 시선을 아예 박당삼 쪽으로 돌려 버렸다.

강길동은 펜 뚜껑을 입에 물고, 들고 있던 대본에다 무엇인가를 열심히 끄적이고 있었고, 박당삼은 여전히 초조한 모습이었다. 김이 솟고 있는 솥을, 살짝 열어 보려다 참는 듯하고는 버릇처럼 한 손으로 다른 쪽 소매를 만지작거렸다. 잠시 고개를 들었을 때는, 겁먹은 눈알에서 금세 눈물이라도 쏟아질 것 같은 표정이었다.

"쟤는 지네 아버지 빽 믿고 북한에서 어지간히 잘 먹고 잘 살았나 보더라고. 아버지가 보위부장인가 뭔가, 여기로 말하면 기무사령관에 국가정보원장을 더한 직책쯤 되었던가 봐."

김명주 목사 차례를 지나 유성도 차례에 이르렀을 때 남편이 말했다. 나 대신 나서서 출연 교습을 한답시고 몇 사람의 탈북 귀순자를 실제로 만나 술잔까지 몇 차례 기울였던 남편이었다. 어떤 날은 북한지도책을 사 와서 필쳐 놓고는 줄을 쳐대면서 "오지혜 요리학원 북한 분점쯤은 아무 문제도 아니야. 이거 봐 여기, 금강산에 있는 김일성 별장 하나만 잡으면 끝이야, 우린" 하고 무릎을 치곤 했다. 유성도의 고종사촌이란 사람이 유성도 집안을 대신해 살고 있는 금강산 기슭의 땅 얘기도 그 즈음 들은 기억이 났다.

"쟤가 함흥에 마누라를 두고는 평양 가서는 처녀 여럿 울렸대. 그걸 별 거리낌없이 얘기하더라니까. 고위층 가족 얘기는 저 친구만큼 아는 놈이 없더라구. 새끼, 북쪽에서도 떵떵거리고 잘 살다가, 그걸 남쪽에다 정보로 팔아먹고, 기자회견하고, 책 내서 인세 받아먹고, 연예인들이랑 어울려서 잘 살고…… . 개판이야, 개새끼들!"

남편이 또 뜬금없는 욕설로 내 귀를 어지럽혔다.

"빨리 먹고 싶습니다. 제가 함흥에서도 살고 청진에서도 살았는데요, 역시 청진에서 먹어 본 걸로는 노루찜하고, 명태순대가 제일 맛이 낫더 군요. 빨리 맛보고 싶습니다."

"예, 이제 요리가 준비되는 대로 곧 시식할 시간을 드리도록 하겠습니다."

여미지가 유성도에게 고개를 까닥해 보이자, 메인 카메라가 다시 빨간 불을 밝혔고, 강길동이 마이크를 받았다.

"여미지 씨, 이따가 세 분 손님이 얼마나 잘 잡수시는지 지켜 보아 주시고요. 자, 이제 명태순대가 얼마나 잘 쪄져 있을까 궁금한데요. 어디 볼까요?"

강길동은 뚱뚱한 몸을 살살 흔들면서 화로 위에서 쪄지고 있던 솥뚜껑을 열었다. 김이 피어올라 무대를 잠시 안개 속에 젖게 했다.

"자, 옆구리 터지지 않게 잘 꺼내야겠죠? 우리 북한 요리 전문가 박당삼 씨께서 지금 잘 찜쪄진 명태순대를 꺼내고 있는 순간입니다. 이럴 땐 팡파르라도 울려야 하는데 제가 지금 너무 배가 고파서리……."

박당삼은 명태순대 세 덩이를 솥에서 차례로 도마 위로 꺼내 놓고는 먹기 좋게 도막을 쳐 나갔다.

"큼큼……. 제법 향내 풍기는데, 응?"

남편의 말이 아니더라도, 정말 보기 드물게, 요리 냄새에 둔감해져 버린 내 후각까지 자극하는 진한 냄새가 전해 왔다. 뭐라고 할까, 사람을 미혹케 하는 냄새라고 할까? 어쨌든 박당삼이 학원에서 연습으로 만들 때와는 아주 다른, 남편 말대로 향내가 나고 있었다.

"자, 한 접시씩 특별 시식석으로 옮겨 나갑니다. 예, 벌써 음악이 흐르고 있지요? 방청객 여러분들께도 이따가 시식할 명태순대를 따로 마련해 드리니까, 너무 억울하게 생각하지 마세요. 예, 우선 주영기업 장정기 명예회장님부터……."

더욱 느릿하고 신중해진 박당삼의 움직임에 비해 학원 보조 강사들의 움직임은 빨라서 명태순대를 담은 세 접시가 특별 시식자들의 자리로 금세 옮겨졌다. 그들로서는 이 힘든 특강을 빨리 마치고 쉬고 싶을 것이었다.

"예, 지금 장정기 회장님에 이어서 김명주 목사님이 시식을 하고 계십니다. 그리고 귀순자 유성도 씨도 한 점 집고 계시네요. 저도 먹고 싶지만, 참겠습니다. 자, 장 회장님, 맛이 어떻습니까?"

장정기 회장은 물잔을 들었다가 가볍게 입을 적시고, 실크 손수건으로 입술을 살짝 훔친 다음 말했다.

"아주 그만입니다. 정말 맛이 있네요. ……이런 맛을, 우리 국민들이 모두 얼른 볼 수 있었으면 좋겠습니다."

"예, 박당삼 씨. 회장님께서 맛이 일품이라고 하시네요."

강길동이 장정기 회장의 말을 다시 옮겨 주자 박당삼은 더욱 상기된 얼굴이 되었다. 땀을 잘 흘리던 강길동보다, 이제는 마지막이어선지 박당삼의 이마가 땀에 젖고 있었다.

"이건, 무슨 산짐승찜을 먹는 것 같은데도, 전혀 질기지 않고 입에 살살 녹는데, 그런데 또 찹쌀밥 씹는 느낌도 드는데요. ……어디 또 한 번

먹어 볼까요?"

김명주의 품평은 제법 구체적이었고, 실감나는 말로 채워졌다. 그는 실제로 목사라는 자신의 신분도 잊고 맛에 취하는 것 같았다.

"내 먹어 봤수다. 그 맛입니다."

북한에서 실제로 명태순대 요리를 먹어 본 사람답게 유성도가 박당삼의 요리를 진짜 전문가 요리로 강평해 주었다.

"북한 주민들이 이 요리를 많이 해먹곤 합니까?"

다시 메인 카메라를 향한 강길동은 얼마간 시간 여유가 있다는 사인을 받았는지 그렇게 물었다. 갑자기 박당삼의 목소리가 격앙되어 흘러나오는 것 같았다.

"오늘처럼 이렇게 상납을 하구서리, 보통 인민들은 먹을 것이 없어 갖구서리……."

오늘처럼 상납한다는 말, 중단시켜야 할 말 같았다. 그러나 그걸 못 깨달았는지 강길동은 그냥 내버려 두고 있었다.

"보통 인민들은 그저 명태를 먹는다 해도 질이 떨어지는 거이 먹고……. 기래서 이런 요리를 해서 바칠 때는 우리 요리사들끼리도 이렇게 말합니다. 야, 이 노루고기 놓쳐서 아깝네……."

"명태순대를 노루고기라고도 합니까?"

강길동은 자신의 질문이 얼마나 어리석었나를 곧 깨닫게 될 것만 같았다.

"명태고 노루고 모조리 좋은 건 다 당 간부들이 먹지요. 특히 평양에서 누가 온다 하면 산짐승이고 바닷고기고 간에 도둑질이라도 해서 갖다 바쳐야지요. 이젠 노루고 사슴이고 산짐승들 다 없는 상태고, 명태는 그래도 좀 잡히는데요, 좀 잘하는 요리사들은 이 명태를 개지고 산짐승 맛까지 낸단 말입니다."

"아하, 기래서 이 명태순대를 노루고기라 그런다는 말이지요?"

아마도 강길동은 때늦은 반공 교육 효과를 방송을 통해 내려고 했던 것 같았다. 박당삼은 말문을 닫지 않았다.

"북한에선 말입니다. 탈출하는 사람 잡는 걸 노루 사냥이라고 합메. 당에서 좋은 음식만 먹는 거이, 인민의 피를 빨아먹는 거이라 해서 우린 그저 있는 대로 해다 바치면서도 무조건 노루고기라 하지요. 특히 이 명태순대 같은 거이 노루고기라 이름을 붙여서리, 우리는 여게다가 마음속으로 청산가리나 생아편 같은 것을 빠개 뿌리고 해서리……"

불필요한 말이 어느새 길어지고 있었던가, 인민의 피, 청산가리, 아편 어쩌고 하는 말이 이 요리 특강 시간에 왜 나와야 하는 것인가를 강길동은 금세 깨닫지 못했다.

도저히 참을 수 없어서 나는 몸을 일으키는데, 요행히 그때 엔지 신호가 난 듯했다. 강길동이 갑자기 왜 그런 얘기를 하느냐는 뜻으로 박당삼을 쳐다보았다. 박당삼의 얼굴은 빨갛게 달아올라 있었고, 겁을 먹고 있었던 두 눈이 홍건히 고였다.

그 순간이었다.

"어!"

나보다 몸을 먼저 일으킨 것은 남편이었다. 무대 좌측에 마련된 특별 시식석에서 쿵, 하는 소리가 났다. 특별 시식자 중 한 사람이 보이지 않았다. 유성도였다. 그의 몸은 의자 옆으로 기울어진 채 파르르 떨고 있었다. 여미지가 "악!" 하고 비명을 지르며 발을 동동 굴렀고, 김명주 목사가 쓰러진 유성도를 일으켜 세우면서 "이보오, 이보오!"라고 소리쳤다.

"저런 악질 당 간부새끼 쳐죽여야지요, 기럼요."

여전히 내뱉고 있는 사람은 박당삼이었다. 약간 희열에 찬 기색으로 박당삼이 다시 뭐라고 말하려는데, 언제 뛰어들고 있었는지 남편이 무대로 나가 박당삼의 면상을 향해 주먹을 날리고 있었다. 퍽, 하는 소리가 내 귀에까지 울렸다.

"이 새끼, 미친 놈이잖아. 이 새끼 땜에 우리 사업 다 망쳤어. 확, 죽여 버릴까, 이걸!"

보조 강사들이 내지르는 비명소리가 요란했고, 녹화 스태프진들은 제 장비 챙기는 데 정신이 팔려 있었다. 특별 시식석으로 달려들어 장정기 회장을 들쳐업듯 한 경호원들이, 아직 영문을 잘 모르고 일어서서 우왕좌왕하고 있는 방청객들 사이를 헤치고 황급히 강습실을 빠져 나갔다.

"대체, 당신 무슨 짓 하고 있는 거야, 응?"

강길동이, 남편에게 얻어맞고도 금세 몸을 일으킨 박당삼의 멱살을 붙잡고 마구 흔들었다. 박당삼은 흔들리면서도 마이크에 대고 말하듯이 또박또박 말하고 있었다.

"내레 북조선을 탈출할 때 만일에 노루 사냥에 걸리기라도 하면 먹고서 자살할 생각까지 하구서리 이 소매 안에 생아편을 쪼개 넣어 왔는데, 여게 와서 보니까니, 죽이고 싶은 놈들이 여게 먼저 와서 우리 보다 더 잘 살고 있단 말입니다. 오늘 저 악질 보위원 놈이 먹는 노루 고기에다가 생아편을 적당히 섞어서리……."

"아니, 이 빨갱이 새끼가, 그래도 주둥일 놀려!"

남편이 다시 박당삼 머리통으로 주먹을 날려 보냈다. 쓰러진 유성도를 수습할 일을 내버려 두고 내 손이 왜 그곳에 가 있는지 몰랐다. 나는 남편의 주먹을 손으로 막아 붙잡고는 박당삼에게 발악하듯 소리쳤다.

"어서 도망가, 이 등신아!"

박당삼은 엎질러져 흥건히 바닥을 적시고 있는 반찬 국물 위에 엉거주춤 발 딛고 서서, 뻘건 피가 쏟아져 나올 것 같은 눈으로 나를 보고 있었다. 그의 이마 위로 '북한 요리 공개 특강—오지혜 요리학원' 현수막이 춤추듯이 내려앉았다. 어디선가 "일일구 눌러, 일일구!" 하고 외치는 비명소리가 들려 왔다. 나는 내 눈에서 실제로 피가 쏟아지고 있는 것만 같아 황급히 허리를 꺾으며 얼굴을 감쌌다.

남과 북―그 흘러가는 이야기들

정을병

황동희 박사는 나이는 나보다 한두 살 위이고, 키는 보통키에 아주 잘생긴 모습을 하고 있었다. 그것은 미남형이라는 말이 아니라, 사람이 깨끗하고 양반스러워서, 누가 보아도 학위에 걸맞게 얌전히 공부하는 사람으로 볼 수가 있었다. 머리는 나이보다 조금 더 늙어서, 반쯤은 회색과 흰색으로 되어 있었지만, 그게 조금도 지저분하지 않고 오히려 품위가 있어 보였다.

그의 연구소는 마침 광교에 있어서, 내가 시내에 들어가면 한 번씩 들르기가 좋았고, 또 점심때나, 저녁때가 되면 조용한 식당으로 데리고 가 식사 대접을 하면서 자기의 지난 일들을 하나씩 이야기하곤 했다.

그는 일본에서 나서 일본에서 자랐고, 동경대학에서 사회학을 전공, 거기서 박사학위를 받았다.

대학을 졸업해서는 아버지의 권유에 못이겨, 조총련에서 하는 조선대학에 가서 선생으로서 이십 년을 근무했다.

그의 아버지는, 한인들의 대부분처럼, 일본놈들의 징용으로 끌려가,

별의별 고생을 다 했지만, 그런대로 사업에 성공을 해서 이세들은 돈 걱정은 하지 않아도 되었다.

"아버님은…… 내가 관심이 있는 것은 책뿐이니까…… 저건 죽을 때까지 책만 볼 것이니, 먹고 살 것은 만들어 주어야겠다…… 이러시면서 내게 약간의 재산을 남겨 주시고 나머지는…… 몽땅 조총련에다가 기부해 버리고 돌아가셨죠."

그는 한국어를 하기는 하지만, 아무래도 일본에서 배운 것이어서, 소리 양이 부족하거나 넘치는 경우가 많아서, 귀담아 듣지 않으면 잘 이해할 수 없는 부분이 더러 있었다.

"공산주의자였던가요?"

내가 물었다.

"공산주의자는 아니고…… 해방이 되고 나자 그래도 민족주의적인 깃발을 들고 있는 곳은 조총련이었으니까 아버님은 조국에 대한 애정 같은 것으로 조총련을 사랑한 것이 아닌가, 그렇게 생각합니다. 더구나 아버님의 활동무대가 대판이었다는 점도 있구요. 그러나 나는 조금 다르죠."

그는 자기가 어떻게 다르다는 소리는 구체적으로 하지 않았다. 나는 더 물어 보지 않았다. 남의 사상 같은 것은 본인이 말하기 전에는 뭐라고 단정할 필요도 없었다. 그리고 설령 그가 공산주의자라도 그에게 소외감을 느낄 일도 아니었다.

"아버님이 강력하게 권유하지 않았더라면 저는 조선대학에는 가지 않았을 겁니다. 좋은 곳이 많이 있었으니까요. 그때는 나도…… 민족을 위해서 뭔가를 해도 좋겠다는 생각을 하게 됐구요. 그래서 이십 년을 봉사했는데…… 월급은 교통비도 안 돼서 생활비는 아버님이 항상 대 주셨죠."

나는 황 박사의 아버지를 본 일이 없지만, 그의 강한 민족의식 때문에 나하고는 아주 친한 사이처럼 느껴졌다.

"내가 조선대학에서 김일성 주체사상을 가르치는 모범선생이니까 김
일성 수령께서 한 번 보자고 해서…… 평양으로 갔어요. 만경봉호를 타
고 니이가다에서 청진으로 갔는데…… 도착하자마자, 나는 아, 이게 아
니었구나…… 뭔가 잘못된 나라구나…… 북조선이라는 나라에 실망해
버리고 말았어요."

나는 전쟁 이후에는 북한이라는 곳을 가 보지 못했지만, 여러 가지
자료들을 읽어서, 황 박사가 실망했다는 말을 어느 정도 이해할 수가
있었다.

"내가 북한엘 안 갔더라면…… 아버님이 간직하고 있던 조국에 대한
환상을 나도 가지고 있었을지 몰라요. 그런데 그곳엘 갔었고, 김일성을
만났고, 그러는 사이에…… 이것은 하나의 억지에 지나지 않는구나, 조
국도, 공산주의도, 김일성도…… 왜 우리는 이런 환상 속에서 깨어나지
못하고 있는 어리석은 민족인가……."

"김일성 만난 얘기를 해줘요."

내가 그의 기분 같은 것은 생각하지 않고 말했다.

"결국 주석궁까지 갔지만, 아주 복잡했어요. 마지막 접견실에 들어가
기 전에 방이 하나 있는데…… 거기서는 말이죠…… 옷을 몽땅 벗어야
해요. 빤스까지도요. 까스실에 가는 기분입니다. 다음 방으로 건너갔는
데…… 발가벗은 채 한참 있으니까 옷이 건너왔어요. 아마 뭔가를 조사
를 한 모양입니다. 손가락에도 침 같은 것이 없나 해서 조사를 했어요."

이북에서 탈출했거나 이북을 다녀온 사람은 많지만, 직접 김일성이
나 김정일을 만난 사람은 그리 많지 않았다.

"외국인에게도 그렇게 할까요?"

"아마 그렇지는 않겠죠. 내가 들어가니 김일성은 우렁우렁한 소리로
황 박사 선생, 잘 오셨소, 이러면서 꽉 껴안는 거요. 황 박사 선생이 쓴
주체사상 연구는 잘 읽었우다, 만들어낸 나보다는 연구한 황 박사 선생
쪽이 더 주체사상을 잘 알고 있는 것 같습디다, 허허허…… 통일이 될

때까지 더 잘해 주시우다, ……이것이 그와의 만남 전부요. 이십 년 동안이나 내가 연구를 하고 아이들에게 가르친, 주체사상의 장본인과의…… 밖으로 나오니까 주석님의 특별 선물이라고 해서 박스를 하나 줍디다. 큰 기대를 가지고 호텔에 와서 뜯어봤더니…… 공책 몇 권, 볼펜과 연필 몇 자루, 그리고 조그마한 사과 몇 개…… 이런 식이에요. 공산주의 국가에서 생산되는 사과를 본 일이 있어요?"

"모스크바에 갔더니 사과 하나가 갓난아이 주먹만합디다."

내가 대꾸를 했다.

"맞아요. 거긴 비료도, 농약도 없어서 과일이 크질 못합니다. 전부가 요만하지요."

그는 오른손으로 왼손의 네 손가락 끝을 묶어 보였다.

"가만히 생각해 보니까 그게 비록 국민학교 상품 같기는 하지만……그게 김일성으로서는, 아니 북한의 경제사정으로는 최고로 좋은 것이었어요. 주석께서 주시는 거니까. 내가 김일성대학에 처음 시찰을 갔을 적에는요……. 학생들이 똑같은 노트 한 권에다 만년필 하나씩을 모두 책상 위에다 올려놓고 있더란 말입니다. 그랬는데 나중에 알고 보니까, 외부 사람이 시찰을 오면 그때만 잠시 책상 위에다 올려놓았다가는 도로 가져가 버리는 겁니다."

황 박사는 소주잔을 홀짝홀짝 잘 마셨다. 술맛을 알고 먹는 것보다는 그저 습관적으로 먹는 것 같은 느낌이 들었다.

"그러고서 바로 돌아왔으면 되는데…… 나는 일 년이나 김일성대학에서 강의를 했어요. 정내미가 떨어질 대로 떨어진 다음에야 돌아온 겁니다. 그들이 배를 태워 주지 않으면 나는 꼼짝 못 하니까요. 학생들이 불쌍해요. 일류대학이라고 하는 곳이…… 강의시간의 이십 퍼센트는 노동에 나가야 하고, 이십 퍼센트는 주체사상 공부를 해야 해요. 그러니까 학생들이 질이 낮아요. 국민학교에서 대학까지를 그런 식으로 공부를 했으니 무엇을 알겠어요? 이쪽 신문에서 북한의 엘리트 어쩌구 하는 말은 잘못된 거예요. 아무것도 모르고 하는 말입니다. 거기에는 엘리트라는 게 없어요. 교육 수준을 비교하라면…… 그곳의 대학생들은 이곳의 중학생 수준 정도라고 할까…… 모든 계층의 모든 사람들의 지적 수준이 그래요. 그들은 체제를 바꾸려고 해도 그걸 바꿀 만한 지식과 정보와 용기를 가진 사람이 없어요. 김일성이가 철두철미하게 그렇게 만들어 놓은 겁니다. 반대자나, 비판자나, 지식인들은 철저하게 숙청을 하고는 충성 분자들만으로 구성해 놓은 사횝니다. 그러니 무얼 다른 걸로 선택을 합니까? 예를 들면…… 그들은 돈에 이자가 붙는다는 것 자체를 이해하지 못해요. 시장경제가 뭔지 모르는 거예요. 가령 주체농법에서 옥수수를 심을 때는 다섯 개를 십오 센티 깊이로 심는다, 이러면 그 외의 방법으로는 심지를 못해요. 그렇게 해서 농사가 안 되는 것에는 아무도 책임을 지지 않아요. 선봉 나진은 개방해라, 했으니까 개방하는 시늉은 하지만, 그 방법은 몰라요. 그리고 김정일이가 그걸 필요 이상으로 서두르거나 확대하면 당장 총맞아 죽습니다. 김일성 통치에 어긋난다는 거죠."

그는 전문가로서 쉽게 말하는 것이었지만, 나에게는 몹시 흥미롭고 쇼킹하게 들렸다.

"아무리 해도 망하는 겁니다. 미국이, 일본이, 혹은 한국 정부가 도운다고 해도 막지 못해요. 다소 시간을 끌 수 있을지는 모르지만, 구조적으로 뒤틀려 있기 때문에 어떻게 할 수가 없어요. 왕창 내려앉아요. 또 그렇게 해야 통일이 되는 것이지, 그들을 안 무너지게 해서는 되지 않아요. 지금 하면 통일 비용이 많이 든다고 하지만, 분단은 첫째 일본에게, 둘째는 얄타회담 참석자인 미국과 소련과 중국, 영국에게 책임이 있으니까 그들이 돈을 내서라도 어떻게 해야죠. 통일비용 때문에 북한을 어거지로 버티게 하려면…… 시간만 끌고 버텨지지도 않거니와…… 만일 버텨지기라도 하면…… 통일은 영영 안 올 수도 있어요."

나는 황 박사의 의견에 대해서는 가라고도 부라고도 하지 않았다. 그

리고 실제로 그는 내 의견 같은 것에는 별로 관심도 없는 것 같았다. 내
가 어떻게 생각한다고 해서 자신의 견해가 달라지는 것은 아니기 때문
이다.

　다만 나는, 일반적인 지지를 받고 있는…… 오래 끄는 방법이 반드시
좋은 것은 아니라는 생각을 조금 가지고 있는 정도였다. 그러나 그것도
생각대로 되는 것은 아니다. 역사란 누구의 눈치 때문에 방향이 전환되
는 것은 아니다.

　황 박사의 사무실에는 주로 이북에서 탈출한 사람들이 많이 들락거
렸다. 황 박사의 전공이나, 연구소의 관심도 그쪽에 있었기 때문이다.
그런 사람들 중에는 아주 재미있는 사람도 있었다.

　김윤복이라는 여자도 그런 사람 중의 하나였다. 여자가 돼서 나이가
얼마나 되는지 알 수가 없었다. 얼굴이 상당히 늙었고, 머리는 곱슬곱
슬하게 퍼머를 해서, 새까맣게 물을 들여 가지고 있었다.

　"고생을 너무 많이 해서 얼굴이 저렇게 못쓰게 됐어요."

　황 박사가 나에게 소개하면서 덧붙였다.

　나는 그 말에 그녀를 다시 유심히 보았지만, 늙고 안 늙고를 떠나서
결코 잘생긴 얼굴은 아니라는 생각이 들었다.

　"육이오 때는 간호장교로 종군을 했다가 대구 팔공산까지 내려왔었
대요…… 전쟁이 끝난 다음에는 평양의과대학을 나와 의사가 됐지요.
당 중앙의 병원에서 의사를 했어요. 초창기는, 김일성의 주치의 역할까
지 했어요."

　나는 황 박사의 설명을 들으면서 그녀의 나이를 얼른 계산해 보았다.
육이오 때 간호장교로 참전을 했다면 어쨌거나 육십은 넘긴 나이일 것
이다.

　"……김일성과 김성애가 결혼하던 때를 잘 기억하고 있지요. 그때 당
중앙의 병원에 있었으니까요. 그때 김성애는 사리원 사범대학을 나와

주석부에서 사서를 하고 있었는데, 김일성의 눈에 들어서 임신을 하고 있을 적이었어요. 김일성은 자기 아이를 가진 여자가 발견이 되면 산골로 추방을 하거나 죽이거나 했죠. 김성애도 그럴 운명에 처할 차례였는데, 다행히 머리가 좋아서…… 주석궁을 자주 드나들던 박정애 여맹위원장에게 사정을 털어놓았어요. 그 당시 박정애는 '일성동무' 하면서 김일성과는 농담까지 주고받는 처지였어요. 그녀가 주동이 돼서 파티를 열었어요. 김일성의 혁명동지 몇 사람들만 불러서…… 김일성은 영문도 모른 채 왔다가, 한복을 예쁘게 차려 입은 김성애를 만났어요. 거기서 박정애가 박수를 치면서 두 사람의 결혼을 어거지로 선포한 겁니다. 김일성은 아무 소리도 못한 채 결혼을 하고 말았어요. 그런 은인인데도 나중에 김성애는 박정애를 간첩 행위를 했다는 이유로 여맹위원장 자리에서 쫓아내고 자기가 그 자리에 앉게 되죠."

김 여사는 공산주의 국가에서 산 사람이어서, 우물우물하지 않고 말을 딱 떨어지게 분명히 했다.

김 여사는 내게 새로운 지식을 알려 주려고 애를 쓰고 있는 것 같았다.

"김 여사의 남편도 당의 고급간부였는데, 종파분자로 몰려서 총살을 당하고 본인도 정치범 수용소에 가서 칠 년이나 고생을 했습니다. 간신히 탈출을 해서 중국에서 의사생활을 하다가 중국 교포로 입국을 했습니다. 지금은 신당동의 한 여관에서 무허가 한의와 양의 노릇을 하고 있는데, 난치병 치료에 특기가 있어서 돈벌이는 아주 잘 되는 모양입니다. 일본에서 북조선 망명정부를 하고 있는 방소환 의장에게도 기부를 많이 하고 있습니다. 그런데…… 안기부서는…… 체재 기간이 넘었다고 나가라고 야단이란 말입니다…… 그게 문제요."

황 박사가 말했다.

"어떻게 하면 한국 국적을 얻을 수 있습니까? 말투를 보니까 경북 사투리가 있는 것 같은데…… 혹시 그쪽에 아직 호적이 살아 있는 게 아닙니까?"

내가 말했다.

"아버지는 그쪽 사람이었지요. 어릴 적에 만주 하얼빈으로 가 있다가 해방이 돼서 이북으로 들어왔죠. 이곳에 와서 호적을 조사했지만, 이미 말소됐어요. 저는 중국으로 되돌아가기 싫어요. 국적을 다시 취득하려면…… 결혼을 해야 해요."

김 여사는 내게 아주 엉뚱하게 들리는 말을 했다. 결혼이라…… 나는 그녀를 도와주고 싶었다.

나는 그녀에게 한성욱이라는 건달 친구를 하나 소개해 주었다. 결혼을 세 번씩이나 한 녀석이지만, 이혼을 하고 지금 혼자서 조그마한 아파트에서 살고 있었다. 돈이라고는 한 푼도 없는 녀석이었다.

그들은 내가 소개해 주기가 무섭게 눈이 맞아서 데이트를 시작한 모양이지만, 결과에 대한 보고는 얼른 오지 않았다.

몇 주 만에 그는 등산길에 나왔다. 거기에는 황 박사도 끼여 있어서 그들의 데이트를 몹시 궁금해 했다.

"어떻게 됐어?"

내가 힐난조로 물었다.

"성적으로 매력이 너무 없어서……."

그는 날카로운 내 시선을 저쯤 피해 가면서 말했다.

"벌써 성적인 매력까지 점검해 봤단 말이야?"

나는 그가 내 성의를 무참히 모욕한 것 같은 불쾌감이 들었다.

"그날 밤에 그녀가 묵고 있는 여관으로 갔었지."

그는 여전히 눈을 저쪽으로 돌리고 있었다.

"그래서?"

"한 번 해봤더니…… 전연 아니더라."

"뭐가 아니더라야?"

한바탕 욕이라고 해주고 싶은 충동을 느꼈지만, 욕한다고 될 일도 아니다 싶어서 간신히 한 발자욱 물러섰다.

"김 여사는 남편과 사별한 지 이십 년도 넘어. 그러니까 그 몸이 남자를 받아 주기에는 약간의 훈련이 필요할지도 몰라. 그걸 성급하게…… 성적인 매력이 없다 하면, 그건 네 잘못이야. 그것보다도 내가 보기에는 뭔가 다른 것이 있는 것 같은데? 가령 돈 이야기를 했다든가……."

"아니야. 돈 얘기는 안 했어."

한성욱은 열을 올려 가며 부인을 했다. 뭔가 구린 데가 있는 사람의 태도였다.

"김 여사에게 전화가 오면 알겠지만…… 내 생각 같아서는…… 한국의 국적을 갖기로 그렇게 애태우고 있으니까 웬만하면 단 몇 개월이라도 이름을 빌려 줘서 국적을 취득하게 되면 그때 가서 다시 이혼을 하더라도…… 니가 그렇게 도와줬으면 좋겠다. 이렇게 생각하고 있었어. 물론 필요한 비용과 사례는 모두 김 여사가 주겠지만……."

나는 그런 기분이었지만, 한성욱의 생각은 그런 낭만적인 것이 아니었던 모양이다. 나중에 김 여사에게서 전화를 받고서야 내 생각이 얼마나 순진했느냐 하는 생각이 들었다. 한성욱은 그녀에게 성급한 성행위를 했고, 그것은 졸지에 일어난 일이라서 서로가 만족스럽게 끝나지 않았다고 했다. 거기에다가, 그는 갑작스럽게 돈 이야기를 해서 김 여사가 몹시 당황했다고 했다. 첫 박스에서 그런 일이 있었다면, 그것은 전도가 별로 밝은 것이 못 되었다.

아직 김 여사에게 운이 오지 않은 것이었다.

황 박사에게서 연락이 와서 스위스 호텔로 나갔더니, 북조선 망명정부의 의장을 하고 있는 방소환 씨가 나와 있었다. 상당히 나이가 많은 것으로 알고 있었지만, 얼굴에 주름살이 별로 없어서 늙어 보이지 않았다. 일평생을 남로당 당원으로 험한 생활을 한 사람 같지 않았다.

"각하께서 나중에 북조선의 대통령이 되시거든 한 자리 꼭 부탁합니다.”

“장관 하나는 내가 책임지겠소.”

방 의장도 얼른 농담으로 대꾸했다.

“망명정부라는 게 성공해서 본국으로 돌아가서 정권을 인수한다는 그런 일은 역사적으로 그리 쉬운 일이 아니잖아요? 과연 북조선이 방 의장이 살아 있을 동안에 붕괴할까요? 어쩌면 아주 빨리 될 것 같지만, 어쩌면 오랜 세월이 걸릴 것도 같은데요?”

나는 그가 북한의 붕괴에 대해서 우리보다는 더 새롭고 구체적인 정보를 가지고 있을 것이라는 생각으로 말했다.

“곧 허물어질 거요. 금년이 아니면 내년이오.”

방 의장은 부드러운 어조로 말했다. 그래서 자꾸만 농담으로 들렸다. 그러나 내게는 그게 실감나게 들리지 않았다.

“그러면 각하의 망명정부는 어떻게 하실 겁니까?”

“지금의 김정일 정권이 허물어졌을 적에…… 그것을 맡아서 관리할 수 있는 사람들은 이 지상에 아무도 없습니다. 남한도, 미국도, 일본도 아닙니다. 그곳은 특수한 사회이기 때문에…… 제대로 나라를 재건하기 위해서는 그곳에 살아봤던 경험자들이 아니면 안 됩니다. 그들은 당과 군과 정부를 잘 파악하고 있고, 그래서 그것을 기술적으로 인계받을 수 있습니다. 그쪽 사회를 전연 모르는 한국이나 미국이 들어갔다고 합시다. 무엇을 어떻게 처리할 것입니까? 계엄령을 선포해 놓고…… 눈에 보이는 부분만 손질한다고 해서, 오십 년 이상이나 조직해 놓은 공산주의 국가를 쉽게 뜯어 고칠 수는 없는 일이거든요. 잘못하다가는 그러는 과정 중에 엄청난 반발과 희생이 생길 수도 있습니다. 그런 것은 우리 망명정부가 해야 합니다. 우리가 가서 대충 해놓은 다음에…… 한국 정부가 들어와서 인계하면 되죠.”

“그렇게 할려도 상당한 인원과 돈이 필요할 텐데요?”

“별 게 없어요. 그들이 쓰고 있는 국방비만 해도 일 년에 백억 불 가

량 되니까 엄청나잖습니까? 고작해야 일본에다 대고 식민지 보상금으로 오십억 불 정도 받아내겠다는 건데……. 그 국방비하고, 미국의 원조하고, 일본의 보상비, 독일과 영국, 불란서의 원조…… 이런 것을 합치면 충분하다고 생각합니다. 독일이 통일되기 전까지 약 삼백팔십만 명 정도가 서독으로 넘어갔는데요…… 인구 비례로 본다면 북한이 동독보다는 많으니까 사백만 명에서 오백만 명 가량이 난민이 될 수 있어요. 그들이 하루아침에 남한으로 넘어온다면…… 남한도 망하고 말 겁니다. 허지만, 남한에서 일 년에 백만 명쯤 받아서 노동력으로 쓰면서 재교육을 시켜서 돌려 보낸다면…… 남한에도 상당한 도움이 될 겁니다. 그러면 사오 년 내지 십 년 사이에 북한 인구의 대부분을 재교육할 수가 있을 겁니다. 거기다가 경제성이 있는 공장을 다시 세우는 겁니다. 세계에서 제일 싼 공산품이 만들어질 겁니다. 자연환경을 재생시키고, 농업구조를 바꿉니다. 핵심 공산주의자와 군간부들의 재교육을 실시합니다. 그러면 그런대로 나라가 하나 만들어지죠. 조그마하고, 검소한 나라이기 때문에 경비도 얼마 들지 않을 겁니다."

방 의장은 서두르지도 않고 천천히 말을 하고 있었다.

"군대가 쓰는 돈만 해도 백억 불이 되니까요. 그것만 해도……."

방 의장은 그 말을 다시 강조했다.

"우리가 생각하는 것보다…… 북한은 더 견고한 것 아닙니까? 경험자들을 버리지 않고 오래 쓰고 있기 때문에 위기관리 능력도 탁월하고…… 어쨌거나 항상 남한보다는 한 수 위죠."

내가 말했다.

"그 정반댑니다."

방 의장은 농담조로 다시 덧붙였다.

그는 일본에서 공부를 하고 있을 적에, 민족운동을 하기 위해서는 공산주의자가 돼야겠다는 생각을 했다는 것이다. 그래서 공산주의자로 독립운동을 했고, 해방이 돼서는 남한에서 지하운동, 육이오 때는 전쟁

참가, 전쟁이 끝난 다음에는 가족을 이끌고 북한으로 들어가서는 당의 요직에 있었지만, 김정일이가 후계자가 되면서, 이른바 '가지치기'에 걸려서 중국으로 혼자서 탈출을 했다. 그는 김일성보다는 김영주하고 더 친히 지냈기 때문이다.

그는 북한을 빠져 나와 중국과 소련에 있는 망명인사들과 망명정부를 만들었고, 그 의장으로 추대되었다. 중국으로, 러시아로, 일본으로, 미국으로, 한국으로 돌아다니면서 망명운동을 하고 있지만, 정부에서는 통일 방법의 차이 때문에 그를 별로 도움이 되지 않는 인물로 보고 있어서 한 푼의 지원도 하지 않고 있었다. 그래서 그는 마치 왜정시대의 상해 임시정부 요인 비슷한 따분한 인물이 되었다. 통일로 먹고 사는 부총리까지 있고, 통일에 관계되는 조직과 단체가 수도 없이 많이 있지만, 누구 한 사람 눈여겨봐 주는 사람이 없었다. 그가 입국하면 고작 해야 김윤복 여사나 황 박사가 약간의 도움을 줄 뿐이었다.

"남한 사람들은, 꼭 해야 할 일은 입으로만 하고 행동으로는 하지 않지요. 실제 행동에는 한 발자국도 나서기를 싫어해요. 혹시 손해나 보지 않을까, 해서요. 결국 통일은 북한이 스스로 무너지거나, 아니면 미국이나 일본, 그리고 중국의 핸드링으로 처리될 겁니다. 방법은 그것뿐이에요. 남한이 주도하리라는 것은 한국 사람들을 잘 이해하지 못하고 있는 사람들의 말에 지나지 않아요. 한국 사람들은 단군개조 이래 기회주의자일 뿐입니다. 이익을 스스로 만들어낼 의지는 없고…… 남이 만들어 놓은 이익에 잘 들러붙지요. 대한제국이 허물어진 것도 그런 전통 때문입니다. 앞으로 통일의 과정에서도 그런 것이 나타날 것인데…… 그게 한국에 도움이 되는 방향으로 가면 다행이지만…… 이조 말처럼, 한반도는 일본이 먹고, 필리핀은 미국이 먹어라…… 이런 식으로 돌아가면…… 통일은 우리에게 엄청난 비극을 안겨 줄 수도 있어요. 나는 그걸 경계하는 겁니다. 적어도 돌이킬 수 없는 잘못을 남한이 저지르기 전에 우리는 북한에 들어가서 재건을 한다는 겁니다."

방 의장은 담담하게 말했다.

"피, 케이, 오, 평화유지군 같은 것, 필드 워커 같은 것이 상당히 있어야 할 텐데요?"

나는 다시 농담하는 기분으로 말했다. 방 의장이 혹시 고독감 때문에 감정이 날카로워지지 않을까 해서.

"군대까지는 없어도…… 그런 일을 할 인적 자원은 충분히 가지고 있어요. 적어도 십만 명 정도는 동원할 수 있습니다. 그들은 우리가 북한으로 들어가면 따라 들어갈 거예요."

"그런 애국심을 가진 사람들이 있다는 것은 놀라운 일이네요. 물론 남한에 있는 청년들은 아니겠죠?"

"남한에는…… 있는 게 하나도 없어요. 다만 기업이 몇 개 있을 뿐이오. 이조 말 때만큼이나 부패하고 무능한 정부하고. 목숨을 걸고 옳은 일을 하겠다는 사람이 몇 사람이나 있겠어요? 그래서 우리가 오십 년 동안이나 통일을 하지 못하고 있는 게 아닙니까. 참 못난 민족입니다. 이 지상에서 가장…… 그들에게 무엇을 기대하겠어요?"

방 의장은 혹시 내가 화라도 내지 않을까 해서 조심스럽게 말하고 있는 것 같았다. 그러나 그의 말은 오랜 경험에서 나온 것이어서 가슴을 찌르는 것 같은 아픔을 지니고 있었다.

"그렇다면…… 방 의장의 일생을 건 노력은 뭐가 되는 겁니까?"

"나는 북한이나 중국, 러시아, 일본, 미국에서 교육을 받은 한국 사람들을 데리고 일을 하고 있는 거요."

"그리고 외국 사람들입니까?"

그는 말을 하지 않고 고개만 조금 끄덕였다.

우리는 그날 밤 식사를 하면서 느긋하게 오랫동안 이야기를 나누었다. 서로 무겁지 않은 의견들을 내어놓았고, 그것에서 자기가 수긍할 수 있는 부분을 조용히 담아 들이고 있을 뿐이었다. 그렇다고 그게 통일에 당장 쓰여지는 것은 아니었다. 우리가 그럴 만한 일을 하고 있는 사람들도 못 되었다. 그저 안타까우니까, 안타까움을 가지고 있는 사람들끼리 모여서 그 안타까움을 서로 나누어 볼 뿐이었다. 고난의 금요일 밤 같은…….

방소환 의장은 그 뒤로도 가끔 한국에 들어왔고, 그러면 황 박사에게서 연락이 오곤 했다. 그러면 나는 그들에게 점심이나 저녁식사를 대접했다.

내가 만나는 사람들은 그들뿐이 아니었다. 북한에서 탈출해 나온 사람들로써, 자연스럽게 만나질 수 있는 사람이면 별로 가리지 않고 만났다. 내가 초대하기도 했고, 그들의 초대를 받기도 했다. 또 기독교에 관계하는 사람들의 소개로 만나는 일도 있었다.

그리고 더러는 내가 통일에 관계되는 장편을 썼다는 이유로 내게 직접 연락이 와서 만나는 경우도 있었다. 그러면 나는 내가 이미 알고 있었던 사람들을 그들에게 소개해 주기도 하고, 식사나 낚시, 등산, 골프에 데리고 나가기도 했다. 나로서는 외로운 사람들을 위로해 줘야 한다는 의무감도 있었지만, 보통 사람들이 관심도 없고, 또 접할 수도 없는 정보에 접한다는 것도 어떤 의미에서는 호기심을 자극하는 즐거움이 되기도 했기 때문이다.

나는 가끔 임영태 씨에게서 초대를 받았다. 그는 목동의 아파트에 살고 있었다. 별다른 가구는 없었지만, 검은색 피아노가 마루 입구 쪽에 있었고, 안쪽에 있는 어항에는 굵은 열대어들이 들어 있었다. 어떻게 보면 그런 취미는 지극히 자본주의적인 것인데도 그는 이상하게도 그런 것에 익숙해 있는 것 같았다.

그는 물론 혼자서 살고 있었지만, 우리가 갈 적에는 파출부 같은 아주머니가 와서 저녁을 해주었다. 아주 요리 솜씨가 좋아서 우리는 술과 밥을 실컷 먹었다.

"……나는 김정일이가 요구하는 외화를 도저히 다 벌 수가 없었어요.

그렇다면 귀국해 봤자 숙청당할 게 뻔한 것이고, 그럴 바에는 어디로 튀자…… 남한도 마음에 들지 않으니 제삼국으로…… 이렇게 생각했죠."

그는 혈색이 좋고, 아주 씩씩해 보이는, 김정일과 동년배의 남자였다. 실제로 김정일과도 안면이 있는 사이였다고 했다.

그는 북한의 외화벌이 회사인 고려무역의 사장을 하던 사람이었다. 대개 그렇듯이 이북에서 탈출한 사람들은 똑똑하고 분명한 자기 주견을 가지고 있었는데, 임영태 씨도 마찬가지였다. 말을 딱 부러지게 분명히 하고, 태도도 애매한 데가 없었다. 정치성을 띠거나, 계산을 하거나, 안개를 피우는 것과 같은, 자본주의 사회에 젖은 그런 모습은 구경할 수가 없었다. 나는 그런 깨끗함과 순진성이 좋았다.

"소련에도 여러 번 갔었어요. 그리고 구라파와 아프리카를 열심히 돌아다녔어요. 암스텔담에 도착했을 때…… 거긴 서구이기는 해도 어딘지 모르게…… 좀 동구권 냄새가 나는 곳이에요. 거기서 나는 다시 아프리카로 가야 했어요. 그래서 여기를 놓치면, 다시 망명할 수 있는 기회는 없어지는 것이다…… 이렇게 생각했어요. 그래서 몇 번을 망설이다가…… 어떻게 할 바를 몰랐어요. 한국대사관에 전화를 했지요. 제삼국으로 망명을 하고 싶다. 좀 도와줄 수 없느냐…… 그러니 당장 그리로 갈 테니까 꼼짝말고 서 있으라는 겁니다. 그래서…… 나는 남조선으로 갈 사람은 아니다, 제삼국으로 가고 싶다……라고 또 확인을 했죠. 그랬더니 그렇게 해주겠다는 겁니다. 그래서 불안한 상태에서 조금 기다리고 있었습니다. 그랬더니 대사관에서 사람이 나왔더군요. 누굴 데리고 왔는지는 모르지만, 우선 내 앞에 나타난 사람은 한 사람이었어요. 자꾸만 여권을 내놓으라는 겁니다. 나는 마음에 영 내키지 않았지만…… 자꾸 졸라대기에 여권을 주었습니다. 그때 안 줬어야 하는 건데…… 일단 외국에서는 여권을 빼앗기고 나면 꼼짝을 못 하거든요. 한 발자국도…… 나도 그렇게 불안했지만 어쩔 도리가 없었어요. 대사관에 가서부터는 반강제로 서울까지 들어오게 된 겁니다. 어떻게 보면 그들이 내게 거짓말을 한 것 같았고, 또 내게는 그 외는 방법이 없는 것 같기도 했어요. 지금 곰곰이 생각해 보면…… 결국 내가 그런 발상을 했다는 자체가 비극이었던 거죠…… 내게는 평양에 아내와 아이들이 있는데…… 숙청이 되더라도 같이 당했어야 옳았는지…… 아니면 이렇게라도 해서…… 그들의 괴로움을 상상하고 있어야 옳은지……."

다혈질로 보이는 그의 얼굴에서 금방 굵은 눈물 방울이 뚝뚝 떨어졌다. 그는 얼굴을 손수건으로 한번 닦아내고는 기분전환을 하려고 애를 쓰고 있는 것 같았다. 가족과 헤어진다는 것, 이것은 인간으로서 가장 참기 어려운 고통의 하나이다.

"방소환 의장의 말에 의하면 일이 년 사이에 북한이 붕괴한다니까…… 임 선생이 가족을 만날 수 있는 날도 그렇게 멀지는 않을 거요."

나는 내 말이 그에게 건성으로 들리지 않기를 바라면서 말했다.

"나도 그렇게 생각합니다. 수용소의 어려운 생활을 참아내 주기만 한다면……."

"그런데, 북한이 쉽게 허물어질까요?"

내가 말했다.

"남한에 와 보니까…… 아주 개판이에요. 하나도 제대로 되어 가고 있는 게 없어요. 통일도 말로만 통일이지요. 진정으로 통일을 원하는 사람은 하나도 없는 것 같애요. 아마도 남한 사람들 가지고는 잘 안 될 거예요. 북한은 안 그래요. 통일에 대해서 뿐만 아니라 모든 문제에 대해서 아주 철두철미합니다. 절대로 남한 단독으로는 북한을 이기지 못해요."

임영태는 금방 잠에서 깬 것 같은 생생한 어조로 말했다.

나는 그가 이기지 못한다고 주장하는 것이 전쟁을 의미하는 것인지, 다른 무엇을 의미하는 것인지 잘 알 수가 없었지만, 다시 설명을 요구하지는 않았다. 그러면서도 그는 북한의 붕괴를 믿고 있는 것이 이상했다. 실제로 믿고 있는지 어떤지도 모르지만…… 그러나 그가 그걸 믿고 있지 않았다면 결코 북한을 탈출하지 않았을 것이 아닌가.

"나는 장사를 하고 다녔으니까…… 그리고 제삼국으로 튈 생각을 하고 있었으니까 상당히 많은 돈을 가지고 다녔죠. 그것으로 이 아파트를 산 겁니다."

그는 고개를 들어 천정을 한 바퀴 휘둘러보았다.

이북에서 탈출한 사람들이, 정부의 형식적인 도움으로 모두가 어렵게 생활을 해가고 있는 것이 대부분이지만, 이 임영태는 비교적 괜찮은 생활을 하고 있는 것 같았다.

그러다 보니까 그의 주변에는 이상한 사람들이 꼬여들고 있는 것 같았다. 그의 고향 출신이라는 장사꾼들하고, 종교한다는 사람들이었는데…… 어딘지 모르게 내가 보기에는 사기꾼 비슷한 모습을 하고 있었다. 그가 몇 백만 불 가지고 왔다니까 사람들이 몰려들어서, 이런 사업, 저런 사업을 열심히 권하고 있었고, 임영태 자신도 이미 상당한 돈을 그런 사업에 투자를 하고 있었다.

머리에 털이라고는 한 오라기도 붙어 있지 않은, 한 남자가 무슨 목사라고 해서 그에게 자주 들락거리고 있었다. 탈북자에게 제일 먼저 들러붙는 사람들이다. 그야말로 신앙을 위해서, 그리고 그의 외로움을 위해서 오는 목사들도 있겠지만, 개중에는 이상한 목적을 가지고 들러붙는 사람도 있었다. 아직 가족을 떠난 지 얼마 되지 않았는데도 벌써 결혼 문제를 끄집어내기도 했다.

나와 황동희 박사와 그는 가끔 등산도 했지만, 낚시를 가기도 했다. 나는 등산을 좋아하는 편이었지만, 황 박사와 임영태는 낚시를 아주 좋아했다. 텐트를 쳐놓고 이틀밤씩 자면서 낚시를 했다. 붕어를 한 바께쓰씩 낚아 올리곤 했다.

휴전선 너머의 밤하늘을 쳐다보면서 낚시하는 기분도 이상한 감회가 있었다. 더구나 북한에서 가족을 버리고 이곳에 와서 그를 둘러싸고 있는 사람들에 대한 혐오증도 보통이 아닐 것이다. 어쩌면 벌써 빼도 박을 수도 없는 함정에 빠져 있는지도 모른다.

"……남한 사람들 조심해야 합니다. 사기꾼들도 더러 있어요. 목사라고 해서 다 믿을 게 못 되구요."

나는, 그 부분은 그의 사생활이라는 것을 잘 알고 있었지만, 그래도 남한 사회와 사람들을 잘 아는 나로서는 한마디 해줄 필요도 있다고 생각했다.

"고향 사람이라고 자청해서 오는 사람들이니까요."

"임 선생이 이미 장사를 해봤으니까 잘 알겠지만, 이곳에서는 우선 돈은 은행에다 넣어 놓고…… 시간을 두고 혼자서 연구를 해야 할 겁니다. 남의 권유에만 의존하지 않고…… 그리고 결혼 문제 같은 것은…… 불편하기는 하겠지만…… 어쩌면 수삼 년 사이에 북한이 붕괴될지도 모르니까 가족을 만나는 것도 그리 멀지 않을 수도 있어요."

나는 내친김에 그 정도까지 하고는 입을 닫았다. 잘못하다가는 그를 돕는 것이 아니라 그를 더 괴롭히게 될 것 같았다.

사실 나는 그를 데리고 유명하다는 사주쟁이를 몇 사람 만나러 가기도 했다. 내 입이 아닌 다른 사람의 입으로 그를 안심시키기 위한 것이었다. 역시 사주쟁이도 수삼 년 사이에 가족과 만나게 될 거라고 했다.

나는 모스크바에 갔다가 거기서 장인한이라는 사람을 소개받았다. 그는 고르바초프 전 대통령의 경제분야 슈퍼바이서를 했다고 했다. 노태우를, 고르바초프를 만나도록 주선도 해줬다는 인물이었다. 지금도 옐친 대통령하고는 대화 창구를 가지고 있으며, 공산주의 경제에 자본주의 경제로 넘어가는 과정에서 생기는 여러 가지 문제점에 대한 조언을 해주고 있다고 했다. 오랫동안 미국의 대학에서 선생을 하다가 근자에 와서 러시아에 발탁이 된 모양이다.

그는 미국에 오래 있어서 그런지 몸에 외교관다운 세련미가 있었고,

말도 아주 정감이 넘치게 했다.

"지금은 옐친의 시대이고 나도 러시아에서의 할 일도 얼추 끝났어요."

그가 가느다란 목소리로 말했다.

"미국으로 돌아가실 겁니까?"

"저도 나이 들었고, 일도 할 만큼 했으니 이제 나머지 인생을 조국통일에나 이바지해 볼까, 이런 생각도 가지고 있어요. 북한의 김용순 비서에게서 초청을 받았으니 우선 북한을 들렀다가 서울로 가볼까 해요."

나는 모스크바에서 그와 긴 시간을 갖지 못했다. 두어 번의 식사를 같이 한 것밖에는 없었다. 그러나 나는 그가 경험과 능력이 있는 사람이라는 것을 인정했고, 이런 사람이 통일사업에 뛰어든다면 큰 도움이 될 것이라는 생각이 들었다.

다만 문제는 한국의 풍토이다. 과연 한국의 이기주의적인 풍토가 이런 사람을 얼마만큼 건설적인 방향에서 받아들일 수가 있을까. 한국에서 나서 한국에서 잔뼈가 굵었다면 한국의 비건설적인 경쟁에서 이겨나갈 수도 있지만, 외국에서 오래 있었다면 그런 더러운 경쟁에서는 이겨내기가 거의 불가능하다.

장인한 박사도 그런 사람에 속하게 된다면 그 허탈감에 대한 책임은 누가 질 것인가.

"북한 사람들도 시장경제를 부분적으로나마 도입하려고 하니까 나 같은 사람의 존재가 필요하죠. 그래서 나를 불러다가 자문을 구해 보려는 모양입니다."

그는 자세한 말은 더 이상 안 했지만, 그는 분명히 국적이 한국이 아닐 것이다. 그렇다면 북한이 거부해야 할 아무 필요도 없을 것이다.

얼마 후에 나는 서울에서 장인한 박사의 전화를 받았다. 그는 인터넨탈 호텔에 이미 투숙을 하고 있었고, 거기서 식사를 하자는 것이어서, 나는 그의 호텔로 가지 않을 수가 없었다.

"북한은 다녀오셨습니까?"

"그럼요. 수백 장의 사진을 찍어 가지고 왔습니다. 보여 드려야죠."

나는 그가 찍은 북한의 사진을, 그야말로 수백 장 볼 수가 있었다. 사진에는 김용순 비서와 만나는 장면도 있었고, 경제 문제를 담당하는 김정우도 있었다. 그는 부인을 동행하고 있었다.

"그쪽 사람들은 주로 관광 코스로만 사람을 데리고 다닌다던데요?"

"물론 처음에는 그렇게 하려고 했지요. 허지만, 나는 그들의 실상을 잘 파악해야만 그들을 도와줄 수 있는 사람이니까…… 내가 가 보자는 데를 가 보지 않을 수가 없었지요."

장 박사가 대답했다.

"중국이나 러시아처럼…… 그들도 시장경제를 부분적으로 받아들일 수가 있는 일이 아닙니까?"

"북한에는…… 자칫 잘못하다가는 남한에게 정권을 찬탈당한다는 공포감이 있단 말입니다. 그러니까 중국이나 러시아처럼 편안한 마음으로 개방을 할 수가 없어요. 이게 제일 약점입니다. 거기다가 주체사상을 가지고 온 국민을 꽁꽁 묶어 놓았단 말입니다. 다소라도 풀어야 하는데, 그건 헌법으로 만들어져 있는 것이니까 풀 수가 없죠. 더구나 김정일의 권력 기반이 약하기 때문에…… 김일성이가 해놓은 것을 섣불리 건드렸다가는 본인뿐만 아니라 나라가 온통 날아갈 판이거든요. 다른 나라들하고는 근본적으로 다른 겁니다."

나는 본질적인 것을 그에게 물어 보고 싶었지만, 당장 그게 무엇인지 얼른 집히지 않았다.

"제가 본 바로는요…… 딱 한 가집니다. 어차피 북한은 붕괴하도록 돼 있어요. 그런데 남한과 서방에서 도움을 잘 받아내면 그 붕괴를 좀 늦출 수 있을 것이고, 그렇지 않고 이대로 강경일변도로 나가면 하루아침에 허물어질 수도 있어요. 그들은 남한이라는 존재 때문에 행동에 제약이 많아요."

"전쟁을 일으킬 수도 있는 게 아닙니까?"

"그래서 나도 그쪽의 휴전선 근처의 최일선까지 가봤어요. 허지만 겉모습하고는 너무나 달라요. 남쪽에서 팀스피리트만 시작되면 북한의 장병들은 삼 개월 동안이나 땅굴 속의 진지에 처박히는데, 거기에는 화장실이 잘 마련되어 있지 않아서 악취가 진동을 해요. 위생 상태가 아주 나빠서…… 석 달 가량 있다가 나오면 사람들이 모두 비실비실한다는 겁니다. 팀스피리트 때문에 죽을 지경이라는 거죠. 군대가 이동을 하는데 달구지를 타고 가는 것을 보기도 했고, 누더기 같은 군복을 입고 농사일을 하고 있는 군인들을 목격하기도 했어요. 총을 거꾸로 메고 어슬렁거리는 사람들도 있어요. 그리고 군인들이 모두 키가 아주 조그마해요. 내가 물었죠. 인민군에는 소년병도 있느냐고. 그랬더니 모두가 다 자란 이십대의 청년들이라는 겁니다. 사람들이 먹지를 못해서 모두 키가 조그마해진 거예요. 그래 가지고 어떻게 전쟁을 합니까? 옛날에 평안도 사람들이 얼마나 크고 거칠었어요?"

그는 가느다란 목소리로 잔잔하게 말했다.

"공장들도 대부분이 왜정시대에 있던 것이나, 아니면 스탈린시대 소련으로부터 받은 것들이에요. 그런 공장으로는 아무것도 만들 수 없지만, 그나마 공장에 가보면 노동자들이 수십 명씩 떼를 지어 놀고 있어요. 왜 저 사람들이 일을 안 하느냐고 물으니까, 일거리가 없다는 겁니다. 공장뿐이 아니고 다른 작업장에서도 마찬가지예요. 온 국민이 놀고 있는 겁니다. 전기도 없고, 기름도 없고, 원료도 없는 겁니다. 그런데 무슨 경제가 되며, 무슨 전쟁이 되겠어요?"

"그래도 선봉 나진 지역은 어떻게 해보려고 하는 것이 아닙니까?"

"그것 때문에 나를 불렀지요. 어떻게 하면 잘 되겠느냐는 겁니다마는…… 내가 가니까 그 지역에다 철조망을 치고 있습디다. 일단 그곳에 들어간 사람들은 다른 곳으로 가지 못하게요. 그렇게 해서 무슨 경제가 되겠어요? 중국이 심천 지역을 그렇게 만들었습니까? 경제활동을 하려면 자연히 수도를 비롯한 각 도시로 사람이 쉽게 왕래할 수 있어야 하거든요. 그런데 그걸 막아 놓으면 불편해서 어떻게 합니까? 평양으로 가려면 일단 외국으로 나갔다가 다시 들어가야 해요. 그들은…… 선봉 나진 지역을 개방만 하면 돈이 그저 오륙십억 불씩 들어올 거라는 겁니다. 세를 받아서 말입니다. 하지만 세를 받기 위해서는 인푸라가 만들어져야 하는데, 그런 게 하나도 없어요. 제대로 도로가 있습니까, 비행장이 있습니까, 통신시설이 있습니까, 호텔이 있습니까. 그 지역에 팩스가 꼭 한 대 있는데, 그것도 평양을 통해서 들어가니까 불편하기 짝이 없죠. 외국 기업이라도 활발하게 활동을 하려면 나라가 달라져야 하는데, 달라지면 망한다고 생각하고 있으니까 그렇게 할 수가 없단 말입니다.”

그는 길다랗게 늘어놓고 있었다. 근본적으로 그는 북한을 긍정적으로 보고 있는지 부정적으로 보고 있는지 분간이 가지 않았다.

“앞으로도 자주 북한으로 가실 겁니까?”

내가 걱정스러운 자세로 물었다.

“그들이 필요로 한다면 언제나 갈 수 있죠.”

나는 그의 비판적인 태도가 북한 사람들의 기분을 상하게 하지 않을까 걱정이 되기도 했다.

나는 장 박사가 자기의 저서를 일본말로 번역하고 싶다기에 황동희 박사를 소개해 주었다.

그는 내가 생각하는 것 이상으로 국내 사정에 밝은 것 같았다. 청와대 주변과 재벌들, 그리고 학자들과 언론계하고도 깊은 관계를 맺고 있는 것 같았다. 신문에는 그에 관한 기사가 자주 나오고 있었다.

그는 계속 북한 여행을 했다. 모스크바로 가 있기도 하고, 북경으로 가 있기도 했다. 그가 내게 연락이 한동안 없으면 그때는 분명히 외국 여행을 하고 있는 것이었다.

“이 선생이 북한을 한 번 다녀오면 크게 도움이 될 텐데…… 어때요,

북한 여행을 해보시겠어요?"

그는 몇 차례 북한을 다녀오더니 내게 그렇게 말했다.

"얼마 전에…… 일본에서 조그마한 잡지를 내고 있는 사람인데…… 그 사람도 북한을 자주 가더군요. 날더러 김정일을 만나게 해주겠다는 겁니다. 그 이야기를 황동희 박사에게 했더니…… 위험하다면서 그런 소리를 듣지 말라고 하더군요."

"안 그래요. 일단 초청을 하면 그런 건 없어요. 내가 북한에 대해 비판적인 저서를 냈다는 것도 알고 있어요. 그걸 김정일에게 주었거든요. 이 선생은 북한에 갔다 오면…… 여러 가지로 도움이 많이 될 거예요. 내가 김정일과 만날 수 있도록 주선해 보겠어요."

그는 별로 어렵지 않게 말했다. 북한의 권력자들이 그를 높이 평가한다면 그만한 정도의 일은 할 수 있을 거라는 생각이 들었다.

"그렇게 하면 어떤 사람들처럼…… 김정일과 한 건 하기 위해서, 자진입북해 놓고서는 납치다, 뭐다 하면서 국민을 속일 필요도 없고, 국민들을 배신할 필요도 없는 일이구요. 당당하게 하고서는 나중에 역사의 심판을 받는 거죠."

나는 그의 말을 들으면서, 어쩌면 그게 아주 쉽게 이루어질 수도 있을 거라는 생각을 했다.

황동희 박사는 먼저 살던 아파트를 팔고 조그마한 단독주택으로 이사를 했다고, 날더러 한번 놀러 오라는 것이었다.

"전에 살던 그 집 뒤로 쭉 올라오시면, 김시중이라는 모 재벌 그룹 회장의 집이 하나 있어요. 워낙 크기 때문에 모르는 사람이 없어요. 그 집 긴 담이 끝나는 곳에 오른쪽으로 계단이 있는데 그리로 내려오시면 마지막 집입니다."

그런 정도의 설명을 가지고 찾아갈 수 있을지 없을지는 알 수 없었지만 전화번호가 있으니까 크게 낭패를 볼 것 같지는 않아서 차를 몰고 그리로 갔다.

그 근처는 모두 몇 백 평씩 하는 도둑놈 호화주택들이고 황 박사가 들어박힐 만한 집이 있을 것 같지 않았다. 나는 그가 일러준 대로 조심스럽게 찾아갔더니, 호화주택들이 쓰고 버린 조그마한 자투리땅에 양식으로 지은 집을 하나 발견할 수가 있었다.

일꾼 한 사람이 집 벽에다가 연한 하늘색 페인트칠을 하고 있었다.

마침 현관문이 열려 있어서 나는 금방 황 박사를 만날 수 있었다. 좁은 마루에 손님들이 서너 사람 앉을 수 있는 의자가 있었고, 문이 열려 있는 방에는, 벽과 바닥에 책이 잔뜩 쌓여 있었다. 부엌은 바로 마루 끝으로 연결되어 있었다.

"찾느라고 욕보지 않았어요?"

황 박사는 읽다 만 책과 안경을 들고 마루로 나와 마주앉았다.

"아뇨. 이런 엄청난 동네에 이런 작은 집이 있다는 것이 정말 놀랍군요."

"그래 말예요. 묘하게 찾았어요. 삼십 평짜리예요. 비록 오막살이라도…… 거대한 마을이 눈 아래로 내려다보이니 굉장하잖습니까?"

열어 놓은 현관문을 통해서도 평창동의 거대한 마을 한 모퉁이가 근사하게 내려다보였다.

"더구나 공기 좋은 산 속에 말입니다."

황 박사가 부엌 쪽으로 가서 커피를 타 가지고 왔다.

"연구소는 그만 두셨습니까?"

끄집어내기에 미안한 말이었지만, 오히려 내가 아무렇지도 않게 말하는 것이 황 박사의 기분을 가볍게 할 것 같았다.

"그 연구소 재단 이사장, 잘 아시죠? 정도전이라는 사람 말입니다. 자기가 정감록 비결에 있는 사람이라고 환상에 빠져 있는 사람이죠. 그런 사람이라도 돈을 벌었으니까 연구소를 하는 것은 좋은데…… 그 목적이 연구를 하겠다는 것이 아니라 정치적으로, 써먹기 위해서 하는 겁니다. 처음 시작할 때의 나와의 약속하고는 너무도 달라요. 연구소가 어째서 소장 하나밖에 없는 겁니까? 그리고 그 역시 통일 같은 것에는 관심이 없어요. 그저 혹세무민해서 무식한 사람들의 주머니나 털어내려고 하는 거죠."

"저도 그 사람을 잘 알아요. 신흥종교 교주로 유명한 사람입니다. 그런 사람이 연구소를 개설했다고 해서 깜짝 놀랐어요. 역시 개같이 벌어서 정승같이 쓰는 사람도 있구나……."

나는 황 박사가 걱정스러웠다. 원체가 결벽증이 있는 데다가, 일본 사회에서 평생을 살았기 때문에 사기성이 많은 한국 사회에서 잘 견디어내기가 힘들지 모른다는 생각을 벌써부터 하고 있었다. 한국에 와서 수삼 년밖에 안 됐는데도 두 번씩이나 연구소를 그만두어야 하는 그의 입장이 딱해서 견딜 수가 없었다.

그는 북한을 다녀와서는 김일성과 북조선에 완전히 염증을 느끼고 말았다.

그는 열심히 주체사상을 연구하고, 가르치고, 선전했던 것과 마찬가지로 열심히 그것을 비판했다. 그러다가 그는 조총련에 파문당하고 말았다.

그는 하는 수 없어서, 조총련 계열의 아내마저 버리고 한국으로 들어왔지만, 그의 실력과 경험을 써먹으려고 하는 사람들은 그리 많지 않았다. 우선 정부에서 별로 관심이 없었다. 안 되는 이유만 잔뜩 나열해서 그를 푸대접했다. 그는 사설 연구소의 문이나 두드릴 수밖에 없었다.

"한국 사람들은 인재를 적재적소에 쓸 줄 모르는 것은 말할 것도 없고, 잘 있는 사람마저도 발목을 잡고 끌어내리는 것이 취미거든요. 통일을 위해서는 엄청난 두뇌집단이 필요할 텐데도 누구 하나 그것에 대한 준비를 하려고 하지 않잖아요. 참 참담한 기분이에요."

"앞으로 어떻게 하실 겁니까?"

"모 신문사에서…… 삼 년간…… 북한 문제에 대해서 일주일에 두 번씩 연재를 하기로 계약서까지 쓰고서 글을 써왔는데…… 그것으로 밥 먹을 정도의 원고료가 나오는 것은 아닙니다마는…… 헌데 최근에 편집국장님이 갈렸다는 이유로 연재하던 것을 일방적으로 싹둑 잘라 버렸어요."

그런 글이 대중적인 흥미거리가 아니라는 것은 자명한 일이다. 그러나 신문사란 꼭 흥미 위주로만 글을 씌우는 것은 아니지 않는가.

"이제는 어쩌다가 잡지사 같은 데서 조금씩 써달라는 글이나 쓰고, 강연이나 가끔 다니고…… 그런 걸로 소일을 하고 있는 셈인데…… 이런 걸로 한국에 남아 있어야 하는 건지……."

그는 자신이 가지고 있는 가느다란 거미줄 같은 희망이 바람에 날리고 있다는 것을 말하고 있었다. 나는 뭐라고 대꾸를 해야 할지 알 수가 없었다.

"……정부라는 게 요즘은 진보판지, 보수판지 분간이 가지 않아요. 언론계도 마찬가지구. 정부가 진보파가 되든 보수파가 되든 그건 관계 없는 일이지만, 핵심에 있는 사람들의 소신이 문제지요. 소신은 없고 기회주의적이에요. 어느 쪽에 휩쓸리는 것이 자기에게 유리한가…… 정권의 인기도 자체도 그런 시각으로 보고 있으니까요. 보수정책을 내세웠다가 인기가 없으면 백팔십도 전환해서 진보정책을 내세운단 말입니다. 그러니까 국민은, 어느 장단에 춤을 취야 하는지 알 수가 없어요. 혼란과 기회주의만 부추기는 꼴이 되죠. 통일운동하는 사람들도 마찬가지예요. 보수, 혁신으로 갈라서서 원시적인 싸움을 하고 있어요. 자기와 다른 의견을 경청하거나 참고하려고 하지 않고, 무조건 반동으로 몰아붙이고, 상대를 하지 않으려니 통일이 어떻게 쉽게 이루어지겠어요? 설령 통일이 이뤄진다고 하더라도 그 속의 분단은 영원히 지속될 거예요."

그는 커다란 눈을 아래로 떨어뜨리고 걱정스러운 듯이 말했다.

나는 우울한 기분으로 가만히 듣고 있었다.

"제가 통일 문제에 가담하게 된 것은 숙명적인 것인지도 몰라요. 허지만, 이게 생각했던 것보다 몹시 어려운 문제다, 하는 생각을 요즘 점점 더 실감나게 느끼게 돼요."

그러면서 그는 긴 한숨을 내쉬었다. 그는 몹시 낙담한 기분에 휩싸여 있는 것 같았다.

부인이 꼬마 아이의 손을 잡고 현관 안으로 들어섰다. 아이는 아직 초등학교에 들어갈 나이는 안 된 것 같았지만, 몹시 예쁘게 생겨서 나도 한 번 안아 주고 싶은 충동을 느꼈다. 그런 내 마음을 알았는지, 황 박사가 선수를 쳐서 얼른 아이를 안아다가 자기 무릎 위에다 올려놓았다.

"그래도 한국에 와서 이런 예쁜 딸을 얻었으니……."

이미 그는 뭔가를 단념하고 있는 것 같은 인상이었다.

한성욱이라는 놈이 오래간만에 나의 등산팀에 다시 끼여들었다. 한참 있다가 만나도 그에게는 별로 물어 볼 것이 없었다. 하는 일 없이 빈들빈들 놀고 있으니까 그에게는 화젯거리가 될 만한 사건이 잘 생기지 않았다.

다만 김윤복 여사와의 관계가 아직 조금은 궁금증으로 남아 있었다. 그러나 그는 멋쩍은 데가 있는 모양인지, 먼저 말을 끄집어내려고 하지 않았다.

"김 여사와의 관계는 완전히 쫑했나? 아니면 아직 가끔 만나고 있는 중인가?"

"쫑했다."

그는 내가 농담조로 말을 거니까 그도 어색한 것을 농담조로 얼른 넘겨 버렸다.

"내가 니라면…… 그 여자와 결혼하겠어. 세 번씩이나 결혼한 놈의 호적에 한 여자가 더 실렸다고 해서 달라질 게 뭐란 말인가? 그 여자는 우리 민족 수난사의 한 토막 같은 여자야."

"그것하고 나하고 무슨 상관이 있나."

그는 뻔뻔스런 어조로 말했다.

"불쌍하잖나. 한국인으로 태어난 죄밖에 없어. 국적이나 얻어 주고…… 그것에 필요한 수수료나 받고 말이지…… 그러구서 국적을 얻으면, 다시 이혼하면 될 텐데……."

"매력이 없는 여자야."

"니가 그 여자를 되게 벗겨 먹으려고 한 모양이던데 그래? 치료비가 몇 백만 원씩 드는 난치병 환자를 데리고 와서는 치료비의 삼분지 이는 내놓으라고 했다며? 그런 게 여러 건이라던데……."

"누가 그래?"

그는 기름이 질질 흐르는 뻔뻔스러운 얼굴로 말했다.

"결혼하고 나면 삼분지 이가 아니라 삼분지 삼이 다 니꺼잖아? 뭣 때문에 그렇게 성급하게 했지? 결혼은 해주지 않고 뜯어먹기만 하려고?"

"그렇잖다니까!"

그는 얼굴이 뻘개졌다.

"크게 실망했네. 불쌍한 여자를…… 자본주의에서 사는 남자들은 모조리 자네 같은 줄 알 게 아닌가."

나는 입맛이 영 좋지 않았으나, 그 문제를 가지고서는 더 이상 그놈하고 이야기하지 않았다. 저런 놈을 소개해 준 내게 우선 잘못이 있었다.

나는 다음날 김윤복 여사가 있는 신당동의 여관을 찾아갔다. 중앙시장의 건너편 언덕으로 올라가는 네가름 골목에 있었다. 완전히 산동네 초입이어서, 사람들이 몹시 많이 살고 있는 곳이었다. 그런 곳이라면 무허가 의사들에게는 돈벌이가 좋을 것이다.

나는 여관으로 들어가서 김윤복 여사를 찾았으나, 이미 김 여사는 거기에 살고 있지 않았다.

"벌써 소련으로 떠났어요."

오십대 초반으로 보이는 뚱뚱한 아주머니가 현관방에서 머리를 반쯤 내밀고 말했다.

"왜 소련이오? 떠나면 중국으로 떠나야 할 텐데?"

"국적은 중국이지만, 중국으로 가면…… 감옥에 가야 한대요. 그래서 소련으로 갔어요. 거기서 여권을 다시 내가지고 들어온다고 했어요."

그러나 거기서 중국 여권의 유효기간을 늘릴 수가 있을까? 혹시 그렇게 하는 방법이 있을지도 모르지. 러시아나 중국 같은 데는 위조여권을 만드는 곳도 많이 있을지 모르니까.

"아저씨도 치료받으러 오셨어요?"

아주머니의 화살이 갑자기 내게로 날아왔다.

"당뇨병으로 치료를 받았는데요……."

"그래요. 그 여자가 병은 아주 잘 보나 봐요. 환자들이 어떻게나 많은지…… 빨리 돌아와야 쓰겠는디……."

과연 돌아올까.

나는 골목을 빠져 나오면서 한참 동안 골똘히 김 여사를 생각하고 있었다. 황동희 박사도 이런 사실을 알고 있었을까…….

임영태 씨에게서 느닷없이 혼인 청첩장이 날아왔다. 영등포에 있는 어느 예배당에서 혼인식을 한다는 것이다.

몹시 난감한 기분이 들었다. 결혼을 한다니 가 보지 않을 수는 없지만 평양에다 아내와 아이들을 두고 넘어온 지 수삼 년밖에 안 되는데 벌써 재혼을 하다니…….

재혼이라는 말에도 문제가 있었다. 아내와 사별을 하거나 이혼을 해야 재혼을 하는 건데, 이건 이혼을 한 것도, 사별을 한 것도 아니다. 아내와는 가느다란 국경 아닌 국경선으로 헤어져 있을 뿐이다. 영원히 만나지 못할 수도 있고, 점쟁이들의 말처럼 얼마 가지 않아서 금방 만날 수도 있을 것이다.

이럴 때 결혼을 해야 하는 것이 옳은가, 아니하는 것이 옳은가.

이런 의문은, 육이오 직후에 월남한 사람들을 한때 괴롭혔던 문제다. 그것이 오늘 또 그들을 괴롭히고 있다. 탈출을 해도 총각으로 했거나, 가족을 몽땅 데리고 했다면 그건 아주 행복한 축에 끼인다. 그러나 대부분의 경우에는 처자식을 멀쩡히 두고서 혼자 넘어왔다. 그런 수가 알게 모르게 벌써 팔백 명에 이르고 있다고 한다.

나는 임영태가 술이 몹시 취하면 가족들이 보고 싶어서 거침없이 눈물을 쏟아내던 모습을 여러 번 보았다.

나도 장기간 혼자서 해외에 있은 적이 있었고, 감옥에도 갇혀 있은 경험이 있었다. 가족이 다소 그립기도 했다. 그러나 그것은 영원히 못 만날 수도 있다는 그런 뼈아픈 이별과는 근본적으로 다른 것이었다.

만일 내가 임영태 씨처럼 된다면 어떻게 될까. 사치스럽고 형식적인 개념으로 과연 고독을 깔아뭉갤 수 있을까. 나는 절대로 어떻다고 장담할 수 없을 것이다. 그렇다면 임영태 씨의 결혼은, 도리는 아니라고 하더라도 일단은 이해를 하고 넘어가야 할 어떤 것이다.

영등포 교회는 그렇게 큰 교회는 아니었다. 모두 이백 명쯤 앉을 수 있는 조그마한 교회였다.

축하객은 모두 교회 사람들이거나, 신부쪽 사람들이었다. 임영태 씨 쪽의 사람들은 통일 문제와 관련이 있는 몇몇 기관에서 온 소수의 사람들이었다. 그들 중에 황동희 박사도 끼여 있었다. 우리는 나란히 앉아서 예식이 진행되는 것을 묵묵히 보고 있었다.

연단 위에, 날씬하고 건강하게 생긴 임영태 씨가 혈색좋은 얼굴로 서 있었다. 다소 미소를 띠고 있기는 했지만, 그게 즐거운 건지, 괴로운 건지 잘 분간이 가지 않았다.

신부와 그녀의 아버지가 현관 쪽에 나타났다. 신부는 얼굴에다 잔뜩 장식을 했는 데다가 얼굴을 그나마 아래로 떨어뜨리고 있어서 표정을 읽을 수가 없었다. 그러나 그의 곁에 선 남자는 금방 알 수 있었다. 임영태의 집에서 몇 번 만난 일이 있는 목사였다. 아주 스테미너가 있게 보이는, 대머리의 남자.

"황 박사님, 저 남자를 아십니까?"

내가 가만히 소곤거렸다.

"알구 말구. 임영태 집에서 만난 목사잖아. 풍산개를 수입한다느니 어쩌느니 하던……."

"목사님이라면…… 이게 중혼이라는 것도 아실 테고…… 더구나 그런 자리에 자기 딸을 결혼시킨다는 것은…… 납득이 잘 가지 않는데요?"

"이런 자리가 아니면 절대로 시집을 못 갈 그런 여잔가부지."

"그러나 종교적인, 도덕적인 문제가 있는데……."

"역사도 개판, 나라도 개판, 민족도 개판인데, 결혼이라고 해서 개판이 아니란 법이 어디 있소."

"그래도 통일이 된다면……."

"그것도 될지 안 될지 누가 알겠소? 우리가 하고 싶다고 해서 되겠소? 또 실제로 하고 싶다는 사람을 봤소? 영원히 안 되거나 십 년이나 이십 년 후에 된다면…… 그나마 한 나이라도 젊을 때 결혼을 하는 게 나을지 모르잖소."

"모르긴 하지만, 목사가 자기 딸을 직접 보낸다는 것은……."

"목사는 현실주의자들이오. 그 뒤에 있는 계산을 우리가 어떻게 보아내겠소?"

나는 묘한 기분으로 고개를 끄덕였다. 어쨌거나 외로운 사람이 우선이 결혼으로 외로움과 고통을 조금이라도 잊을 수 있다면 그것이 결혼이 됐건, 레크리에이션이 됐건 무슨 상관이 있으랴. 삶이란 따지고 보면 도덕적인 것도, 종교적인 것만도 아니다. 그저 불가피한 하나의 실존에 지나지 않는다.

우리는 그들의 행복을 빌었다.

그가 결혼하고 난 뒤에 우리는 한동안 그를 만날 수가 없었다. 특별히 용건이 있는 것도 아니어서 이쪽에서 연락을 하지 않았고, 그쪽에서도 신혼의 단꿈에 젖어 있어서 아무런 연락도 오지 않았다.

한참 뒤에 나는, 그가 아내와 별거생활을 하고 있다는 소리를 황 박사에게서 들었고, 그들은 정식으로 이혼을 하기 위해 양쪽에서 서로 소송을 제기해 놓고 있다고 했다.

"무슨 복잡한 이유가 있어서요?"

"목사님은…… 임영태 씨가 엄청난 돈을 가지고 있는 줄 알았는데, 실제로 결혼을 해보니까 빈털털이다, 그러니까 사기라는 것이고, 임영태는…… 아내가 정숙한 여잔 줄 알았는데, 오래된 애인이 있었다는 거야. 이것 역시 사기라는 거요."

황동희 박사가 팔의 힘을 뚝 떨어뜨리며 말했다.

"지난번에…… 모든 게 개판이라고 하지 않았습니까?"

나는 허망한 시선으로 황 박사를 올려다보았다.

모든 게 개판의 나라다. 뭐 하나 제대로 되는 것이 없다. 정치나 경제나, 과학이나, 예술이나, 종교나, 사회나. 독재정권만 물러가면 다 해결될 줄 알았지만, 한쪽이 되면 그 반대쪽은 또 엉망이 돼 버리니, 총체적으로 보면 더 나아진 것도, 더 나빠진 것도 없는 판이다. 아니면 전통적인 한국인들의 부정직이 자유의 물결을 타고 더 늘어났는지도 모른다. 그러니 북한의 단순한 사회에 있다가 넘어온 사람이 이 더러운 사회에 어떻게 적응해 갈 수 있을 것인가.

장인한 박사는 어려운 가운데서도 북한을 가끔 들락거리고 있었다. 자주 내게 연락이 오는 것은 아니어서, 오히려 신문을 보면 그가 북한을 들렀다가 나오는 것을 비교적 상세하게 알 수 있었다.

나는 그가 현정권과 밀착해서…… 뭔가를 하나 할 것 같았다. 능력도 있고, 경력도 있으니 통일작업을 위해서는 큰 공헌을 할 수 있을 것이고, 본인도 확실하게 그렇게 생각하고 있는 것 같았다.

그러나 그게 썩 잘 되지 않는 모양이었다. 청와대 주변의 사람들은 그가 대통령과 직접 연결이 될까봐 인의 장막을 높이 쌓고 있다고 했다. 장 박사는 가끔 그런 뜻의 이야기를 하면서 불평을 늘어놓곤 했다.

"장 박사가 대통령과 직통을 하게 되면 자기에게 불이익이 될 것이다, 이렇게 생각되면…… 대통령과 만나는 것을 그들은 극력으로 반대하겠죠. 국가에 이익이 오는 것이 문제가 아니라 자기에게 이익이 오는 것이 더 중요하니까요."

내가 걱정스러운 듯이 말했다.

"만일 그게 잘 안 되면…… 연구소를 하나 차리거나, 회사를 하나 만들거나 해야죠. 나도 외국 국적을 하도 오래 가지고 있어서…… 이제는 이곳에 와서…… 일 하다가 이 땅에 묻혀야죠."

그는 어떤 형태로든지, 한국에 다시 정착할 수 있는 방법을 연구하느라고 열심인 것 같았다.

"이 선생의 김정일 접견의 문제는 일단 당 중앙 사람들에게 이야기를 해놓았으니까 곧 연락이 올 겁니다. 명령만 떨어지만, 내게 팩스로 초청장이 날아올 거요. 그러면 함께 들어가도록 합시다."

통일은 한참 뒤의 이야기지만, 김정일을 만난다는 것은 어쨌거나 재미있는 일이라고 생각되었다. 나는 초조하게 기다리고 있는 것은 아니지만, 그런대로 깊은 흥미를 가지고 있었다.

그러나 남북관계는 복잡한 과정을 거치면서 별로 나아지는 일이 없었다. 북한의 권력기구와 그것을 장악하고 있는 사람들이 별로 달라지는 것이 없으니, 남북관계 역시 달라지는 것이 없었다.

북한의 엄청난 선전기술로, 전세계가 이리 기우뚱 저리 기우뚱 하고 있었다. 그들이 핵무기를 가지고 있다거나, 큰 홍수가 나서 금방 굶어 죽을 지경이라는 것도 모조리 면밀하게 계획된 선전기술이었다. 그들은 백만이 넘는 대군을 조금도 하자 없이 잘 운영하고 있었다.

미국을 비롯한 서방국들도 그들의 프로파간다에 넘어갔고, 국내의 민중들도 이미 그들의 선전술에 완전히 도취되어, 정부에 엄청난 압력을 넣고 있다. 정부는 바보스럽고 줏대 없는 외로운 소인배 같았다.

"통일정책은 엉망진창이오. 진보파들이 들어앉아서 북한에다 유화정책을 취하는 것이 옳은 것으로 되어 가고 있으니 큰일이오. 보수파들이 가만히 있으려고 합니까? 진보파의 통일정책이 옳은지, 보수파의 정책이 옳은지는 아무도 모릅니다. 통일이 되고 난 다음에야 알게 될 뿐이지. 다만 오랫동안의 독재에 시달려 왔던 민중들은, 보수쪽에서 내세우고 있는 통일론보다는 진보파에서 내세우고 있는 통일론이 더 신선한 맛이 있다고 느끼는 거죠. 그래서 신선한 쪽에 손님이 더 많이 가 있는 것 같아요. 한국은 역사적으로, 보수보다는 진보파가 더 강하고, 우파보다는 좌파가 항상 더 강했습니다. 그래서 역사의 흐름에 따라 나라는 자꾸만 작아졌어요. 만주에서 한반도로, 한반도에서 살수 이남으로, 한강 이남으로 작아져서, 드디어는 반도마저 분단되고 말았다, ……여기서 더 작아지면 어떻게 되는 거죠? 우리 나라는 청렴한 우파, 정직한 보수가 없었어요. 보수파가 되면 모두 타락하고 부패해요. 그래서 진보나 좌파의 좋은 공격의 대상이 되어 왔습니다. 그러면 보수파는 기득권을 포기하지 않을 수가 없었죠. 기득권의 포기는 나라를 떼어내는 것을 말하는 것이고, 급기야는 나라를 송두리째 주어 버리는 것이기도 했습니다. 이제 우리는 무엇을 더 떼어 줄 수 있죠? 남한을 북한에도 붙이면 될 게 아니냐고 말하지만, 그건 북한에다 붙이는 게 아니라 대륙에다 붙여주는 겁니다. 결국은 북한도 없어지고, 남한도 없어지는 겁니다. 고구려가 대륙에게 없어지듯이 말입니다. 이제는 떼어 주는 것이 아니라 떼어 받아야 할 때에요. 그야말로 진보파적인 사고방식이 아니라 진취적인 보수파 정신, 우파 정신…… 일본을 부흥하게 하는 그런 건전한 우파 정신이 필요해요. 통일은 마땅히 그런 세력이 맡아야 합니다. 그러나 그런 세력이 한국에 어디 있습니까? 나는 오랫동안 외국에 나가 있었기 때문에 잘은 모릅니다마는…… 와서 보니까 국민들이 나라를 지키는 스타일이…… 너무 안일해서요…… 미국이나 선진국들의 사고 방식하고는 너무나 달라요. 이런 생각을 가지고서도 오늘날까지 나라가 지켜졌다는 것 자체가 기적 같은 일이죠…… 카터시대에 주한미군 사령관을 했던 싱글러브라는 사람이…… 미 의회의 주한미군 철군 청문회에 나갔다가…… 당신은 왜 한국에서 미군이 철수하면 안 된다고 생각하느냐는 질문을 받고…… 한국에는 직책을 걸고 나라를 지킬 만한 사람들이 없습니다, 군대는 아직도 너무 유치하구요,…… 그러니 미군이 철수하면 나라가 위험합니다, 이렇게 말했어요."

장 박사는 산만하게 늘어놓았지만, 그런대로 깊이 생각한 바를 서술하고 있어서 듣는 사람으로 하여금 가슴이 묵직하게 하였다.

"현재라는 것은 항상 혼란스럽게 보이는 법이 아닐까요?"

내가 안타깝게 물었다.

"그럴 수도 있지만, 우리는 너무나 불행한 과거가 많았으니까 그걸 다시 되풀이하지 말아야 한단 말예요. 옛날처럼 인구도 적고, 가진 것도 적을 때는 상관없지만…… 지금은 인구도 많고, 가진 것도 만만찮단 말예요. 그러니 그걸 몽땅 걸 수는 없지요. 빈대 미워서 초가삼간 불태우는 식으로 해서는 안 된단 말입니다."

그는 높고 낮음이 없는 가느다란 음성으로 길게 늘어놓았다.

우리는 오래 앉아 있으면서 속에 있는 말들을 주고받았다. 답답하던 기분이 한결 가벼워진 것 같았다. 아마 그도 그런 기분이 되었을 것이다.

그와 마지막으로 헤어졌을 적에 그의 다음 소식을 전해 준 사람은 그가 아니라 황동희 박사였다.

"이 선생, 테레비 뉴스 봤어요?"

황동희 박사의 음침한 목소리였다.

"무슨 뉴슨데요?"

"글쎄, 장인한 씨의 부인이 아이하고 백화점에 쇼핑을 갔다가, 집이 허물어지는 바람에 깔려 죽었다는 것 아닙니까."

"설마……."

나는 도저히 황 박사의 말을 믿을 수가 없었다. 그런 극적인 일이 어떻게 현실로도 나타날 수 있단 말인가. 수십 년간의 외국 생활을 이제 막 청산하고, 모국에 정착하기 위해서 왔는데도 그런 일이 이 땅에서 일어날 수 있단 말인가.

나는 부지런히 신문을 뒤적이고, 뉴스에 귀를 기울였지만, 그렇지 않다는 뉴스는 어디에도 찾아볼 수가 없었다.

한참 동안 장인한 박사와는 통화가 되지 않았다. 호텔로 부지런히 전화를 했지만, 한 번도 통화되지는 않았다. 호텔에는 비서가 대신으로 전화를 받고 있을 뿐이었다. 내게는 그게 오히려 나았다. 본인과 직접 통화가 되었다면 나는 크게 당황했을 것이다. 인간이 겪을 수 있는 비극에도 한계가 있을 텐데, 그 한계를 넘어 버린 사람에게 무슨 말로 위로를 할 것인가. 위로 자체가 하나의 위선에 지나지 않을 수도 있다.

나는 오히려 황동희 박사와 통화를 했다. 장 박사 아내와 아이의 장례식이 현대병원 영안실에서 있다는 소리도 황동희 박사에게 들었다.

나는 그와 함께 그리로 갔다. 역시 거기에도 장 박사는 나와 있지 않았고, 가까운 친척들이 몇 사람 나와서 조문객을 받고 있었다.

영안실에는, 대통령과 야당 당수들이 보낸 조화들이 잔뜩 늘어서 있었다.

조문객 중에는 전에 안기부장을 했던 사람과 통일원 장관을 했던 사람, 국회의원을 하고 있는 사람들도 몇 사람 있었지만, 현직에 있는 각료들이나 여당의 고급 당직자들은 하나도 보이지 않았다. 장 박사의 비극은 정권의 부패와 무능하고도 깊은 관련이 있어서, 얼굴을 내밀기

별로 좋아하지 않는 것 같았다.

우리는 간단하게 차려 주는 술상을 받으면서 우울한 기분이 되어 있었다.

"모처럼 통일에 관심이 있는 사람이 한국에다 뿌리를 내리려고 했는데…… 시련치고는 좀 지나치구만."

황 박사가 그런 말을 하기에, 나는 이 양반의 종교가 뭐였더라…… 하고 생각했지만, 종교에 대한 이야기는 내게 한마디도 한 적이 없었다. 그는 어려서부터 공산주의자로 살아왔다면 종교 같은 것은 가지고 있지 않는지도 모른다.

비극이란 그저 그 자리에 있는 것이지, 종교적인 이유 때문에 생기는 것은 아니다.

나는 한동안 허탈한 기분으로 있었다. 앞으로 장 박사가 어떻게 할 것인가, 궁금하게 생각됐지만, 본인을 보고 그런 것을 물어 볼 수도 없었다. 모처럼 김정일을 만나려고 했던 것도 틀림없이 무산될 것 같았다. 아쉬운 마음이 없는 것은 아니었지만, 그러나 그런 것은 장 박사의 비극에 비하면 아주 사소한 것에 지나지 않았다.

그가 기어이 한국에서 철수한다는 이야기는, 역시 황동희 박사에게서 들었다.

"어디로, 미국으로 간답디까?"

"아뇨. 모스크바로 갈 모양이오. 그쪽에서는 아직도 일이 많은 모양이라……."

은퇴하기는 했지만 그래도 고르바초프가 있는 모스크바가 한국보다 나은가…… 남자에게는 어느 곳에서든지 할 만한 일이 있어야 하니까.

"모두들 떠나는군요. 한때는 금방 일이 될 것처럼 모였지만……."

실은 황 박사도 걱정이 됐지만, 그것을 내 입으로 직접 물어 볼 용기는 나지 않았다.

"나도 슬슬 떠나 볼까 해요."

그는 일부러 대수롭지 않게 말하려고 슬쩍 칸막이를 이용하고 있는 것 같았다.

"뭐라구요? 일본으로 말입니까?"

나는 긴장된 목소리로 말했다.

"별 수 없잖아요? 저를 써줄 사람이 이곳에는 아무도 없는데……."

"가족이랑 함께 철수하는 겁니까?"

"그래야죠."

내 눈앞에는 그의 아내와 예쁜 딸아이가 얼른 떠올랐다. 이들이 또 언젠가는 반쯤 일본 사람이 될 것이 아닌가…….

"벌써 집을 파신 건 아니죠?"

"전세를 주었어요."

"그렇군요."

나는 다음 할 말을 잇지 못했다. 애써서 이어 봤댔자 신통한 말이 나올 것도 아니었다. 나는 한참 동안 내 스스로에게 침잠해 있으면서 고개만 자꾸 끄덕이고 있었다.

"허지만…… 한 달에 한 번쯤은 오게 될지 모르겠군요."

그가 내 실망을 알아차리고 위로하듯이 말했다. 그래 봤자, 그게 무슨 뜻이 있겠는가.

결국 나는 장인한 박사나 황동희 박사가 한국을 떠나는 것을 직접 보지는 못했다. 황 박사는 동경서 활약을 했고, 장인한 박사는 모스크바에서 활약을 하고 있었다. 먼발치에서 듣는 소식이기는 하지만…….

그러던 차에 갑자기 모스크바에서 전화가 걸려 왔다. 물론 장인한 박사의 전화였다.

"이 선생, ……내일 내가 북경에 도착하니까 그쪽으로 와요. 나랑 같이 평양으로 갑시다."

남한 속의 북한 사회

1990년대 들어서 탈북자의 월남은 매우 빈번하게 일어나고 있다. 그러나 이제 더 이상 우리 사회에서 탈북자의 문제가 종전처럼 반북·반공 논리의 긴장감을 고조시키며 내부적 통합을 강요하는 억압적인 규정력으로 작용하지는 못하고 있다. 이러한 상황 변화는 물론 일차적으로는 탈북자의 문제가 더 이상 낯설지 않은, 빈번한 일상적 차원의 사건이 되었다는 점에서 찾을 수 있지만, 궁극적으로는 1990년대 들어 확산된 탈냉전의 세계적 정세의 영향, 그리고 이미 남한의 경쟁 상대가 될 수 없는 북한의 경제적 낙후성에 대한 객관적인 현실 인식에서 비롯된다. 실제로 1990년대 들어 북한 사회는 매년 2%에서 8% 가까이 하락되는 경제 성장률로 인해, 원유와 전기를 비롯한 에너지 문제뿐만 아니라 매우 심각한 식량난에 봉착해 있다. 1980년대 후반부터 평양을 제외한 거의 모든 지역에서 벌어지는 '하루 두끼 먹기 운동', '한달에 하루는 식사 안하기 운동' 등은 그 단적인 예이다. 소비에트형 명령경제체제로 일관한 북한 사회의 구조적 한계가 극명하게 드러나고 있는 것이다.

북한 경제의 침체와 부진은 주체사상에 입각한 내부적 통합을 위협하는 단계에 이르고 있다. 인민들의 기본적인 의식주의 해결도 하지 못하는 상황에서 일사분란한 정치적 통치의 효율성을 기대할 수는 없기 때문이다. 이러한 정황은 또한 북한 주민의 교조주의적인 지배체제에 대한 적지 않은 회의와 동요도 불러일으키게 된다. 1990년대 들어 탈북자의 증가는 기본적으로 이러한 정황을 주된 배경으로 한다.

현재 남한 사회에 거주하는 탈북자는 900여 명에 이른다. 남한 속에 북한 사람들의 사회라는 특이한 집단이 형성되고 있는 것이다. 이들의 생활상에는 몇 가지의 특징적인 문제성이 함유되어 있다. 첫째는 남한 사회에서의 현실 적응의 어려움이다. 반세기 동안 폐쇄적인 전체주의 국가에서 타성적인 삶을 영위하던 북한 사람들이 치열한 경쟁력과 창의적인 능력이 요구되는 남한의 자본주의체제 속에 갑자기 노출되면서 겪게 되는 깊은 이질감, 불화, 소외가 여기에 해당된다. 둘째, 대부분의 탈북자들이 탈북과 함께 이산 가족의 고통을 겪게 된다는 점이다. 탈북의 성공은 북에 두고 온 가족과의 기약 없는 이별의 고통의 새로운 시작에 해당하는 것이다. 셋째, 탈북자들이 겪는 생활상은 남한 자본주의 삶의 행태를 객관적으로 반사시키고 성찰하게 하는 계기로 작용한다. 개인의 이익을 위해서는 어떠한 민족적 당위성과 동포애적 명분도 쉽게 저버리는 남한 사회에 만연해 있는 천민 자본주의적 요소가 탈북자의 생활상을 통해 극명하게 드러난다.

다음의 탈북자의 남한 삶을 다룬 작품은 이러한 요소들이 기본적인 특징을 이루고 있다.

박덕규의 「노루 사냥」은 귀순자가 중심 인물이라는 점에서 퍽 새롭고 신선하다. 근래 들어 부쩍 늘어난 귀순자들의 숫자는 앞으로도 더욱 증가할 것으로 전망된다. 여기서 우리는 귀순자들의 독특한 집단 문화를 상정해 볼 수 있다. 그렇다면 남한 사회에서 귀순자들이 편입되어 갈 삶의 층위는 어떤 것일까. 또한 서로 다른 계층의 귀순자들간에 생길 수도 있는 감정적 앙금과 갈등은 어떤 것일까. 「노루 사냥」은 이러한 의문과 궁금증이 제기되는 지점에 놓여 있다. 주인공 박당삼은 94년에 귀순한 청진 호텔 주방장 출신의 요리사이다. 그의 이러한 과거의 경력은 남한 자본주의의 상술 논리에 금방 포착된다. 요리학원 원장인 오지혜는 자신의 학원에서 북한 요리사를 고용하여 '북한 요리 공개 특강'을 방영한다면 학원의 대외적인 홍보에 매우 큰 효과를 누릴 수 있다는 산술적인 결론을 얻는다. 그녀의 이러한 순발력 있는 아이디어의 안출은 TV에서 북한의 명승고적을 보면서도 "저기다가 콘도를 세우고 스키장을 만들면 끝내 주는 건데……”라고 외치는 남편의 경제 논리에 익숙해진 결과이다. 남편은 북한을 손쉽게 돈벌 수 있는 어리숙한 상품시장 정도로 인식한다. 여기에서 작가는 지금 상태에서 통일시대를 맞이 한다면 북한의 전국토는 남한 자본주의의 왕성한 상술 논리에 나포되어 완전히 파괴되고 증발되어 버리지 않을 도리가 있겠느냐는 비감어린 반문을 던지고 있는 것이다.

박당삼은 요리학원의 민첩한 상술 논리를 무난하게 충족시켜 준다. 그러나 어느 한순간에 이러한 양상은 완전히 전복된다. 귀순자간의 문제가 돌출되면서부터이다. TV 녹화 현장에서 남한의 유명인사와 함께 박당삼의 요리를 시식하던 북한 당 간부 출신의 유성도가 갑자기 쓰러진다. 박당삼은 북에서 인민을 착취하던, 그래서 죽이고 싶도록 미웠던 악질 당 간부가 남한에 와서도 호화스럽게 잘 살고 있는 이율배반적인 상황에 배반감과 분노를 느껴서, 그가 먹을 음식에 잘게 빻은 생아편을 넣었던 것이다. 북한 인민들의 당 간부에 대한 적의감과 복수심이 남한에 와서도 지속되고 있다. 북한 사회가 대단히 관료화되었음을 고려할 때, 귀순자들의 숫적 증가와 함께 그 계층도 다양해져 가는 오늘날의 추세에서 충분히 상정해 볼 수 있는 현실적인 사건이다. 그러나 박덕규가 제기하고 있는 더욱 본질적인 주제의식은 이러한 극적인 사건에서보다 귀순자 박당삼을 마치 미개한 나라의 피정복인 다루듯하는 남한 사람들의 태도의 문제에 있는 것으로 읽힌다. 이러한 형편에서 통일은 일상 생활 속의 분단이라는 또 다른 성격의 심각한 비극을 야기시킬 것이 분명하지 않겠는가. 박덕규는 독자들 개개인에게 이러한 반성적 성찰의 물음을 던지고 싶었던 것이다. 「노루 사냥」은 귀순자 문제를 통해서 통일시대의 현실적인 삶의 문제까지 날카롭게 헤집어 보여주고 있다. 앞으로 전개될 통일문학은 이와 같이 남·북한 동포의 우월감과 열등감, 서로 이질적인 생활 습성과 의식 구조의 차이에서 생기는 마찰과 갈등 등에 대한 내용이 더욱 폭넓게 등장할 것으로 보인다. 진정한 민족 통일을 위해서는 이데올로기적 통합뿐만이 아니라 일상 생활 속의 진정한 융합의 문제가 더욱 중요한 관건이 되기 때문이다.

정을병, 「남과 북—그 흘러가는 이야기들」은 탈북자 및 통일시대의 문제를 남·북한의 정치경제적 상황, 통일정책, 일상적인 삶의 세태 등과 연관시켜 폭넓게 조망하고 있다. 특히 이 작품은 남한의 정세와 더불어 북한의 실정에 대해서도 동시적으로 조망하고 있다는 점에서 통일문학의 지평을 한 차원 넓게 확대시킨 중요한 의미를 지닌다. 통일에 관계되는 장편소설을 쓰기도 했던 주인공 나는 북한과 관계된 사람과 탈북자들을 가깝게 알고 지낸다. 일본에서 조총련계인 조선대학에서 주체사상을 강의했던 황동희 박사, 북한을 탈출하여 중국 교포 자격으로 입국한 의사 출신의 탈북자 김윤복 여사, 북조선 망명정부 의장인 방소환, 북한의 외화벌이 고려무역 사장을 지내다가 망명한 임영태, 러시아에서 경제 전문가로 활약하는 장인한 등이 이 작품을 끌고 가는 주요 인물이다.

이 소설에서 등장인물은 다양하지만 이들의 목소리는 크게 몇 가지로 단순화시켜서 유형화해 볼 수 있다. 먼저, 북한은 경제적, 지적 측면에서 자립 능력을 상실했다는 사실이다. "강의 시간의 이십 퍼센트는 노동에 나가야 하고, 이십 퍼센트는 주체사상 공부를 해야" 하는 북한의 "대학생들은 이곳의 중학생 수준 정도"(황동희)의 지적 수준에 그칠 뿐이라는 점, 또한 선봉 나진 지역에 개방을 해놓고는 "그 지역에다 철조망을 치고" "일단 그곳에 들어간 사람들은 다른 곳으로 들어가지 못하게"(장인한) 하는, 강박적인 폐쇄정책에서 벗어나지 못하고 있는 현실 등에 대한 지적이 여기에 해당된다.

둘째, 남한의 당국자는 통일에 대해 제대로 대응하지 못하고 있다는 점이다. 이를테면, "남한 사람들은, 꼭 해야 할 일은 입으로만 하고 행동으로는 하지 않"(방소환)으며, "국가에 이익이 오는 것이 문제가 아니라 자기에게 이익이 오는 것이 더 중요하"(장인한)다는 망국적인 이기주의에 빠져서 통일정책에 대한 올바른 충고를 받아들이지 않는다는 것이다. 이러한 상황은 이 소설에서 제3국에서 활동하다가 통일을 위해 헌신하고자 돌아온 장인한, 황동희 박사 등이 정작 조국으로부터 소외와 냉대 속에서 다시 떠나게 되는 주된 이유이다.

셋째, 남한 사회에 만연해 있는 경제적 실리의 추구를 위해서는 인륜에 어긋나는 행위도 서슴치 않는 파렴치한 행태에 대한 비판이다. 탈북자인 김윤복 여사와 임영태 사장이 각각 겪은 일종의 결혼 사기 사건은 이 점을 극명하게 드러내 준다. 탈북자들에게 돈을 노리고 접근하는 남한 사람들의 위악스런 행태는 결혼의 방법까지도 서슴없이 동원하고 있는 것이다.

황동희 박사의 "역사도 개판, 나라도 개판, 민족도 개판, 결혼이라고 해서 개판이 아니란 법이 어디 있소"라는 장탄식은 이 소설이 우리 사회의 타락한 현실 전반을 향해 일갈하는 주제의식이기도 하다.

이상에서 살펴보듯, 탈북자들은 자유와 평화를 고대하며 사선(死線)을 넘어 남한 사회로 찾아왔지만, 정작 그들 앞에 놓인 것은 또 다른 인간적 환멸과 배반감인 경우가 대부분이다. 이와 같은 탈북자들이 남한 사회에서 느끼는 갈등과 고통의 양상은 남·북한의 삶의 이질성의 현황을 단면적으로 드러내 주는 실례라고 할 것이다. 따라서 탈북자들의 남한에서의 삶을 살펴본 문학은 분단 극복 내지 민족 통합의 길찾기에 매우 긴요한 역할을 수행할 수 있을 것이다. 앞으로 탈북자 문학은 이러한 문제의식에 입각하여 남·북한의 문화적 이질성을 좁히는 방안, 인간적 덕성이 상실되어 가는 남한 사회의 냉철한 자기 반성, 탈북자의 재교육 문제 등의 다양한 내용으로 확산되어야 할 것이다.

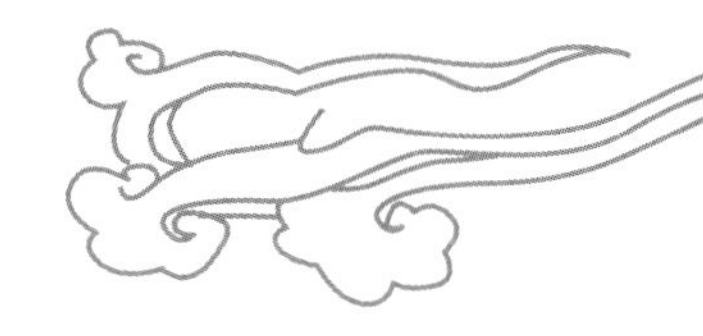

그날이 오늘이라면

고 은

1933년 전북 군산 출생. 1958년 문단에 나와 1960년 첫 시집 『피안감성』을 낸 후 장편대하서사시집 『백두산』, 대하연작시집 『만인보』, 『고은시전집』 등 시, 소설, 수필, 평론 등 저서 120여 권이 있음. 만해문학상과 대산문학상 수상. 현재 경기대학교 대학원 교수.

이동순

1950년 경북 김천 출생. 경북대 국문과 졸업. 1973년 동아일보 신춘문예 시 당선. 시집 『개밥풀』 『물의 노래』 『지금 그리운 사람은』 『봄의 설법』 등과 저서 『민족시의 정신사』 『시정신을 찾아서』, 편저 『백석시전집』 『권환시전집』 등이 있음. 제5회 신동엽 창작기금 수상. 현재 영남대학교 국문과 교수.

김광렬

1954년 제주 성산읍 신산리 출생. 1988년 『창작과비평』에 시 「별」 외 7편으로 등단. 시집 『가을의 詩』 등이 있음. '깨어 있음의 시' 동인. 현재 신성여자고등학교 교사.

전병구

작품으로 시 「백두산상에서」 「조국을 우러러 부르는 노래」 「빛나는 세대」 등 시 수백 편이 있음.

나해철

1956년 전남 나주 출생. 1982년 동아일보 신춘문예에 시 「영산포」가 당선되어 등단. 시집으로 『무등에 올라』 『동해일기』 『그대를 부르는 순간만 꽃이 되는』 등이 있음. 현재 서울에서 개인병원을 열고 있음.

오세영

1942년 전남 영광 출생. 서울대학교 문리과 대학 및 동대학원 졸업. 문학박사. 1965~1968년 『현대문학』 추천으로 등단. 시집으로 『아메리카 시편』 『어리석은 헤겔』 『벼랑의 꿈』 등 10여 권, 학술서로 『한국현대시 분석적 읽기』 『한국근대 문학론과 근대시』 『한국낭만주의 시연구』 등 10여 권이 있음. 정지용문학상, 소월문학상 등 수상. 현재 서울대학교 국문과 교수.

그날이 오늘이라면

— 남북합의서의 날에

고 은

그날이 오늘이라면
얼마나 기뻐 파도치겠는가
너와 나 엉겨
얼마나 기뻐 울음바다이겠는가

꽃 같은 이 강산 너무 슬펐다
쇠울짱 첩첩으로 가로막혀
그 무엇 때문에
그렇게도 미움과 반역의 세월이었던가

오 가슴팍 너른너른
이제 그날이 다가오는가
수많은 피와 눈물 헛되지 않았다고
온 세상에 새겨야 할 그날이 오는가

그리하여 아직 우리에게는
하나의 감격이 남아 있다
함부로 써버릴 수 없는 것 그것
그 감격의 날이 남아 있다

이제 우리는 더 달려가야 한다
몇천년의 조상
몇만년의 자손과 함께
저 통일의 오늘이여 거기까지

북한 하늘

나해철

북두칠성 빛나는 하늘

잡으면 잡힐 듯 또렷한

북극성도 깨어 있는 곳,

위도 삼팔선이 지나는

강원도 땅 양양 바닷가에서

바로 보는 우리 하늘

빛깔 고와 꽃그릇

밥사발에도 파라니 어렸던,

대대로의 깨끗한 마음밭

오늘은 쳐다보면

우거진 철조망과 산병호와 핵지뢰

눈시울에 뜨거운 밀물 일어서고,

박제되어 죽어버린

아프도록 푸른 하늘 초롱한 북두칠성 밑에

누군가 씌워준 떼어지지 않는

탈바가지 눌러쓴 채

슬픈 형제들이 살고,

여기 영롱한 전갈좌 아래

비극의 겨레가 또 산다.

철조망가(歌)

이동순

이 철조망이 무슨 철망
도깨비의 조작 철망
이쪽 귀퉁이 내가 잡고
저쪽 귀퉁이 네가 잡고
둘둘 말아 걷어내세
잠시도 한눈 팔지 말고
땀방울 흘리며 걷어내세
움이 돋네 싹이 트네
철조망 걷은 곳에 새싹이 나네

이 철망이 무슨 철망
아무짝에도 못 쓰는 가시철망
그물망이야 고기나 잡지만
열에 다섯 곱이나 오래도록
모든 것 갈라놓은 불길한 망
이놈 등쌀에 흘린 눈물
죽은 넋이야 또 몇몇인가
움이 돋네 싹이 나네
철조망 걷은 곳에 새싹이 나네

어기여차 풀무 밟아라
슬근살짝만 밟아도
검은 가시 저 철조망
쾅쾅 녹아서 나온다
이 철조망을 녹여서
경운기 쇠스랑 구워내어
통일조국 옥답을 갈아보세
움이 돋네 싹이 트네
철조망 걷은 곳에 새싹이 나네

통일을 꿈꾸며 2

김광렬

가벼운 몸짓으로 사뿐사뿐 뛰어
어둠이 완전히 풀릴 때까지
달릴 수만 있다면
저 숲도 산도 물도 단숨에 건너버려
이대로는 너무 답답하구나
너무도 오랜 세월 통일에만 얽매어
우리는 너무 자유스럽지 못하구나

결국 우리는
자유스럽지 못한 민족이구나
아집과 편견과
이기적 욕망으로 가득찬 편집광이구나
펄펄 끓는 용광로 속의
아수라장
그걸 극복하지 못하는구나
그것의 끊임없는 맴돌기구나
허긴 어느 민족이나 다 나름대로의 아픔은 있는 것이지만

가벼운 날갯짓으로
사뿐사뿐 날아

구석구석 어둠 다 물러날 때까지
저 숲도 산도 철조망도 다 건너뛰어 무너뜨리고
저 높은 산정에 우뚝 닿아
우뚝 새로운 날의 노래 불러
그때까진 목놓아 엉엉
울 생각도 하지 말아
전혀, 이 세상의 종말이 온다 할지라도

김치

오세영

겉절이라는 말도 있지만
김치는
적당히 익혀야 제격이다.
흰 배추 속처럼
마음만 고와서는 안된다.
매운 고춧가루와
짠 소금,
거기다가 젓갈까지 버물린
전라도 김치,
김치는
맵고 짠 세월 속에서
적당히 썩어야만
제 맛이 든다.
누이야,
올해의 김치 독은
별도로 하나 더 묻어 두어라.
흰 눈이 소록소록 쌓이고
별들이 내려와 창문을 두드리는 어느 겨울 밤,
사슴의 발자국을 좇아
전설처럼 그이가 북에서 눈길을 찾아오면

그때
새 독을 헐어도 좋지 않겠니?
평양 냉면에
전라도 동치미를 곁들인다면
우리들의 가난한 식탁은 또 얼마나
풍성하겠니?

떨어지는 감알

전병구

잡초 무성한 관산나루언덕
분계선이 가로 건너간곳에
후두둑 후두둑
떨어지는 감알

주인은 없고 집터만 남은 자리
벌써 몇몇해 한그루 감나무
저 혼자서 감을 익히우고
무정히도 떨쿠고있느냐

손을 내밀면 빨갛게 익은 감 한알
얼른 집어들수도 있으련만
가슴을 찌르는 분계선 철조망이
한걸음도 옮길수 없게 하누나

안타까워라 감나무야
분렬의 고통을 너도 당하니
언제면 주인을 다시 불러오랴
네 푸른 아지*를 타고
즐거이 감을 딸 그날이 오랴

저렇게도 탐스러운 감알을 고여놓은
잔치상 받고
림진강 건너 파주로 시집 갔다는
이 마을 처녀들
감알처럼 빨갛던 그 얼굴들에
지금은 주름살이 퍼그나 깊어졌으리

그 시절의 그 각시들 어느 곳에 있느냐
저 강건너 찾아봐도 볼수 없는 그들
꿈결에나 안아볼 빨간감알
후두둑 후두둑

이 가슴을 친다
이 땅을 친다
주인을 부르며 통일을 부르며
후두둑 후두둑 아, 떨어지는 감알

---

* 아지:어린 나뭇가지(兒枝)

어머니의 모습
— 림진강나루가에 한그루 버드나무가 있다

신지락

꿈에도
생시에도
고향을 생각는 마음속엔
너만이 보인다
너만을 찾는다

분렬된 조국의 세월을
칭칭 허리에 두르고
한점 소슬바람에도
천만아지 흔들어 설레는 나무야
고향의 버드나무야

외로이 홀로 서있는 그 모습
어쩐지 내겐 생각되누나
이 아들을 기다려 기다려
긴긴세월 애태우며 살아오셨을
남녘의 내 어머니처럼

포연이 하늘을 뒤덮던 그밤

나루가의 버드나무밑에서
북으로 떠나는 내 어깨우에
작은 보따리 메워주며
손저어 바래주던 어머니

헤여져선 못살아
떨어져선 못살아
꿈결에도 부르며 찾으며 오가던
아들을 기다리는 마음
어머니를 그리는 마음

아들의 피를 태우며
어머니의 애간장 태우며
무정하게 흘러간 세월이
길었던가
짧았던가

아, 한생을 기다리시며
이 아들을 기다리시며
운명하면서도 눈감지 못했다는
어머니 그 령혼이
버드나무 너인듯싶구나

밭고랑처럼 터갈린* 줄기줄기는
기다림에 갈가리 찢어진
어머니의 가슴인듯
마디마디 맺힌 옹이는

어머니 흘린 눈물의 자욱인듯

두팔 벌려 부르며 찾으며
엎어질듯 쓰러질듯 서있는
어머니의 모습인양
억만 잎새를 흔들어 흔들어
몸부림쳐 설레는 버드나무야

어찌보면 너의 그 모습
흰옷입고 바래주던 어머니
마치 푸른 옷 입고 서계시는듯
변함없는 사랑으로
그날처럼 이 아들을 기다려주시는듯

아, 어머니는 오늘도
삼단같은 머리태를 풀어헤치고
혈육을 갈라놓은 원쑤들을 절규하며
어서 오라 어서 오라
소리쳐 부르고 부르노라

아들아 아들아!
통일아 통일아!

---

* 터갈린:터서 갈라진

강화도를 바라보며

주광남

강화도!…… 제 몸의 멍든 한부분처럼

바라보기조차 가슴답답한 저 꺼먼 섬

군복입은 심장에 통일맹세 품고

이 기슭을 떠나던 홍안의 시절은 언제였던가

그날 다름없는 원한의 섬앞에

반백의 머리칼 날리며 예 다시 섰노니

뛰여산 내 한생은 공회전을 한듯싶어……

아 지맥으론 하나로 잇닿아있는 땅

삶의 피줄 하나로 잇대이지 못한탓에

강화도여 너는

민족의 이 한가슴에

아픈 옹이로 박히는구나

홍안의 그 걸음을

새롭게 다시 시작하게 되는구나!

함께 가고 싶다
— 범민족대회장을 나서며

리호근

이 길로 우리모두 함께 가고싶다
저기 백두산에 올라 천고수림 굽어보며
량강 들쭉술에 거나하게 취해도 보며
옥구슬 고인 저 금강 옥류동에서
시원스레 손발도 씻고서

이 길로 우리모두 함께 가고싶다
또 박연폭포의 장쾌함도 안아보며
남해 한끝까지
거기 제주도 서귀포를 지나
한나산 백록담에 올라 유채꽃도 꺾어들고

이 길로 우리모두 함께 가고싶다
평양랭면맛에 서울깍두기맛도 보며
동서팔방 내 나라 삼천리 이 땅
반세기도 지난 나날 우리 못가본
내 땅 그 모든곳 골고루 디뎌보며 다니고싶다

아, 가고싶다 우리모두 함께 가고싶다

가다가 향기짙은 강계 산꿀도 맛보고
목마르면 호남샘물 표주박에 떠마셔보며
가다가 밤이 되면 정방산이나
춘향도령 지금도 있는듯한 〈남원땅〉에서 쉬고

강계산꿀 호남샘물에 우리 입술 적시일 때
이날을 못보고 간 우리 겨레들만은 잊지 말자
그들과 더불어 진도아리랑 들으며 울어도 보고
그들과 더불어 봉산탈춤 보며 웃어도 보며
걸어걸어 그들의 몫까지 우리 함께 가려니

천지사방 삼천리 내 땅!
그 어떤 수속도 절차도 없이 마음대로 다닐
아, 그 차표는 우리 통일!
그 통일을 위해 오늘도 우리모두 함께 가자
범민족대회가 펼쳐준 통일성전의 그 돌격로로!

박수를 치자

— '코리아유일팀' 축구경기를 보며

장혜명

박수를 치자
박수를 치자
설음많은 조선민족아
오늘은 웃으며 박수를 치자
북과 남
하나의 팀이 되여
가슴펴고 당당히
세계앞에 나서게 된 오늘은

남의 나라 하늘밑에서
서로 부딪치며
승부를 겨뤄 마주서야 했던 우리 아니더냐

돌이켜보기조차 부끄러운
그 모욕과 수치가
마주치는 손벽에 부서지도록
박수를 치자

이날을 못보고 간 사람들

한을 못푼 그 넋들이
하늘에 있다면
하늘이 듣게 박수를 치자
땅속에 있다면
땅도 울어 젖도록 박수를 치자

다시는
남남처럼 마주설수 없는 우리
이제 다시
서로 다른 국호를 달고 승부를 겨뤄야 한다면

겨레여, 차라리
우리는 통일을 바란적 없다고 하자
세계앞에서 더는
하나의 혈육이 둘로 갈라졌다고
눈물의 하소연도 하지 말자

아, 하나의 기발아래
하나의 팀으로 달리는 선수들과 함께
마음은 벌써
통일의 날에 살건만

아직도 통일은 앞에 있고
통일의 원쑤들은 칼을 물고 날뛰거니
분렬주의자들의 상판을 갈기듯
힘껏 또 힘껏 박수를 치자

울려가는 박수소리에서
세계는 우리의 통일의지를 들으리
통일의 원쑤들은 기절치고
분렬의 장벽은 허물어져내리리

아아, 북남 7천만민족아
심장과 심장들을 쌍수로 높이 들어
박수를 치자

남·북한에 울리는 통일의 메아리

　분단체제가 고착화되면서 남·북한의 시적 양상은 뚜렷하게 변별된다. 해방 이후 크게 좌·우 문학단체를 중심으로 양대 진영을 이루었던 문단은 전쟁을 통해 월북·월남의 과정이 마무리되면서 문단질서의 새로운 재편이 완성된다. 주지하듯, 남한 문단은 미군정에 의한 좌익운동의 불법화와 "부역문인"사건(1950. 9. 28)을 치르면서 문인들의 이데올로기의 선택 가능성은 정치적 상황 조건에 의해 폐쇄되고, 우익 진영의 "문학적 자율성"을 강조하는 "순수문학론" 중심으로 재편되는 양상을 보인다. 한편, 북한 문단은 김일성 중심의 사회주의체제의 정립과 함께 시행된 "건국사상운동"(1946. 11. 25), 시집『응향』사건(1946. 12. 20), "고상한 사실주의"(1947. 1. 1) 등의 일련의 과정을 거치면서, 지배이념을 대중들에게 선전·선동·교양하는 공리주의 문학을 뚜렷하게 지향하게 된다. 특히 북한의 문예창작은 1967년 주체사상의 정립을 계기로 주체문예이론의 핵심적인 미학 원리인 당성, 계급성, 인민성에 입각하여 지도, 평가, 관리되는 양상을 선명하게 보인다. 북한 문학은 일관되게 지배 이데올로기를 반영하고 재생산하는 공식적인 담론기제의 역할을 수행하고 있는 것이다. 따라서 여기에 수록된 탈이념적인 성향의 통일시편은 북한 문학의 전반에서 매우 예외적인 작은 일부에 속한다. 그러나 오늘날 한반도를 둘러싼 주변 정세의 급격한 변화와 함께 남·북한의 민족 통합의 가능성이 어느 정도 현실화되어 가고 있는 시점에서 이러한 시편들은 적극적으로 발굴하여 강조되어야 마땅할 것이다. 통일시대를 열어 가기 위한 문학적 논의는 남·북한 문학의 이질성, 대립성의 요소에 대한 강조보다 동질성, 유사성의 요소를 재발견하고 인식하는 유화적인 자세가 요구되기 때문이다.

여기에서 살펴볼 1990년대 발표된 남·북한의 통일 시편은 공통적으로 동일한 소재를 동일한 주제의식에 입각하여 창작되고 있다는 특징을 지닌다. 이들 시편들은 공통적으로 통일의 당위성을 강조하는 일종의 목적시의 성격을 지니기 때문에 미학적 형식 원리와 구성 내용이 비교적 단순하고 소박한 양상을 크게 벗어나지는 못한다.

먼저 남한의 시편을 살펴보기로 하자.

그날이 오늘이라면
얼마나 기뻐 파도치겠는가
너와 나 엉겨
얼마나 기뻐 울음 바다이겠는가

꽃같은 이 강산 너무 슬펐다
쇠울짱 첩첩으로 가로막혀
그 무엇 때문에
그렇게도 미움과 반역의 세월이었던가
(중략)
그리하여 아직 우리에게는
하나의 감격이 남아 있다
함부로 써버릴 수 없는 것 그것
그 감격의 날이 남아 있다

—고은, 「그날이 오늘이라면」에서

1930년대 심훈이 격정적인 어조로 일제 강점기에서 해방을 갈망하며 불렀던 시편, 「그날이 오면」을 연상시킨다. 식민지의 피지배 통치와 분단의 시대로 점철되는 우리의 근대사에서 온전한 민족적 삶이 구현되는

"그날"은 지금까지 지속적으로 유보되어 왔던 것이다. 이 시에서 "그날"이 우리들에게 강렬한 시적 파장력을 불러일으키는 배경도 이러한 사정과 무관하지 않을 것이다. 우리 사회는 죽임(식민지 피지배)과 찢김(분단)의 시대로 이어진 질곡의 근대사에 대한 극복의 염원이 일종의 집단 무의식을 이루고 있기 때문이다.

이 시에서 "그날"의 감격과 환희에 대한 거듭되는 반복이 통일에 대한 열망을 더욱 가열시키는 추동력이 되고 있다. 시적 화자의 통일에 대한 갈망의 증폭은 자연스럽게 2연의 "그 무엇 때문에/그렇게도 미움과 반역의 세월이었던가"라는 반문을 낳는다. 여기서 "그 무엇 때문에"라는 어사는 분단체제의 허구성에 대한 강한 비판과 원망의 인식이 스며 있다. 이것은 달리 표현하면, 그동안 겪어온 한(恨) 많은 "미움과 반역의 세월" 앞에서 과연 분단 이데올로기란 얼마나 허망하고 무의미한 것인가라는 시적 화자의 비탄의 표출이다. 이러한 분단 이데올로기에 대한 부정의식은 통일의 그날, "그 감격의 날이 남아 있"음을 전면에 부각시키는 역동적인 힘으로 작용한다.

이와 같이, 분단체제의 허구성에 대한 비탄을 통해 민족 통일의 당위성을 강조하는 것은 남한 통일 시편의 일반적인 기본 구도이다. 이를테면, 이동순이 휴전선을 가리켜 "이 철조망이 무슨 철망/도깨비의 조작 철망", "아무짝에도 못 쓰는 가시 철망"이라는 풍자나, 김광렬이 대립적인 분단 이데올로기의 집착에 대해 "아집과 편견과/이기적 욕망으로 가득찬 편집광이구나/펄펄 끓는 용광로 속의/아수라장/그걸 극복하지 못하는 구나"라는 탄식은 모두 분단체제의 허상에 대한 비판적인 고발이며 여기에서 더 나아가 민족 통일에 대한 당위성의 강조이다.

한편, 90년대 남한의 통일 시편 중에는 분단의 비극성과 민족 통일의 갈망을 남·북한의 동질적인 문화와 자연의 이미져리를 이용하여 순도 높은 전통 서정으로 형상화한 작품들도 보인다.

①강원도 땅 양양 바닷가에서/바로 보는 우리 하늘/빛깔 고와 꽃그릇/밥사발에도 파라니 어렸던,/오늘은 쳐다보면/우거진 철조망과 산병호와 핵지뢰

—나해철, 「북한 하늘」에서

②올해의 김치 독은/별도로 하나 더 묻어 두어라./(중략)/전설처럼 그 이가 북에서 눈길을 찾아오면/그때/새 독을 헐어도 좋지 않겠니?/평양 냉면에/전라도 동치미를 곁들인다면/우리들의 가난한 식탁은 또 얼마나/풍성하겠니?

—오세영, 「김치」에서

시 ①은 휴전선 부근의 꽃그릇과 밥사발에 어렸던 곱고 푸르던 하늘이 오늘날은 "우거진 철조망과 산병호와 핵지뢰"가 난무하는 곳에 반사되고 있다는 사실의 극명한 대비를 통해 분단의 비극상을 실감있게 보여주고 있다. 시 ②는 일종의 김치 통일론을 개진하고 있다. 화자는 "올해의 김치 독은/별도로 하나 더 묻어 두"길 주문한다. "그 이가 북에서 눈길을" 찾아올 것이라는 원망과 기대가 있기 때문이다. 통일에 대한 끈덕진 염원을 김치 독을 하나 더 묻어 두는 마음을 통해 내면화시키고 있는 것이다. 여기서 화자가 바라는 북에서 내려오는 그이와의 상봉은 개인적인 비밀스런 해후가 아니라 민족 통일을 가리킨다. "평양 냉면"과 "전라도 동치미"가 우리들의 식탁에 나란히 놓이는 광경은 민족 통일이 성취된 이후에 가능할 것이기 때문이다. 화자는 평양 냉면과 전라도 동치미가 만나서 가난한 식탁을 풍성하게 하듯이, 분단의 장벽이 와해되어 남·북한이 서로 어우러져 살게 될 때 온전한 민족적 삶의 구현이 이루어진다는 것을 노래하고 있는 것이다.

이렇게 보면, 남한의 통일 시편은 분단 이데올로기에 대한 비판과 통일의 갈망으로 집중되고 있음을 볼 수 있다.

한편, 북한의 통일 시편을 살펴보면, 대체로 체험적인 서사성이 가미되면서 남한의 시편들보다 비교적 길고 구체적인 형상력을 확보한다.

잡초 무성한 관산나루언덕
분계선이 가로 건너간곳에
후두둑 후두둑
떨어지는 감알
(중략)

저렇게도 탐스러운 감알을 고여놓은

잔치상 받고

림진강 건너 파주로 시집 갔다는

이 마을 처녀들

감알처럼 빨갛던 그 얼굴들에

지금은 주름살이 퍼그나 깊어졌으리

(중략)

이 가슴을 친다

이 땅을 친다

주인을 부르며 통일을 부르며

후두둑 후두둑 아, 떨어지는 감알

—전병구, 「떨어지는 감알」에서

"분계선이 가로 건너간곳에" 감나무는 예전부터 한결같이 서 있지만, 그 나무의 감알을 "고여놓은 잔치상 받고" 임진강 건너 시집 갔다는 마을 처녀들은 볼 길이 없다. "감나무"만이 남아서 돌아오지 않는 주인을 기다리는 형국이다. 그래서 "후두둑 후두둑" 떨어지는 감알의 소리는 "주인을 부르며 통일을 부르"는 안타깝고 애잔한 소리로 들린다. 감나무에 얽힌 과거의 곡진한 추억을 통해 인위적으로 만든 군사분계선의 비극상을 명징하게 표현하고 있다.

신지락의 「어머니의 모습」 역시 남녘의 어머니에 대한 애절한 그리움과 통일의 열망을 "한점 소슬 바람에도/천만아지 흔들어 설레는" 고향의 버드나무와 병치시켜 실감있게 그려내고 있다. 시인의 통일의 열망이 어머니에 대한 회상을 통해 표현됨으로써 높은 시적 밀도를 성취하고 있다.

주광남의 「강화도를 바라보며」 역시 "군복입은 심장에 통일맹세 품고/이 기슭을 떠나던 홍안의 시절은 언제였던가"에서 드러나듯 시적 화자의 체험을 매개항으로 하여 민족 통일의 당위성을 효과적으로 형상화하고 있다.

한편, 1990년대 북한의 통일 시편에는 기념시의 양식을 통해 통일에 대한 간절한 염원을 상당히 섬세하고 밀도 높게 형상화한 작품들이 있어 주목된다.

①다시는/남남처럼 마주설수 없는 우리/이제 다시/서로 다른 국호를 달고 승부를 겨뤄야 한다면//겨레여, 차라리/우리는 통일을 바란적 없다고 하자/세계 앞에서 더는/하나의 혈육이 둘로 갈라졌다고/눈물의 하소연도 하지 말자

—장혜명, 「박수를 치자」에서

②이 길로 우리모두 함께 가고싶다/평양랭면맛에 서울깎두기맛도 보며/동서팔방 내 나라 삼천리 이 땅/(중략)/가다가 향기짙은 강계 산꿀도 맛보고/목마르면 호남샘물 표주박에 떠마셔보며/가다가 밤이 되면 정방산이나/춘향도령 지금도 있는 듯한 〈남원땅〉에서 쉬고/(중략)/그들과 더불어 진도아리랑 들으며 울어도 보고/그들과 더불어 봉산탈춤 보며 웃어도 보며

—리호근, 「함께 가고 싶다」에서

"'코리아유일팀' 축구경기를 보며"라는 부제가 붙은 시 ①은 남·북한 축구 단일팀 구성에 대한 벅찬 감격과 더불어 대결과 반목으로 점철된 분단의 역사에 대한 원망이 절실하게 그려지고 있다. 화자가 새삼 "통일의 원쑤"들에 대한 적개심을 표출하는 것 역시 지금까지 "서로 다른 국호를 달고 승부를 겨"루어 왔던 분단체제에 대한 부정의식의 강한 표출이다.

"범민족대회장을 나서며"라는 부제가 붙은 시 ②는 '평양 랭면, 서울 깎두기, 강계 산꿀, 호남 샘물, 진도 아리랑, 봉산 탈춤' 등의 남·북한의 민속 예술과 풍물 그리고 국토에 대한 애정을 통해 민족 공동체의식을 확인하고 나아가 통일의 당위성을 질박하게 노래하고 있다. 전국에 흩어져 있는 전통적인 풍속과 민요들은 어느 특정 지역의 전유물이 아니라 남·북한 모두가 공유해 온 민족적 삶의 근원성을 이루는 요소들이다. 따라서 이러한 소재들은 남·북한의 이질성을 극복하고 민족적 연대의식을 불러일으키는 가장 직접적인 대상들이다.

　이상에서 살펴보듯, 90년대 남·북한의 통일 시편은 공통적으로 강한 민족 공동체의식을 바탕으로 민족 분단의 비극성과 통일에 대한 강렬한 열망을 노래하고 있음을 알 수 있다. 남·북한의 삶의 방식과 시적 위상의 큰 격차에도 불구하고 큰 편차가 없는 이들 작품들은 서로 다른 편의 독자들에게도 높은 감응력을 얻을 수 있다는 점에서 매우 중요한 의미를 지닌다. 이러한 통일 시편은 남·북한의 민족적 동질감과 연대의식을 우리들의 일상적 삶 속으로 내면화시키는 역할을 가장 효과적으로 수행할 수 있을 것이다.

김재홍

1947년 충남 천안 출생. 서울대 국어교육과 및 국문과 대학원 졸업. 문학박사. 1969년 서울신문 신춘문예 문학평론 당선. 주저로『한용운 문학연구』『한국 현대시인 연구』『카프시인 비평』『한국 현대문학의 비극론』『詩語辭典』등이 있음. 현재 경희대학교 국어국문학과 교수.

홍용희

1966년 경북 안동 출생. 경희대 국문과 및 대학원 졸업. 문학박사. 1995년 중앙일보 신춘문예 문학평론 당선. 주요논문으로「김지하 문학연구」「한국전쟁기, 남북한 시의 비교 연구」등과「신생의 꿈과 언어」「일상성의 제국, 그 이데올로기적 구성체」「꽃의 산조」등의 평론이 있음. 현재 경희대, 한서대 강사와 평택대학교 국어국문학과 겸임교수.

해방 이후 남·북한 시의 한 변모

김재홍

1. 머리말

해방 이후의 문학은 분단시대라는 역사적 비극의 상황을 대전제로
한다. 그러기에 시련과 갈등으로 점철된 전환기 문학이라는 정신사적
특징을 지닌다. 이것은 실상 해방이 우리 민족의 주체적·능동적 투쟁
에 의한 것이라기보다 연합국의 승리라는 타율적인 힘, 즉 외세에 주로
의존해 이루어졌다는 비극적 사실과 관련된다. 해방 이후에도 그것을
주체적으로 감당할 민족적인 자주역량과 결집력이 부족하였다. 이로
인한 좌우의 격심한 갈등과 대립은 38선을 경계로 한 미소의 진주와 더
불어 끝내는 6·25를 겪게 되고 남북 분단·민족 양단이라는 민족사적
불행을 초래하고 말았다.

원론적으로 말한다면 문학은 문학 자체로서의 자율성과 예술성을 갖
고 있으며, 또 그래야만 한다. 그러나 문학은 그것이 당대의 현실 사회
와 역사적 상황을 살아가는 사람들의 이야기이기 때문에 그러한 것들
과 무관할 수 없다. 해방 이후의 문학은 남과 북이 양극화 현상을 벌이

면서 전개된다는 점에서 각기 특이성을 지닌다. 남쪽은 남쪽대로 순수 문학 중심이 되고 북쪽은 북쪽대로 정치문학 일변도로 치닫는다. 특히 남한의 문학은 순수문학이 주가 되면서도 당대의 현실과 날카롭게 대응하면서 전개되는 특성을 지니게 된다. 따라서 남북 문학은 상대주의적 관점에서 파악하게 될 때 더욱 유효 적절한 해명을 기대할 수 있게 된다.

해방 이후의 우리 문학이라 할 때는 당연히 남·북 문학을 함께 통칭하는 것이어야 할 것이다. 그러나 분단 40여 년의 세월이 가져온 커다란 간극과 이질감은 이러한 당위적 명제를 올바로 인식하기 어렵게 한 것이 사실이다.

그러나 오늘날 동서 해빙 무드와 이 땅의 민주화 열망으로 인해 남북 교류와 통일 지향성은 민족적인 과제로서 시대적 명제이며 역사적 당위에 해당하게 되었다. 이제 분단의 장벽에 가로막혀 적대감과 이질화만을 강조하고 대결 상황에 처해 있던 남북관계는 민족 공동운명체로서 동질성을 회복하고 공존 상황을 추구함으로써 분단 극복, 또는 조국 통일에의 길을 지향해 나아가지 않으면 안 될 운명의 시점에 놓여 있는 것이다.

이러한 시대 인식 아래 우리가 남·북의 시를 객관적, 비판적인 입장에서 함께 살펴보는 작업은 결국 분단 극복의 한 노력으로서 민족 통일의 길을 향해 나아가려는 능동적인 마음가짐의 반영이며 열린 자세라 할 것이다. 그러나 아직 우리의 현실에서 북한 문학에 대한 연구성과는 미미한 정도이며, 북한 시의 전모를 대할 수도 없는 것이 사실이다. 따라서 오늘의 처지에서 북한 시에 대한 단정적인 판단은 유보할 수밖에 없을 것이 자명하다. 본고에서는 기간된 북한 원전의 문학사류와 북한의 월간 문예지『조선문학』및 기타 북한 특집물 등의 자료를 중심으로 북한의 시를 소략하게나마 살펴보고자 한다.

해방 이후 남북 문학은 분단시대라는 상황을 전제로 하여, 대략 10년

을 주기로 하여 일어나는 역사적 사건과 대응관계를 이루면서 형성·전
개되었다. 따라서 본고에서는 해방 40년의 남·북 문학을 대략 10년을
기본축으로 나누어 그 전체적인 특징과 흐름을 개괄적으로 살펴보고자
한다.

2. 남북 시단 형성과 시의 개념

　해방 직후의 문단은 우익의 '전국문필가협회', 극좌의 '조선프롤레타
리아예술연맹(약칭 '예맹'), 중도좌익의 '조선문화건설중앙협의회(약칭
'문건')'로 나뉘는데 크게 보아 좌우, 그리고 내용적으로 3파전의 양상
을 띠게 된다. 그러나 각기 다른 노선을 걷고 있던 '문건' 측과 '예맹'이
통합하여 '조선문학가동맹(약칭 '문맹')을 결성(1945. 12)하고, 이듬해
에는 '문맹' 주최로 '전국문학자대회'를 개최함으로써 기세를 떨치게
된다. 이에 맞서 '문필협' 측에서는 서정주, 김동리, 조지훈, 조연현 등
을 주축으로 한 '청년문학가협회'를 결성하고(1946. 4), 1947년에 이르
러서는 이 두 단체가 통합하여 '전국문화단체총연합회(약칭 '문총')를
결성하게 된다. 그리하여 문단은 1920년대의 프로문학과 국민문학이
대결하던 양상과 흡사하게 '문맹'과 '문총'의 양대 진영으로 갈라지게
된다. 통일정부를 열망하던 민족적 기대와는 달리 분단의 징후가 뚜렷
해지게 된 것이다. 따라서 좌파의 정치적 활동이 완전히 불법화하게 되
자, '문맹' 측 인사들이 대거 월북하는 사태를 맞게 되었다. 이로써 문
단도 남과 북으로 완전히 재편성되었다. 따라서 '문맹'과 '문총'의 양대
진영의 문학 이념이 서로 변증법적으로 통합 발전되지 못하고 제각기
의 편향된 논리 일변도로 흐르게 되고 말았다. 남한 문학은 김동리의
'인간성옹호론', 조지훈의 '순수시론', 조연현의 '생리론' 등에 입각한
문학의 자율성과 보편성·예술성을 가장 중요시 여기는 순수 편향론이

중심 주류를 이루게 된다. 이후 6·25전쟁 과정에서 남과 북의 문인들이 월북(납북) 또는 월남함으로써 남북 문단과 문학의 재편성이 사실상 마무리되게 된다.

한편, 북한의 시단은 해방공간까지만 해도 독자성을 지니고 있지 못했으며, 오영진, 남궁만, 한재덕, 최명익, 백석 등 고향이 북쪽인 문인들이 이른바 재북 문인군을 형성하고 있을 뿐이었다. 그러던 것이 조선프롤레타리아문학동맹과 조선문학건설본부가 1945년 12월 조선문학가동맹으로 통합되는 과정에서 주도권을 상실한 이기영, 윤기정, 안막, 박세영 등이 월북함으로써 북한 문단의 원형이 형성되게 된 것이다. 여기에다가 조기천 등 소련파들이 귀국하고, 박헌영 등 남로당 주체세력이 월북하면서 이태준, 임화, 김남천, 이원조 등이 1947~1948년 사이에 월북하여 북한 문학이 세를 더하게 된다. 그리고 다시 6·25를 전후해서 정지용, 김기림, 박태원, 설정식, 이용악, 송완순 등이 입·월북하여 북한 문단 재편성이 마무리되게 된다. 이후 북한 문단은 남로당 숙청과 더불어 임화, 김남천, 이원조, 설정식, 이태준 등이 미제 간첩 혐의 등으로 숙청당하고, 1961년 3월 조선문학예술총동맹 결성을 계기로 북한 문단의 체제 정비가 완료되었다. 아울러 이 시기를 전후해서 북한 문단에 새로운 전후세대가 등장함으로써 명실상부한 북한 문단이 형성·전개되기 시작한 것이다.

대체로 북한 시단에서 지속적으로 활약한 시인들로서 일제 강점기 및 해방공간 사이에 등장한 사람으로는 박세영, 박아지, 이찬, 안용만, 박팔양, 백인준, 조벽암, 정서촌, 김북원, 정문향, 조영출, 이맥, 이흡, 조기천, 민병균, 이용악, 강승한, 김상오, 리정구, 김학연, 김상훈 등을 꼽을 수 있다.

참고로 오늘날 북한 시가 지니고 있는 시적 특성과 지향성을 살펴보면, 먼저 북한의 시는 기본적으로 '당의 문예정책'을 바탕으로 하여 전개됨을 알 수 있다. 이른바 주체사상이라는 독특한 사상체계에 기초를 둔 이 문예이론은 사회주의적 문예예술을 발전시키기 위한 당의 정책을 밝혀 놓음으로써 북한의 문학 예술인들에게 창작 지침과 지도 원리를 제시한 것이다. 북한의 문예이론은『혁명의 위대한 수령 김일성 동지의 주체적 문예사상』(사회과학출판사, 1971),『우리 당의 문예정책』(사회과학출판사, 1973),『주체사상에 기초한 문예이론』(사회과학출판사, 1975),『문학예술 건설 경험』(김정웅, 사회과학출판사, 1984) 등 여러 저작에 밝혀져 있는바, 그 대강을 요약하면, 사회주의적인 사상을 민족적 형식으로 표현하는 것으로서 당성, 노동 계급성, 인민성을 기반으로 구현된다고 정리된다. 즉 사회주의적 문학예술에서 당의 유일주체사상을 확립하기 위하여 문학예술 작품에서 당의 유일사상을 구현하고 혁명적 문예 전통을 계승 발전시키며, 문예이론과 창작 실제에 있어서 당의 영도를 최우선으로 한다는 것이다. 그러므로 반동적 문예사조 및 반혁명적 문예사상과 비타협적 적대주의를 지니며, 문학예술의 핵으로서 주체적인 사회주의적 종자론을 핵심으로 하여 사회주의적 전형을 창조하고, 이를 위해서 '속도전'을 펼쳐 간다는 내용인 것이다. 결국 북한의 문예창작은 당의 문예정책에 의해 지도 감독되면서 계획적이고 목적의식적으로 추동되고 있다고 하겠다. 특히 이러한 당의 지도 감독 아래 오늘날 북한의 문예창작 지침은 사회주의 건설과 혁명투쟁을 핵심으로 해서 항일혁명전통을 계승하여 이른바 남조선 혁명과 통일정책으로 고무 추동해 가고 있는 데서 선명히 드러난다.

북한의 시는 갈래면에서는 남한과 같이 서정시와 서사시로 대별된다. 서정시는 남한과 비슷하게 "외부세계에 의하여 환기된 인간의 사상, 감성, 지향 등을 직접 표현하는 서정적 작품의 한 형태"(『문학예술사전』 p.516)라고 규정된다. 그러나 서정시에 향가, 고려가요, 시조, 가사, 잡가, 창가 등을 하위 범주로 들면서 여기에 항일혁명시기에 창조했다는 이른바 혁명가요를 추가하는 것이 남한과 다른 변별점이다. 다시 말해서 시라고 할 때 남한에서는 시적 형상으로 표현된 것을 말하지만,

북한에서는 읽는 표현으로서의 시와 노래부르기 위한 것으로서의 가사를 함께 지칭한다는 것이 색다르다고 하겠다. 이러한 사정은 북한에서는 시와 가사를 함께 시의 범주에 묶어 창작 보급함으로써 대중적인 선동·선전성을 적극적으로 강화하고 있다는 점에서 시의 형식을 최대한 활용하고 있는 것이 특징이라고 하겠다.

이렇게 볼 때 남한에서는 시와 대중가요의 가사가 전혀 별개의 장르로 분화되어 버린 데 비해서, 북한에선 이 두 가지가 함께 묶여 '북한시'라고 하는 독특한 성격을 형성해 가고 있는 데서 장르적 특성이 드러나고 있다는 말이다.

한편 해방 후 시의 시대 구분은 남한의 경우, ①해방공간의 시 ②전쟁과 분단의 50년대 시 ③민주화의 시련과 60년대 시 ④민주화와 산업화의 갈등시기의 70년대 시, 그리고 ⑤민족문학의 시대, 80년대 시로 나누어 볼 수 있다. 이러한 시대 구분은 북한의 해방 후 시의 시대 구분과 대칭된다. 북한의 해방 후 문학사는 대체로 그 시기 구분을 ①새조국 건설시기―해방공간의 문학, ②조국해방전쟁시기―6·25문학, ③전후문학시기―전후문학, ④천리마문학시기―1960년대 문학, ⑤유일사상·주체사상시기―1970~80년대 문학 등과 같이 나누고 있다.

따라서 시문학사의 경우에도 대체로 이러한 시대 구분에 따라 기술되고 있다고 하겠다.

3. 남북한 시의 시대적 전개

1) 해방공간의 시

(1) 식민지문학의 청산과 해방공간의 시

1945년 해방으로부터 1950년대 6·25가 발발하기까지의 혼란시대를

흔히 해방공간이라고 부른다. 이 시기는 식민지하의 문학 특히 친일 어
용문학의 잔재를 청산하는 일이 가장 큰 과제이면서, 동시에 새로운 민
족문학의 건설이라는 어려운 문제에 직면하게 되었다. 그러나 식민지
문학 청산과 친일 어용문인의 단죄 문제보다는 민족문학의 건설이라는
문제가 더 크게 부각되었고, 자연히 문인들의 이합집산이 거듭되게 되
었다. 해방문학은 지난날의 역사적 과오를 깊이 반성하는 문제보다도
발등에 떨어진 문단 헤게모니 쟁탈전에 급급한 나머지 좌우의 싸움을
벌이게 된 데서 분단시대 문학의 불행이 시작된다.

　해방공간의 문단은 크게 보아 문필가협회(청년문학가협회)와 문학가
동맹으로 양분할 수 있다. 전자는 우익 진영이 주가 되어 문학의 자율
성·예술성을 강조하고, 후자는 이념성·전투성을 더 주장하였다. 전자
가 중심이 된 『해방기념시집』(중앙문화협회, 1945. 12), 그리고 후자들이
모인 『조선시집』(雅文閣, 1946)을 살펴보면 그 특징이 쉽게 드러난다.

　대략 이 시기의 시에서 주된 흐름은 몇 가지로 요약할 수 있다.

　　①八月 보름달 저들의 벽력이
　　우리에기는 自由의 鍾이었다.

　　太陽을 다시 보게 되도다
　　오, 이게 얼마만이냐
　　잃어버린 입을 도루 찾아
　　마음대로 혀가 돌아가노라.

　　　　　　　　　　　　　　　　—이희승, 「榮光뿐이다」에서

　　독립만세!
　　독립만세!
　　천둥인듯

산천이 다 울린다

지동인듯

땅덩이가 흔들린다

이것이 꿈인가?

생시라도 꿈만 같다.

—홍벽초,「눈물 섞인 노래」에서

②어데로가나 나라업은 사람

어데로가나 암흑업은 사람

알지못할 무거운 罪와 罰

朝鮮은 束縛과 눈물의 땅

피와 땀에 추근이 저저서

大地는 빛을 잃고

우리들은 廢墟에 누운

할버슨손님에 지나지 못하였다.

—김광섭,「束縛과 解放」에서

③지난 팔월이후 해방은 되었다지만

주리고 병들어 송장이 길에 썩고

아직도 三十八度는 트이지를 않는다

나의 사랑하고 믿는 그대들이여

불이듯 하는 그 정열이 식을세라

정열이 식은 그 가슴은 빙해보다도 칩어라

—이병기,「해방이후」에서

   시 ①은 해방의 감격을 노래한 작품이다. 해방은 "잃어버린 입을 찾아/마음대로 혀가 돌아가" 듯이 해방의 감격과 자유의 기쁨을 구가하게 해준 것이다. 어쩌면 그것은 어느 날 갑자기 주어진 것이기에 '꿈'만 같을지도 모른다. 이 무렵의 대부분의 시들은 이러한 감격과 환희를 노래하는 데 바쳐진다. 김광섭의 시 ②는 식민지 시대에 대한 통탄과 함께 일제 강점하에서의 친일 어용문학에 대한 고발이 담겨 있는 것으로 이해된다. 이병기의 ③은 '불'과 '氷海'의 이미지로서 해방이 지닌 감격과 고민을 함께 표출하고 있다. 남북 분단이 시작되는 비극을 고통스럽게 받아들이는 자세가 드러난 것이다.

이들 이외에도 이 시기 시들에는 내용적인 면에서 극단적인 두 경향이 나타난다. "높으디 높은 산마루/낡은 고목에 못박힌듯 기대여/내 홀로 긴 밤을/무엇을 간구하며 울어왔는가/아아 이아츰/시들은 핏물의 구비구비로/싸늘한 가슴의 한복판까지/은은히 울려오는 종소리/이제 눈감아도 오히려/꽃다운 하늘이거니"(조지훈,「山土의 노래」에서)라는 한 예와, "아아 旗ㅅ발 타는 깃발/열 스물 또 더 많이 나붓기고/붉은 旗ㅅ발/붉은 旗ㅅ발은……"(임화,「길」에서)이 다른 예이다. 즉 전자는 사상성과 예술성 또는 지성과 감성의 조화를 강조하는 경향이 그것이다. 바로 이러한 대립과 갈등이 해방공간에 있어 시의 기본적 위상이며, 우리 시는 이들의 양자택일이 강요하는 모순명제에 봉착할 수밖에 없었다.

이 해방공간의 시단을 이끌어 간 사람들은 대부분 해방 전에 활약하던 시인들이었다. 따라서 이 시기의 특징은 앞에서 논의한 식민지문학을 청산하면서 새로운 신진 시인들의 등장이 시작되는 과도기 또는 전환기의 성격을 지닌다. 또한 해방 전에 간행되지 못했던 시집들이 빛을 보게 되는 문학적 광복의 시간이기도 하다.

먼저 해방 후 제일 먼저 간행된 시집으로는 『해방기념시집』(1945. 12), 『3·1기념시집』(건설출판사, 1946. 3) 등이 있다. 민족 진영의 시집으로는 『青鹿集』(1946. 6)이 간행되었다. 이 시집은 박두진, 박목월, 조지훈 등 일제 말 『문장』지 추천 시인들에 의한 사화집인데 이들은 '자연'을 하나의 공통의 고향으로 하여 해방 후 민족문학의 한 좌표를 제

시해 주었다. 또한 윤동주의 『하늘과 바람과 별과 시』(正音社, 1948. 1)
와 『陸史詩集』(서울출판사, 1946. 10), 심훈의 저항시집 『그날이 오면』
(한성도서, 1949. 7)이 나온 것도 이 무렵이다. 이들 이외에도 김광섭, 김
영랑, 신석정, 김광균, 모윤숙, 서정주 등이 시집을 발간하는 등 이 해
방공간에 약 80여 권의 창작 시집이 간행되었다.

한편 신진들의 등장과 활약도 활발하게 시작되었는데 특히 김경린·
박인환·김수영 등은 『새로운 都市와 市民의 合唱』이라는 신선한 감수
성의 사화집을 간행하였으며, 김춘수가 『늪』, 조병화가 『버리고 싶은
유산들』 등의 시집을 통해 새로운 감수성을 보여준 것도 이 무렵이다.

이렇게 볼때 8·15로부터 6·25에 이르는 해방공간은 해방 전의 식민
지문학을 청산하면서 좌우가 함께 뒤엉키면서 새로운 민족문학의 건설
로 나아가는 갈등과 모색의 시기로 볼 수 있다.

(2) '평화적 건설시기'의 시

이른바 해방공간을 의미하는 '평화적 건설시기' 북한의 시는 새로운
지도자 김일성의 등장으로부터 시작된다.

파도 거츠러운

바다 한복판에서도

먼나라 고달픈 여로에서도

김일성 장군님 계심을 생각만 하면

금시 힘이 뻗어오르는

김일성 장군님을 우리는 잊을 수 없어라

……

진실로 장군님 계시므로

내닫는 슬픔을 무찔러

모든 곤란을 이겨나갈수 있고

새조선의 희망만이 별빛같은데

김일성 장군님 가시는 길, 김일성 장군님 이끄심이라면

오오 목숨바쳐 따라갈

김일성 장군님을 우리는 잊을 수 없어라

—김북향, 「목숨바쳐 따라가오리」(1947)에서

위의 시는 당시에 북한의 새로운 지도자로 부상하고 있던 김일성에 대한 찬양과 함께 그에 대한 충성심을 노래하고 있다. 이처럼 이 시기에 벌써 북한의 시는 정치적인 이념과 지향성을 반영하고 적극적으로 대변하는 선전·선동성을 강하게 지님으로써 이후 북한 시의 전개 방향을 제시해 주고 있는 데서 그 특징이 드러난다.

한편 이 시기에는 북한에서의 토지개혁이나 노동법령 공포, 중요 산업 국유화령 등 제반 사회개혁 조치에 대한 찬양을 통해서 사회주의 건설을 고무하고 추동하는 경향도 나타난다.

땅은 밭갈이 하는 농민에게—

토지개혁의 우람찬 환성은

등을 넘고 비탈길을 감돌아

두메산골에까지 산울림해 왔다.

—— 나라를 찾은 것만 해두 고마운데

땅까지 차지하게 되다니……

—— 이거 꿈인가 생시인가

눈은 뜨이고 귀는 열리여

……

—— 땅은 밭갈이하는 농민에게—

칠판에 굵다랗게 쓴 토필 글씨를

한 자 한 자 더듬어 읽는 돌쇠는

야학에서 이태나 한글을 익혀 유식하다는

머슴살이에 잔뼈가 굵은 로총각이었다.

        —— 올부턴 제 땅 같아

장가밑천 장만하겠수

돌쇠의 입김은 능청맞고

출출하고 사나이 공대 잘하는

마을 처녀를 중매 서 주리

박첨지의 댓구는 너털웃음에 흥겨워

이처럼 오가는 잡담 속에서도

기쁨이 샘물마냥 솟는다.

—김우철, 「농촌위원회의 밤」(1946)에서

　이 시의 핵심은 "나라를 찾은 것만 해두 고마운데/땅까지 차지하게 되다니……"에서 드러난다. 일제 강점하에서의 민족모순과 계급모순을 함께 고발하면서 사회주의 세상이 열리고 있음을 찬양하고 있는 것이다. 이러한 북한의 시는 일제하 카프시처럼 민족해방과 계급해방이라는 두 가지 가치축을 바탕으로 하면서 사회주의 사상을 민족적 특수성과 결합하여 전형성을 획득해 가는 경향성을 지니고 있다고 하겠다. 아울러 이 시기에는 소위 남조선해방과 조국통일을 위해 투쟁하는 모습을 형상화한 「삐라대」(최석두, 1947), 「항쟁의 여수」(조기천, 1949) 등이 씌어지기도 했다. 한편 이 시기에는 북한 시의 원형성 또는 전형성이라 할 두 서사시가 씌어져서 주목을 환기한다. 이른바 북한의 3대 문학작품의 하나라고 불리는 조기천의 「백두산」과 강승한의 「한나산」이 그것이다. 조기천이 이른바 보천보 전투(1937. 6. 4)를 바탕으로 1947년에 창작한 장편 서사시 「백두산」은 항일무장투쟁과 그 속에서 김일성의 영웅적 활약상을 전형화하는 가운데 이 땅에서 민족해방과 민중해방이 얼마나 어렵게 전취된 것이며 동시에 새조국 건설을 위해서 북한의 인민들이 다 함께 어떻게 분투해야 하는가를 고무 충동하고 있다. 조기천은 항일 빨치산 투쟁을 미화하고 김일성을 우상화하려는 의도를 바탕으로 해서 새로운 사회주의 국가를 북한에 건설하고자 하는 적극적인 열망을 서사시 「백두산」으로서 형상화함으로써 북한 시의 한 전형이자 원형의 모습을 제시한 것이다.

한편 「한나산」은 제주도에서 벌어졌던 4·3사건을 소재로 해서 이른바 남조선해방을 형상화한 작품이다. "단독 선거 절대 반대/미군 즉시 철퇴하라/친일파 민족반역자 타도하자/인민 공화국 수립 만세"(『조선문학개관』2. p.120)를 구호로 내세우면서 제주도 4·3사건을 테마로 하여 반미와 반한을 강조한 것이라 하겠다. 이 점에서 이 작품은 이후에도 계속되는 반제 반미투쟁과 '남조선해방' 및 조국통일이라는 북한 시 주제의 일반적 전형이자 그 원형성을 지닌다고 할 것이다.

이렇게 볼 때 이후의 북한 시는 이 시기 시들이 이미 제시했던 내용과 테마를 확대하고 심화해 가는 과정이라 해도 과언이 아닐 것이다.

2) 50년대, 6·25전쟁과 시적 대응

(1) 전쟁과 50년대 남한 시

해방공간의 무질서와 혼란 속에서 사상적인 혼란에 시달리던 한국인은 1950년 6월 25일 발발한 북한의 기습 남침에 의해 동족상잔의 비극을 겪게 되었다. 해방이 진정으로 한국인의 것이 될 수 없었던 비극은 마침내 6·25라는 폭력적이고 야만적인 전쟁터로 한민족을 몰고 간 것이다. 6·25는 그것이 비록 한국의 영토내에서 한국인 동족간의 사상전쟁인 것처럼 전개됐지만, 기실은 전후 일본 제국주의의 패망과 중국 대륙의 공산화에 따른 동서 양 진영의 세력 균형이 정착되지 못한 데서 파생된 2차대전의 마무리 전쟁으로서의 성격을 지닌다. 무엇보다도 6·25는 국토와 민족, 그리고 역사와 문화를 물리적으로 완전히 양단함으로써 민족의 이질화 현상을 노골화하는 결정적 계기가 됐다는 점에서 비극성이 더욱 고조된다.

문학사의 측면에서도 6·25는 여러 가지 충격과 영향을 미친다. 남과 북의 문인들이 전쟁 과정에서 월북(납북) 또는 월남함으로써 문단과 문학의 재편성이라는 결과를 초래하였다. 또한 일본적 감수성 즉 식민지 문학의 청산이라는 문학사적 과제가 채 정리도 되기 전에 전쟁문학이라는 큰 흐름에 휩쓸려 들어가게 됨으로써 문학적 극복과 성숙이 크게 저해되었다. 그리고 무엇보다도 이 시기부터는 남은 남대로 북은 북대로 한쪽의 문학만을 가지고 한국문학사에서 분단문학의 파행성이 심화되는 계기가 된다.

6·25 이후에 50년대 시는 대략 전쟁과 그에 관련된 반공애국의 상황시, 시적 방법과 정신을 탐구한 시, 그리고 존재와 서정을 노래한 시 등 세 가지로 나눠 볼 수 있다.

①무념무상으로 총을 쏘다가
총끝에 칼을 꽂고 백병전으로!
살려는 애착도 없고
죽는단 공포도 없이
다만 청춘의 불꽃을 발산하면서
싸워나갈 뿐이다

—李永純, 「연희고지」에서

②물러감은 비겁하다, 항복보다 노예보다 비겁하다
둘러싼 군사가 다 물러가도 대한민국 국군아 — 너만은
이 땅에서 싸워야 이긴다. 이 땅에서 죽어야 산다

한번 버린 조국은 다시 오지 않으리라, 다시 오지 않으리라

보라 폭풍이 온다, 대한민국 국군이여!

—모윤숙, 「국군은 죽어서 말한다」에서

③조그만 마을 하나를

자유의 국토 안에 살리기 위해서는

한해살이 푸나무도 온전히

제 목숨을 마치지 못했거니

사람들아 묻지 말아라

이 황폐한 풍경이

무엇 때문의 희생인가를……

—趙芝薰, 「다부원에서」에서

시 ①은 직접 전장의 현장을 형상화한 상황시이며 시 ②는 반공애국의식과 승전의식을 고취하는 목적시에 해당한다. 또한 ③의 시는 전쟁의 비극성과 자유의 소중함을 노래하는 휴머니즘시에 속한다. 이들 전쟁시들은 시란 때로 험렬한 전란의 시대에는 그 시대에 직접 대응하는 사회적·역사적 응전력을 지닐 수 있음을 보여준다. 이러한 경향의 대표적인 시인과 시로서는 유치환의 「보병과 더불어」, 김종문의 「벽」, 구상의 「焦土의 詩」, 장호강의 「총검부」 등이 있다.

한편 시적 방법과 정신을 강조한 시들이 등장한 것도 50년대 시의 한 특징이다. 조향·박인환·김규동·김경린 등은 피난지 부산에서 '후반기' 동인을 조직하여 모더니즘 시운동을 전개하였다. 이들은 당대에 큰 호평을 얻지는 못하였지만, 이들의 방법적 실험은 시사적인 면에서 해방 후 시의 한 주류였던 '청록파'에 대한 반발의 의미를 지닌다. 자연에 대한 탐닉이나 서정적 함몰에 대항하여 도시문명을 비유와 이미지 등 의도적인 방법을 사용해서 형상화한 것이다.

이들과는 달리 현실의 질곡에서 벗어나서 고전 정서로의 회귀를 지향하는 시인들이 나타났다. 이동주의 「강강수월래」, 「기우제」, 박재삼의 「피리」, 「춘향이마음」, 이원섭의 「향미사」, 「죽림도」 등이 여기에 속한다. 이들은 실상 해방 후 시집 『귀촉도』를 내면서 동양적 사랑의 정감을 탐구한 서정주의 광범위한 영향을 받았던 것으로 이해된다.

다음으로는 낭만과 서정을 추구한 시인들을 들 수 있다. 조병화·전봉건·홍윤숙·정한모·김남조 등이 여기에 해당된다. 아울러 이형기·김종삼·박성룡·박용래 등은 전원적인 서정을 노래하는 가운데 삶의 허적을 투시하였다.

1955년을 전후한 시단은 『現代文學』(1955. 1)이 창간되고 『文學藝術』, 『自由文學』 등의 문예지와 『思想界』, 『新太陽』 등의 종합지가 발간되었으며, 『동아일보』, 『조선일보』, 『한국일보』 등의 신춘문예가 부활 또는 신설되는 등 문학적 분위기가 크게 조성되었다.

아울러 한하운, 김수영, 김윤성, 홍윤숙, 김구용, 김남조, 송욱, 전영경 등의 개성적인 시인과 함께 50년대 후반에 고은, 신경림, 신동엽, 박봉우, 윤삼하, 황동규, 김영태 등 새로운 전후세대 시인들이 등장하기 시작한 것도 주목할 만한 일이라고 하겠다.

1950년대 후반에 무려 백여 권의 시집이 발간된 것은 전후의 폐허에서 시를 통해서 인간 회복을 찾아보려는 이 땅의 문학적 열기를 반영하는 동시에 새로운 시단 질서가 형성되고 있음을 말해 주는 것이 된다.

지금까지 살펴본 것처럼 50년대는 이 땅 시사에서 뚜렷한 분기점이 되었다. 이 시기는 전쟁으로 얼룩진 폐허와 분단의 시대이지만, 남쪽 시로서는 이러한 역경 속에서나마 민족과 개인, 서정과 지성, 자유와 평등이라는 소중한 덕목들을 비로소 소중하게 자각하고 형상화하게 된 데서 하나의 전환점이 된 것으로 판단된다.

(2) '조국해방전쟁시기'의 北의 시

6·25동란기, 북한의 용어로 소위 '조국해방전쟁시기'에 북한의 시는 김일성 항일무장투쟁의 테마를 계승하면서 인민군대의 투쟁상을 묘파하는 데 집중된다. 아울러 미군에 대한 증오와 적개심을 드러내면서 상대적으로 중국 의용군에 대한 연대감을 과시하는 것이 이 시기 북한시의 주요한 특징이다.

　　따바리 불타는 총자루

　　앞세워 승승장구

　　38선을 넘어

　　벌써 아득한 천리길,

　　나의 따발총이여

　　더웁게 단 총구멍

　　식혀줄 사이도 없구나

　　별빛 총총한 야음을 타서

　　포복 전진의 길

　　풀향기 그윽히 풍겨오는

　　산등성이 잔디밭

　　먼동이 트면 이슬도 반짝!

　　동무의 추억에 빛나고

　　바라보면 저 해안선

　　눈앞에 다가서는

　　우리 나라 남쪽 끝 수평선이여

　　나의 따바리! 가자

　　대구, 진주를 거쳐

　　려수, 목포, 부산으로

　　아니 제주도 끝까지

가자, 나의 따바리!

—안용만, 「나의 따발총」(1950)에서

심장에 불을 안은
청년들이여!
모든 사람들이여
몸을 폭탄삼아
미국놈의 불아가리 터뜨리고
진격의 길
승리의 길을
피로써 열어놓은
영웅조선의 영웅을
우리 함께 노래하자!

—김학연, 「독로강 기슭에서」(1950)에서

이처럼 이 시기의 시들은 미군과 소위 '리승만괴뢰'군에 대한 적개심
을 분출하는 가운데 이른바 조국해방전쟁을 용감하게 수행하고 있는
인민군대의 활발한 투쟁상을 과장하고 승전의식을 고취하는데 전력을
기울이고 있는 것이 특징이다. 이 무렵에도 김일성에 대한 찬양과 당
및 조국에 대한 흠모 및 충성심이 강조되고 있음은 여전하다.

오늘 그이는
조선인민의 영예의 상징
싸우는 조선의 투쟁의 기치
동서의 전선을 한 손에 틀어 쥔
승리의 조직자, 탁월한 령장
세계의 인민이 그 이름을 노래한다

'영웅조선'으로 불려지는 그 이름을……
월가의 양키들이 그 이름에 떤다
'싸우는 조선'으로 불려지는 그 이름에

—백인준, 「크나큰 그 이름 불러」에서

딸라로 빚어진 월가의 네거리에
넥타이를 맨 식인종
실크햇트를 쓴 사람버러지
자동차에 올라앉은 인간 부스레기
성경을 든 도적놈
온갖 잡색
력사의 저주스런 추물들이
제국주의의 고름을 퉁기며
하수도의 오물인듯
뒤섞여 설레이지 않느냐

—백인준, 「월가의 관병식」에서

이 시편들에서 보면 의도의 오류가 단적으로 드러난다. 오로지 정치적 목표와 의도를 위해서 김일성을 극찬하고 있으며, 반대로 미국인에 대해서는 인신 공격은 물론 사실의 왜곡이나 과장을 서슴지 않고 있다. 이러한 점은 이들 시의 진실성이 허구적인 것이라는 점을 스스로 반증한다고 하겠다. 이렇게 볼 때 이 시기 북한의 시는 무기로서의 시, 전략 전술로서의 시로서 그 의미가 있음을 알 수 있다. 북한의 전쟁시는 남한 시의 다양한 경향 및 내면성 추구와는 달리 오로지 전쟁을 승리로 이끌기 위한 인민군대의 투쟁을 찬양하고 미국과 남한정권에 대한 적개심과 투쟁의식을 고양하는데 집중되고 있는 것이다. 아울러 이 시기에 전쟁가요로서 이른바 가사시가 많이 창작된 것도 중요한 특징이라고 할 것이다.

3) 이질화의 심화와 60년대 남북의 시

(1)민주화의 시련과 60년대 남한 시

4·19와 5·16을 떠나서 60년대를 논하기는 어렵다. 4·19는 이 땅에서 해방 이후 실험되고 모색되던 자유 민주주의 체제에 대한 결정적인 반성과 비판의 전환점을 마련해 주었다. 한편 5·16은 군의 정치 개입이라는 불행한 사태를 초래하면서 더구나 민주화 문제보다는 산업의 근대화 문제를 우선 과제로 추진하였다. 그 결과 근대화면에서 어느 정도 성과를 거둔 것이 사실이지만, 동시에 급격한 산업화는 사회적 경제적 불평등의 문제를 야기시켰고, 인간적·정신적 가치지향성보다는 물질적·수단적 가치편향성을 노골화시킴으로써 인권과 자유 문제의 성장을 저해한 것이 사실이다. 따라서 60년대는 민주화라는 이념적 목표와 근대화라는 현실적 목표가 상호 충돌하면서 자유와 평등을 둘러싼 구조적 모순과 현실적 갈등을 예화해 갔다는 데서 근본적인 문제점이 드러난다.

따라서 60년대의 시는 이러한 어려운 현실 상황과 부딪치면서 몇 갈래의 특징적인 흐름을 형성하게 된다. 첫째는 4·19를 정면으로 수용하면서 사회의 구조적 모순과 부조리에 대응하는 사회시의 급격한 대두이며, 둘째는 시의 원형질로서의 생명 또는 서정에 대한 탐구이고 세째는 예술로서의 시에 대한 강조 및 언어적인 천착이다.

먼저 4·19는 자유당 정권의 누적된 부조리와 탄압에 대한 전국민적 저항운동으로서, 자유 민주주의를 열망하는 시민적 혁명운동이었기 때문에 그 파장 속에서 김수영과 신동엽, 박봉우 등은 60년대의 대표적인 사회 시인으로 부상하게 된다.

①자유를 위해서

비상하여 본 일이 있는

사람이면 알지

노고지리가

무엇을 보고

노래하는가를

어째서 자유에는

피의 냄새가 섞여있는가를

혁명은

왜 고독한 것인가를

—김수영, 「푸른 하늘을」에서

②껍데기는 가라

四月도 알맹이만 남고

껍데기는 가라

(중략)

껍데기는 가라

漢拏에서 白頭까지

향그러운 흙가슴만 남고

그, 모오든 쇠붙이는 가라

—신동엽, 「껍데기는 가라」에서

시 ①은 자유를 표상하는 노고지리의 암유를 통해서 참된 자유가 반봉건·반민주적 압제에 대해 "피의 냄새가 섞여있는" 혁명적 저항을 통해서 비로소 획득할 수 있는 능동적 개념임을 강조한다. 시 ②는 한 걸음 나아가 4월을 동학혁명과 결부시킴으로써 민족·민중운동의 소중한 의미를 강조하고, 나아가서 평화와 자유에 기초한 민족·국토 분단의 비극을 극복하고자 몸부림친다. 김수영의 '풀'의 이미지와 신동엽의 '흙가슴'의 이미지는 60년대 이 땅 참여시의 민족주의·민중주의·인문주의의 이념을 표상한 것이 된다.

이들 이외에도 고은·조태일·이성부·김광협·최하림·문병란 등 많은 시인들이 사회의 모순과 부조리에 대한 분노와 저항을 시로서 형상화하였다.

60년대 시의 또 한 특징은 생명 감각과 서정의 아름다움을 강조하는 경향이다. 60년대 낭만성·서정성을 강조하는 리리시즘의 추구는 50년대 전란의 폐허 속에서 간직해 온 인간적 체온과 낭만적 갈망에 연유한 것이기도 하다. 김후란·허영자·정진규·박이도·김원호·박현령·김여정·유안진·김초혜·박정만·이가림·김종철·박제천·홍희표·강우식 등의 시인이 여기에 해당된다.

한편 현대시의 마력인 은유와 상징을 폭넓게 구사하면서 현대시의 새로운 방법을 탐구하는 경향도 대두되었다. 이들은 서정이나 비판의식을 도외시하지 않으면서도 시의 시다움을 언어미학적인 면에서 탐구한 특징을 보여주었다. 50년대 말에 등장한 황동규·마종기·김영태 등을 선두로 하고 60년대 들어서서 새로 출범한 '現代詩' 동인들, 이승훈, 오세영, 이수익, 이건청, 김종해 등이 여기에 해당된다.

또한 60년대는 계간지 『창작과비평』, 문예지 『월간문학』, 시 전문지 『현대시학』 등을 비롯한 많은 문학 간행물이 창간됨으로써 문학 열기가 새롭게 솟구치는 전기가 되었다.

무엇보다도 60년대 시는 4·19를 기점으로 한 새로운 감수성의 시인들이 본격 등장한 데서 새로운 전환점이 되었다. 이들 새로운 시인들은 식민지 교육세대와 전쟁세대에 뒤이어 본격적인 한글세대로서 등장함으로써 우리 시가 일본적 감수성 또는 식민지의식을 떨쳐 버리는 중요한 전환점을 마련하였다.

(2) '전후시기와 천리마운동시기'의 북한의 시

이른바 조국해방전쟁이 끝난 후 북한은 전후 복구사업을 대대적으로 추진하게 된다. 특히 1956년 12월의 전원회의에서 사회주의 대건설을 고무 추동하기 위해 결정된 천리마운동은 이 시기 북한 사회의 혁명적인 총노선으로 설정된 것으로 이후 북한의 정치·경제·사회·문화의 기본 방향을 제시하였다. 여기에서 천리마운동이란 전후 북한정권이 전쟁 실패의 책임을 남로당 계열에게 지워 숙청하여 반대파들을 제거해 가면서 정권을 집중화하고 대중을 고무선동하여 정권을 반석 위에 올려놓기 위한 일대 혁명운동이자 대중적 선동사업에 해당한다고 할 것이다.

그러므로 문학계에서도 남로당 계열의 문인들이 대거 숙청되면서 박세영, 박팔양, 안용만, 백인준 등 김일성파를 중심으로 하여 주도권이 장악되고 여기에 새로운 전후 신인군이 등장함으로써 북한 전후시단이 새롭게 형성되기 시작하는 시기에 해당된다.

이 시기 북한의 시들은 대내적으로 전후 복구사업과 사회주의 건설사업을 적극 전개하는 천리마운동을 고무 추동하는 것과 함께 대외적으로는 '남조선해방'과 '미제타도'를 지속적으로 형상화하고 있다.

①강철 —— 이것은
무쇠 속에서도 자랑으로 빛나는 것,
용광로 백열하는 도가니에서
광재를 떨구어버린 순 철분이
평로의 불길로 다시 달쿠어져 나왔노라.

당은 그의 아들들을 불러 이렇게
뜨거운 불길과 싸움에서 투사로 기른다.
그렇다. 불 속에서 태여나는

새로운 인간인 우리

백광을 뿌리는 강철의 전사로 되리라.

……

더웁게 달아오른 쇠몸에서

나는 당의 부름을 듣는다

── 동무여, 불길 속에서

달쿠어지는 강철같이 되라!

고귀한 당의 목소리 듣는다.

―안용만, 「당의 부름을 들으며」(1956)에서

②서울의 형제들이여, 지체 말라!

한걸음, 한걸음 가까이 더 가까이 죄여들라!

놈들이 쌓는 바리케트 ── 그것이 놈들의 마지막 무덤이 되게 하라!

그것이 남녘땅에 암흑을 가져 온 놈들

피묻은 력사의 종지부가 되게 하라!

―정서촌, 「원쑤들이 바리케트를 쌓고 있다」(1960)

③쭉 벌거벗었구나 아메리카는

인류의 면전에서 그의 문명 앞에서

홀딱 벗고 나섰다. '자유' 아메리카는

그 구린내나는 알몸뚱이를……

완력사나운 강도들이 달려들어

연약한 녀인을 벌거벗겼으니

어찌하랴 수난을 당할 수밖에

뻥끼를 온몸에 묻히우고 녀인은

맨몸으로 거리에 내쫓기였다.

그러나 오늘 과연

누가 벌거벗었나 인류의 량심 앞에서?

남조선의 한 녀인인가 아니면

'거룩'한 아메리카의 신사들인가?

온 세계 사람들이 대답하누나,

'그것은 아메리카! 바로 아메리카 자신!'

—백인준,「벌거벗은 아메리카」(1960)에서

먼저 시 ①에는 제철공장에서 땀흘리며 일하는 사회주의 전사들의 모습이 묘사되어 있다. 북한의 인민들이 "불 속에서 태어나는/새로운 인간인 우리"로서 강철의 투사가 되어 새롭게 태어나고 있다는 점을 강조한 것이다. 당에 대한 사명감과 충성심이 그러한 변모의 원동력으로 작용하고 있다는 점이 드러난다. 시 ②는 4·19를 '남조선해방'의 한 호기로 생각하여 선전·선동하고 있는 작품이다.

시 ③은 반미를 선전·선동하는 데 주력하고 있다.

이처럼 이 시기 북한 시들은 대내적으로 천리마운동을 통해 사회주의 건설을 추동하고 대외적으로는 반미·반한을 통한 이른바 '남조선해방'을 그 핵심 테마로 하고 있음을 알 수 있다. 이 시기에 또 한 가지 주목할 사실은 인민대중들의 집체작이 다수 출현한다는 사실이다. 전후 신인군들이 등장하는 것과 함께 사회주의적 사실주의의 대원칙과 당성, 노동 계급성, 인민성이라는 기본 방침에 의해 인민들의 집체작이 본격적으로 등장함으로써 전후 북한 시단을 활성화하는 데 기여한 것으로 판단된다.

4) 남북이질화의 심화와 확대, 70년대의 시

(1) 민주화와 산업화 갈등의 남한 시

70년대는 삼선개헌의 여파와 유신체제에 의한 공화당의 장기 집권 야욕으로 말미암아 초두부터 정치적 탄압과 긴장이 고조되었다. 아울러 60년대 말부터의 급격한 산업화에 따른 사회·경제적 모순과 부조리가 드러나면서 인간적인 평등과 소외의 문제가 대두되기 시작하였다. 이러한 정치적인 면에서의 민주화 문제와 사회 경제적인 평등의 실현 문제가 서로 부딪히면서 70년대의 근본 문제로 부상한 것이다.

70년대의 시는 이러한 두 가지 문제점에 대한 응전으로부터 시작되었다. 김지하의 등장은 그 대표적이다. 김지하는 당대 사회의 정치·경제·사회면에서의 구조적 모순과 부조리를 「五賊」을 통해 풍자하고 야유하면서 시의 사회적 비판기능을 가장 확실하게 또 실천적으로 보여주었다. 이것은 60년대 김수영·신동엽 등의 한계를 극복하면서 이후의 저항시·민중시·사회시 등, 이른바 참여시의 방향을 확고하게 제시한 것이다. 50년대 등장한 고은, 신경림 등의 새로운 활동도 이 점에서 주목할 만하다. 특히 「農舞」 등으로 대표되는 신경림의 시는 이 시기에 이르러 본격적으로 농촌 문제를 다룸으로써 문학적 현실참여 이념을 성취하게 된 것이다.

70년대에 사회적 관심을 시로서 표출한 중요 신진 시인으로는 정희성·양성우·이시영·고정희 등을 꼽을 수 있다.

이 시기는 또한 산업의 급격한 발전에 따른 인간 소외의 문제 또는 불평등의 문제가 제기되었다. 여기에서 '소외'의 시 또는 '어둠'의 시가 돌출한다. 김광규·이동순·감태준·정호승·이하석·강은교 등의 시에는 이러한 시대의 어둠과 불안한 존재의 모습이 짙게 투영되어 있다.

또한 생명 감각과 서정을 탐구하는 전통적인 경향도 지속적으로 표출되었다. 문정희·김승희·나태주·송수권·권달웅·한광구·조정권 등이 여기에 해당된다. 특히 조정권은 정신세계의 유현한 깊이 속에서 동양정신을 탐구함으로써 개성적인 시세계를 개척하였다.

(2) '유일주체사상시기'의 북한의 시

사회주의 공산국가로서의 체제 정비가 일단 완료되면서 1967년경부터 북한 사회는 이른바 "당의 유일사상체계를 더욱 철저히 세우며 사회주의의 완전 승리, 온 사회의 주체사상화를 앞당기기 위한 투쟁시기"로 접어들기 시작한다.

따라서 이 시기의 문학은 당의 유일사상체계를 공고화하며 주체사상화하기 위한 전면적인 노력을 반영하게 된다.

이러한 노력은 먼저 혁명 전통의 상징으로서 김일성 우상화 작업과 그에 따른 혁명 가족으로서 김일성 가계에 대한 찬양으로 구체화된다

내 이제는
다 자란 아이들을 거느리고
어느덧 귀밑머리 희여졌건만
지금도 아이적 목소리로 때없이 찾는
어머니, 어머니가 내게 있어라

기쁠 때도 어머니
괴로울 때도 어머니
반기어도 꾸짖여도 달려가 안기며
천 백가지 소원을 다 아뢰고
잊을번한 잘못까지 다 말하는
이 어머니 없이 나는 못살아

—김철, 「어머니」(1980)에서

조국이여!

너는 무엇이기에

가만히 네 이름 부르면

가슴은 터질듯 긍지로 부풀고

눈굽은 쩌릿이 젖어드는 것이냐

어찌하여, 때로 이국의 거리를 거닐다가도

문득 솟구치는 그리움에

마음은 한달음에 달려와

너를 안는 것이냐

……

그렇다, 조국은

더없이 신성하고 숭엄한 그 무엇

위대하신 수령님 한생을 바치시는

겨레의 삶이며, 그 무궁한 미래

—김상호, 「나의 조국」(1979)에서

　이러한 김일성과 그 일가에 대한 찬양과 충성의 맹세는 그대로 당과 조국으로 연결됨으로써 프롤레타리아 독재를 정당화하게 된다. 위에 인용한 두 편의 시에서 보듯이 '어버이 수령관'은 그대로 '어머니 당과 조국사상'으로 연결되는 것이다. 이 시기 북한 시의 가장 큰 특징이 바로 이러한 송가시가 크게 대두하였다는 점이다.

　다음으로 이 시기 북한의 시는 '사회주의 대건설의 우람찬 행군을 가속화'하는 특징을 지닌다. 농촌 현실과 공장의 모습을 긍정적인 각도에서 노래하는 경향이 두드러지는 것이다.

　토지개혁의 첫 뢰성이 울던 그 봄

그 봄으로부터 세월은 흘러 몇몇 해던가.
눈을 뜨고 다시 봐도
볼을 비비며 흘린 농민들의 그 눈물이
마를 줄 모르는 이 흙 속에 젖어 있다

땅의 주인 —— 그 소중한 권리를 지켜
흘린 피
그들이 쏟아부은 땀과 정력 ——
그리고 그들의 한 생이 여기 다 스며 있다.
뜨는 해도 여기서 맞으며
지는 달도 여기서 보내며
비에 젖고,
눈에 얼고
별과 바람에 살이 트던 그 사람들

제 손에 틀어쥔, 그 운명이
가꾸어가는 그 한 포기, 그 한 알의 낟알에 있었거니
이 흙 속에 그 청춘을 묻어도
그것을 아까워하지 않았다
허나 지금은 그때처럼 그렇게
고달픈 로동의 댓가로
그 나락을 얻기를
원치 않는다
3대혁명은 주었다!
진정한 땅의 주인으로서 그들 모두
이 땅위에 설 권리를
그 권리로 이 땅을 길들여

풍작의 세월을 이어가는 그 기쁨도……

—오재신, 「땅에 부치여」에서

이 시에서처럼 사회주의 농촌의 현실을 혁명적 낙관주의와 낭만적 열정으로 노래함으로써 사회주의 체제의 우월성을 강조하고 있는 것이다.

다음에는 이 시기에도 이른바 '남조선 혁명'과 조국통일을 지향하면서 반미 반남한의 구호를 외치는 모습이 그대로 지속되고 있다.

용서하라 귀여운 어린이들아

남녘땅에서 온 나를 위해

이 밤이 즐거우라고

너희들은 행복의 노래 불렀지만

나는 으리으리한 층계를 내리며

쏟아지는 눈물을 어쩔 수 없구나

너희들이 열두 살이라면

나의 둘째와 동갑이

너희들이 이 한밤을 궁전에서

즐거이 노래를 불렀지만

내 아들은 구두닦이통을 메고

서울 판자집거리를 맥없이 걷고 있으리

—조태현, 「궁전의 대리석층계를 내리며」(1969)에서

여기에서 남한의 현실은 그 빈곤상이 과장되고 전형화되면서 북한에서의 부유한 삶의 모습과 극단적으로 대조되어 나타난다. 또한 이러한 남한의 비참한 현실로 인해서 남한 주민들이 북한을 동경하고 김일성

을 흠모한다는 식으로 그 실상을 왜곡하고 있는 것이다. 이것은 북한 주민들을, 그 사회주의의 폐쇄성에 길들여져 있는 인민들을 현혹시키고 그릇되게 이끌어 가고 있는 것이다.

이렇게 본다면 결국 북한의 공산주의 체제가 확립되는 이 시기에 북한의 시는 사회주의적 사실주의를 기본으로 하여 당성, 노동 계급성, 인민성의 원칙을 지키면서 '수령'의 혁명투쟁과 인민들의 사회주의 건설 노력 및 그에 대한 찬양 그리고 남조선 혁명투쟁이라는 북한노동당의 문예정책을 그대로 형상화해 가고 있다고 하겠다.

5) 80년대 남북한 시의 한 검토

분단이 지속되고 심화되면서 남과 북의 문학은 점차 이질화되는 측면을 가속화하게 된 것이 사실이다. 사회주의 체제인 북한은 북한대로 사회주의적 사실주의를 바탕으로 당성, 노동 계급성, 인민성을 강화해 나갔으며, 남한은 남한대로 자유주의적인 다양성 속에서 순수편향성과 예술주의를 지향해 가게 됨으로써 민족문학으로서의 동질성보다는 그 이질성이 두드러지게 된 것이다.

1980년대 남한 시단의 특징은 무크지운동의 활성화와 '민중시'의 뚜렷한 대두로 요약할 수 있다. 여기서 민중적 내용의 민족적 양식화라는 민중시의 경향은, 그 목적과 내용은 현저히 달라도 다분히 북한의 인민성 원칙 및 민족적 특성 강조와 서로 상통하는 면이 있으리라 여겨진다. 남한의 자본주의 체제에서 민중적 내용의 민족적 양식화를 추구하는 민중문학과 북한의 사회주의적 사실주의에 바탕을 둔 계급주의 문학은 분명히 그 목적과 지향성이 상이하지만, 그것들이 이 땅에서 분단 상황과 인간 소외의 극복을 목표로 하며 민족적 특성을 강조한다는 점에서 공통성을 지니는 부분을 내포하고 있기 때문이다. 이 점에서 1980년대 남북한의 시는 하나의 민족문학으로서의 공통성과 이질성을 첨예하게 보여주는 시금석이 된다고 하겠다.

①진정 아름다운 처녀를
그대 사랑하고 싶거든
어서 오시라
이 벌로 오시라

벼 수확기를 타고
금나락의 바다우에 하냥 웃음 날리는
청년분조 저 처녀들
그대 그리는 선녀가 아닌가

새벽이슬 남 먼저 털어서만도 아니라오
꽃나이 꿈을 묻고 땀을 묻어
너른 벌 땅빛마저 달라지게 기름지운
그 뜨거움이 이랑이랑 물결친다오

스쳐지나는 바람결에도 풍겨온다오
쭉정이 한 알 밝은 가을 흐리울 것 같아
벼꽃 피는 소리를 지켜 밤새우던
그 갸륵한 마음의 향기

어서 오시라

이 벌로 오시라
그대 한번 오시면
그냥은 못 가시리

그러나 쉽게는 사랑을 터놓지 않으리

눈비바람 다 이겨내고
황금의 구슬을 꿰여 단듯 천만 이삭 하나같이 여물린 그
마음들

아, 이런 처녀들과 함께라면
그 어떤 행복의 열매도 무르익으리
그대 한생의 기쁨을 안고 싶거든
어서 오시라 이 벌로 오시라

―량덕모, 「이 벌로 오시라」에서

무수한 별들이 흐르는
저 하늘의 은하수처럼

뭉게뭉게 피여나는
화력발전소 하늘가의
저 장쾌한 흰 연기 속에는
어려 있어라
빛나는 삶의 열정 높은 숨결이

어려 있어라
밤이나 낮이나
끝없이 피여나는 흰 연기 속엔
하늘이 아닌 땅 속 깊은 막장에서 빛나는
뭇별이 아닌 탄부들의 미더운 모습이 어려 있어라

어려 있어라
불밝은 창가마다 비껴흐르는

행복의 노래소리
대건설행군의 거세찬 열풍 속에
전진하는 조국의 숨결을 안고 사는
동력전사들의 그 수고로운 모습들이

아, 어려 있어라
인간이 자연을 다스리는
저 줄기찬 흐름 속엔
주인된 창조자의 값높은 모습이

—로영우, 「흰 연기의 흐름 속엔」에서

②저기 가는 저 큰 애기를 보아라
새참으로
막걸리 든 주전자를 들고
보리밥과 김치로 가득한 바구니를 이고
반달같은 방죽가를 돌아
시방
논둑길을 들어서는
부푼 저 가슴의 처녀를 보아라

마른 자리 반반한 풀밭을 골라
빨갛게 파랗게 원앙을 수놓은 하얀 보자기를 깔고
그 위에 들밥을 차리는 농부의 딸을 보아라
이 마을에 아니 이 나라에 하나뿐인
검은 치마 저고리를 보아라

── 아부지 그만 쉬셨다 하셔요

저만큼에서 허리굽혀 나락을 베는 아버지 곁으로 가

아버지 대신 나락을 베고

―― 아저씨 밥 한술 뜨고 가세요

지나가는 낯선 사람도 불러

이웃처럼 술도 한 잔 드시게 하는

조선의 딸 그 마음을 보아라

마을에 하나뿐인 아니 이 나라에 하나뿐인

―김남주, 「조선의 딸」에서

수난의 강건내기 인생들이

모여 사는 광산촌

검은 옷에

칸데라 불빛 하나에

모든 것을 걸고

늑골이 부서지는

일곱자 연층 동발을

지고 헉헉거리고

콧구멍이 새카맣게 일하는 막장에서

점심때가 되면

등허리에 꿰차고

들어온 도시락 뚜껑을 열면

부옇게 낀 탄가루를 젓가락으로 대충 걷어내고

입으로 떠넣어 삼키고

피워서는 안되는 담배를

숨겨가지고 와서

피는 맛이란 기차지

......

독한 깡소줏잔을

돌려가며 마실 때

목젖이 얼얼하게

터져나오는

주먹만한 가래침들이

누구나 할 것 없이 덩어리져 나오는

우리들의 입술이

끈적거릴 때까지

다 토해내고

떠밀려가는 우리들의 가슴이 큰 불길로 잉잉거릴 때까지

마셔대는 이 바닥에서

가래침보다도 더 검은

이 몸뚱아리들이 끝까지 남아

곪아 터져가는 내부를

변혁으로 바꾸어가고 있지 않느냐

땀속에서 배어나는 이 떳떳한 주인정신으로

―이청리, 「막장에서 부는 바람」에서

1980년대 작품인 시 ①, ②는 각각 농민과 광부들의 노동하는 삶을 다루고 있다는 점에서 공통점을 지닌다.

먼저 시 ①에서 「이 벌로 오시라」는 인간의 삶과 대지가 노동이라는 매개 행위를 통해서 친화와 교감을 획득하는 모습이 제시되고 있다. 또한 여기에 농사짓는 처녀의 사랑을 촉매로서 등장시켜 노동에 대한 자부심과 긍지를 드러내면서 농사일을 독려하는 데 이 시의 특징이 드러나는 것이다. 실상 이 시는 그 결구에서 "인간의 삶=노동하는 삶"이라고 하는 노동사상과 함께 노동계급의 밝고 힘찬 모습을 강조함으로써 계급주의 문학에서의 선동·선정성을 우회적으로 제시하고 있다고 하겠다. 이러한 1980년대 북한의 농민시는 이전의 노골적인 노동시보다는 훨씬 예술성이 두드러진다고 할 것이다. 그렇지만 농사노동을 지나치게 미화하고 단순화함으로써 오히려 사실감을 약화시키고 있는 것이 한 단점이라고 하겠다. 그들의 사회주의적 사실주의에서 강조하는 도식성 불식과 무갈등의 배제를 실현하지 못하고 있다.「흰 연기의 흐름 속엔」은 광산 근로자, 즉 북한 탄부들의 노동하는 모습이 묘파되어 있어 관심을 끈다. 특히 "별=화력발전소의 장쾌한 흰 연기=탄부들의 빛나는 모습"으로 연결되는 상상력의 운동 과정은 삶의 서정을 아름답게 묘파한 것이라는 점에서 이 시의 사상 예술성을 돋보이게 한다. 그러나 이 시에서도 "불밝은 창가마다 비껴흐르는/행복의 노래소리"와 같이 상투적인 미화와 예찬이 드러나고, 무갈등이 제시된다는 점에서는 아쉬움을 준다. 노동하는 환경에서 빚어지는 갈등이나 사회체제 및 구조에 대한 불만이나 비판이 전혀 없이 오로지 노동사상과 노동계급 찬양에만 함몰되어, 도식적인 찬탄과 미화를 되풀이하는 데서 진정한 인간성의 발견 또는 살아 있는 인간의 숨결을 감동적으로 느낄 수는 없기 때문이다.

한편 남한의 시인 시 ②들에도 노동하는 삶의 문제, 농민과 광부의 삶이 다루어져 있는 것은 마찬가지다. 특히 시「조선의 딸」은 농사짓는 삶에 대한 신뢰와 긍정을 드러내는 가운데 이 땅 농민들의 인정어린 삶과 생명력을 강조하고 있다는 점에서는 앞의 북한 시와 공감대를 지니고 있다. 무엇보다도 민중적 생명력과 민족적 정서에 대한 신뢰와 공감을 지니고 있다는 점에서는 남북한의 시가 서로 공통성을 지닌 면이 발견되는 것이 사실이다. 특히「막장에서 부는 바람」은 북한의 시와 같이 노동계층에 대한 관심을 드러내는 점에서 공통점을 지닌다. 그렇지만 여기에서는 북한의 시와 달리 광부의 고통스런 삶과 울분이 생생하게 표출되어 있어 관심을 환기한다. 열악한 환경에 대한 비판이라든지 고

통스런 광부의 삶에 대한 탄식이 펼쳐지는 가운데 현실을 극복해 나가
고자 하는 어기찬 분투가 아로새겨져 있는 것이다. 이 점에서 남한 문
학은 미화의 단순성 및 도식주의, 무갈등론의 테두리에서 벗어나고 있
지 못한 북한 문학보다 훨씬 시적 리얼리티를 확보한, 열려 있는 모습
을 지니고 있다 하겠다.

무엇보다도 우리는 남북한의 시가 오늘날에도 여전히 소중하게 지니
고 있는 민족문학적 자산과 원형질을 공통점으로 발굴하여 최대한 살
려 나감으로써 민족동질성을 회복하고, 서로 활발한 길트기 작업을 통
해서 민족 공동체의식을 획득해 나아가야만 하는 운명적 과제를 안고
있다. 분단 극복의 길, 민족 통일의 길로 나아가지 않으면 안 되는 것이
오늘날 남북한 모든 민족 구성원, 특히 모든 문학인이 처한 시대적 과
제이자 민족적 사명이기 때문이다.

4. 맺음말

남북한의 시를 올바르게 살펴봄으로써 민족문학의 공통성을 발견하
고 이질성을 극복해 나아가기 위해서는 무엇보다도 우리가 남북한의
문학을 서로 총체적이면서도 직접적으로 살펴볼 수 있는 기회가 적극
마련되어야만 할 것이 당연하다고 하겠다. 아울러 그러한 문학이 산출
된 정치·경제·사회·문학적 토대에 대한 체계적이고 깊이 있는 이해와
탐구가 병행되어만 할 것이다.

광복 반세기를 맞이하는 이 역사적 시점에서 이 땅에서는 모든 방면
이 더욱 열려지고 다원화해 감으로써, 건강한 삶과 문학이 꽃필 수 있
도록 민족적 역량이 결집되고 역동화되어야 할 것으로 판단된다. 분단
으로 인해 날로 가속화하는 민족 이질화 현상을 극복하고 민족 주체성
을 확립하기 위해서 민족 통일은 민족의 지상 과제이며 사명이다.

　우리가 지금 남북한의 시를 개략적으로 검토하는 이 작업도 결국은 분단의 극복으로써 민족 통일의 길을 향해 나아가려는 열린 노력의 일환이라는 점에서 의미를 지닐 수 있을 것이며, 또한 그러해야 할 것이다. 오늘날 세계 대변혁의 시기를 맞이하여 분단 극복의 문학, 나아가서 통일 지향의 문학이야말로 지금 이 땅에서 가장 간절한 민족사적 과제이며 민족문학의 중심 과제임이 분명하다.

북한의 서정시와 민족적 친화성

홍용희

1.분단 극복의 틈새

분단시대는 통일시대에 대한 지향성을 당위적 전제로 한다. 마치 손
상된 생물체가 소생과 보건을 위해 자기 조직화 운동을 활발하게 진행
하는 것처럼, 분단된 민족이 화해와 통일을 갈망하는 것은 온전한 민족
적 삶의 구현을 위한 당위적 조건이 된다. 거시적인 관점에서 민족사를
조망할 때, 분단시대는 궁극적으로 유기적인 민족적 통합을 향한 복원
과정으로서의 한시적인 의미를 지닌다. 우리 현대문학사의 중심축을
이루는 분단문학의 주제의식이 궁극적으로 분단 극복 내지 민족 통일
의 길로 열려 있는 것은 분단이란 용어가 지닌 숙명적인 속성인 것이
다.

한반도의 분단체제는 1950년 한국전쟁을 계기로 확고하게 구축된다.
전쟁을 거치면서 북한은 점차 김일성을 중심으로 하는 주체사상에 입
각한 북한식 사회주의를 정립시켜 나갔으며, 남한은 반공·반북 논리를
견지하면서 자본주의 질서체계의 중심지대로 편입되어 간다. 남·북한

의 분단체제는 공통적으로 표면적으로는 민족 통일을 강조해 왔으나, 실제로는 대결, 반목, 분열의 적대적인 대립 구도를 더욱 견고하게 구조화시켜 왔다. 분단체제는 반세기에 걸치면서 민족 구성원의 일상적인 생활방식에서부터 내면적인 사고체계에 이르기까지 철저한 단절과 이질화의 심화를 초래시켰다.

이와 같은 남·북한의 대립적인 양극화 현상은 한반도의 주변 정세가 이른바 냉전체제의 응집적 산물인 '1950년 질서'의 규정력에서 벗어난 오늘날에도 관성적으로 지속되고 있다. 다시 말해 한반도의 분단체제를 규정, 강요, 강화시켜 온 냉전체제는 이미 전면적으로 해체되었으나 한반도에서의 물리적인 대치 상황과 사회 정서적인 적대적 긴장 관계는 지속적으로 엄존하고 있다. 2차세계대전 이래 미·소 양대 진영을 중심축으로 하는 냉전체제의 여진이 아직 한반도에서는 짙게 드리워져 있는 것이다.

물론 1990년대 들어 남·북한 관계에 개선의 변화가 전혀 없는 것은 아니다. 북한 사회는 굳건한 분단체제의 구도를 기반으로 하면서 동시에 새로운 개방과 개혁의 변화를 모색하고 있다. 전세계의 시장화로 요약되는 새로운 국제 질서의 재편 속에서 북한 역시 대외적 개방의 필요성과 당위성을 깊이 인식하게 된다. 특히 소비에트형 중앙명령 경제구조가 초래한 극도의 경제적 궁핍은 북한 사회의 지배질서 체계를 근본적으로 위협하는 수준에 이르고 있다. 오늘날 북한이 적극적으로 시도하고 있는 핵 카드를 이용한 미국과의 경제 협상, 나진―선봉 지역의 중국식 경제특구 설정, 남한 기업인의 대북 경제사업 추진의 활성화 등은 북한의 스스로의 체제 유지를 위한 절박한 자구책의 일환으로 여겨진다. 교조주의적 폐쇄성에서 기인한 북한체제의 실정이 역설적으로 개방과 개혁을 유도하고 있는 것이다.

이제 우리에게는 분단체제의 관성에서 벗어나 새롭게 변화된 국내외 상황을 진정한 민족 화해와 통합을 위한 긍정적 요소로 적극 활용하는 통일 지향적인 자세가 절실하게 요구된다. 그렇다면 냉엄한 분단체제의 경계선을 허물고 민족적 동질성을 회복할 수 있는 방안은 무엇일까. 다시 말해 반세기에 가까운 민족 분단의 역사가 침전시킨 이질성의 켜를 극복할 수 있는 틈새는 어디에 있을까. 이 글은 이러한 문제의식에서 출발하여 민족적 연대의식과 공감대를 불러일으키는 1990년대 북한의 탈이념적인 서정시편을 중심으로 살펴보고자 한다. 민족 분단 극복의 틈새는 남·북한의 심층세계를 공통적으로 관류하는 민족적 정서의 원형성에서 발견될 수 있을 것이기 때문이다.

2. 1990년대와 자주시대의 문학론

북한 문학은 당의 공식적인 제도 담론 기제로서의 성격을 지닌다. 문학예술이 당의 지배 이념과 통치 논리를 인민들에게 선전, 교양, 학습시키는 효율적인 문화 장치로서 존재하는 것이다. 북한 문학의 창작은 당의 엄정한 문예 지침에 의해 계획, 실천, 평가, 관리되는 특성을 지닌다. 따라서 북한 문학의 전개 양상은 당의 문예정책의 변모 과정에 직접 대응된다.

북한 문예이론의 전개를 개관하면, 우선 크게 주체사상에 입각한 주체문예이론이 체계적으로 정립된 1967년을 마디절로 하여 나누어진다. 1967년을 기준으로 할 때, 그 이전의 문예 지침이 대체로 이미 발표된 작품에 대한 단죄의 형태나 정치적 지배 상황과 전략에 따른 김일성의 교시에 의해 임기응변식으로 결정되었다면, 그 이후는 주체사상과 사회주의 사실주의를 결합한 창작 지침이 매우 구체적으로 확정되는 특징을 지닌다. 주체문예이론의 핵심적인 미학 원리는 당성, 노동 계급성, 인민성이며, 실천 강령에 해당하는 것으로 종자론과 속도전이 있다. 특히 여기에서 종자론이란 작가의 창조적 상상력의 범주를 주체문예이론에 국한시키고자 하는 지배 전략의 산물로 파악된다. 다시 말해서 종자론에는 작가의 창작심리에 해당하는 전의식세계를 주체문예이론의 범주내로 규제하고자 하는 권력 의지가 투영되어 있다는 것이다.[1] 1967년 이후부터 오늘날에 이르는 북한 문학의 전개 양상은 역사적 상황에 따라 어느 정도의 내용적 유형과 형식 원리의 변화가 나타나지만, 일관되게 주체문예이론이 창작 원리의 기본적인 토대를 이룬다.

1990년대 북한의 역사는 중대한 위기의식에서부터 출발한다. 독일의 흡수통일, 공산주의 종주국인 소련의 해체, 중국과 베트남의 적극적인 시장경제 원리의 수용 그리고 김일성과 유사한 루마니아의 장기 독재자 차우세스쿠 부부의 민중에 의한 처형 등의 세계사적 전환기의 사건은 북한 지배체제에 상당한 위기감과 아울러 새로운 통치 전략의 수립을 요구하였다. 북한의 이와 같은 탈이념시대의 국제정세에 대한 대응은 종전보다 더욱 견고한 내부적 통합을 이루어내면서 이를 토대로 외부적 개방을 모색하는 양상으로 나타난다. 북한은 1990년에 "우리식대로 살자"는 구호를 전국적으로 선전 선동하고, 아울러 1986년 김정일이 제기한 '조선민족제일주의'를 전면에 내세워 강조한다. 동명왕릉 복원공사(1993), 단군왕검 개건(1994) 등의 일련의 작업은 김일성—김정일을 중심으로 하는 폐쇄적인 민족 자주성의 신화를 건설하려는 지배책략의 일환이다. 1994년 김일성이 사망한 이후 김정일에 의한 유훈(遺訓)통치 역시 강경한 스탈린주의적 중앙명령체계로 일관되고 있다. 김일성은 사망했으나 그의 통치 원리는 1973년부터 후계자로 지목된 김정일에 의해 지속되고 있는 것이다. 북한 주민들은 "김일성이 곧 김정일이다"라는 공식 구호를 자연스럽게 받아들이고 있다. 오늘날 북한의 대외적 개방과 개혁을 통한 경제 원조와 교류 역시 궁극적으로는 김정일을 중심으로 한 대내적 통합을 용이하게 이루기 위한 통치 전략의 일

---

1) 졸고, 「해방 50년 북한시의 역사적 고찰」, 『시와시학』(1995. 겨울호) 참조.

환으로 해석된다. 북한 사회가 봉착한 절대적인 경제적 궁핍은 지배체제 질서를 위협하는 결정적인 요소이기 때문이다.

1990년대 북한 문학은 이와 같은 북한의 폐쇄적인 민족적 자주성의 강화와 비교적 유연한 대외적 개방과 개혁의 모색이라는 지배전략의 이중성에 상응하는 특성을 보인다. 1990년대 들어 북한 문학이 '우리식 문학'을 강조하면서, 기존의 상투적이고 경직된 혁명적 낭만주의의 보수적 경향을 더욱 강하게 드러내고 전통문학의 계승을 제기하는 양상은 전자에 대응하고, 구체적인 인간 삶의 정서에 대한 형상화를 통해 비교적 높은 예술적 완성도를 추구하는 문학은 후자에 대응하는 것으로 여겨진다. 90년대 북한 문학의 이러한 경향은 1992년 김정일이 간행한 이른바 "자주시대가 요구하는 문학 건설과 영도의 원칙"을 천명하고, 종전의 주체문예이론의 기조를 토대로 하면서, 90년대 북한 문학이 추구해야 할 새로운 방향성을 제시하고 있는 『주체문학론』[2]을 통해 체계적으로 드러난다.

1990년대 북한 시의 주류를 형성하는 시편은 대체로 김일성—김정일 우상화 및 김일성 가계 예찬, 김일성 사망에 대한 추모, 당에 대한 찬양, 과학기술 발전의 고취, 전쟁 영웅에 대한 회상, 반제반미의식 고취, 숨은 영웅의 형상화, 노동의 신성성 고취, 민족 통일의 염원, 자연 풍경에 대한 찬탄 등으로 유형화할 수 있다. 여기에서 김일성 사망에 대한 추모를 제외하고는 어느 정도의 양의 편차는 있으나 종전의 시적 유형과 크게 다르지 않다. 이들 시편들은 대부분이 지배 이데올로기가 응집된 매우 선동적이고 경색된 시어로 형상화된 특징을 지닌다. 1990년대

---

2) 『주체문학론』은 1990년대 북한 문예정책의 방향을 규정하고 있다. 이 저작의 새로운 기조는 2. 유산과 전통 5. 생활과 형상의 장을 통해, 1967년 이후 항일혁명문학을 정통으로 강조하면서 배제했던 카프문학을 재조망하고 있다는 점, 관념적 도식주의에 대한 비판과 구체적인 생활상의 문학적 형상화를 강조하고 있다는 점을 대표적인 항목으로 들 수 있다.

북한 시 역시 김일성―김정일을 정점으로 하는 교조주의적 사회체제의 지배이념을 반영하고 재생산하여 사회의 정신 습속으로 내면화시키는 공식적인 담론기제로서의 역할을 수행하고 있는 것이다. 그러나 숨은 영웅의 형상화, 노동의 신성성 고취, 민족 통일의 염원, 자연 풍경에 대한 찬탄 등의 일부 시편들에서는 탈이념적인 순정한 삶의 언어세계를 만날 수 있다. 북한에서 이와 같은 기존의 관행화된 혁명적 낭만주의의 도식성과 변별되는 서정시편은 해방 이후부터 문학사의 주변부에서 면면히 이어 왔으나, 80년대에 들어서면서 양과 질적인 측면에서 확대·발전하는 면모를 보인다. 이러한 사정은 김정일이 1980년 제3차 조선문학동맹에서 제시한 80년대 문학예술이 나아가야 할 길에 대한 지침과 깊이 연관된다. 김정일은 여기에서 "당이 제시한 주체적인 창조 체계와 창작 원칙"의 철저한 구현이라는 기존의 문예관의 원칙을 재천명하면서 동시에 경직된 도식주의의 반복을 벗어나, 작가의 "개성적 특성"을 살릴 것을 언급한다. 이러한 김정일의 훈시에는 북한 문학이 정작 독자들에게 감응력을 확보해내지 못하고 있는 현실에 대한 반성적 자각과 자기 자신의 비교적 자유분방한 감수성이 반영된 것으로 보인다. 그러나 아직 북한 문학에서 독창적이고 개성적인 문예 창작이 뚜렷한 자기 위상을 확보해내지는 못하고 있다.

3. 북한의 서정시와 민족적 연대의식

통일시대를 향한 문학적 논의는 남·북한의 이질성, 차이성, 대립성의 요소에 대한 확인보다 유사성, 인접성, 동질성의 요소를 재발견하고 인식하는 유화적(類化的)인 자세가 요구된다. 통일문학은 남·북한 문학의 공통된 민족적 원형질의 요소와 점이지대를 찾는 일에서부터 시작되기 때문이다. 1990년대 북한의 서정시편 중에서 비교적 예술적 성취도가

높고 민족적 친화력과 연대의식을 환기시키는 작품을 내용에 따라 정
리하면 대략 다음과 같다. "통일 염원", "자연 풍경에 대한 찬탄", "노동
의 신성성 고취", "이성간의 애정", "육친의 정과 선생님에 대한 존경"
등이다.

이들 유형의 작품들은 공통적으로 시적 정조가 고전적, 향토적 색채
를 강하게 띨수록 민족적 동질성을 환기시키고, 당대적 현장성에 가까
울수록 낯선 이질감을 느끼게 한다. 남·북한 분단체제의 이면을 관류
하는 민족적 정체성은 현실의 표층 질서의 심연에 속하는 원형심상의
층위에 해당되기 때문이다. 또한 북한 서정시의 언어세계는 대체로, 다
원적이고 상대적인 의미의 다의성으로 열려 있지 못하고 지시어적인
차원의 의미의 단의성으로 수렴되는 면모를 보인다. 다시 말해 북한 시
의 언어세계는 언어의 내적 대화성과 독자들의 응답적 이해의 길이 차
단되어 있는 것이다. 북한에 탈이념적인 서정시를 창작하는 전담 시인
이 있는 것이 아니라, 기본적으로 권력적인 지배 이데올로기를 반영하
고 재생산하는 작품의 창작에 동참하면서 몇 편의 순수 서정시를 발표
하는 정도이다. 따라서 북한 서정시의 경직된 언술체계는 이미 시인들
에게 관성화된, 작품을 통하여 단일한 사고체계의 규범 속에 독자들의
의식을 종속화시키고자 하는 권력 의지와 연관된 것으로 보인다.

북한의 서정시에서 우리들에게 민족적 연대의식과 공감대를 가장 깊
이 느끼게 하는 유형은 분단 극복과 통일 염원을 다룬 작품이다. 민족
분단은 남·북한의 비극적인 삶의 운명을 강요한 가장 직접적이고 공통
적인 문제적 상황인 것이다.

강화도!…… 제 몸의 멍든 한부분처럼/바라보기조차 가슴 답답한 저 꺼먼
섬/군복 입은 심장에 통일가슴 품고/이 기슭을 떠나던 홍안의 시절은 언제였
던가/(중략)/아 지맥으론 하나로 잇닿아있는 땅/삶의 피줄 하나로 잇대이지
못한탓에/강화도여 너는 /민족의 이 한가슴에/아픈 옹이로 박히는 구나/홍

안의 그 걸음을/새롭게 다시 시작하게 되는구나!

—「강화도를 바라보며」(주광남, 1996. 9)에서

위 시의 시적 화자는 북녘땅에서 남녘의 섬 강화도를 응시하고 있다. 우리의 삶의 터전인 강화도가 북한 시의 중심 소재로 등장하고 있다는 점에서 새삼 북한과의 거리의 인접성과 민족적 친밀감을 느끼게 된다. 화자에게 강화도는 가슴 속 "아픈 옹이로 박"히고 있다. "지맥으론 하나로 잇닿아 있는 땅"이지만 "삶의 피줄"은 단절되어 있기 때문이다. 그래서 화자는 강화도만 바라보면 젊은 시절 인민군으로서 통일의 꿈을 안고 떠나던 전쟁기의 비장한 심정으로 되돌아가게 된다. 민족 분단의 현실을 작자의 지난 시절의 회억이 어려 있는 강화도를 매개로 하여 영탄적인 어조를 통해 드러냄으로써 분단의 아픔과 통일의 열망을 효과적으로 심화시키고 있다.

한편, 다음 시편은 남녘의 어머니에 대한 절실한 그리움을 통해 분단의 비극성을 고조시키고 있다.

외로이 홀로 서있는 그 모습/어쩐지 내겐 생각되누나/이 아들을 기다려 기다려/긴긴세월 애태우며 살아오셨을/남녘의 내 어머니처럼//포연이 하늘을 뒤덮던 그밤/나루가의 버드나무밑에서 /북으로 떠나는 내 어깨우에/작은 보따리 메워주며/손저어 바래주던 어머니//(중략)//아, 한생을 기다리시며/이 아들을 기다리시며/운명하면서도 눈감지 못했다는/어머니 그 령혼이/버드나무 너인듯 싶구나//(중략)//두팔 벌려 부르며 찾으며/엎어질 듯 쓰러질 듯 서있는/어머니의 모습인양/억만 잎새를 흔들어 흔들어/몸부림쳐 설레는 버드나무야//(중략)//아들아 아들아!/통일아 통일아!

—「어머니의 모습—림진강나루가에 한그루 버드나무가 있다」
(신지락, 1995. 3)에서

나룻가의 버드나무와 아들을 간절히 그리워하다 돌아가신 어머니의 애절한 모습이 서로 내밀하게 대응되면서 동일시되고 있다. 출렁이는 버드나무 가지와 잎새가 어머니의 아들에 대한 가슴 아픈 그리움의 이미지와 절묘하게 조응되고 있다. 여기에서 어머니의 아들에 대한 그리움의 열도는 곧바로 통일의 희원으로 연결된다. 마지막 연의 "아들아 아들아!/통일아 통일아!"에서 보듯, 아들에 대한 호명과 통일에 대한 갈망이 등가를 이루는 것이다. 전반적인 시적 정황이 동어반복을 통한 감정의 과잉을 노정시키고 있지만, 분단으로 인한 이산 가족의 통한이 매개됨으로써 감동의 진폭이 확산되고 있다. 이산 가족의 육친에 대한 그리움은 그 자체가 이미 감정적인 통어의 대상 밖에 있기 때문이다.

북한에서 통일 염원 시의 창작은 1990년대에 들어 더욱 활발하게 창작된다. 당시 문익환, 임수경 등의 남한 인사의 방북은 북한 사회에서 통일의 열기를 더욱 고양시키는 촉매가 되었을 것이다. 실제로 방북 인사에 대한 북한의 관심은 매우 높았으며 문학 작품에도 중요 소재로 빈번하게 등장한다. 『조선문학』은 1990년 5월 머리글에서 '조국통일 주제의 작품을 왕성하게 창작하자'는 선동적인 정론을 싣기도 한다. 분단의 비극성과 통일의 열망을 노래한 작품으로 「떨어지는 감알」(전병구, 1992. 5), 「함께 가고 싶다」(리호근, 1997. 8), 「박수를 치자」(장혜명, 1992. 3) 등 역시 주목을 환기시킨다. 「떨어지는 감알」은 "주인은 없고 집터만 남은" 분계선 지역의 적막한 감나무를 통해 분단 현실의 고통을 환기시키고 있다. "림진강 건너 파주로 시집 갔다는/이 마을 처녀들/감알처럼 빨갛던 그 얼굴들에/지금은 주름살이 퍼그나 깊어졌으리"라는 진술은 어느덧 반세기에 이르른 분단의 세월에 대한 회한의 정서를 심화시키고 있다. 「함께 가고 싶다」, 「박수를 치자」는 부제에서 드러나듯 각각 북한에서 개최한 범민족대회와 코리아 단일 축구팀을 소재로 하여 남·북한간의 해후에 대한 환희와 통일의 열망을 노래하고 있다. 그러나 이들 작품에는 어떠한 내면적 갈등과 객관적인 상황에 대한 진지한 성찰이 없이 통일이라는 당위적인 주제의식의 부각에만 치중하는 모습을 보인다. 이러한 점은 북한 문학의 일반적인 특징인 추상적인 전체주의적 열정의 반영태로 이해된다.

1990년대 들어 이산 가족의 뼈저린 아픔을 소재로 한 북한 시는 남한에서도 동일한 감응력을 확보한다는 점에서 통일문학의 중요한 위상을 지닌다. 육중한 분단의 장벽을 허물 수 있는 가장 본원적인 틈새는 핏줄에 대한 형언할 수 없는 그리움일 것이다. 이념의 경계선이 아무리 견고할지라도 핏줄에 대한 끈덕진 그리움의 끈을 막을 수는 없을 것이기 때문이다.

다음으로, 가로막힌 분단의 장벽에 대한 안타까움과 북녘땅에 대한 향수를 응축적으로 환기시키는 북한의 중요 서정시편으로 아름다운 자연 풍경에 대한 찬탄의 시를 들 수 있다. 백두산, 금강산, 묘향산, 약산 등의 웅혼한 풍모와 빼어난 절경에 대한 묘사는 우리들의 지워져 가는 기억과 상상 속의 풍경을 선명하게 되살려 준다는 점에서 관심을 환기시킨다.

① 해빛 따르는 진달래 밝은 웃음에/내 생의 자욱자욱을 비쳐보는 마음/그대 위한 진정에 한점 티라도 있다면/마주 웃기 차마 부끄러우리//아 어제도 오늘도/때없이 때없이/백두의 눈비속에/기꺼이 서보는 내마음아!

—「백두산의 진달래」(윤병규, 1990. 3)에서

② 아쉬워라/차마 발걸음 떼기가/비로봉의 폭포소리//구룡연의 장쾌한 노래소리/천하를 울리며/이 가슴을 그냥 내려쩛네//신선의 날개옷인양/골마다 내리는 흰안개/정든님의 애무인양/내 몸을 감싸고 도네

—「금강산을 떠나며」(리정택, 1991. 8)에서

③ 멀어졌다 가까워졌다/천넘수림 우듬지 파도치는 소리는/중중첩첩 묘향

산의 산세를/묵화처럼 우아하게 그려주고//이 산에서 삐쫑 저 골에서 쪼르릉/근심 걱정 하나 없는 저 새소리는/아름다운 묘향산의 모습을/눈감아도 선히 보여오게 하는구나

—「천하절승 묘향산」(허창일, 1991. 8)에서

④ 녕변이라 녕변의 약산동대는/노래도 많고 시도 많소/좋은 철 진달래 꽃철에 찾아오니/시 한수 저절로 떠오르오//(중략)//가꾸고 꽃피워야 할 인민의 경치/약산단 모본단에 너를 새겼으니/인민의 약산동대우에/나도 진달래 시 한수를 수놓고가오

—「약산의 진달래」(김정철, 1994. 1)에서

북한의 자연의 풍경을 다룬 시편들은 대체로 직서적인 어조를 통한 소박하고 단조로운 묘사의 범주에서 크게 벗어나지 않는다. 북한 시인들은 당에서 결정한 문예 지침에 따라 수동적으로 창작 활동을 수행하는 관성에 의해 정작 탈이념적인 소재의 창작 행위에서도 뚜렷한 예술적 독창성과 유현한 사고의 깊이를 드러내지 못하는 것으로 보인다.

시 ①의 배경은 백두산이다. 북한에서 백두산은 김일성—김정일 우상화의 본원지로서 중요한 시적 소재로 빈번하게 등장한다. 백두산에 혁명사적지로 장황하게 건립된 김일성의 항일무장투쟁의 현장과 정일봉 등은 그 한 단면을 드러낸다. 그러나 위의 시는 백두산을 배경으로 하고 있으나, 김일성 부자의 우상화의 그림자에서 비껴나 있다. "백두의 눈비속에/기꺼이 서보는 내 마음아!"에서는 우리 민족의 성소인 백두산의 웅혼성과 비장미를 느끼게 한다.

시 ②, ③은 금강산과 묘향산의 아름다움을 전통적인 3·4조의 운율을 살려 소박하게 묘사하고 있다. 특히 시 ③의 "중중첩첩", "이 산에서 삐쫑 저 골에서 쪼르릉" 등의 음성상징어를 통해 리듬감과 생동감을 살리는 표현기법은 조선시대 기행가사의 형식과 흡사하게 보인다.

시 ④는 제목 자체가 그 유명한 김소월의 「진달래꽃」을 연상시켜서 흥미를 끈다. 시인은 "녕변이라 녕변의 약산동대는/노래도 많고 시도 많소"라고 전언하고 있다. 시인은 여기서 "영변의 약산 진달래꽃/아름 따다 가실 길에 뿌리우리다"의 소월의 시를 떠올렸을지도 모를 일이다. 그러나 이 작품은 봄날 약산의 풍경을 평면적으로 소묘하는 데 그치고 있다.

이상의 시편들은 지나치게 단순하고 평면적인 묘사에 그치는 아쉬움을 주지만, 그러나 멀고 아득하게만 느껴졌던 북녘의 산하를 우리들의 눈앞에 성큼 다가서게 하고 있다는 점에서 남·북한간의 민족 공동체의식을 배가시키는 중요한 의미를 지닌다. 특히 오늘날 한 기업가의 방북과 함께 현실화로 다가온 금강산 유람의 기획은 북한의 서경시에 대한 관심을 새삼 증폭시킨다.

다음으로는 전통적인 민속 행사와 지역 특산물을 중심 소재로 한 북한 시편들을 살펴보기로 한다. 특히 설날, 한가위, 단오 등과 같은 명절을 소재로 한 작품은 민족적 정체성의 확인과 더불어 북한에서 계승하고 있는 전통 풍속의 실태를 엿볼 수 있다는 점에서도 흥미를 끈다.

① 하늘의 은방울이 맑게 울리니/북소리, 웃음 속에 하늘 땅이 묻히겠네/둥근 단오떡 손에 든채/동네방네 아이들 다 달려오고/저기 씨름터의 누런 송아지도/제 좋아 껑충 뛰노라네

—「5월 단오」(백의선, 1990. 5)에서

② 대동강에 잠긴 보름달을 건져온듯/시누런 놋쟁반에 들여온 국수//(중략)//함흥의 신흥관, 원산의 송도각/이름난 식당국수 다 가져다놔도/옥류관 국수 곁에도 못간다나

—「옥류관 국수맛」(박세일, 1990. 7)에서

시 ①의 "단오떡" "씨름판" "송아지" 등의 시적 소재가 질박한 향토적 정서를 환기시킨다. 5월 단오의 농경사회의 전통적인 행사가 북한 사회에서 온전히 계승되고 있는 모습을 확인할 수 있다. ②시에서 놋쟁반에 들여온 국수에 대해 "대동강에 잠긴 보름달을 건져 온듯"으로 비유함으로써 옥류관의 독특한 국수 맛을 시각적으로 실감 있게 묘사하고 있다. 분단의 역사가 반세기에 이르렀으나 남·북한의 고유한 민속 행사와 음식의 기호는 여전히 큰 변화 없이 연속되고 있다는 점에서 민족적 연대의식을 깊이 느끼게 된다.

한편, 90년대 북한의 서정시편에서 노동을 중심 소재로 한 작품을 살펴보면 다음과 같다.

① 오호! 봄/봄/처녀의 마음 속에/찾아온 봄//온 들판의 푸르른 봄/시작되는 곳에서/풍년꿈 아지치는 푸른 모판에 앉아/나는 이야기했네/처녀와 풍년 봄과—

—「봄과 처녀」(김광춘, 1990. 11)에서

② 석탄을 듬뿍이 캐여낸 기쁨안고/안전모 번쩍이며 갱밖을 나서는데/저 보아라/아득히 솟은 석탄산우에 둥근 달이/환한 빛을 뿌리며 반겨맞는구나
—「달이 웃는 탄전의 밤이여」(최영학, 1998. 1)에서

시 ①은 봄을 맞이한 처녀의 설레임을 "풍년 꿈"과 연결시켜 노동의 기쁨과 보람을 효과적으로 표현하고 있다. 노동을 싱그러운 처녀의 이미지와 결부시킴으로써 노동현장을 목가적이고 낭만적으로 묘사해내고 있다. 북한에서는 남녀간의 사랑 역시 노동과 연결시켜 노동 현장의 신성성을 고취시키고 강조하는 면모를 보이기도 한다. "그만에야 잠을 깬 처녀/서둘러 집을 나서네//그 총각이 전조등 불빛으로 불러온/그 새벽빛 보고 싶어"(「새벽」, 서진명, 1990. 5)와 같은 표현은 그 구체적인 실

례이다.

시 ②는 광산 노동자의 가슴 벅찬 노동의 충만감과 희열이 "석탄산우에 등근 달"과 조응되어 희망차게 그려지고 있다.

1980년 김정일이 문학예술에서의 '숨은 영웅의 형상화'를 강조한 이래 북한 시에서는 평범하지만 충실하게 자신의 책임을 다하는 노동자에 대한 예찬이 자주 등장한다. 이들 노동자들은 노동 행위에 대해 공통적으로 어떤 고통, 갈등, 왜곡된 현실에 대한 비판과 울분도 없이, 기꺼운 보람과 환희로만 받아들이고 견실하게 실천하는 모습을 보여준다. 남한의 노동시들이 노동의 신성성과 함께 노동 현실의 구조적 모순과 억압 상황에 대한 비판적 인식을 함께 드러내는 경향을 보이는 것과는 뚜렷하게 구분된다. 북한 문학의 일관된 무갈등의 미망이 드러나고 있는 것이다.

또한 북한 서정시에서도 어머니와 선생님에 대한 따듯한 고마움과 존경에 대한 노래가 등장한다. "아, 이 작은 손이 이 아들을 키웠는가/애오라지 그 무엇에도 덹지 않도록/안아주고 마음까지 씻어준/어머니의 손"(「어머니의 손」, 리석, 1996. 1)이나 "우리앞에 나서는 선생님의 모습은/한모습이였네/소박하면서도 깨끗하고/그러면서도 아름다운 몸차림 처럼"(「손거울」, 최종석, 1997. 9) 등의 표현은 우리들에게도 매우 친숙하고 낯익은 정서이다.

이상에서 살펴보듯 북한시의 형식 원리는 대체로 전통적인 민요 형식에 가까운 반복적인 나열과 각운의 효과를 살리는 기법이 두드러지고 있다. 북한 시는 비교적 서술형에 가까운 내용 전개를 형식미의 예술적 의장을 통해 보완하고 있는 것이다. 실제로 대부분의 북한 서정시들이 단성적인 지시적 언어로 구성되어 있기 때문에 시적 의미의 상징적인 다양성과 깊이를 획득하지 못한다. 따라서 시의 위의를 갖추기 위한 방법은 언어의 형식미에 대한 추구로 집중될 수밖에 없게 된다. 북한이 서정시의 창작에서 언어의 미감을 살리는 어조와 전통 시가의 운율에 깊은 천착을 보이는 것은 이러한 문면에서 이해된다. 또한 북한의 서정시는 매우 순정하고 소박한 감상주의의 성향을 특징적으로 보여준다. 자본주의 논리가 침윤되지 않은 전근대적 사회의 순박한 감수성이 아직 북한 사회에서는 잔존하고 있는 것이다.

4. 맺음말

북한은 동상의 나라이다. 북한의 전역에 걸쳐 김일성의 동상은 무려 3만 5천여 개에 달한다. 그러나 정작 북한 사회의 주민들은 매우 심각한 경제적 궁핍과 부자유 속에서 제약받는 삶을 영위하고 있다. 북한의 교조주의적인 전체주의적 체제가 북한 사회를 극단적인 파국의 상황으로 몰아가고 있는 것이다. 북한은 스스로의 체제 유지를 위해서도 개방과 개혁을 적극적으로 모색하지 않을 수 없게 되었다. 그리고 북한의 점진적인 개방과 개혁 정책은 궁극적으로는 북한체제의 질적 전환을 유도할 것이며 나아가 민족 통일의 기대를 현실화하는 토대가 될 수 있을 것이다. 이러한 사정은 오늘날 경제공동체로 전환된 세계 질서와 결부되면서 한반도의 분단체제에 획기적인 개선의 변화 국면을 낳고 있다.

최근의 분단의 경계선을 넘어가는 소떼의 장관은, 이미 과거의 유물로 전락된 이념의 미망에 여전히 갇혀 있는 우리들에게 정신적 일탈의 해방감과 정화를 가져다 주었던 것이 사실이다. 이제 냉전시대의 산물인 분단체제의 관성에서 벗어나 민족사적 숙원인 통일시대를 열어가는 적극적인 노력이 절실하게 요구된다. 이러한 시대사적 소명에 부응하여 우리 문학 역시 분단문학에서 통일문학으로의 전환이 요구된다. 통일시대를 향한 문학적 대응은 종전의 전쟁과 분단 이데올로기에 대한 비판적 개진의 차원에서 분단의 역사가 침전시킨 이질성의 참모습을 진지하게 성찰하고 이를 토대로 한 의사소통적 합리성의 담론을 창출시켜 나가는 모험이 요구된다. 민족적 동질성과 연대의식을 도모하는 탈이념적인 북한 서정시의 실체를 검토하는 작업도 이러한 문맥에서 중요한 의미를 지닌다. 통일문학은 남·북한의 심층세계에 공통적으로 관류하는 민족적 정체성 찾기에서부터 시작될 것이기 때문이다.